Policy-Divergenz
unter dem Einfluss globaler Märkte

Europäische Hochschulschriften
Publications Universitaires Européennes
European University Studies

Reihe XXXI
Politikwissenschaft

Série XXXI Series XXXI
Sciences politiques
Political Science

Bd./Vol. 522

PETER LANG
Frankfurt am Main · Berlin · Bern · Bruxelles · New York · Oxford · Wien

Fabian Fehrle

Policy-Divergenz unter dem Einfluss globaler Märkte

Eine Analyse am Beispiel der Euro-Einführung und der WTO-Konferenz in Seattle

PETER LANG
Europäischer Verlag der Wissenschaften

Bibliografische Information Der Deutschen Bibliothek
Die Deutsche Bibliothek verzeichnet diese Publikation in der Deutschen Nationalbibliografie; detaillierte bibliografische Daten sind im Internet über <http://dnb.ddb.de> abrufbar.

Zugl.: Stuttgart, Univ., Diss., 2005

D 93
ISSN 0721-3654
ISBN 3-631-54222-4

www.peterlang.de

Vorwort

Bereits 1976 fasste Thomas Dye die zentralen Fragestellungen der Policy-Analyse zusammen:

> Policy analysis is finding out what governments do, why they do it, and what difference it makes.

Auch diese Arbeit lässt sich in die Policy-Analyse-Forschung einordnen. Allerdings verknüpft sie die klassische Policy-Analyse in zweifacher Weise mit der Perspektive der Disziplin *Internationale Beziehungen.*
Die erste Verknüpfung bezieht sich auf die empirische Ebene. Globale Märkte wirken mit beachtlichem Einfluss auf die Policy-Optionen von Staaten und beeinflussen so als Input der internationalen Ebene die Gestaltung der Policy von Staaten.
Die zweite Verknüpfung bezieht sich auf die theoretische Ebene. Der akteurszentrierte Konstruktivismus leistet in der Policy-Analyse-Forschung einen Beitrag, da er als Theorie der *Internationalen Beziehungen* nicht nur nationale, sondern auch die internationale Ebene als Erklärungsfaktor für das Verhalten von Akteuren berücksichtigt. Zudem bietet er mit seinem Fokus auf Normen über eine unabhängige Variable, die eine große Variabilität aufweist. Dies gilt vor allem in Fällen, in denen andere mögliche Variablen zu statisch sind, um die Politik von westlichen Staaten zu analysieren, die unter dem Einfluss globaler Märkte stehen.

Mein besonderer Dank gilt Professor Dr. Stefan A. Schirm für hilfreiche Hinweise für die Erstellung dieser Arbeit und die fundierte Vermittlung der komplexen Zusammenhänge der internationalen politische Ökonomie.

Inhaltsverzeichnis

Abbildungsverzeichnis

Abkürzungsverzeichnis

AFL-CIO	American Federation of Labor – Congress of Industrial Organizations
BIB	Bruttoinlandsprodukt
CBI	Confederation of British Industry
DGB	Deutscher Gewerkschaftsbund
ECU	European Currency Unit
EEA	Einheitliche Europäische Akte
EG	Europäische Gemeinschaft
EMU	European Monetary Union
EU	Europäische Union
EWG	Europäische Wirtschaftsgemeinschaft
EWI	Europäisches Währungsinstitut
EWS	Europäische Währungsgemeinschaft
EZB	Europäische Zentralbank
GATS	General Agreement on Trade in Services
GATT	General Agreement on Tariffs and Trade
ITO	International Trade Organization
KSZE	Konferenz für Sicherheit und Zusammenarbeit in Europa
NAM	National Association of Manufacturers
NGO	Non Governmental Organization
OECD	Organization for Economic Cooperation and Development
OSZE	Organisation für Sicherheit und Zusammenarbeit in Europa
PIPA	Program on International Policy Attitudes
TNU	Transnationale Unternehmen
TRIPS	Trade-Related Aspects of Intellectual Property Rights
UNO	United Nations Organization
WEU	Westeuropäische Union
WTO	World Trade Organization
WWU	Wirtschafts- und Währungsunion

Zusammenfassung

Die Beschleunigung des Prozesses der ökonomischen Globalisierung wirkt auf die Staaten einen Druck aus, ihre Politik an die Logik der globalen Märkte anzupassen. Doch statt einem eindeutigen Trend zu Konvergenz nationalstaatlicher Politik unter dem Einfluss globaler Märkte, sind auch Fälle von Divergenz zu beobachten. Dieses Phänomen ist vor allem deshalb interessant, weil eine Nicht-Anpassung der Politik an die Wohlfahrtsteigerung versprechende Politik, die der Logik globaler Märkte entspricht, Kosten verursacht. Hieraus ergibt sich die forschungsleitende Frage *Warum führen Staaten mit ähnlichen Ausgangsbedingungen auf nationaler Ebene und unter ähnlichen äußeren Einflüssen eine unterschiedliche Politik durch?*

Diese Arbeit konzentriert sich auf zwei vergleichende Fälle von Policy-Divergenz, die ausführlich untersucht werden. Erstens wird das Verhalten der Bundesrepublik mit dem Großbritanniens im Rahmen der Euro-Einführung untersucht. Die präzisierten Forschungsfragen lauten entsprechend: *Warum ist die BRD der WWU beigetreten?* und *Warum ist Großbritannien der WWU nicht beigetreten?* Zweitens wird das Verhalten der USA im Bereich der Außenhandelspolitik untersucht. In diesem diachronen Vergleich wird die seit der Verabschiedung des Reciprocal Trade Agreements Act im Jahr 1934 tendenziell Freihandel fördernde Politik der USA mit dem Verhalten der USA im Rahmen der WTO-Konferenz im Jahr 1999 in Seattle verglichen, auf der die USA eine Position einnahmen, die zum Scheitern der Konferenz führte. Hier lauten die präzisierten Forschungsfragen entsprechend: *Warum haben die USA in der Zeit nach 1934 und speziell im Zuge der Uruguay-Runde den Freihandel gefördert?* und *Warum standen die USA einer weiteren Förderung des Freihandels auf der WTO-Konferenz in Seattle entgegen?*

In dieser Arbeit wird für die Erklärung von *Policy-Outcome* ein Ansatz gewählt, der dem akteurszentrierten Konstruktivismus zuzuordnen ist. Dieser Ansatz bietet den Vorteil, auch Normen und das Agieren normschaffender Akteure bei der Erklärung von *Policy-Outcome* zu berücksichtigen. So wird hier die Durchführung einer neuen Politik mit dem erfolgreichen Agieren eines Norm-Entrepreneurs erklärt, der gezielt einen normbasierten handlungsleitenden Rahmen schafft, der die Basis für die Akzeptanz einer neuen Policy ist. Aus der Annahme, dass das Wirken eines Norm-Entrepreneurs ein entscheidender Faktor für die Durchführung einer Policy ist, leitet sich die forschungsleitende Hypothese ab: *Wenn eine durchzuführende Policy nicht im Einklang mit bestehenden Normen ist, kann ein Akteur als Norm-Entrepreneur tätig werden und so einen handlungsleitenden Rahmen schaffen, der die Basis für eine neue Policy ist.* Die Untersuchung der Forschungsfragen mittels des Tests dieser Hypothese zeigt die Relevanz der Norm-Entrepreneure und der von ihnen gewählten Strategie auf.

Im Rahmen der Euro-Einführung gelang es den Norm-Entrepreneuren, die sich in der Bundesrepublik für einen Beitritt zur WWU aussprachen, eine genügend hohe Akzeptanz für die Einführung der neuen Währung zu schaffen. Das Führen von Diskursen und die Nutzung geeigneter Frames war hier die erfolgreiche Taktik. Die Frames stellten eine Interpretationsbasis dar, auf Grundlage derer die Argumente der Norm-Entrepreneure eingeordnet und bewertet wurden. Speziell die Verknüpfung der neuen Währung mit der politischen Dimension der EU war eine erfolgreiche Taktik, da bei der deutschen Bevölkerung die EU aufgrund der ausgeprägten europäischen Identität grundsätzlich positiv wahrgenommen wird. Zudem gelang es zumindest teilweise, die positiven Eigenschaften der D-Mark und der Bundesbank auf den Euro und die EZB zu übertragen. Durch das Framing der Norm-Entrepreneure wurde den Gegnern der gemeinsamen Währung eine Argumentation erschwert.
In Großbritannien ist das Wirken der Norm-Entrepreneure, die sich für die Einführung des Euro einsetzen, bisher nicht von Erfolg gekrönt. Dies ist vor allem auf die Ausgangsbedingungen zurückzuführen, die sich den Norm-Entrepreneuren in Großbritannien bieten. Eine Verknüpfung der WWU mit der europäischen Integration ist aufgrund der kaum ausgeprägten europäischen Identität der Briten nicht möglich. Zudem steht die nationale Identität einem Beitritt zur WWU und der Abgabe der Souveränität über die eigene Währung entgegen. So bieten sich den Norm-Entrepreneuren, die sich gegen die Einführung des Euro einsetzen, weit bessere Bedingungen für das Führen von Diskursen. Zudem sind sie aktiver als die Norm-Entrepreneure, die sich für den Euro einsetzen.
Auch in den USA war das Wirken von Norm-Entrepreneuren für das Verhalten der US-Regierung im Rahmen der WTO-Runde in Seattle ausschlaggebend. Hier waren die Akteure, die sich für eine Ausweitung des Freihandels aussprachen, nicht ausreichend aktiv, um die bei den US-Bürgern verankerte Free-Trade-Tradition zu stärken und so eine Akzeptanz für eine weitgehende WTO-Runde zu schaffen. Im Gegenzug engagierten sich die AFL-CIO und vor allem die Public Interest Groups, die der WTO kritisch gegenüberstehen, als Norm-Entrepreneure. Sie verknüpften ihre Interessen mit einem Frame, der auf der Fair-Trade-Tradition der USA aufbaut und konnten so eine hohe Akzeptanz für ihre Interessen bei den US-Bürgern erreichen. Das erfolgreiche Agieren dieser Gruppen zwang letztendlich die US-Regierung, diese Interessen in die offizielle WTO-Agenda der USA aufzunehmen. Dies führte zu einer Überfrachtung der Agenda, was ein zentraler Grund für das Scheitern der Konferenz war.
Der akteurszentrierte Konstruktivismus mit einem Fokus auf das Wirken von Norm-Entrepreneuren ist ein alternativer Ansatz für die Erklärung von *Policy-Outcome*. Das Führen von Diskursen und die Wahl geeigneter Frames, die eine Interpretationsbasis für das vom Norm-Entrepreneur lancierte Thema bieten, ist für die erfolgreiche Setzung beziehungsweise die Änderung einer Norm ausschlaggebend.

Abstract

Nowadays all western states face the same effects of the globalization's economic dimension. This growing influence of globalization on nation states led to the expectation that all the states need to adjust their policy according to the new conditions.
But besides the expectation of a policy convergence, there are also tendencies of policy divergence to be observed. The observed policy divergence, which is in contrast with scientific expectations, provides disadvantages to several states due to the logic of global markets. This results in the question *Why do states that face comparable national and international conditions choose diverging policies?*
The two cases that are examined in this paper are dealing with the introduction of the European Monetary Union (EMU) and the WTO-Meeting in Seattle.
Being part of the EMU provides security from global financial speculations and a common currency-area provides a growth of welfare. Not being a member results in insecurity and the costs of acting against the logic of global markets. Accordingly, the first crucial question is: *Why did Germany become a member of the EMU while the UK did not?*
Free trade results in a growth of welfare. Since the resolution of the Reciprocal Trade Agreements Act in 1934 the USA have been a strong supporter of free trade. The USA have been among those profiting from the results of the Uruguay-Round and the establishment of the WTO. Besides this positive experience, the WTO-Round in Seattle failed due to the position of the USA. Thus, the second crucial question is: *Why did the USA support free trade for decades and why did the USA not support further free trade at Seattle?*
This paper is based on the constructivist premise that norms are guiding behavior. A policy maker is only able to implement a new policy if it corresponds to existing norms. Thus, a change in policy is the result of a change of norms. A new policy, resulting in economic advantages cannot be adapted if its not congruent with the normative setting. It is expected that the successful work of a norm-entrepreneur creates the normative setting for implementing a new policy. Therefore he is engaged in framing processes and in discourses to create a normative setting. This expectation results in the guiding hypothesis *If a chosen policy is not in agreement with existing norms, a policy-maker could become active as a norm-entrepreneur to create a new normative setting, which is the base of a new policy.*
Parallel to their national identity, the Germans developed their European identity. Due to this development, the national and the European identity are closely related. Furthermore, European integration is closely connected with Germany's rise as economic power after 1945 and the EU is highly accepted as foundation of political stability and economic growth. In Germany norm-entrepreneurs suc-

cessfully used the European identity as a basis for their argumentation in favor of the EMU. Aspects of political integration and the guarantee of enduring peace which will be provided by a common currency, have been at the heart of their argumentation. The successful linkage of political and economical aspects was possible because of the Germans strong European identity.
In opposite to that, the British do not have a strong European identity, furthermore the national identity is in contrast to an European identity. These identities serve as a basis for the tactics of a norm-entrepreneur. Thus, in the UK, norm-entrepreneurs supporting EMU face huge problems. The national identity is in contrast to any European involvement and there is no strong European identity that could be used as a basis for their argumentation in favor of EMU. In contrast, opponents of ENU are using the national identity as a frame, they connect British history and values that are in total contrast to an European integration to deny EMU. This argumentation provides an insurmountable hindrance for the supporter of EMU.
In 1999 several actors in the USA have been in favor to support free trade but they did not engage as norm-entrepreneurs. On the opposing side, there had been several groups that denied further free trade and especially the WTO meeting. These groups successfully engaged as norm-entrepreneurs. Their argumentation was built upon a civil-society-frame that regards the WTO as an organization that discriminates ordinary people all over the world and helps global companies to exploit workers and the environment. Thus, the public interest groups did not only call for fair trade for US companies and workers, but also for global fair trade. The argumentation of these public interest groups was seized by the media and issues like environment and global justice became popular themes among the US citizens. Finally, the Clinton administration was forced to add these topic to the official WTO agenda which resulted in a failure of the conference because most of the WTO member states have been unwilling to discuss these topics. The success of the public interest groups could be explained by their popular themes, their tactics of using altruistic and credibly arguments, and by the absence of any norm-entrepreneur that was willing to support free trade.
Using a constructivist approach with a focus on norm-entrepreneurs provides new insights in explaining policy-outcome. A norm-entrepreneur is able to create and to change norms by framing, persuasion, and the conducting of a discourse. As these strategies are closely connected, a successful norm-entrepreneur will combine them into a complete strategy. Thus, a new policy based on norms can be implemented.

I Divergenz nationaler Politik und normgeleitetes Handeln

1 Thema, Relevanz und Fragestellung

Heute stehen alle westlichen Industriestaaten gleichermaßen unter dem Einfluss privatwirtschaftlicher grenzüberschreitender Aktivitäten, die sich im zunehmenden Einfluss globaler Märkte verdeutlichen.[1] Diese Globalisierung der Wirtschaft ist kein neues Phänomen der letzten Jahre, sondern stellt einen schon lange andauernden Prozess dar.[2] Dabei ist Globalisierung kein wirklich globales Phänomen. Vielmehr sind an diesem Prozess vor allem die Mitgliedsstaaten der Organisation für wirtschaftliche Zusammenarbeit und Entwicklung (OECD) und nur wenige Schwellenländer beteiligt.[3]
Das Volumen des grenzüberschreitenden Handels erreichte bereits zu Beginn des 20. Jahrhunderts einen ersten Höhepunkt und stieg nach dem Zusammenbruch der Wirtschaftsbeziehungen, verursacht durch die Weltkriege, wieder an.[4] Seit Beginn der 70er Jahre ist eine starke Dynamisierung dieses Prozesses zu beobachten, der durch die Zunahme der globalen Produktion, des globalen Handels und der grenzüberschreitenden Finanzströme gekennzeichnet ist. Die Entstehung und Ausdehnung grenzüberschreitend agierender Firmen, die Industrialisierung vieler Entwicklungsländer und die durch die Liberalisierung des Weltmarktes erleichterten Direktinvestitionen förderten die globale Produktion. Der Anstieg des Welthandels ist auf den Abbau von Handelshemmnissen durch verschiedene GATT-Runden, gesunkene Transportkosten und Intrafirmenhandel zurückzuführen.[5] Und auch der Handel mit Dienstleistungen weitet sich aus und expandiert inzwischen stärker als der Warenhandel. Unter anderem durch das Ende des Bretton-Woods-Systems und durch technische Neuerungen entwickelte sich ein starker globaler Finanzmarkt. Die Zunahme der Liquidität des globalen Finanzmarktes wird durch die täglichen Umsätze auf den Devisenmärkten

---

1 Zur Entstehung und Funktion globaler Märkte vgl.: Schirm, Stefan A.: Globale Märkte, nationale Politik und regionale Kooperation – in Europa und den Amerikas, Baden-Baden: Nomos, 1999, S. 22-41.

2 Globalisierung hat verschiedene Dimensionen. Neben der ökonomischen kann auch von einer Globalisierung in den Bereichen Umwelt, Migration oder Kommunikation gesprochen werden. In dieser Arbeit bezieht sich Globalisierung aber ausschließlich auf die ökonomische Dimension. Deshalb wird auch die Bezeichnung „globale Märkte“ synonym zu „Globalisierung“ genutzt.

3 Vgl.: Schirm, Stefan A.: Politische Optionen für die Nutzung von Globalisierung, in: Aus Politik und Zeitgeschichte, B5, 2003, S. 8-9.

4 Vgl.: Hirst, Paul / Thompson, Graham: Globalization in Question, Cambridge: Polity Press, 1999², S. 19-65.

5 Vgl.: International Monetary Fund: World Economic Outlook, May 1997, Globalization – Opportunities and Challenges, Washington D.C., 1997.

deutlich. Betrugen diese Ende der 80er Jahre noch 600 Milliarden US-Dollar, so stiegen sie im Zeitraum bis zur Euro-Einführung auf 1,5 Billionen US-Dollar.[6]
Der Einfluss der internationalen Ebene auf die Politik von Nationalstaaten ist unumstritten.[7] Speziell der Einfluss der wirtschaftlichen Globalisierung rückte durch deren Dynamisierung seit den 70ern in das Zentrum des wissenschaftlichen Interesses und ihr Einfluss auf die Politik von Staaten ist umfangreich beschrieben. Beispielhaft sind die Arbeiten von Frieden und Rogowski[8] und von Schirm[9], die mit der unabhängigen Variable „wirtschaftliche Globalisierung" die Politikpräferenzen von Staaten erklären. Dabei stellen die Autoren gleiche Strategien der Staaten im Umgang mit der Globalisierung fest. Die Auswirkungen globaler Märkte auf Nationalstaaten geben den Nationalstaaten Handlungsoptionen vor, um von den grundsätzlich positiven ökonomischen Effekten zunehmenden globalen Handels und globaler Produktion profitieren zu können. Denn die Effekte der globalen Märkte führen zu einem Wachstums- und Innovationsschub, der im Falle geeigneter nationaler Bedingungen durch einen Staat positiv genutzt werden kann.
Im Gegenzug reagieren global tätige Wirtschafts- und Finanzakteure auf Standortnachteile einzelner Staaten mit dem Abzug von Kapital und Produktionsstätten. Dies führt zu einer Stärkung der nationalen Gruppen, die sich für eine Politik aussprechen, die der Logik globaler Märkte entspricht. Diese Logik ist gekennzeichnet durch das Interesse privater, global operierender Akteure, die das Ziel haben, den eigenen Nutzen zu maximieren.[10] Diese Akteure nutzen die Möglichkeit globaler Finanztransfers, globaler Investitionen und globaler Produktion. Sie sind in ihrer Tätigkeit nicht regional gebunden und nutzen das Vorhandensein globaler Märkte auch als Druckmittel gegenüber nationalen Regierungen. Mit dem Vorhandensein einer „Exit-Option", also der Verlagerung von Produktionsstätten beziehungsweise von Investitionen in andere Staaten im Fall nicht zufriedenstellender Rahmenbedingungen, verfügen diese Akteure über ein überaus starkes Druckmittel.

---

6 Nach der Einführung des Euro sanken die Umsätze auf den Devisenmärkten auf 1,2 Billionen US-Dollar. Vgl.: Schlussbericht der Enquete-Kommission des Deutschen Bundestags: Globalisierung der Wirtschaft, Opladen: Leske + Budrich, 2002, S. 63-64.

7 Vgl. z.B.: Gourevitch, Peter: The Second Image Reversed: The International Sources of Domestic Politics, in: International Organization, 32/4, 1978, S. 881-923.

8 Frieden, Jeffery A. / Rogowski, Ronald: The Impact of the International Economy on National Policies: An Analytical Overview, in: Keohane, Robert O. / Milner, Helen V. (Hrsg.): Internationalization and Domestic Politics, Cambridge: Cambridge University Press, 1996, S. 25-47.

9 Schirm (1999a).

10 Vgl.: Schirm, Stefan A.: Global Economic Governance? Globalisierung, Staat und die Prävention weltwirtschaftlicher Krisen, in: Scherpenberg, Jens van / Schmidt, Peter (Hrsg.), Stabilität und Kooperation: Aufgaben internationaler Ordnungspolitik, Baden-Baden: Nomos, 2000, S. 381 ff.

Nationale Politik riskiert den Verlust von Investitionsmitteln und Arbeitsplätzen, das Ausbleiben von Wachstum sowie die Gefahr von Währungsspekulationen, wenn sie sich nicht den neuen Gegebenheiten unter dem Einfluss globaler Märkte anpasst oder sogar den eigenen Markt vom Weltmarkt abschottet. Unter dem Eindruck globaler Märkte wird folglich die Effizienz des Staates eingeschränkt, binnenorientiert die Wirtschaft zu steuern.[11] Und eine Nicht-Anpassung an die Logik globaler Märkte bedeutet, dass von den positiven Effekten der Globalisierung nicht profitiert werden kann. So beobachtet Schirm bei westlichen Industriestaaten eine Abkehr von neo-keynesianischer Politik und eine Hinwendung zu marktliberaler Politik, einhergehend mit einer Strategie der regionalen Kooperation als Reaktion auf die neuen Anforderungen. Auch Frieden und Rogowski gehen von einer Angleichung der Politikpräferenzen aus. Mögliche Unterschiede erklären sie durch die Funktion von Institutionen, die ebenfalls einen Einfluss auf die Politikpräferenzen eines Staates haben. Bei vergleichbaren politischen Systemen und vergleichbarer Struktur der Interessengruppen erwarten die Autoren gleiche Antwortstrategien auf die Anforderungen der globalisierten Wirtschaft in der Form einer Präferenz für marktliberale Politik. Zusammenfassend kann man feststellen, dass der Einfluss globaler Märkte zu einer Neuordnung der Politikpräferenzen führt, was in einer Angleichung nationalstaatlicher Politik resultiert.
Die Erwartung einer konvergierenden Politik verschiedener Nationalstaaten ist nicht neu, sondern basiert auf einer Vielzahl theoretischer Annahmen, die bereits formuliert wurden, bevor Staaten unter dem zunehmenden Einfluss von Globalisierung standen. So wurde zum Beispiel die Abnahme der Wichtigkeit des Landwirtschaftssektors und die Zunahme der Relevanz des Industriesektors als Grund für zunehmende Konvergenz genannt.[12] Diese neuen, durch industrielle Veränderungen verursachten Anforderungen an die Politik von Staaten werden von verschiedenen Staaten auf gleiche Weise bewältigt, was zu einer Angleichung der Politik führt. Auch der Systemwettbewerb von kapitalistischen und sozialistischen Ordnungen führte zur Prognose von Konvergenz in einer dieser Ordnungen.[13] Ein weiterer Grund für diese Angleichung der Politik kann die erfolgreiche Durchführung neuer Programme durch einen Staat sein, die dann von

[11] Vgl.: Schirm, Stefan A.: Krisen, Interessen und Instrumente. Zur Konzeption der Wirkungen globaler Märkte auf Staaten, in: Zeitschrift für Politikwissenschaft, 9/2, 1999, S. 479-498.

[12] Vgl.: Collier, David / Messick, Richard E.: Prerequisites Versus Diffusion: Testing Alternative Explanations of Social Security Adoption, in: American Political Science Review, 69, 1975, S. 1299-1315.

[13] Vgl.: Leipold, Helmut: Wirtschafts- und Gesellschaftssysteme im Vergleich. Grundzüge einer Theorie der Wirtschaftssysteme, Stuttgart: Gustav Fischer Verlag, 1988^5, S. 264.

anderen Staaten übernommen werden.[14] So führt die wechselseitige Adaption erfolgreicher Politik ebenfalls zu neuen Regelungen, zum Beispiel im sozialen Bereich, und so zu einer Konvergenz der Politik verschiedener Staaten.
Die These, dass Änderungen der Politik, die durch die Industrialisierung oder die Adaption erfolgreicher Politik anderer Staaten erfolgen, zu einer Steigerung staatlicher Leistungen führen, wird heute von vielen Wissenschaftlern verneint. Es wird immer noch eine zunehmende Konvergenz vermutet, allerdings geht eine Vielzahl von Studien davon aus, dass Globalisierung als neue Ursache für Konvergenz nicht zu einer Steigerung von Standards und staatlichem Engagement im Bereich der Wohlfahrt führt. Vielmehr wird die Möglichkeit eines *Race to the Bottom* befürchtet.[15] Unter dem Einfluss globaler Märkte konkurrieren Staaten um den besten Standort für Investitionen, was dazu führen kann, dass Staaten die Leistungen des Sozialstaats, Umweltauflagen, die Besteuerung von Kapital und Maßgaben für das Arbeitsrecht reduzieren und sich dabei gegenseitig mit immer niedrigeren Standards unterbieten. Negativer Höhepunkt eines solchen *Race to the Bottom* wäre dann die Konvergenz der Politik verschiedener Staaten auf niedrigstem Niveau. Aber auch eine Konvergenz auf hohem Niveau als Gegenthese zum *Race to the Bottom* ist denkbar. So kann ein großer, stark regulierter Markt auch Standards schaffen, der alle Akteure, die auf diesem Markt vertreten sein wollen, zwingt, sich diesen Standards anzupassen. Diese Standards können sich dann auch auf anderen Märkten durchsetzen.[16]
Tatsächlich lassen sich aber trotz all dieser theoretischen Begründungen für eine zunehmende Konvergenz der Politik verschiedener Staaten auch Fälle von Divergenz beobachten.[17] Selbst der Einfluss globaler Märkte führte nicht zu einem eindeutigen Trend zur Konvergenz – das prognostizierte *Race to the Bottom* bleibt aus, Staaten verlieren ihre Entscheidungssouveränität nicht.[18] In einigen Politikfeldern lässt sich eine weiter bestehende Divergenz der Politik beobachte-

[14] Vgl.: Eyestone, Robert: Confusion, Diffusion, and Innovation, in: American Political Science Review, 71, 1977, S. 441-447.

[15] Vgl. z.B.: Streeck, Wolfgang: From Market Making to State Building? Reflections on the Political Economy of European Social Policy, in: Leibfried, Stephan / Pierson, Paul (Hrsg.): European Social Policy: Between Fragmentation and Integration, Washington D.C.: Brookings Institution, 1995, S. 389-431 und Moses, Jonathan: Abdication from National Policy Autonomy: What's Left to Leave? in: Politics and Society, 22/2, 1994, S. 125–148.

[16] Vgl.: Vogel, David: Trading Up. Consumer and Environmental Regulation in a Global Economy, Cambridge: Harvard University Press, 1995, S. 248-270.

[17] Vgl.: Cerny, Philip G.: Globalization and Other Stories. The Search for a New Paradigm for International Relations, in: International Journal 51/4, 1996, S. 619.

[18] Vgl. z.B.: Garrett, Geoffrey: Global Markets and National Politics: Collision Course or Virtuous Circle?, in: International Organization 52/4, 1998, S. 787-824 und Mosley, Layna: Room to Move: International Financial Markets and National Welfare States, in: International Organization, 54/4, 2000, S. 737-773.

ten, die der theoretischen Annahme widerspricht, dass Globalisierung zu Konvergenz der Politik westlicher Industriestaaten führt. Besonders auffällig ist diese bei den Mitgliedsstaaten der Europäischen Union (EU). Gerade hier wäre aufgrund der ähnlichen Rahmenbedingungen eine Konvergenz zu erwarten. Eine vergleichende Untersuchung verschiedener Politikfelder beweist aber, dass die Felder Finanz- und Währungspolitik, Sozialpolitik und Handelspolitik teilweise eine erhebliche Divergenz zwischen verschiedenen Staaten aufweisen.[19] In diesen Politikfeldern wäre allerdings, basierend auf den theoretischen Annahmen unter dem Einfluss globaler Märkte, Konvergenz und ein *Race to the Bottom* zu erwarten gewesen.

Eine Vielzahl an empirischer Studien befasst sich mit der Darstellung der Divergenz der Politik von verschiedenen Staaten, die der Mehrzahl der theoretischen Prognosen, die eine Policy-Konvergenz unterstellen, widersprechen. Die genauen Gründe für die divergierende Politik sind bisher nicht ausreichend untersucht. Dabei scheint diese Frage von zentraler Wichtigkeit. Denn warum Staaten, die vergleichbare institutionelle Rahmenbedingungen und historische Entwicklungen aufzeigen und unter dem selben Einfluss globaler Märkte stehen, sich für eine unterschiedliche Politik entscheiden, ist nicht unmittelbar erkenntlich. Dies gilt vor allem dann, wenn sich Staaten nicht an die Logik globaler Märkte anpassen und sie so entweder an den wohlfahrtsteigernden Effekten, die der Freihandel mit sich bringt, nicht partizipieren können, oder sie sogar durch direkte Kosten, beispielsweise durch den Abzug von Kapital oder Produktionsstätten, bestraft werden.

Entsprechend stellt sich die folgende forschungsleitende Frage:

Warum führen Staaten mit ähnlichen Ausgangsbedingungen auf nationaler Ebene und unter ähnlichen äußeren Einflüssen eine unterschiedliche Politik durch?

Die Ähnlichkeit der Ausgangsbedingungen auf internationaler Ebene bezieht sich auf die globale ökonomische Vernetzung und den Einfluss globaler Märkte. Die Ähnlichkeit der Ausgangsbedingungen auf nationaler Ebene bezieht sich neben politischen Rahmenbedingungen in erster Linie auf ökonomische Faktoren wie die Abhängigkeit von Handel und die Rolle der verschiedenen Wirtschaftszweige, die von grenzüberschreitendem privatwirtschaftlichem Austausch profitieren. Da sich der Begriff *Politik* hier vorwiegend auf Politikinhalte bezieht, wird im Folgenden der in diesem Zusammenhang präzisere Begriff *Policy* verwendet um zu unterstreichen, dass die inhaltliche Dimension des Politik-Begriffs im Zentrum des Interesses steht.[20] Zur Untersuchung von Policy-Konvergenz beziehungsweise Policy-Divergenz kommen verschiedene Untersu-

[19] Vgl. z.B.: Ferrera, Maurizio: The Four 'Social Europes': Between Universalism and Selectivity, in: Mény, Yves / Rhodes, Martin (Hrgs.): The Future of Welfare in Europe: A New Social Contract?, Houndmills: Palgrave, 1997, S. 81-96.

[20] Vgl. Schmidt, Manfred G.: Wörterbuch zur Politik, Stuttgart: Kröner, 1994, S. 725 ff.

chungsraster in Frage.[21] Zum einen kann unterschieden werden, ob Akteure oder strukturelle Zwänge im Zentrum des Interesses stehen. So wird auf der einen Seite argumentiert, dass externe Strukturen die Handlungsoptionen eines Staates einschränken und so zu einer Policy-Konvergenz führen. Eine Gegenposition ergibt sich aus einem Fokus auf die Akteure. Zwar realisiert eine akteurszentrierte Untersuchung ebenfalls den Einfluss externer Strukturen, aber gleichzeitig stehen die Handlungsoptionen und Gestaltungsmöglichkeiten, die einem Akteur zur Verfügung stehen, im Zentrum des Interesses. Die Nutzung verschiedener Handlungsoptionen durch einen Akteur kann so auch unter dem Einfluss der Globalisierung zu einer Divergenz der Politik verschiedener Staaten führen.
Zudem können die Ökonomie oder Ideen als erklärende Variable für Policy-Wandel herangezogen werden. So kann der Einfluss des mobilen Kapitals und der Druck mobiler transnationaler Unternehmen Policy-Wandel erklären. Dieser Erklärungsansatz geht von einer Konvergenz der Politik unter dem Einfluss globaler Märkte aus. Eine weitere erklärende Variable stellen Ideen und Überzeugungen dar. Ideen und Überzeugungen üben einen Druck auf Akteure aus, sich gewissen Handlungsmustern anzupassen. Diese Ideen können sich ändern, was zu einem Policy-Wandel führt. Gleichzeitig kann eine Policy nur im Rahmen etablierter Ideen und Normen erfolgen.[22] Dieser Erklärungsansatz unterstellt weder einen Trend zur Konvergenz noch zur Divergenz.
In dieser Arbeit stehen einzelne Akteure und Akteursgruppen im Zentrum des Interesses. Ihnen werden weitreichende Gestaltungsmöglichkeiten unterstellt. Ideen sind für diese Akteure handlungsleitend. Ihre Handlungsoptionen werden durch einen von Normen gebildeten Rahmen vorgegeben.

2 Fälle von Divergenz nationaler Politik

Fälle von Policy-Divergenz stellen insofern ein empirisches Puzzle dar, als dass sie den theoretischen Annahmen von zunehmender Konvergenz entgegenstehen. Durch den Vergleich verschiedener Fälle von Divergenz entsteht die Möglichkeit, Hypothesen zur Erklärung für die divergierende Politik zu testen.[23]
In dieser Arbeit werden zwei Fälle von Divergenz in den Politikfeldern Währungspolitik und Handelspolitik untersucht. Diese Politikfelder stehen in besonderem Maße unter dem Einfluss wirtschaftlicher Entwicklungen. Entsprechend

---

21 Vgl.: Drezner, Daniel W.: Globalization and Policy Convergence, in: International Studies Review, 3/1, 2001, S. 57.

22 Zur Rolle von Ideen und Normen siehe Kapitel II.

23 Vgl.: Schmidt, Manfred G.: Vergleichende Policy-Forschung, in: Berg-Schlosser, Dirk / Müller-Rommel, Ferdinand (Hrsg.): Vergleichende Politikwissenschaft. Ein einführendes Studienbuch, Opladen: Leske + Budrich, 1991, S. 197-212.

wäre hier unter dem Einfluss globaler Märkte eine Policy-Konvergenz zu erwarten. Dennoch lässt sich in diesen Politikfeldern bei Staaten mit ähnlichen ökonomischen Ausgangsbedingungen eine Policy-Divergenz feststellen. Im Zentrum des Interesses stehen westliche Industrieländer, sie sind gleichermaßen vom Prozess der Globalisierung betroffen und weisen ähnliche institutionelle Rahmenbedingungen auf. Speziell westliche Industriestaaten sind für eine vergleichende Studie besonders interessant, da hier in besonderem Maße ein ähnlicher Rahmen gegeben ist, indem die Staaten ihre Politik durchführen. Die Logik globaler Märkte belohnt eine Anpassung der Politik an diese Logik im gleichen Rahmen, wie sie „falsche" Politik durch den Abzug von Kapital und Produktionsstätten bestraft. So erscheint die unterschiedliche Politik verschiedener Staaten in den Feldern Währungs- und Handelspolitik mit Blick auf die Logik globaler Märkte als nicht rational. Natürlich verfolgt ein Staat als für die gemeinschaftlichen Angelegenheiten verantwortliche öffentlich-politische Institution, beziehungsweise eine Regierung als Repräsentant staatlicher Handlungsmacht verschiedenste Ziele, die nach Präferenzen geordnet das Verhalten bestimmen. Die Aussage, die Politik verschiedener Staaten sei nicht rational unterstellt, dass die zentrale Nutzenmaximierung eines Staates mit der Steigerung der ökonomischen Wohlfahrt verbunden ist.[24] Eine Policy, die das Ziel der Steigerung der ökonomischen Wohlfahrt als das maximale Ausmaß an Zielbefriedigung verspricht, muss alle relevanten Faktoren auf nationaler und internationaler Ebene berücksichtigen.[25] Entsprechend wird die Wahl einer Policy aus verschiedenen Handlungsalternativen durch die Logik globaler Märkte entscheidend bestimmt. Eine Nicht-Anpassung an die Bedingungen der global vernetzten Ökonomie verursacht speziell unter dem Einfluss globaler Märkte hohe Kosten. So stellt die beobachtete Policy-Divergenz ein besonderes Puzzle dar. Denn die unterschiedliche Policy verschiedener Staaten bedeutet unterschiedlicher Nutzen beziehungsweise unterschiedliche Kosten, die für einen Staat unter dem Einfluss globaler Märkte entstehen.

Die Wahl der einzelnen zur Untersuchung gewählten Fälle ist zum einen durch die Forschungsfrage bestimmt. Es werden auffällige Fälle von Divergenz untersucht, in denen jeweils Kosten durch die Nicht-Anpassung an die Logik globaler

---

[24] Neben der Steigerung der ökonomischen Wohlfahrt sind ist auch das Ziel der Wiederwahl als oberste Präferenz einer rational handelnden Regierung denkbar. Allerdings ist eine erfolgreiche Wirtschaftspolitik und die Steigerung der ökonomischen Wohlfahrt mit ein Garant für eine Wiederwahl.

[25] Es wird davon ausgegangen, dass die Regierung über alle relevanten Informationen verfügt, die die Logik globaler Märkte ausmachen. Die Policy, die hier als nicht rational bezeichnet wird, ist also nicht auf eine „Fehlentscheidung" zurückzuführen, die auf mangelnder Informationen beruht. Vgl: Simon, Herbert A.: Bounded Rationality, in: Eatwell, John / Milgate, Murray / Newman, Peter (Hrsg.): The New Palgrave. A Dictionary of Economics, Volume 1, 1987, S. 266-268.

Märkte entstehen. Zum anderen erfüllen die gewählten Fälle das Kriterium der Vergleichbarkeit und bieten eine ausreichende Datenlage für eine Untersuchung.
Der erste zu untersuchende Fall von Policy-Divergenz ist das Verhalten der USA im Fall der Konferenz der World Trade Organization (WTO) in Seattle im Herbst 1999. Dieses unterschied sich gegenüber der Handelspolitik der USA seit dem Beschluss des Reciprocal Trade Agreements Act von 1934. Während die USA im Laufe der Uruguay-Runde noch für Freihandel eintraten, war ihre Position trotz positiver Erfahrungen, speziell mit den Ergebnissen der Uruguay-Runde, gegenüber der WTO-Runde in Seattle von großer Skepsis geprägt. Eine Ablehnung von weiterführendem Freihandel bedeutet, dass die Chancen globaler Märkte nicht voll genutzt werden können (siehe Kap. III).
Der zweite zu untersuchende Fall von Policy-Divergenz umfasst den Beitritt der Bundesrepublik Deutschland und den Nicht-Beitritt Großbritanniens zur Wirtschafts- und Währungsunion (WWU). Während die Bundesrepublik zum 1. Januar 1999 der einheitlichen Währung beitrat, ist ein Anschluss an die WWU in Großbritannien bisher immer noch umstritten. Beide Staaten stehen in hohem Maß in Handel mit den Staaten der EU. Folglich ist ein Beitritt zur WWU mit einer Kosten- und Risikoreduktion durch den Wegfall von Wechselkursen verbunden. Zudem wird der Markt für die Verbraucher der Beitrittsländer transparenter. Auch hier verstärkt der Einfluss globaler Märkte die Nachteile eines Nicht-Beitritts zur WWU. Ein gemeinsamer Wirtschafts- und Währungsraum bietet neben den wohlfahrtsteigernden Effekten auch einen größeren Schutz vor globalen Finanzspekulationen. So ist Großbritannien zum einen aufgrund des steigen Pfundkurses vom Abzug von Produktionsstätten durch transnationale Unternehmen betroffen, zum anderen auch von den positiven Effekten einer gemeinsamen Währung ausgeschlossen (siehe Kap. IV).
Der diachrone Vergleich der Handelspolitik der USA hat mit dem zweiten synchronen Fall die Gemeinsamkeit, dass auch hier unter dem Einfluss vergleichbarer institutioneller und wirtschaftlicher Rahmenbedingungen eine unterschiedliche Politik verfolgt wurde.
In den zur Untersuchung gewählten Fällen ist der Nicht-Beitritt zur WWU und die Ablehnung fortschreitenden Freihandels mit Kosten verbunden. Dies gilt vor allem unter dem Einfluss globaler Märkte. Denn in den beiden zu untersuchenden Fällen ergeben sich weitreichende Nachteile durch die Nicht-Anpassung an die Logik globaler Märkte. Der Anreiz, die Politik entsprechend der Logik globaler Märkte anzupassen, ist in den zu untersuchenden Fällen nicht für alle Staaten gegeben. Die durch die Nicht-Anpassung entstehenden Kosten werden in Kauf genommen – die Staaten agieren nicht entsprechend dem ökonomisch-rationalen Primat der Anpassung an die Logik globaler Märkte, sondern werden von anderen Interessen geleitet. Daraus folgt die Relevanz der Frage nach den Ursachen für die Policy-Divergenz in den beschriebenen Fällen.

Das Ziel dieser Arbeit ist es, durch eine vergleichende Untersuchung der beiden gewählten Fälle von Policy-Divergenz zu einer Erklärung der Gründe für die Durchführung beziehungsweise die Nicht-Durchführung einer neuen Policy zu kommen.

3 Forschungsstand

Es gibt eine Vielzahl vergleichender Studien, die verschiedenste Staaten und Politikfelder untersuchen.[26] Besonders Fälle von Divergenz der Politik unterschiedlicher Staaten stehen oft im Zentrum des Interesses.[27] Speziell die verschiedenen Fälle von Divergenz der Politik in den Staaten der EU sind umfangreich untersucht. Gerade die Divergenz in EU-Staaten stellt aufgrund der ähnlichen institutionellen und historischen Bedingungen und ähnlicher externer Einflüsse wichtige Fragen an die Wissenschaft. Ebenfalls von Interesse sind vergleichende Studien zwischen den USA und den Staaten der EU.[28] Vor allem die Frage nach dem Erfolg der unterschiedlichen Politiken steht im Interesse der meisten Untersuchungen. Der Grund für die feststellbare Divergenz ist bisher allerdings nicht ausreichend untersucht. Zudem sind die meisten Erklärungsmodelle[29] nur unzureichend für eine Untersuchung der in dieser Arbeit gewählten Fälle geeignet. Diese Erklärungsmodelle haben zwar einen großen Erklärungsgehalt und nehmen mit gutem Grund eine wichtige Rolle in der vergleichenden Policy-Forschung ein. Doch in dieser Arbeit werden Fälle untersucht, in denen sich die erklärenden Variablen dieser Modelle nicht verändern oder zumindest keinen ausreichenden Erklärungsgehalt bieten, da die Ursache für das beobachtete und zu erklärende *Policy-Outcome* in einer anderen Variable vermutet wird. Für die Beantwortung der Forschungsfrage wird in dieser Arbeit die Perspektive der Disziplin *Internationale Beziehungen* durch Ansätze der *Vergleichenden Politikwissenschaft* und der *Soziologie* ergänzt.
Die bisher typischerweise in der Literatur zur Erklärung von *Policy-Outcome* herangezogenen Variablen werden im Folgenden kurz dargestellt.

---

26 Vgl.: Héritier, Adrienne (Hrsg.): Policy-Analyse. Kritik und Neuorientierung, Opladen: Westdeutscher Verlag, 1993.

27 Vgl. z.B.: Visser, Jelle: Traditions and Transitions in Industrial Relations: A European View, in: Ruyssenveldt, Joris van / Visser, Jelle (Hrgs.): Industrial Relations in Europe: Traditions and Transitions, London: Sage, 1996, S. 1-44.

28 Vgl. z.B.: Lipset, Seymour Martin: American Exceptionalism: A Double-Edged Sword, New York: Norton, 1997.

29 Vgl. z.B.: Schmidt, Manfred G.: Theorien in der international vergleichenden Staatstätigkeitsforschung, in: Héritier (1993), S. 371-393.

3.1 Ansätze zur Erklärung von Policy-Outcome

Institutionen

Institutionen haben einen großen Einfluss auf das Verhalten von Akteuren, sie stellen einen zentralen Handlungsrahmen dar.[30] Allerdings sind Ansätze, die das Verhalten von Staaten mit dem Einfluss von Institutionen erklären, nicht in der Lage, jeden Fall von Divergenz zwischen der Politik verschiedener Staaten zu erklären. Denn wenn die zu untersuchenden Staaten einen ähnlichen institutionellen Rahmen aufweisen, müsste folglich auch die durchgeführte Politik vergleichbar sein. Die in dieser Arbeit zur Untersuchung gewählten Fälle weisen vergleichbare institutionelle Rahmenbedingungen auf. Folglich sind Institutionen zur Erklärung der Policy-Divergenz in den zur Untersuchung gewählten Fällen nicht ausreichend.

Sozioökonomische Entwicklungsmechanismen

Industriegesellschaftliche Entwicklungen führen zu neuen Anforderungen an die Politik.[31] Ökonomische und gesellschaftliche Änderungen, oft hervorgerufen durch neue Formen der Arbeitsteilung, stellen neue Anforderungen an die politischen Rahmenbedingungen. Somit stellen sozioökonomische Mechanismen eine wichtige erklärende Variable dar. Dieser Ansatz betrachtet die Politik nicht als gezielt steuernd, sondern als auf neue Anforderungen reagierend. Entsprechend unterstellt der Ansatz bei ähnlichen sozioökonomischen Einflüssen einen klaren Trend zur Policy-Konvergenz. Folglich ist dieser Ansatz nicht in der Lage, Policy-Divergenz in Fällen vergleichbarer sozioökonomischer Einflüsse zu erklären.

Parteienherrschaftstheorie

Die Parteienherrschaftstheorie sieht im unterschiedlichen Wahlrecht, Regierungssystem und im Parteienwettbewerb die erklärende Variable.[32] Die Politik von Staaten ist unter anderem auch abhängig vom Machtgefüge innerhalb eines Staates.[33] So wird beispielsweise argumentiert, dass eine konservativ-liberale Regierung eher marktliberale Reformen durchführt, als eine sozialdemokratische Regierung, die den Gewerkschaften nahe steht. Entsprechend spiegeln sich Ein-

---

30 Vgl.: Huber, Evelyne / Ragin, Charles / Stephens, John D.: Social Democracy, Christian Democracy, Constitutional Structure, and the Welfare State, in: American Journal of Sociology, 99, 1995, S. 73-111 und Hall, Peter A. / Soskice, David (Hrsg.): Varieties of Capitalism. The Institutional Foundations of Comparative Advantage, Oxford: Oxford University Press, 2001.

31 Vgl. z.B.: Wilensky, Harold L.: The Welfare State and Equality. Structural and Ideological Roots of Public Expenditures, Berkley: University of California Press, 1975.

32 Vgl.: Hibbs, Douglas A.: Political Parties and Macroeconomic Policy, in: American Political Science Review, 71, 1977, S. 1467-1487.

33 Vgl. z.B.: Moravcsik, Andrew: Taking Preferences Seriously: A Liberal Theory of International Politics, in: International Organization, 51/4, 1997, S. 513-553.

stellungen und Interessen der Bevölkerung in der Politik eines Staates wieder.[34] Allerdings ist die Annahme, dass die politische Ausrichtung einer Regierungspartei Rückschlüsse auf deren Agieren zuließe, teilweise widerlegt. So führte beispielsweise in der Bundesrepublik eine sozialdemokratische Regierung eine Steuerreform durch, die vorwiegend Aktiengesellschaften entlastet. Eine solche Reform, die die klassische Klientel der SPD nicht entlastet, wäre entsprechend der Annahme, dass die Interessen, die in einer Regierung vertreten sind, auch einen Niederschlag in der Regierungspolitik finden, nicht zu erwarten gewesen. Ein Ansatz, der Policy mittels der Regierungskonstellation und nationaler Interessen erklärt, hat folglich keinen ausreichenden Erklärungsgehalt.

Organisierte Interessen

Die Theorie der Machtressourcen von organisierten Interessen geht davon aus, dass die Politik eines Staates vorwiegend das Machtverhältnis verschiedener Interessen widerspiegelt.[35] Staaten mit ähnlicher ökonomischer Entwicklung und ähnlichen sozialen Strukturen kann auch eine vergleichbare Interessenstruktur unterstellt werden. In diesem Fall unterstellt dieser Ansatz einen Trend zur Policy-Konvergenz. Policy-Divergenz wäre das Ergebnis unterschiedlicher Interessenstrukturen oder unterschiedlicher Einflussmöglichkeiten dieser Interessen gegenüber dem politischen System. Der Fokus auf die Machtverteilung in einem Staat vernachlässigt den Einfluss politischer und institutioneller Bedingungen. Aufgrund der ähnlichen politischen Systeme und Interessenstrukturen in den in dieser Arbeit zu untersuchenden Fällen, kann Policy-Divergenz nicht durch organisierte Interessen erklärt werden.

Die Variable „Größe eines Staates"

Aufbauend auf der Arbeit von Katzenstein „Small States in World Markets"[36] beschreiben einige Autoren die Divergenz der Politik der kleinen europäischen Staaten von der Politik der großen europäischen Staaten. Diese Arbeiten konzentrieren sich vorwiegend auf die erfolgreichen Reformen der Sozialpolitik der skandinavischen Staaten.[37] Allerdings scheint die Variable „Größe" nur bedingten Erklärungsgehalt zu haben. Kleine europäische Staaten wie Belgien oder

---

[34] Vgl. z.B.: Klingemann, Hans-Dieter / Fuchs, Dieter (Hrsg.): Beliefs in Government I. Citizen and the State, Oxford: Oxford University Press, 1995.

[35] Vgl.: Beyme, Klaus von: Interessengruppen in der Demokratie, München: Piper, 1980[5].

[36] Katzenstein, Peter J.: Small States in World Markets, Cornell University Press, Ithaca, 1985.

[37] Vgl. z.B.: Hirst, Paul: Can the European Welfare State Survive Globalization? Sweden, Denmark, and the Netherlands in Comparative Perspective, UW-Madison European Studies Working Paper, Volume 2, 1998, S. 1-32 und Schwartz, Herman: Small States in Big Trouble. State Reorganization in Australia, Denmark, New Zealand and Sweden in the 1980's, in: World Politics, October/46, 1994, S. 527-555.

Griechenland sind in ihrer Politik nicht vergleichbar mit den skandinavischen Staaten und werden in den Untersuchungen, die die Größe eines Staates als erklärende Variable für die Politik eines Staates heranziehen, ausgeklammert. Zudem kann über die Größe eines Staates nicht die divergierende Politik der Bundesrepublik und Großbritanniens im Fall der WWU erklärt werden, da sich die Größe dieser Staaten nicht fundamental unterscheidet. Und für die Untersuchung des unterschiedlichen Verhaltens der USA im Fall des Wirtschaftsgipfels in Seattle im Vergleich zur Politik der vorherigen Dekaden hat die Größe des Staates überhaupt keinen Erklärungsgehalt.

Klassische Ansätze der Disziplin Internationale Beziehungen

Der Realismus und liberale Ansätze als klassische Ansätze der Disziplin *Internationale Beziehungen* betrachten Staaten als rational handelnde Akteure, die ihre Macht, beziehungsweise ihren Wohlstand, in einem anarchischen internationalen System mehren möchten.[38] Dabei gehen diese klassischen Ansätze (speziell der Realismus) nur bedingt auf die nationale Ebene und gesellschaftliche Einflüsse ein, weshalb bei der Untersuchung der nationalen Ebene in der Regel alternative, ergänzende Ansätze Verwendung finden. Diese Ansätze haben für die Untersuchung der Forschungsfrage keinen ausreichenden Erklärungsgehalt, da sie von der Prämisse des rational agierenden Akteurs ausgehen, wobei gerade das zu untersuchende Verhalten der Staaten nicht rational erscheint. Die relativ statische Sicht der klassischen Ansätze der *Internationalen Beziehungen* bietet in den zu untersuchenden Fällen keinen ausreichenden Erklärungsgehalt für die beobachtete Policy-Divergenz. Vielmehr sind diese Ansätze aufgrund ihrer wichtigsten erklärenden Variable „anarchisches internationales System", die auf alle Staaten gleichermaßen wirkt, dazu geeignet Policy-Konvergenz zu erklären.

Die Wirkung globaler Märkte

Globale Märkte haben einen großen Einfluss auf die Präferenzbildung von Staaten. So führte zum Beispiel der sich rapide beschleunigende Prozess der Globalisierung seit den 70ern in Europa und den Amerikas zu einer Präferenz regionaler Wirtschaftsintegration.[39] Auch in der Ausrichtung der Wirtschaftspolitik der Industriestaaten ist unter dem Einfluss globaler Märkte eine Abkehr von neokeynesianischer Politik zu beobachten.[40] So kann der Einfluss globaler Märkte sehr gut Fälle von Konvergenz erklären. Allerdings lassen sich auch unter dem Einfluss globaler Märkte Fälle von Divergenz der Politik von Industriestaaten

---

[38] Zu den Ansätzen der *Internationalen Beziehungen* vergleiche Kapitel II.1.

[39] Vgl.: Schirm (1999a).

[40] Vgl.: Story, Jonathan: The Emerging World Financial Order and Different Forms of Capitalism, in: Stubbs, Richard / Underhill, Geoffrey R. D. (Hrsg.): Political Economy and the Changing Global Order, Oxford: Oxford University Press, 2000², S. 131.

beobachten.[41] Da die hier zu untersuchenden Staaten von dem Einfluss globaler Märkte in vergleichbarer Weise betroffen sind, kann dieser Einfluss als erklärende Variable allein nicht ausreichend die Policy-Divergenz der zu untersuchenden Staaten und Politikfelder erklären.

Der Einfluss von Normen auf einen Akteur
Im Zuge der Etablierung des Konstruktivismus als Theorie der *Internationalen Beziehungen* rückten Normen als erklärende Variable in das Zentrum des Interesses.[42] Demnach werden normbasierte Präferenzen in einem sozialen Umfeld geschaffen und sind unabhängig von der physischen Welt. Auf den Erklärungsgehalt von Normen beziehen sich einige Autoren, um die divergierende Politik verschiedener Staaten zu untersuchen. So untersuchen zum Beispiel Risse / Engelmann-Martin / Knopf / Roscher[43] das Verhalten verschiedener Staaten im Zuge der Euro-Einführung mit Hilfe eines konstruktivistischen Ansatzes und kommen so zu einer weitreichenden Erklärung. Allerdings konzentrieren sie sich in ihrer Untersuchung nur auf die Identitäten der Eliten. So stellen die Autoren fest, dass die Identität von Eliten alleine nicht ausreicht, um das Verhalten eines Staates zu erklären:

> In general, how do elite and mass identities relate to each other? Further research is needed to tackle this question.[44]

Normen stellen eine relativ dynamische Variable dar und aufbauend auf einen normbasierten Ansatz kann entsprechend Wandel erklärt werden.[45] So erscheint dieser Ansatz aufgrund seiner Dynamik vielversprechend, um eine Policy und damit verbundene Divergenz und Konvergenz zu erklären. Allerdings weisen normbasierte Untersuchungen bisher die Schwäche auf, dass sie zum einen nicht thematisieren, in welchem Verhältnis verschiedene Gruppen einer Gesellschaft, die von unterschiedlichen Normen geleitet werden, zueinander stehen. Zum anderen ist die Entstehung einer Norm und deren möglicher Wandel bisher nur unzureichend untersucht. Dies gilt speziell bei der gezielten Implementierung einer neuen Norm. Zwar sind die Gründe für die Entstehung einer neuen Norm bereits formuliert:

---

41 Neben den in Kapitel I.2 dargestellten und hier ausführlich zu untersuchenden Fällen von Divergenz ist auch in anderen Politikfeldern eine Divergenz der Politik zu beobachten. Vgl. z.B.: Neilson, June: Equal Opportunities for Women in the European Union: Success or Failure?, in: Journal of European Social Policy, 8/1, 1998, S. 64-79.

42 Vgl. Kap. II.

43 Risse, Thomas / Engelmann-Martin, Daniela / Knopf, Hans-Joachim / Roscher, Klaus: To Euro or Not to Euro? The EMU and Identity Politics in the European Union, in: European Journal of International Relations, 5/2, 1999, S. 147-187.

44 Risse / Engelmann-Martin / Knopf / Roscher (1999), S. 178.

45 Vgl. Kap. II.1.3 und Kap. II.2.

> Wenn Normen die Zielerreichung von Personen fördern, dann ist es wahrscheinlich, dass diese Normen entstehen.[46]

Und zum Wirken eines normschaffenden Akteurs:

> Wenn Individuen wünschen, dass eine bestimmte Situation S entsteht und wenn eine Norm instrumentell zur Entstehung von S ist, dann führen die Akteure solche Handlungen aus, die zur Entstehung der Norm führen.[47]

Aber dennoch besteht noch keine ausreichende Erklärung für die Wahrscheinlichkeit und den Zeitpunkt des Wandels beziehungsweise der Entstehung einer neuen Norm, sowie über die Methoden, derer sich ein normschaffender Akteur bedient.

Im Gegensatz zu den oben skizzierten Ansätzen, deren erklärende Variable auf der Makroebene angesiedelt ist, berücksichtigt ein normbasierter Ansatz, der speziell das Agieren verschiedener Akteure einbezieht, die Mikroebene als Basis der sozialwissenschaftlichen Handlungstheorie. Zudem fokussiert ein solcher Ansatz mit seiner erklärenden Variable eine vergleichsweise dynamische Variable, die in den zu untersuchenden Fällen eine entscheidende Rolle einzunehmen scheint. Denn die konkurrierenden Variablen sind in den hier zur vergleichenden Untersuchung herangezogenen Fällen relativ konstant und somit für eine Erklärung nicht ausreichend. Somit entsprechen die untersuchten Fälle in dieser Arbeit dem „most similar system design", da Staaten verglichen werden, die eine Vielzahl an Charakteristika gemein haben und entsprechend kommen für die Erklärung der Policy-Divergenz nur wenige Variablen in Frage.[48] Ein normbasierter Ansatz kann hier eine hilfreiche Ergänzung für die Erklärung des beobachteten *Policy-Outcome* bieten. Eine ausführliche Untersuchung der Entstehung und Änderung von Normen und des Verhältnisses von Eliten und der Gesellschaft ist somit eine vielversprechende Basis, theoretische Lücken zu schließen und die feststellbare Policy-Divergenz zwischen verschiedenen Staaten zu erklären.

Ein normbasierter Ansatz mit speziellem Fokus auf die Entstehung einer Norm zur Erklärung von Divergenz wird in Kapitel I.3.2 kurz skizziert und in Kapitel II ausführlich erarbeitet.

---

46 Opp, Karl-Dieter: Die Entstehung sozialer Normen als geplanter und spontaner Prozess, in: Metze, Regina / Mühler, Kurt / Opp, Karl-Dieter (Hrsg.): Normen und Institutionen: Entstehung und Wirkung. Theoretische Analysen und empirische Befunde, Leipzig: Leipziger Universitätsverlag, 2000, S. 39.

47 Opp (2000), S. 41.

48 Vgl.: Przeworski, Adam / Teune, Henry: The Logic of Comparative Social Inquiry, New York: Wiley-Interscience, 1970.

3.2 Das Wirken eines Norm-Entrepreneur als erklärende Variable

Eine Untersuchung der in Kapitel I.2 dargestellten Fälle von Konvergenz mit einem konstruktivistischen Ansatz scheint vielversprechend. So erklären Normen die Wahl einer Policy, die unter der Annahme eines rationalen, den ökonomischen Nutzen maximierenden Akteurs nicht zu erwarten wären. Eine Erklärung der Divergenz kann durch das Wirken eines Norm-Entrepreneurs und der daraus folgenden Änderung der handlungsleitenden Normen erfolgen (vgl. Kap. II.2).

Eine erste Untersuchung mit einem Fokus auf das Wirken eines Norm-Entrepreneurs stammt von Robert Cox.[49] Cox vergleicht den Wandel der Sozialpolitik von drei europäischen Staaten mittels eines konstruktivistischen Ansatzes. Er untersucht das Verhältnis der Eliten und der Bevölkerung sowie deren handlungsleitende Normen und geht hier davon aus, dass die Eliten durch geschicktes Agieren Normen verändern und so einen Policy-Wandel herbeiführen können. Allerdings bietet Cox in seiner Untersuchung von drei Ländern nur wenig Raum für eine Darstellung der Prozesse, die in den untersuchten Staaten stattgefunden haben, so dass ein weitreichender Erkenntnisgewinn in Bezug auf die Änderung von Normen, dem Wirken eines Norm-Entrepreneurs und die damit zu erklärende Divergenz der Politik von Staaten ausbleibt. So ist die Arbeit von Cox mangels ausreichender allgemeingültiger theoretischer Aussagen nicht auf andere Politikfelder übertragbar.

Jedoch bietet die Arbeit von Cox einen vielversprechenden Ausgangspunkt für die Untersuchung der gewählten Fälle von Policy-Divergenz. Hiervon ausgehend soll in dieser Arbeit mittels allgemeingültiger Aussagen über das Wirken eines Policy-Entrepreneur ein Erklärungsansatz erstellt werden, der eine Basis für die Untersuchung der gewählten Fälle bietet. Die *Internationalen Beziehungen* bieten für diese Arbeit die geeignete Perspektive für die Untersuchung von Staaten, die unter dem Einfluss der Logik globaler Märkte stehen. Allerdings ist die Entstehung von Normen als zentrales Element des Konstruktivismus als Theorie der *Internationalen Beziehungen* nicht ausreichend theoretisch fundiert. Um das Wirken eines Norm-Entrepreneurs zu untersuchen, wird in dieser Arbeit nicht nur der Beitrag der *Internationalen Beziehungen* für die Erklärung der Relevanz und Entstehung von Normen herangezogen, sondern auch die *Soziologie* mit ihrer traditionsreichen Analyse von Normen als hilfreicher Impact.

---

[49] Cox, Robert H.: The Social Construction of an Imperative: Why Welfare Reform Happened in Denmark and the Netherlands but not in Germany, in: World Politics 53/3, 2001, S. 463-498.

4 Prämisse und forschungsleitende Hypothese

Die Politik von Staaten steht seit jeher unter dem Druck ständiger Anpassung an neue Gegebenheiten, die alle Politikfelder betreffen können. Dieser Druck zur Policy-Anpassung führte bereits früh zur Formulierung verschiedenster Konvergenzthesen. Der Einfluss globaler Märkte stellt einen neuen, zentralen Einflussfaktor auf die Policy-Optionen von Staaten dar. Die zur Untersuchung gewählten Fälle von Policy-Divergenz weisen die Gemeinsamkeit auf, dass in jedem der beiden Fälle Kosten für den Staat entstehen, der sich der Logik der Wirtschaft unter dem Einfluss globaler Märkte entzieht: Die USA können nach dem Scheitern der Verhandlungen von Seattle nicht von den positiven Effekten eines fortschreitenden Freihandels profitieren. Dabei bietet gerade die WTO einen Handel, Dienstleistungen und Urheberrechte umfassenden Rahmen, der den USA den globalen Handel ermöglicht und dabei ein Regelwerk gegen Abschottung bietet (vgl. Kap. III). England ist von den Vorteilen einer gemeinsamen Währung ausgeschlossen, dies ist nicht nur für die Verbraucher, sondern auch im Wettbewerb als Standort für transnationale Unternehmen ein großer Nachteil und erhöht die Gefahr von Spekulationen gegen das britische Pfund (vgl. Kap. IV).

Speziell unter dem Einfluss globaler Märkte erscheint die Politik Großbritanniens und die der USA nicht ökonomisch rational. Gleichzeitig konnten in den zu untersuchenden Fällen die Bundesrepublik durch den Beitritt zur WWU und die USA durch ein Eintreten für mehr Freihandel in der Zeit nach 1934 und speziell im Zuge der Uruguay-Runde durch die jeweils durchgeführte Policy profitieren.

Die Policy-Divergenz stellt ein empirisches Puzzle dar und führt zu der in Kapitel I.1 formulierten Forschungsfrage: *Warum führen Staaten mit ähnlichen Ausgangsbedingungen unter ähnlichen äußeren Einflüssen eine unterschiedliche Politik durch?*

Die folgende Arbeit baut auf der konstruktivistischen Prämisse auf, dass Normen handlungsleitend sind. Wenn ein *Policy-Maker* eine Policy durchführen möchte, muss diese im Einklang mit den bestehenden Normen sein. In den beiden zur Untersuchung gewählten Fällen von Policy-Divergenz wird die jeweils durchgeführte Policy entsprechend mittels handlungsleitender Normen erklärt. Ein Wandel der Policy ist entsprechend auf einen Normwandel zurückzuführen. Demzufolge ist zu untersuchen, welche Normen bei der jeweils durchgeführten Policy handlungsleitend waren beziehungsweise sind und wie es zu einem Normwandel kommt, der zu unterschiedlichem Verhalten und so zu Policy-Divergenz führt.

Daraus leitet sich folgende forschungsleitende Hypothese ab:

Wenn eine durchzuführende Policy nicht im Einklang mit bestehenden Normen ist, kann ein Akteur als Norm-Entrepreneur tätig werden und so einen handlungsleitenden Rahmen schaffen, der die Basis für eine neue Policy ist.
Diese Hypothese unterliegt der Vermutung, dass Akteure gezielt Normen schaffen und ändern können. Dies tun sie mit dem Ziel eine neue Policy zu implementieren. Gelingt ihnen die Initiierung der neuen Norm nicht und die bestehenden Normen stehen der zu implementierenden Policy entgegen, dann kann diese Policy nicht implementiert werden.

5 Aufbau der Arbeit

In Kapitel II wird der Konstruktivismus als Theorie der *Internationalen Beziehungen* dargestellt. Aufbauend auf den Prämissen des Konstruktivismus werden Annahmen über das Wirken eines Norm-Entrepreneurs erstellt, die aufzeigen, wie dieser neue, handlungsleitende Normen initiieren kann. Dabei gilt ein spezieller Fokus dem geeigneten Zeitpunkt für die Initiierung einer neuen Norm, sowie den Methoden, die cin Norm-Entrepreneur zur Initiierung einer Norm wählt.
In Kapitel III wird die Divergenz der Außenhandelspolitik der USA in der Zeit nach 1934 gegenüber der Position in Seattle untersucht.
In Kapitel IV wird die Divergenz der Politik der BRD gegenüber der Politik Großbritanniens im Fall der WWU untersucht.
Kapitel V stellt die Probleme der Operationalisierung der Variable „Norm-Entrepreneur" Bezug nehmend auf die Ergebnisse der Kapitel III und IV dar und zeigt die Notwendigkeit des Verständnisses für die Logik globaler Märkte auf, das die Basis für eine Akzeptanz einer neuen Policy ist.

II Normen, ihre Entstehung und ihr Wandel

In diesem Kapitel wird die Entwicklung des Konstruktivismus als Theorie der *Internationalen Beziehungen* und die verschiedenen Varianten des Konstruktivismus dargestellt. Im Rahmen des sozietalen, akteurszentrierten Konstruktivismus wird der Frage nachgegangen, wie ein Akteur als Norm-Entrepreneur tätig werden kann, wie dieser beschaffen ist und wie er gezielt eine Norm etablieren kann. Anschließend wird die theoretische Konzeptualisierung der empirischen Vergleiche der Kapitel III und IV vorgestellt.

1 Theorien der Internationalen Beziehungen

1.1 Perspektiven der Internationalen Beziehungen

Die Disziplin *Internationale Beziehungen* nimmt in der Politikwissenschaft einen immer bedeutsameren Teil ein. Dies hat verschiedene Ursachen. Nach dem Ende des Ost-West-Konflikts wandte sich die Disziplin *Internationale Beziehungen* verstärkt einer Vielzahl neuer Themen wie Umweltpolitik, Ökonomie oder Migration zu, die bis dahin nicht in diesem Ausmaß behandelt wurden, und trägt so zur Untersuchung relevanter Themen maßgeblich bei. Zur gleichen Zeit findet innerhalb der Disziplin eine Theoriedebatte statt, die sich mit epistemologischen sowie mit ontologischen Aspekten der Disziplin befasst. Im Zuge dieser Einflüsse in den 90ern beginnt auch eine Öffnung der Disziplin für neue Ansätze beispielsweise aus der Freihandelsökonomie oder der Soziologie. Dabei steht vor allem die vergleichende Methode als Instrument des Erkenntnisgewinns im Vordergrund. Synchrone und diachrone Vergleiche beziehen sich dabei verstärkt auf die nationale Ebene, was zu einer Annäherung der *Internationalen Beziehungen* an die Disziplin *Vergleichende Politikwissenschaft* führt. Diese Annäherung äußert sich neben der Verwendung ähnlicher Methoden und Instrumente in der Beschäftigung mit ähnlichen Themenfelder.

Dabei birgt die Disziplin *Internationale Beziehungen* weitreichende Potentiale zum einen in der Untersuchung neuer empirischer Phänomene, zum anderen in der Fähigkeit und dem Interesse, neue theoretische Ansätze zu entwickeln oder diese anderen Disziplinen zu entlehnen und weiter zu entwickeln.

Ein zentraler Forschungspunkt der *Internationalen Beziehungen* ist die Verknüpfung der nationalen mit der internationalen Ebene in einer Erklärung. Diese Verknüpfung ist natürlich keine neue Erkenntnis der Disziplin.[1] Allerdings

---

[1] Vgl. z.B.: Gourevitch, Peter: The Second Image Reversed: The International Sources of Domestic Politics, in: International Organization, 32/4, 1978, S. 881-923.

bringt die neue intensive Beschäftigung mit dieser Verknüpfung neue wichtige Erklärungsansätze, die die Basis für die Untersuchung verschiedener empirischer Phänomene darstellen. Die Perspektive der *Internationalen Beziehungen* hat dabei die Stärke, internationale Phänomene in die Untersuchung nationaler Phänomene einzubringen. Diese Stärke wird beispielsweise bei der Untersuchung der Politik von Staaten deutlich, die unter dem Einfluss der wirtschaftlichen Globalisierung stehen. Fragen nach der Gestaltung einer effektiven nationalen Politik in den Bereichen Sozial-, Steuer-, Fiskal- oder Handelspolitik können ohne die Einbeziehung der internationalen Ebene und ohne fortschrittliche Erklärungsansätze nicht adäquat beantwortet werden. So ist der Fokus der *Internationalen Beziehungen* auf Politikfelder, die ursprünglich vorwiegend von der Disziplin *Vergleichende Politikwissenschaft* untersucht wurden, eine vielversprechende Vorgehensweise, um zu neuen Erkenntnissen zu gelangen. Das Potential der für empirische und theoretische Inputs offenen Sicht der *Internationalen Beziehungen,* die die nationale sowie die internationale Ebene berücksichtigt, fasst Matthew Evangelista treffend zusammen:

> The domestic structural approach seems especially appropriate to the study of comparative foreign policy, to answering the question of why states that face similar international pressures and constraints – including major changes in the external environment – often respond very differently.[2]

Im Folgenden werden die klassischen Ansätze der *Internationalen Beziehungen* kurz dargestellt und anschließend der Konstruktivismus als das Ergebnis der dritten Theoriedebatte der *Internationalen Beziehungen* vorgestellt.

---

2 Evangelista, Matthew: Domestic Structure and International Change, in: Doyle, Michael W. / Ikenberry, G. John (Hrsg.): New Thinking in International Relations Theory, Boulder: Westview Press, 1997, S. 203.

1.2 Realismus und Liberalismus

Die wissenschaftliche Disziplin *Internationale Beziehungen* wurde bis zu Beginn der 90er Jahre von Theorien dominiert, die der realistischen[3] oder der liberalen[4] Schule zuzuordnen sind. Diese Schulen sind keine Theorien, die internationale Beziehungen erklären – aber sie stellen Perspektiven bereit, aus denen Theorien abgeleitet werden.[5]
Gegen Ende des 20. Jahrhunderts kommen zum einen eine Vielzahl neuer empirischer Themen auf die politikwissenschaftliche Agenda, wie eine neue sicherheitspolitische Situation, ethnische Konflikte und die Folgen der wirtschaftli-

---

[3] Thukydides' *Der Peloponnesische Krieg* kann als Ausgangsbasis der realistischen Schule gesehen werden. Er nutzt drei Erklärungsebenen um den *state of war* zu konstruieren: Die Natur des Menschen, die nationale Gesellschaft und das zwischenstaatliche System. Aufbauend auf diesem komplexen Ausgangspunkt entwickelten sich drei einflussreiche Ansätze, die die Existenz des *state of war* explizit belegen. Machiavelli fokussierte in seinen Arbeiten die Natur des Menschen und kann als fundamentaler Realist bezeichnet werden; Hobbes konzentrierte sich auf das zwischenstaatliche System und kann als struktureller Realist bezeichnet werden; Rousseau konzentrierte sich auf die nationale Gesellschaft und kann als konstitutioneller Realist bezeichnet werden. (vgl.: Doyle, Michael W.: Ways Of War And Peace, Part 1, New York: W.W. Norton & Company, 1997 und Viotti, Paul R. / Kauppi, Mark V.: International Relations Theory. Realism, Pluralism, Globalism, Boston: Allyn and Bacon, 1993). Basierend auf diesen klassischen Wurzeln entwickelte sich der Realismus in unterschiedliche Richtungen. Heute nimmt der Neorealismus, der vorwiegend durch die Arbeiten von Kenneth Waltz beeinflusst ist, eine zentrale Rolle unter den Theorien der *Internationalen Beziehungen* ein, wobei sich unterschiedliche Varianten des Neorealismus immer mehr von den klassischen Ansätzen entfernen. (vgl. z.B.: Legro, Jeffrey W. / Moravcsik, Andrew: Is Anybody Still a Realist?, in: International Security, 24/2, 1999, S. 5-55.

[4] Im Vergleich zum Realismus ist der Liberalismus aufgrund des Fokus auf individuelle Rechte und Privatbesitz keine eigentliche Theorie der *Internationalen Beziehungen*. Allerdings werden die Ideen des Liberalismus auf die internationale Ebene transferiert. Die Wurzeln der liberalen Ansätze liegen bei Locke, der sich mit der individuellen Ebene beschäftigt und als Institutionalist bezeichnet werden kann, bei Smith, der die gesellschaftliche Ebene untersucht und als Verfechter des Kommerzialismus und des liberalen Pazifismus gilt, sowie bei Kant, der sich für einen institutionalisierten Frieden zwischen liberalen Republiken ausspricht. Diese drei Philosophen untersuchen die individuellen, gesellschaftlichen und zwischenstaatlichen Determinanten des *state of war*. Da der *state of war* kein automatisches Ergebnis des *state of nature* ist, ist hier ein *state of peace* möglich. (vgl.: Doyle (1997), Part 2 und Viotti / Kauppi (1993)). Auf diesen Wurzeln aufbauend entwickelten sich unterschiedlichste Ansätze, wobei es in den letzten Jahren zu einem Aufleben von liberalen Ansätzen kam, die sich auf der Mikro-Ebene bewegen und vorwiegend mit Werten beschäftigen.

[5] Vgl.: Fehrle, Fabian: Every Thing Matters? The Problem of Complexity in Constructivism, Arbeitspapiere zur Internationalen Politik, No. 2, 2001, Hrsg.: Stefan A. Schirm, Universität Stuttgart, S. 1-22.

chen Globalisierung. Zum anderen steht die Prämisse des rational handelnden Akteurs der realistischen und liberalen Ansätze zur Diskussion. Theoretische Ansätze, die auf den Realismus oder den Liberalismus zurückzuführen sind, sind oft nicht ausreichend geeignet, die neuen Themen in ihrer vollen Komplexität zu untersuchen.

Im Zuge der dritten Theoriedebatte konnte sich so der Konstruktivismus als reflexiver Gegenpol zu Realismus und liberalen Ansätzen etablieren. Dies liegt zum einen an der Stärke des Konstruktivismus, Antworten auf die neuen Fragen an die Disziplin geben zu können und zum anderen an einem neuen Verständnis der *Internationalen Beziehungen*, das von einer sozial konstruierten Wirklichkeit ausgeht. Im Gegensatz zum Realismus und liberalen Ansätzen ist im Konstruktivismus nicht das anarchische internationale System die unabhängige Variable, sondern das internationale System wird als sozial konstruiert betrachtet. Der zentrale Unterschied zwischen dem Konstruktivismus und anderen Ansätzen besteht darin, dass der Konstruktivismus Identitäten, Interessen und Vorlieben von Akteuren nicht als exogen vorgegeben betrachtet. Interessen werden in einem endogenen Prozess geformt, der zwischen Akteuren und zwischen Strukturen und Akteuren stattfindet. Der Konstruktivismus will untersuchen, was die Menschen über das internationale System „wissen" und warum sie dieses Wissen für objektiv und real halten.[6]

Aufgrund des hohen Erklärungsgehalts der konstruktivistischen Ansätze, werden diese vermehrt für die Untersuchung neuer Politikfelder herangezogen. Die Erweiterung der untersuchten Politikfelder zeigt nicht nur die Stärke und den Anspruch, alle Politikfelder untersuchen zu können, sondern es werden auch Schwächen und Lücken eines konstruktivistischen Forschungsdesigns deutlich. Dies führte in den letzten Jahren zu einer ständigen Erweiterung der konstruktivistischen Ansätze. Die Etablierung des Konstruktivismus im Zuge der dritten großen Debatte als Theorie der *Internationalen Beziehungen* wird im Folgenden dargestellt. Als bisher am wenigsten untersuchte Forschungsrichtung innerhalb der konstruktivistischen Ansätze wird der akteurszentrierte Konstruktivismus identifiziert. Speziell die Frage nach dem Ursprung einer Norm und deren Änderung ist bisher nur unzureichend untersucht. Dies gilt vor allem für die Frage, wie Akteure als Norm-Entrepreneure aktiv werden können und ob sie erfolgreich eine neue Norm etablieren können.

---

6 Der Konstruktivismus als Theorie der *Internationalen Beziehungen* entwickelte sich relativ unabhängig von soziologischen Theorien, die sich mit der sozialen Konstruktion von Akteuren beschäftigen. In den *Internationalen Beziehungen* entstammt der Begriff „Constructivism" Onufs' 'World of Our Making' und vereinigt die Ansätze, die die Welt als sozial konstruiert betrachten. (Onuf, Nicholas: World of Our Making: Rules and Rule in Social Theory and International Relations, Columbia, S.C.: University of South Carolina Press, 1989).

1.3 Konstruktivismus – Eine soziale Theorie der Internationalen Beziehungen

1.3.1 Die drei Debatten der Internationalen Beziehungen

Die wissenschaftliche Disziplin *Internationale Beziehungen* ist von drei großen Theoriedebatten beeinflusst.[7] Die erste Debatte fand in den 30ern zwischen den Anhängern des Idealismus und des Realismus statt. Der Idealismus wurde von den Anhängern des Realismus mit folgendem Vorwurf kritisiert:

> [idealism's] passionate desire to prevent war determined the whole initial course and direction of the study. Like other infant sciences, the science of international politics has been markedly and frankly utopian.[8]

Denn die Erfahrungen des Ersten Weltkrieges und der Zwischenkriegszeit ließen Zweifel am Weltbild des Idealismus aufkommen:

> Idealism [...] simply did not look as if it had much to say about the major events in international relations in the 1930s.[9]

Diese erste Debatte beschäftigte sich vorwiegend mit der ontologischen Ebene. Der Realismus konnte sich in dieser Debatte gegen den Idealismus[10] durchsetzen, da er das Wesen von Staaten so untersucht, wie es sich darstellt, nicht so wie es sein sollte. Im Zuge dieser Debatte entwickelte sich der Realismus zur wichtigsten und einflussreichsten Theorie der *Internationalen Beziehungen*.
Die zweite Debatte fand in den 60ern zwischen den Anhängern der traditionellen Wissenschaft und den Behavioristen statt. Die Behavioristen kritisierten die zentrale Rolle von unüberprüfbaren Prämissen und die normativen Aussagen über das internationale System des Realismus. Speziell die realistische a priori Annahme über das Wesen der Menschen wurde von den Behavioristen abge-

---

7 Einige Wissenschaftler zählen auch vier oder mehr Debatten. Im Gegensatz zur Zählung in dieser Arbeit wird die wissenschaftliche Auseinandersetzung zwischen Vertretern des Neorealismus und des Neoliberalismus beispielsweise oft als Debatte gezählt. Zudem hat sich die oben dargestellte erste Debatte erst in der Retrospektive als große Debatte etabliert. In den 30ern wurde die Thematik in der Wissenschaft kaum diskutiert. Vgl.: Schmidt, Brian C.: On the History and Historiography of International Relations, in: Carlsnaes, Walter / Risse, Thomas / Simmons, Beth A. (Hrsg.): Handbook of International Relations, London: Sage, 2002, S. 12.

8 Carr, Edward H.: The Twenty Years' Crisis 1919-1939. An Introduction to the Study of International Relations, reprint of 2nd edition, New York: Harper & Row, 1964, S. 8.

9 Hollis, Martin / Smith, Steve: Explaining and Understanding International Relations, Oxford: Clarendon Press, 1990, S. 21.

10 Der Idealismus gewann aufgrund seines normativen positiven Menschenbildes, das in der ersten Hälfte des 19. Jahrhunderts nicht mit den kriegerischen Konflikten vereinbar war, nie die Position einer Großtheorie, die vergleichbar mit dem Realismus oder den liberalen Ansätzen wäre.

lehnt. Im Gegensatz versuchen Behavioristen durch die Untersuchung überprüfbarer Daten und den Methoden der Naturwissenschaft zu einem Wissensgewinn zu kommen. Gefundene Regelmäßigkeiten in den untersuchten Daten waren die Basis für den Entwurf und den Test von Hypothesen, aus denen dann Theorien entwickelt werden konnten.[11] Die zweite Debatte befasste sich vorwiegend mit epistemologischen Fragen. Da die Behavioristen die Realisten hauptsächlich wegen ihrer Methode kritisierten, blieb der Realismus die zentrale Theorie der *Internationalen Beziehungen*, adaptierte allerdings teilweise die Methoden der Behavioristen.

Als dritte Debatte bezeichnet man die Auseinandersetzung zwischen rationalen und post-positivistischen Ansätzen. Robert Keohane[12] bezeichnet diese Ansätze als rationalistische und reflexive Ansätze.[13] Die zentralen rationalistischen Theorien sind der Neoliberalismus und der Neorealismus. Beide untersuchen vergleichbare Themen mit vergleichbaren Methoden. Zentrales Thema ist die Funktion von internationalen Institutionen in Bezug auf das Verhalten von Staaten unter dem Einfluss des anarchischen internationalen Systems. Während im Neorealismus Akteure relative Gewinne anstreben, kommt es im Neoliberalismus leichter zu Kooperation zwischen Akteuren, da diese absolute Gewinne anstreben. Beide Theorien sehen im Staat den wichtigsten Akteur, der als Homo Oeconomicus betrachtet wird und dessen Identität, Interessen und Präferenzen exogen kreiert werden. Der Neorealismus bezieht wie die liberalen Ansätze im Gegensatz zum klassischen Realismus dabei aber auch nichtstaatliche Akteure in die Analyse ein.[14]

Die wichtigste Gemeinsamkeit der reflexiven Ansätze ist die epistemologische Opposition zu den rationalistischen Ansätzen. Als reflexiv wird eine Vielzahl von Ansätzen bezeichnet, wobei die wichtigsten Strömungen unter den Namen „Normative Ansätze", „Feministische Ansätze", „Kritische Ansätze", „Historische Ansätze" und „Post-Moderne" zusammengefasst werden können.[15] Diesen Ansätzen ist die Verneinung der Prämisse des mit exogen vorgegebenen Interessen rational handelnden Akteurs gemein. Soziale Kräfte, Normen und Werte, die nicht aus utilitaristischem Interessenkalkül ableitbar sind, nehmen eine zentrale Position im Fokus der reflexiven Ansätze ein. Im Gegensatz zu den rationalisti-

---

[11] Vgl.: Hollis / Smith (1990), S. 28-29.

[12] Keohane, Robert O.: International Institutions: Two Approaches, International Studies Quarterly, 32/4, 1988, S. 382.

[13] Die Unterscheidung zwischen rationalistischen und reflexiven Ansätzen ist nur eine unter mehreren Möglichkeiten. Allerdings ist sie – vor allem mit Blick auf die zentrale Stellung von Keohane in den *Internationalen Beziehungen* – die am häufigsten genannte.

[14] Vgl.: Smith, Steve: New Approaches to International Theory, in: Baylis, John / Smith, Steve (Hrsg.): The Globalization of World Politics. An Introduction to International Relations, Oxford: Oxford University Press, 1997, S. 165-190.

[15] Vgl.: Smith (1997).

schen Ansätzen betonen sie die Funktion der menschlichen Wahrnehmung sowie die Interpretation von Institutionen und der gesamten Weltpolitik.[16] Reflexive Ansätze betrachten Identitäten, Interessen und Präferenzen von Akteuren als endogen entwickelt. Sie entstehen in einem Prozess der Interaktion zwischen verschiedenen Akteuren sowie zwischen Akteuren und Strukturen. Der Akteur der reflexiven Ansätze kann also als Homo Sociologicus bezeichnet werden. Diese jüngste Debatte bewegt sich auf der ontologischen und der epistemologischen Ebene. Auf der ontologischen Ebene werden die endogen kreierten Interessen und Identitäten in das Zentrum der Forschung gerückt. Auf der epistemologischen Ebene wird diskutiert, dass es keine Identifikation von als wichtig erachteten Fakten geben kann, ohne dabei Theorie geleitet vorzugehen. Die dritte Debatte ist durch das Problem gekennzeichnet, dass die reflexiven Ansätze nicht zu einem Herausforderer der rationalistischen Ansätze zusammengefasst werden können.[17] Jeder der reflexiven Ansätze hat einen anderen Brennpunkt, wobei die gemeinsame Erkenntnis dieser Ansätze sie als Post-positivistische Theorien bezeichnen lässt. Die Stärken der reflexiven Ansätze gegenüber den rationalistischen Ansätzen – aber auch deren Schwächen vor allem mit Blick auf die Methode – werden von Keohane treffend zusammengefasst:

> Advocates of the reflective approach make telling points about rationalistic theory, but have so far failed to develop a coherent research program of their own. A critical comparison of rationalistic and reflective views suggests hypotheses and directions for the development of better-formulated rationalist and reflectivist research programs, which could form the basis for historically and theoretically grounded empirical research, and perhaps even for an eventual synthesis of the two perspectives.[18]

1.3.2 Konstruktivismus als Synthese von rationalistischen und reflexiven Ansätzen

> Constructivism occupies the middle ground between rationalist approaches (whether realist or liberal) and interpretative approaches (mainly postmodernist, poststructuralist and critical), and creates new areas for theoretical and empirical investigation.[19]

Das Ziel der Vertreter des Konstruktivismus ist es, die Grenzen der rationalistischen Ansätze zu überwinden. Diese Grenzen werden vor allem darin gesehen, dass Interessen als relativ statisch und exogen gegeben betrachtet werden. Im Gegensatz hierzu bietet der Konstruktivismus die Möglichkeit die Bildung von

---

[16] Vgl.: Keohane (1988), S. 382.

[17] Vgl.: Schaber, Thomas / Ulbert, Cornelia: Reflexivität in den Internationalen Beziehungen, Zeitschrift für Internationale Beziehungen, 1/1, 1994, S. 139-169.

[18] Keohane (1988), S. 379.

[19] Adler, Emanuel: Seizing the Middle Ground: Constructivism in World Politics, in: European Journal for International Relations, 3/3, 1997, S. 319.

Interessen zu untersuchen, die als endogener Prozess betrachtet wird. Die Stärke des Konstruktivismus ist es, die Research-Agenda der rationalistischen Ansätze zu übernehmen und diese mit neuen Erklärungsansätzen zu untersuchen. Dabei nehmen die Identitäten der Akteure und deren reflexive Wahrnehmung ihrer Umwelt und ihres Handelns als unabhängige Variable eine zentrale Rolle ein. Der Konstruktivismus bildet so eine Brücke zwischen rationalistischen und reflexiven Ansätzen. Entsprechend kann der Konstruktivismus als eine Antwort auf Keohanes Forderung nach einem Research-Programm für die reflexiven Ansätze betrachtet werden:

> [constructivism has] the acceptable face of rationalism for reflectivists and the acceptable face of reflectivism for rationalists.[20]

Die Disziplin *Internationale Beziehungen* befasst sich aktuell neben der Unterscheidung von Rationalismus und Reflektivismus[21] mit zwei weiteren komplexen Themen, die ebenfalls direkt mit der dritten Debatte verknüpft sind, von den Sozialwissenschaften thematisiert werden und zur Begründung des Konstruktivismus als Erklärungsansatz der internationalen Beziehungen beigetragen haben. Das zweite Thema ist die Unterscheidung von Positivismus und Post-Positivismus,[22] das dritte Thema ist die Unterscheidung von *Explaining* und *Understanding*.[23] Diese in der Wissenschaft umstrittenen, komplexen Themen sind eng miteinander verknüpft. Ein gemeinsamer Berührungspunkt ist die inhaltliche Verbindung mit der dritten Debatte und die Tatsache, dass der Konstruktivismus als Theorie der *Internationalen Beziehungen* versucht, eine Mittelposition zwischen diesen drei Themenkomplexen einzunehmen. Die Möglichkeit einer Mittelposition ist sehr umstritten, da sich eng gefasste Definitionen der drei Gegenpole streng ausschließen.[24] Dennoch scheint eine Mittelposition möglich

---

[20] Smith (1997), S. 184.

[21] Rationale Ansätze gehen vom rationalen Akteur aus, reflexive Ansätze betrachten Werte, Normen und Gewohnheiten als handlungsleitend. Exemplarisch für diese Thematik steht Robert Keohane (Keohane (1988)).

[22] Nach dem Positivismus kann Erkenntnis nur wertneutral aus empirischen Wissen abgeleitet werden. Im Gegenzug hierzu betrachtet der Post-Positivismus die Welt als konstruiert und nur über eine Analyse der Konstruktion zugänglich. Exemplarisch für diese Thematik steht Yosef Lapid. (Lapid, Yosef: The Third Debate: On the Prospects of International Theory in a Post-Positivist Era, in: International Studies Quarterly, 33/22, 1989, S. 235-251).

[23] Die Begriffe *Explaining* (basierend auf wissenschaftlichen Grundsätzen) und *Understanding* (basierend auf hermeneutischen Grundsätzen) bezeichnen zwei konträre Methoden des Erkenntnisgewinns. Exemplarisch für diese Thematik stehen Martin Hollis und Steve Smith (Hollis / Smith (1990)).

[24] Vgl. z.B.: Hollis / Smith 1990 und Lapid, Yosef: Sculpting the Academic Identity. Disciplinary Reflections at the Sawn of a New Millenium, in: Puchala, Donald J. (Hrsg.): Visions of International Relations, Columbia S.C.: University of South Carolina Press, 2002, S. 1-15.

und wird von Vertretern des Konstruktivismus gefordert.[25] Außerdem scheint ein strenges Trennen der wissenschaftstheoretischen Themen und die Verneinung eines Mittelwegs im Sinne der Offenheit für die Erklärungsmodelle und den wissenschaftlichen Fortschritt nicht sinnvoll. Diese Offenheit ist keine Ablehnung eindeutiger, stark einschränkender Definitionen.[26] Vielmehr steht sie im Bewusstsein der strittigen Themen der Disziplin, setzt sich kritisch mit ihnen auseinander und hat das Ziel neue Erklärungsansätze zu finden.
Die Mittelposition des Konstruktivismus zwischen den drei wissenschaftstheoretischen Themen stellt Wight[27] folgendermaßen dar:

Abbildung 1 Positionierung des Konstruktivismus zwischen den Camps

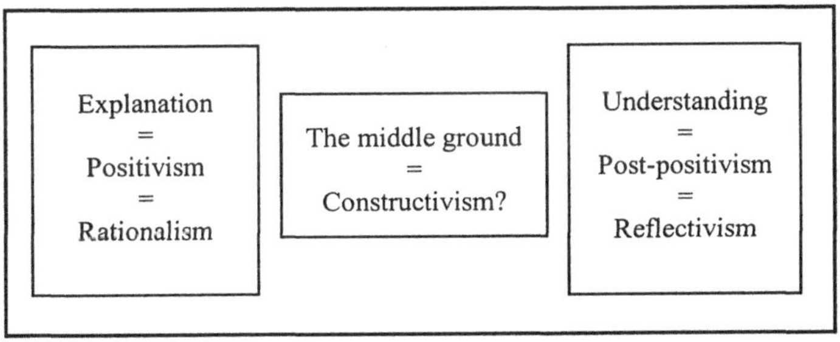

Die Positionierung der konstruktivistischen Ansätze in der „goldenen Mitte" verdeutlicht den Anspruch der Vertreter des Konstruktivismus, die Stärken der beiden gegeneinander gerichteten Camps zu übernehmen.[28] Diese Mittelposition macht den Konstruktivismus allerdings auch von beiden Camps aus angreifbar. So bemerken einige Vertreter des Konstruktivismus die Gefahren der Fehlinterpretation, der Ablehnung und der Assimilation durch das rationalistische oder reflexive Camp, die die Betonung der Mittelposition in sich birgt.[29] Zudem besteht die – deutlich realistischere – Gefahr, dass auch die Schwächen der beiden Camps, speziell die Komplexität und die Operationalisierung betreffend, in die konstruktivistischen Ansätze übernommen werden. Auch kann die ständige Abgrenzung und Rechtfertigung gegenüber den beiden Camps die wissenschaftli-

---

25 Vgl. z.B.: Adler (1997).

26 Rosenau, James N. / Durfee, Mary.: Thinking Theory Thoroughly. Coherent Approaches to an Incoherent World, Boulder: Westview Press, 1995.

27 Wight, Colin: Philosophy of Social Science and International Relations, S. 36, in: Carlsnaes / Risse / Simmons 2002, S. 23-51.

28 Vgl.: Hänggi, Heiner: Sozialer Konstruktivismus als goldene Brücke? Zur jüngsten Theoriedebatte in der Disziplin der Internationalen Beziehungen, Bulletin der Schweizerischen Akademie der Geistes- und Sozialwissenschaften, 1/1999, S. 32-41.

29 Vgl.: Lapid (2002).

che Entwicklung von der eigentlichen Aufgabe – der Weiterentwicklung des konstruktivistischen Ansatzes – abbringen.

1.3.3 Definition zentraler Begriffe und Erklärungsgehalt des Konstruktivismus

> Constructivism is not a theory of international politics. Constructivist sensibilities encourage us to look at how actors are socially constructed, but they don't tell us which actors to study or where they are constructed.[30]

Der Konstruktivismus erschließt sich ein sehr weites Forschungsfeld und es gibt keinen Grund, ihn nur auf die internationalen Beziehungen anzuwenden. Folglich kann sich eine konstruktivistische Untersuchung mit dem Verhalten eines einzelnen Akteurs (welcher eine Person, aber auch ein Staat sein kann), dem Verhalten von Organisationen, Gruppen, der Konstruktion von Kooperation, Egoismen und auch der Konstruktion von Systemen und Strukturen befassen. Diese Untersuchungen können sich natürlich alle mit internationalen Beziehungen befassen. So kann der Konstruktivismus Merkmale der internationalen Beziehungen in eine Untersuchung einbeziehen, die mit rationalistischen Theorien nicht erfasst werden können.[31] Diese Arbeit bezieht sich in ihren theoretischen Überlegungen auf die Inhalte der dritten Debatte der *Internationalen Beziehungen* und ist entsprechend in die Entwicklung des Konstruktivismus als Ansatz zur Erklärung internationaler Beziehungen einzuordnen.

Als Theorie der *Internationalen Beziehungen* beruht der Konstruktivismus auf zwei Prämissen. Erstens ist die Struktur des menschlichen Zusammenlebens nicht durch materielle Zwänge bestimmt, sondern durch gemeinsame Erwartungen. Zweitens sind die Identitäten und Interessen von Akteuren durch die gemeinsamen Vorstellungen konstruiert und nicht durch die Natur gegeben. Das internationale System wird so abhängige Variable (als das summierte Verhalten von Staaten) und zugleich unabhängige Variable (um das Verhalten von Staaten zu erklären).[32] Akteure und Strukturen bedingen sich. So ist die Struktur eines Systems aus der Sicht des Konstruktivismus ein soziales und kein materielles Phänomen.

Die Interessen eines Akteurs basieren auf seinen Identitäten. In einer modernen und pluralistischen Gesellschaft hat ein Individuum verschiedene soziale Positionen inne und ist Mitglied verschiedener Gruppen und ist an verschiedenen Handlungsfeldern beteiligt. Entsprechend kann ein Akteur verschiedene Identi-

---

[30] Wendt, Alexander: A Social Theory of International Politics, Cambridge: Cambridge University Press, 1999, S. 7.
[31] Vgl.: Adler (1997), S. 323.
[32] Vgl.: Wendt (1999), S. 5-11.

täten innehaben, wobei diese auch teilweise widersprüchlich sein können.[33] Dabei sind die Identitäten eines Akteurs nicht von vornherein gegeben. Akteure entwickeln diese durch ihre Sozialisation, durch Interaktion und durch soziales Lernen. Identitäten stellen somit ein relativ stabiles, rollen-abhängiges Selbstverständnis und eine Selbstzuordnung zu einem sozialen Kollektiv dar.[34] Kollektive Identität, also eine von einem Kollektiv geteilte Identität, ist eine Voraussetzung für eine funktionierende Kommunikation in einem Kollektiv. Denn die kollektive Identität erlaubt es, die Logik der Interaktion, die aus den sozialen Beziehungen des Kollektivs stammt, auf komplexe Beziehungen zwischen Unbekannten und Nichtanwesenden zu übertragen.[35] Von zentraler Wichtigkeit für die Politikwissenschaft ist die nationale Identität. Die nationale Identität ist Teil einer kollektiven Identität mit einem territorialen Bezug. Für die nationale Identität sind Abstammung, Sprache, Kultur, Geschichte und rechtlich-politische Komponenten von zentraler Bedeutung, da sie einen Rahmen darstellen, in dem die Sozialisierung erfolgt. Träger der nationalen Identität sind die Individuen, die basierend auf Gemeinsamkeiten eine Gesellschaft bilden und so ein „Wir-Bewusstsein" entwickeln. Entsprechend weisen Individuen sich selbst einen Platz in einer Gruppe zu. So wird automatisch eine Abgrenzung zu anderen Gesellschaften geschaffen – es erfolgt eine Trennung von *ingroup* und *outgroup*.[36] Die Disziplin *Internationale Beziehungen* befasst sich zudem mit der Herausbildung einer europäischen Identität, die ein europäisches Selbstverständnis bezeichnet, das sich in einem wahrgenommenen europäischen Kontext entwickelt und so zu einer Identität führt, die auf gemeinsamen europäischen Erfahrungen beruht und nicht an nationale Gruppen gebunden sein muss, sondern vielmehr alle Bürger der EU umfassen kann. Allerdings ist die Ausprägung einer europäischen Identität in den verschiedenen europäischen Staaten unterschiedlich stark.
Identitäten werden manifestiert durch Werte und Normen, wobei Werte die allgemeinsten Grundprinzipien der Handlungsorientierung einer Gruppe oder Kultur darstellen.[37] Werte fundieren die weitaus konkreteren Normen, „[...] die für

---

33 Vgl.: Kohli, Martin: Die Entstehung einer europäischen Identität: Konflikte und Potentiale, in: Kaelble, Hartmut / Kirsch, Martin / Schmidt-Gernig, Alexander (Hrsg.): Transnationale Öffentlichkeiten und Identität im 20. Jahrhundert, Frankfurt: Campus, 2002, S. 113.

34 Vgl.: Meyer, Thomas: Die Identität Europas. Der EU eine Seele?, Franfurt a.M.: Suhrkamp, 2004, S. 22.

35 Vgl.: Giesen, Bernhard: Europäische Identität und transnationale Öffentlichkeit. Eine historische Perspektive, in: Kaelble / Kirsch / Schmidt-Gernig (2002), S. 71.

36 Vgl.: Weller, Christoph: Kollektive Identität in der internationalen Politik. Anmerkungen zur Konzeptualisierung eines modischen Begriffs, in: Reese-Schäfer, Walter (Hrsg.): Identität und Interesse. Der Diskurs der Identitätsforschung, Opladen: Leske + Budrich, 1999, S. 249-277.

37 Vgl. Schäfers, Bernhard: Soziales Handeln und seine Grundlagen. Normen, Werte, Sinn, in: Korte, Hermann / Schäfers, Bernhard (Hrsg.): Einführung in die Hauptbegriffe der Soziologie, Opladen: Leske + Budrich, 2000[5], S. 36.

ein gegenseitig abgestimmtes, berechenbares Verhalten der Gesellschaftsangehörigen in den mannigfaltigen Situationen des Alltagslebens unerlässlich sind."[38] So stellen Normen eine Richtschnur für Verhalten dar, sie sind Bezugspunkte, auf die sich Verhalten ausrichtet und damit ein Standard für angemessenes Verhalten für Akteure mit einer gegebenen Identität.[39] Diesen Definitionen folgend ist der Unterschied zwischen Norm und Institution Aggregation, denn die Definition von Norm isoliert einzelne Verhaltensstandards und Institutionen zeigen, wie die Verhaltensregeln zusammen strukturiert sind.[40]
Das Zurückgreifen auf Normen und Identitäten als erklärende Variable macht die besondere Fähigkeit des Konstruktivismus aus, Wandel zu erklären. Denn diese sind keine statischen Variablen, sondern entwickeln sich durch einen endogenen sozialen Prozess. Auch neue Ideen können in einem endogenen Prozess sozialen Wandel voran treiben.[41] Allerdings können auch exogene Einflüsse zu einem Normwandel führen. So kann zum Beispiel die Interpretation einer neuen Situation der internationalen Ebene den Anstoß zur Entstehung neuer handlungsleitender Normen darstellen.
Wenn man die Funktion und Änderbarkeit von Ideen und Normen auf der Mikroebene untersucht, wird deutlich, dass Individuen die Konditionen, unter denen sie handeln, ändern können.
Der Konstruktivismus ist eine komplexe Theorie (der *Internationalen Beziehungen*), die ihre Wurzeln im rationalistischen und im reflexiven Camp hat. Durch die reflexive Sichtweise bekommt der Konstruktivismus einen hohen Erklärungsgehalt um Wandel zu erklären. Dies trifft vor allem im Vergleich zum Realismus und seiner statischen unabhängigen Variable, dem anarchischen System, zu. Doch auch von einer konstruktivistischen Sichtweise ausgehend lässt sich das internationale System als anarchisch betrachten. So verstehen Konstruktivisten das anarchische System als eine soziale Interpretation. Diese soziale Interpretation basiert auf sozialen Strukturen und Handlungsroutinen und ist somit sehr stabil. Folglich ist im Konstruktivismus ein Wandel des internationalen Systems möglich, ist aber keine zwingende Annahme des Ansatzes und erfolgt nur durch eine unwahrscheinliche Änderung der sozialen Bedingungen der Interpretation des Systems.[42]
Der Konstruktivismus ist keine Theorie, die sich in zwei Komponenten trennen lässt. Vielmehr vereint er die rationalistischen mit den reflexiven Ansätzen und profitiert dabei von den Stärken der beiden Camps – Themen und Methoden

---

38 Hillmann, Karl-Heinz: Wörterbuch der Soziologie, Stuttgart: Körner, 1994[4], S. 928.
39 Vgl.: Finnemore, Martha / Sikkink, Kathryn: International Norm Dynamics and Political Change, in: International Organization, 52/4, 1998, S. 891.
40 Vgl.: Finnemore / Sikkink (1998), S. 891.
41 Vgl.: Hillmann (1994), S. 349.
42 Vgl.: Hopf, Ted: The Promise of Constructivism in International Relations Theory, in: International Security, 23/1, 1998, S. 171-200.

beider Ansätze werden vereinigt. Außerdem werden durch die reflexive Perspektive neue Einsichten in die Motivation von Akteuren und die Struktur von Systemen gewonnen.

1.3.4 Varianten des Konstruktivismus als Theorie der Internationalen Beziehungen

Der Konstruktivismus ist keine Theorie der *Internationalen Beziehungen* per se. Vielmehr ist der Konstruktivismus ein metatheoretischer Ansatz, der mit Annahmen über internationale Beziehungen durch die Untersuchung von Fragestellungen der Disziplin *Internationale Beziehungen* zu einer Theorie der *Internationalen Beziehungen* wird.[43] So ist der Konstruktivismus für eine sehr weite Agenda von Themen nutzbar und bietet sich für Untersuchungen mit unterschiedlichsten Blickwinkeln an. Gemein ist allen Untersuchungsperspektiven, die sich auf einen konstruktivistischen Ansatz berufen, die zentrale Rolle von Normen und Identitäten als unabhängige Variable und die Berücksichtigung des daraus folgenden Einflusses auf die Bildung der Präferenzen von Akteuren. Entsprechend ist es unmöglich, von „einer" konstruktivistischen Theorie der *Internationalen Beziehungen* zu sprechen. Konstruktivistische Untersuchungen beziehen sich auf einen Ansatz, der sich zwischen den von Keohane identifizierten rationalistischen und reflexiven Camps befindet.[44] Dabei können diese Ansätze sich mehr oder weniger stark auf die reflexive Sichtweise beziehen. Zudem werden bestehende Ansätze mit einer reflexiven Perspektive ergänzt. So bezieht sich Wendt mit seinem Konstruktivismus auf zwei Prämissen des Realismus: Er sieht in Staaten die wichtigsten Akteure der internationalen Politik, die in einer anarchischen Umwelt agieren – wobei bei Wendt diese anarchische Umwelt sozial konstruiert ist.[45] Andere Autoren rücken Institutionen und Annahmen der liberalen Ansätze in das Zentrum ihrer Untersuchung und ziehen eine reflexive Perspektive hinzu.[46]

---

[43] Vgl. z.B.: Wendt (1999) und Risse, Thomas: Identitäten und Kommunikationsprozesse in der internationalen Politik – Sozialkonstruktivistische Perspektiven zum Wandel in der Außenpolitik, in: Medick-Krakau, Monika (Hrsg.): Außenpolitischer Wandel in theoretischer und vergleichender Perspektive: Die USA und die Bundesrepublik Deutschland, Baden-Baden: Nomos, 1999, S. 33-57.

[44] Vgl. z.B.: Adler (1997) und Hänggi (1999).

[45] Vgl. z.B.: Wendt (1999) und Wendt, Alexander: Anarchy is what the states make of it: the social construction of power politics, in: International Organization, 46/2, 1992, S. 391-425.

[46] Vgl. z.B.: Goldstein, Judith / Keohane, Robert (Hrsg.): Ideas & Foreign Policy. Beliefs, Institutions, and Political Change, Ithaca & London: Cornell University Press, 1993 und Goldstein, Judith: Ideas, institutions, and American trade policy, in: International Organization, 42/1, 1988, S. 179-217.

Dazu kommen noch neo-gramscianische Ansätze[47] und feministische Ansätze[48], die sich auf den Konstruktivismus beziehen und somit Ideen, Normen und Identitäten in die Analyse einbeziehen und sich zwischen dem rationalistischen und (meist näher) dem reflexiven Camp positionieren.
Die Stärken und Schwächen der beiden Camps werden vor allem in der *Explaining* versus *Understanding* Debatte thematisiert. Die Begriffe *Explaining* – basierend auf wissenschaftlichen Grundsätzen – und *Understanding*[49] – basierend auf hermeneutischen Grundsätzen – bezeichnen zwei konträre Prinzipien, die eng mit der zweiten und dritten Debatte der *Internationalen Beziehung* verknüpft sind.
Die Vereinfachung unterschiedlicher wissenschaftlicher Positionen und die Darstellung in einem vereinigenden Schaubild ist problematisch – vor allem mit Blick auf die starren Grenzen zwischen den Positionen, die die Grafik vermittelt. Dennoch hilft ein solches Raster der Verdeutlichung der unterschiedlichen wissenschaftlichen Sichtweisen in den *Internationalen Beziehungen.* Der Konstruktivismus nimmt wie oben ausgeführt eine Mittelposition zwischen den Lagern ein. Aufgrund der unterschiedlichen Varianten und Interpretationen kann natürlich keine feste Positionierung in der Mitte der Felder erfolgen (vgl. Abb. 1).
So bezeichnet sich Wendt als Positivist, der sich für die wissenschaftliche Methode ausspricht, in der es allerdings eine „significant role for ‚Understanding'"[50] geben müsse.
Neben unterschiedlichen Positionierungen zwischen diesen beiden Camps lassen sich konstruktivistische Ansätze nach unterschiedlichsten Kriterien gliedern. Zum einen danach, ob sie die handlungsleitenden Normen auf der internationalen Ebene (transnationaler Konstruktivismus) oder auf der nationalen Ebene (so-

---

47 Vgl. z.B.: Gill, Stephen: Gramsci and Global Politics: Towards a Post-Hegemonic Research Agenda, in: Gill, Stephen (Hrsg.): Gramsci, Historical Materialism and International Relations, Cambridge University Press, 1993, S. 1-18; Cox, Robert W.: Gramsci, Hegemony and International Relations: An Essay in Method, in: Gill (1993), S. 49-66; Wallerstein, Immanuel: The inter-state structure of the modern world-system, in: Smith, Steve / Booth, Ken / Zalewski, Marysia (Hrsg.): International Theory: Positivism and Beyond, Cambridge: Cambridge University Press, 1993, S. 87- 107.

48 Vgl. z.B.: Stearns, Jill: Gender and International Relations, New Brunswick: Rutgers University Press, 1998; Elshtain, Jean: Feminist Inquiry and International Relations, in: Doyle, Michael W. / Ikenberry, G. John (Hrsg.): New Thinking in International Relations Theory, Boulder: Westview Press, 1997, S. 77-90; Tickner, J. Ann:. You Just Don't Understand: Troubled Engagements Between Feminists and IR Theorists, in: International Studies Quarterly, 41/4, S. 611-632; sowie der Dialog über Tickners Aufsatz zwischen Robert Keohane, Marianne Marchand und J. Ann Tickner, International Studies Quarterly, 42/1, S. 193-210.

49 Vgl.: Hollis / Steve (1990).

50 Wendt (1999), S. 39.

zietaler Konstruktivismus) lokalisieren.[51] Zum anderen ist ein wichtiges Kriterium einer Gliederung die Frage, ob Strukturen oder Akteure (die sich natürlich gegenseitig beeinflussen) im Zentrum des Interesses liegen.

Das Verhältnis von *Agent* und *Structure* ist eine zentrale Frage der *Internationalen Beziehungen.* Das *Agent-Structure* Verhältnis beruht auf zwei Annahmen: Menschen und Organisationen sind wichtige Akteure, die durch ihr Handeln ihre Umgebung ändern. Diese Umgebung besteht aus sozialen Beziehungen, die die Interaktionen zwischen den Akteuren strukturieren. Das *Agent-Structure* Verhältnis führt so zu zwei Problemfeldern: Erstens zu einem ontologischen Feld – den Fragen nach der Beschaffenheit von *Agent* und *Structure,* ihrem Zusammenhang und der Frage welche Kategorie die wichtigere ist. Das zweite, epistemologische Problemfeld stellt die Frage, welche Rolle *Agent-Structure* Erklärungen in den Sozialwissenschaften einnehmen.[52]

Eine Einteilung der konstruktivistischen Ansätze in ein Raster ist aufgrund der dargestellten Komplexität nur schwer möglich. Sinnvoll erscheint – vor allem mit Blick auf die folgende Untersuchung – eine Einteilung, die die Ebenen einer konstruktivistischen Untersuchung beschreibt. Diese Ebenen sind die Makro-Ebene (struktureller Konstruktivismus), die Meso-Ebene (institutioneller Konstruktivismus) und die Mikro-Ebene (akteurszentrierter Konstruktivismus). Der Fokus der verschiedenen konstruktivistischen Autoren richtet sich auf eine dieser Ebenen, wobei dann im Einzelnen noch die problematisierte Thematik (z.B. ein empirisches Phänomen, Erkenntnistheorie, Einfluss auf eine andere Ebene usw.) unterschieden werden kann.

Im Folgenden wird ein kurzer Überblick über die drei identifizierten Ebenen gegeben, mit denen sich konstruktivistische Untersuchungen befassen. Hier wird deutlich, dass vor allem beim akteurszentrierten Konstruktivismus noch Forschungsbedarf besteht.

Struktureller Konstruktivismus

Alexander Wendt, der als wichtigster Begründer des Konstruktivismus als strukturelle Theorie der *Internationalen Beziehungen* betrachtet werden kann, baut seine Theorie auf drei Prämissen auf. Erstens sind Staaten die wichtigste Analyseeinheit für Theorien der *Internationalen Beziehungen.* Zweitens sind die Strukturen des Staatensystems nicht materiell, sondern intersubjektiv. Drittens sind die Identitäten und Interessen von Staaten nicht exogen durch das Wesen der Menschen oder die nationale Ebene vorgegeben, sondern werden durch so-

[51] Vgl.: Boekl, Henning / Rittberger, Volker / Wagner, Wolfgang: Norms and Foreign Policy: Constructivist Foreign Policy Theory, Working paper no. 34a, Center for International Relations / Peace and Conflict Studies, University of Tübingen, 1999.

[52] Vgl.: Wendt, Alexander: The agent-structure problem in international relation theory, in: International Organization, 41/3, 1987, S. 335-370.

ziale Strukturen geschaffen.[53] Wendt bezeichnet sich selbst als einen „gemäßigten" Konstruktivisten, der sich vor allem auf Strukturen und soziale Aspekte von Interaktion bezieht.[54] Sein wegweisender Artikel *Anarchy is what the states make of it: the social construction of power politics*[55] ist die Basis für eine Positionierung des Konstruktivismus als neue, zentrale Theorie der *Internationalen Beziehungen.* In diesem Aufsatz rekonstruiert Wendt die unabhängige Variable des Realismus und der liberalen Ansätze – das anarchische System – als soziale Struktur. Er untersucht Staaten als die wichtigsten Akteure im internationalen System, das mangels einer regulierenden Instanz als anarchisch beschrieben wird:

> I argue that self-help and power politics do not follow either logically or causally from anarchy and that if today we find ourselves in a self-help world, this is due to process, not structure. There is no "logic" of anarchy apart from the practice that create and instantiate one structure of identities and interests rather than another; structure has no existence or causal powers apart from process. Self-help and power politics are institutions, not essential features of anarchy. Anarchy is what the states make of it.[56]

Das bedeutet, dass die Anarchie des internationalen Systems weder objektiv feststellbar noch unveränderbar ist. Identitäten und Interessen von Staaten sind nicht exogen durch die Machtverteilung zwischen Staaten, nationale Politik oder die Natur des Menschen vorgegeben, sondern formen sich durch Interaktion in den sozialen Strukturen im internationalen System.[57] Das führt zu einem wechselseitigen Prozess zwischen Strukturen und Akteuren. Strukturen werden nicht mehr wie bei rationalistischen Ansätzen als statische unabhängige Variable gesehen, sondern werden als wachsend und sich ändernd betrachtet. Wendt führt hierzu aus:

> Intersubjective systemic structures consist of the shared understandings, expectations, and social knowledge embedded in international institutions and threat complexes, in terms of which states define (some of) their identities and interests.[58]

Folglich sind die Eigenschaften von Akteuren und der sozialen Strukturen gleichermaßen relevant um gesellschaftliches Verhalten zu erklären.[59]

---

[53] Vgl.: Wendt, Alexander: Collective Identity Formation and the International State, in: American Political Science Review, 88/2, 1994, S. 385.
[54] Vgl.: Wendt (1999), S. 1.
[55] Wendt (1992).
[56] Wendt (1992), S. 394-395.
[57] Vgl.: Jaeger, Hans-Martin: Konstruktionsfehler des Konstruktivismus in den Internationalen Beziehungen, Zeitschrift für Internationale Beziehungen, 3/2, 1996, S. 323.
[58] Wendt (1994), S. 389.
[59] Vgl.: Wendt, Alexander: The agent-structure problem in international relation theory, International Organization, 41/3, 1987, S. 335-370.

Wendt argumentiert, dass ein systemischer Prozess endogen Identitäten und Interessen formt. Die Struktur des nationalen oder internationalen Systems bildet den Rahmen, der die Entwicklung einer kollektiven Identität fördert oder verhindert. Diese Entwicklung basiert auf dem Verhalten der Akteure, welche die Strukturen hervorbringen und ändern. Identitäten und Interessen von Akteuren werden durch Strukturen geschaffen, wobei Strukturen sich ändern und neu gebildet werden können und somit keinen statischen Hintergrund für die Formierung kollektiver Identitäten bilden.[60]

Institutioneller Konstruktivismus

Untersuchungen, die sich mit einem institutionellen Ansatz befassen und dabei deren kulturellen Hintergrund und in Institutionen verankerte Normen und Werte berücksichtigen, gab es bereits bevor Onuf[61] 1989 den Begriff „Konstruktivismus" in die *Internationalen Beziehungen* einführte. Keohane, der Institutionen als beständigen Verbund definiert, bestehend aus formalen und informalen Regelwerken, die wiederum Verhaltensregeln vorgeben, Aktivitäten zügeln und Erwartungen schaffen, bezeichnet diese Ansätze als reflexiven Institutionalismus.[62] Inzwischen gibt es eine Vielzahl von Untersuchungen, die sich einer Zwischenposition zwischen rationalistischem und reflexivem Institutionalismus zuordnen lassen. Da eine der konstruktivistischen Wurzeln in eben diesem reflexiven Institutionalismus zu finden ist, überrascht es nicht, dass sich eine Fülle von theoretischen wie empirischen Arbeiten mit einer reflexiven Sicht von Institutionen befasst. Diese konstruktivistischen Untersuchungen konzentrieren sich meistens auf die historische Entwicklung einer Institution, auf die Funktion von Ideen, die in Institutionen und Gesetzen verankert sind, sowie auf die Überzeugungen wichtiger Entscheidungsträger.[63]

Akteurszentrierter Konstruktivismus

Akteure und Strukturen haben aus konstruktivistischer Sicht einen gleichberechtigten ontologischen Status. Dennoch konzentriert sich eine Vielzahl konstruktivistischer Untersuchungen auf die Funktion sozial geschaffener und interpretierter Strukturen. Der Grund hierfür liegt in der Entstehungsphase der konstruktivistischen Ansätze in den *Internationalen Beziehungen*, die durch die Auseinandersetzung mit der Prämisse des realistischen Paradigmas gekennzeichnet war: Während der Realismus das internationale System als nicht änderbar, anarchisch gegeben und handlungsleitend betrachtet, sehen konstruktivistische Ansätze das internationale System als sozial konstruiert. Die Verdeutlichung dieses Unterschiedes, aber auch der Gemeinsamkeit – Strukturen sind handlungsleitend –

60 Vgl.: Wendt (1994), S. 389.
61 Onuf (1989).
62 Vgl.: Keohane (1988).
63 Vgl.: Goldstein (1988), S. 214.

führte anfänglich zu einer Konzentration auf die Untersuchung der Struktur des internationalen Systems und deren Interpretation durch die Vertreter des Konstruktivismus.
Selbstverständlich können aus einer konstruktivistischen Perspektive Strukturen nicht getrennt von Akteuren untersucht werden, da diese sich gegenseitig bedingen. Dennoch ist es notwendig, sich auf eine der sich gegenseitig formenden Variablen zu konzentrieren, um als Wissenschaftler nicht in einem endlosen Kreislauf wechselseitiger Abhängigkeiten gefangen zu sein. Wie oben ausgeführt, konzentrierten sich vor allem die ersten Vertreter konstruktivistischer Ansätze auf die Struktur des internationalen Systems. Speziell Wendts Aufsatz *Anarchy is what the states make of it*[64] steht beispielhaft für die Auseinandersetzung des Konstruktivismus mit dem realistischen Paradigma unter besonderer Berücksichtigung von Strukturen.[65]
Andere, vor allem jüngere Untersuchungen rücken die Rolle von Akteuren in das Zentrum des Interesses. Zum einen wird die Rolle von Akteuren aus einer konstruktivistischen Sicht theoretisch untersucht, zum anderen wird die Rolle von Akteuren, die ihre Interessen in einem endogenen Prozess formen, empirisch thematisiert. Thema der theoretischen Untersuchungen ist die Frage, wer Akteur in den internationalen Beziehungen ist und welches Verhältnis zwischen Akteur und Struktur besteht. Natürlich stellt sich die Frage, ob Staaten aus konstruktivistischer Perspektive als Struktur oder als Akteur betrachtet werden sollten.[66] Allerdings werden in den Sozialwissenschaften nicht nur Individuen als Akteure bezeichnet, sondern auch Einheiten, die als Träger einer sozialen Rolle mit bestimmten Orientierungen handeln.[67] In diesem Sinne kann ein Staat durchaus auch aus konstruktivistischer Sicht als Akteur aufgefasst werden.
Empirische Untersuchungen, die sich auf die Rolle von Akteuren konzentrieren und dabei nicht den Staat als Akteur betrachten, sondern die Akteure auf der nationalen Ebene suchen, gibt es bisher kaum. Die wenigen Ausnahmen betrachten meist die Regierung eines Staates als Akteur. Die Politik der Regierung wird entsprechend durch die Identität der Regierungsmitglieder erklärt. So erklärt beispielsweise Risse[68] den Wandel der Außenpolitik der UdSSR, der unter Gorbatschow eingeleitet wurde, als Folge einer neuen Identität der Führungseliten. Die Wahrnehmung der Krise, in der sich die UdSSR zu Gorbatschows Amtsan-

---

[64] Wendt (1992).
[65] Die Arbeiten von Alexander Wendt haben die dritte Debatte stark geprägt, was teilweise zu einer Reduktion der konstruktivistischen Ansätze allein auf die Perspektive von Wendt geführt hat. Vgl. hierzu: Zehfuß, Maja: Sprachlosigkeit schränkt ein. Zur Bedeutung von Sprache in konstruktivistischen Theorien, in: Zeitschrift für Internationale Beziehungen, 5/1, 1998, S. 109-137.
[66] Vgl.: Jaeger (1996).
[67] Vgl.: Hillmann (1994), S. 6.
[68] Risse (1999).

tritt befand, führte zu neuen Ideen, die zur Lösung dieser Krise beitragen sollten. Durch diskursive Überzeugungsprozesse und offenen Umgang mit den neuen Ideen entwickelte die Führung der UdSSR eine neue Identität, die handlungsleitend zu einem Politikwandel führte. Barnett[69] rückt ebenfalls die Rolle eines Akteurs in das Zentrum seiner Untersuchung. Er erklärt das Verhalten der arabischen Eliten durch Normen, die direkt mit dem Arabismus zusammenhängen. Allerdings argumentiert er anders als Risse, der sich in seiner Argumentation auf Lerneffekte und Identitätswandel stützt, und untersucht, wie Eliten in ihrem Handeln durch den Arabismus geleitet werden, diesen allerdings auch gezielt zur Erreichung von Zielen einsetzen und dabei bewusst die handlungsleitenden Identitäten der Bevölkerung ansprechen:

> The norms associated with Arabism, in other words, instructed Arab leaders how they were to behave, and one Arab leader could potentially undermine another by charging him with behavior that was inconsistent with the norms of the group.[70]

Risse und Barnett identifizieren in ihren Arbeiten die Regierung des untersuchten Staates als Akteur. Ihr kommt als *Policy-Maker* eine zentrale Rolle zu und entsprechend nimmt sie die Rolle als wichtigster Akteur sicherlich zu Recht ein. Welche Einzelakteure genau zu einem Akteur „Regierung" aggregiert werden, der dann im Mittelpunkt einer Untersuchung steht, hängt zum einen vom untersuchten Politikfeld, zum anderen vom politischen System des untersuchten Staates ab. Zudem können Gruppen innerhalb eines Staates großen Einfluss auf ein Politikfeld nehmen, obwohl sie keinen formalen Einfluss auf den politischen Entscheidungsprozess haben. So ist es zum Beispiel für eine Regierung unmöglich, eine Politik zu verabschieden, die der Identität der Mehrheit der Bevölkerung oder einer kleinen, einflussreichen Gruppe entgegensteht. Im Falle einer Durchführung einer solchen Politik riskiert die Regierung ihre Abwahl. Entsprechend kann die Politik einer Regierung nur im Rahmen gegebener Normen und Werte stattfinden. Inwieweit diese gezielt eingesetzt beziehungsweise geändert werden können, um eine bestimmte Politik durchführen zu können, ist bisher kaum untersucht. Einen ersten Ansatz zur Erklärung der Rolle von einzelnen Gruppen auf den Prozess der Normenbildung und der gezielten Bezugnahme auf bestehende Normen um eine Politik durchzuführen, bietet die Untersuchung von Epistemic Communities.[71]

69 Barnett, Michael N.: Identity and Alliances in the Middle East, in: Katzenstein, Peter J. (Hrsg.): The Culture of National Security. Norms and Identity in World Politics, New York: Columbia University Press, 1996, S. 400-447.

70 Barnett (1996), S. 405.

71 Vgl.: Haas, Peter M.: Introduction: epistemic communities and international policy coordination, in: International Organization, 46/1, 1992, S. 1-35.

1.4 Forschungsstand zur Erklärung von Normwandel in den Internationalen Beziehungen – der norm life cycle

„Norm" ist der zentrale Begriff in den Sozialwissenschaften. Speziell die Soziologie befasst sich mit der Frage der Entstehung von Normen und deren Einfluss auf das Verhalten von Menschen.[72] In der Politikwissenschaft befasst sich vor allem das Teilgebiet *Vergleichende Politikwissenschaft* mit der Untersuchung von Normen, Werten und Einstellungen und deren Zusammenhang mit dem politischen System.[73] Das Teilgebiet *Internationale Beziehungen* befasst sich erst seit Ende der 80er ausgiebig mit der Rolle von Normen im internationalen System und deren Einfluss auf das Verhalten von Staaten (vgl. Kap. II.1.2). Aufgrund des späten Einzugs der Untersuchung von Normen in die Disziplin *Internationale Beziehungen* ist hier noch am meisten Forschungsarbeit zu leisten. Im Zentrum dieser Arbeit steht die Perspektive der *Internationalen Beziehungen*, die durch Anleihen anderer Teilgebiete der Sozialwissenschaften einen Impact erfährt. Dabei findet hier eine Synthese verschiedener Ansätze aus verschiedenen Disziplinen statt, die durch neue Aspekte ergänzt, einen Beitrag zur Erklärung von Policy-Divergenz unter dem Einfluss von Globalisierung bietet.

Die Erkenntnis, dass das Interesse von Akteuren auf ihrer (selbst kreierten) Identität basiert und diese Identität auf Regeln und Normen aufbaut, ist in den *Internationalen Beziehungen*, wie dargestellt, relativ jung. Ausgangspunkt einer konstruktivistischen Untersuchung des Verhaltens von Staaten beziehungsweise eines anderen Akteurs sind nicht mehr wie im Realismus Machtverhältnisse und die Strukturen des internationalen Systems, sondern die Normen und Regeln, die die Akteure verinnerlicht haben. Ein Wandel dieser Normen und Regeln führt zu einem Identitäts- und Institutionenwandel.

Die Entstehung von Normen ist – vor allem wenn man deren zentrale Rolle in einer konstruktivistischen Untersuchung betrachtet – bisher nicht ausreichend thematisiert. Speziell die Frage nach der Rolle einzelner Akteure beziehungsweise Gruppen in diesem Entstehungsprozess ist bisher nur unzureichend untersucht worden. So stellt dieses zentrale Thema eine Forschungslücke dar, die die Agenda der Wissenschaftler der *Internationalen Beziehungen*, die sich auf den Konstruktivismus beziehen, nur unzureichend bestimmt. Entsprechend muss der

[72] Vgl. z.B.: Popitz, Heinrich: Die normative Konstruktion von Gesellschaft, Tübingen: J.C.B. Mohr, 1980.

[73] Vgl. z.B.: Almond, Gabriel A. / Verba, Sidney: The civic culture. Political attitudes and democracy in five nations, Boston: Little, Brown, 1965.

akteurszentrierte Konstruktivismus und sein Fokus auf das Wirken einzelner Akteure und deren handlungsleitende Normen theoretisch fundiert werden.[74]
Einen ersten und in der Disziplin *Internationale Beziehungen* viel zitierten Ansatz zur Erklärung der Entstehung von Normen stammt von Finnnemore und Sikkink.[75] Die Autorinnen zeigen mittels eines *norm life cycle* theoretisch auf, wie eine Norm auf nationaler Ebene entsteht und dann schrittweise auf der internationalen Ebene etabliert wird. Sie definieren „Norm"

> as a standard of appropriate behavior for actors with a given identity.[76]

„Institution" wird von ihnen definiert als

> a relatively stable collection of practices and rules defining appropriate behavior for specific groups of actors in specific situations.[77]

Die Autorinnen argumentieren, dass Normen in der Regel auf nationaler Ebene entstehen und durch die Bemühungen verschiedener Entrepreneure gefördert werden. Sie beschreiben einen *norm life cycle*, der auf der nationalen Ebene seinen Ausgangspunkt findet.
In der ersten Stufe, der *norm emergence* sind die wichtigsten Akteure die Norm-Entrepreneure, die Aufmerksamkeit auf Themen lenken und auch Themen kreieren. Sie werden motiviert durch Altruismus, Ideen, Einfühlungsvermögen und durch Verpflichtungen. Eine organisatorische Plattform ist Voraussetzung für die Entstehung einer Norm. Der wichtigste Mechanismus in dieser ersten Phase ist Überzeugung.
Die Akteure der zweiten Stufe, der *norm cascade* sind Staaten, internationale Organisationen und Netzwerke. Diese Phase beginnt, nachdem ein *tipping point* erreicht wurde und eine wachsende Zahl von Akteuren beginnt, die Norm ohne nationalen Druck zu akzeptieren. Die Motive, eine Norm in dieser Phase zu unterstützen, sind Wertschätzung, Reputation und Rechtmäßigkeit. In dieser Phase entstehen Kosten für die Staaten, die die Norm nicht akzeptieren. Die wichtigsten Mechanismen zu Förderung der Norm sind in dieser Phase Sozialisation, Institutionalisierung und Vorführung.
Den größten Einfluss haben in der dritten Phase, der *norm internalization*, Gesetze und die Bürokratie. Da staatliche Bürokratien und internationale Organisationen im 20. Jahrhundert immer professioneller arbeiten, kann man davon ausgehen, dass die Policy dieser Akteure vorwiegend von deren Einstellungen be-

74 Vgl.: Eichner, Klaus: Die Entstehung sozialer Normen, Opladen: Westdeutscher Verlag, 1981, S. 129 ff; Horne, Christine: Sociological Perspectives on the Emergence of Norms, in: Hechter, Michael / Opp, Karl-Dieter (Hrsg.): Social Norms, New York: Russell Sage Foundation, 2001, S. 3-34.
75 Finnemore / Sikkink (1998).
76 Finnemore / Sikkink (1998), S. 891.
77 Finnemore / Sikkink (1998), S. 891.

stimmt wird. Die Motivation, in dieser Phase entsprechend einer Norm zu handeln, ist Anpassung an die Umwelt. Normen werden in dieser Phase durch Institutionalisierung und Gewohnheit gestärkt.
Dem *norm life cycle* folgend, ist die Etablierung einer Norm von ihrer Bedeutung und ihren Vertretern abhängig. Normen, die universalistische Aussagen machen, haben mehr Erfolgspotential als Normen, die nur in bestimmten Regionen und Netzwerken vertreten sind.
Der *norm life cycle* ist ein erster Ansatz, der die Entstehung einer Norm auf nationaler Ebene beschreibt und Aussagen über die Etablierung dieser Norm auf internationaler Ebene macht. Dabei stellt dieser Ansatz keineswegs ein theoretisches Gebilde dar, das die Entstehung von Normen explizit erklärt. Vielmehr handelt es sich um ein Gebilde plausibler Annahmen über die bei der Entstehung einer Norm stattfinden Prozesse, die nur teilweise theoretisch untermauert sind. Aufgrund der hohen Plausibilität der Annahmen der Autorinnen dient der Text von Finnemore und Sikking auch dieser Arbeit als Ausgangsbasis der Überlegungen. Dabei scheint vor allem die erste von Finnemore und Sikking beschriebene Phase interessant. Speziell der Auslöser für die Entstehung einer Norm und der Beitrag der *Policy-Maker* zu deren Etablierung erfordern eine umfangreiche Untersuchung. Einen ersten möglichen Auslöser für die Entstehung einer Norm auf nationaler Ebene machen Finnemore und Sikking auf der internationalen Ebene aus:

> Notions of "world time" are also present in the arguments of those who see the current period of globalization as one that promotes dramatic expansion of new norms and creates new opportunities for norm entrepreneurs. Although norms have always been a part of international life, changes in communication and transportation technologies and increasing global interdependence have led to increased connectedness and, in a way, are leading to the homogenization of global norms.[78]

Bezogen auf die *Policy-Maker* bemerken Finnemore und Sikkink, dass die Prozesse sozialer Konstruktion und strategischen Verhandelns miteinander verknüpft sind. Rationales Verhalten findet vor dem Hintergrund sozialer Zusammenhänge statt. *Policy-Maker* handeln also rational in einem Rahmen (zum Teil durch sie selbst) vorgegebener Normen und Institutionen.[79]
Adler beschreibt die Etablierung einer neuen Norm und die daraus folgenden Änderungen der Interessen und Policies als eine kognitive Evolution:

> Cognitive evolution is a theory of international learning, if by learning we understand the adoption by policy-makers of new interpretations of reality, as they are created and introduced to the political system by individuals and social actors.[80]

---

78 Finnemore / Sikkink (1998), S. 909.
79 Vgl. Finnemore / Sikkink (1998), S. 911.
80 Adler (1997), S. 339.

Eine Änderung von beeinflussenden Normen resultiert in neuen Interessen der Akteure. Die Akteure ändern dann ihr Verhalten entsprechend dieser neuen Interessen – so erklärt der Wandel von Normen einen Wandel der Policy.

2 Erweiterte Annahmen zur Erklärung von Normwandel: Der Norm-Entrepreneur

2.1 Norm-Entrepreneure

2.1.1 Die Entstehung von Normen und Ideen

Normen können als eine Sammlung intersubjektiver Verständnisse und kollektiver Erwartungen an das Verhalten eines Akteurs in einer bestimmten Situation betrachtet werden. Sie geben entsprechend eine Richtschnur für Verhalten vor (vgl. Kap. II.1.3). Neues Verhalten, das sich von bisherigem Verhalten abhebt, muss also durch eine neue handlungsleitende Norm erklärt werden. Zentrales Erkenntnisinteresse dieser Arbeit ist die Entstehung von Normen als erklärende Variable für Policy-Wandel. In Anlehnung an den *norm-life-cycle* von Finnemore und Sikkink gilt das Hauptaugenmerk der ersten identifizierten Phase, der *norm emergence*.

Zur Erklärung der Entstehung von Normen konkurrieren verschiedene theoretische Grundauffassungen. Mit Blick auf die forschungsleitende Hypothese erscheint eine Unterteilung der konkurrierenden Ansätze nach dem Kriterium der geplanten versus der ungeplanten Normentstehung sinnvoll.

Für die Erklärung der Entstehung von Normen stellt die Soziologie verschiedene theoretische Grundauffassungen bereit. Der kultursoziologische Ansatz erklärt Normwandel mittels des Wechselverhältnisses von kulturellem Wandel – etwa einer neuen Weltanschauung, neuer Moralvorstellungen oder der Religion – und bestehender Normen. Ähnlich argumentiert der marxistische Ansatz, der Normen als Überbau der gesellschaftlichen Klassen betrachtet, die sich aus dem Entwicklungsstand einer Gesellschaft ergeben.

Als Gegenpol zu diesen Ansätzen können der verhaltenstheoretische Ansatz und der vertrags- beziehungsweise konsenstheoretische Erklärungsansatz betrachtet werden. Diese Ansätze erklären die Entstehung von Normen nicht als Produkt sozialen Wandels, sondern als Ergebnis eines bewusst in Gang gesetzten Prozesses, wobei die Setzung neuer Normen gezielt angestrebt wird: Der verhaltenstheoretische Ansatz erklärt Normwandel durch die Festlegung einer Gruppe auf bestimmte Verhaltensmuster, deren Einhaltung Nutzen verspricht; der vertragsbeziehungsweise konsenstheoretische Erklärungsansatz sieht – ähnlich wie der verhaltenstheoretische Ansatz – die Entstehung von Normen als Einigung einer

Gesellschaft auf einen Handlungsrahmen an, der kooperatives Zusammenleben vereinfachen soll.[81]
Anstoß und Basis für das endogene Entstehen neuer Normen sind in der Regel Ideen. Auf ihnen beruht sozialer Wandel und kultureller Fortschritt, indem sie den Anstoß für die Evolution neuer Normen geben. Ideen entstammen meist Gedanken, die nicht auf einer unmittelbaren Wahrnehmung gründen. Allerdings können auch direkt wahrgenommene Zustände und Zusammenhänge zu einer Idee führen. Aus einem großen Ideenpool setzen sich einige Ideen durch und darauf aufbauend kann eine neue Norm entstehen. Dieser Prozess folgt nicht immer unkontrolliert dem Zufall. So gehen die verhaltenstheoretischen und die vertrags- beziehungsweise konsenstheoretischen Ansätze davon aus, dass Akteure rational bestimmte Verhaltensweisen festlegen, die für ein geordnetes, kooperatives Zusammenleben nötig sind. Normen, die nicht in einem unkontrollierten Prozess entstehen, müssen nicht durch einen von einer gesamten Gesellschaft getragenen Prozess im Sinne des vertrags- beziehungsweise konsenstheoretischen Ansatzes entstehen. Vielmehr können Normen auch als gezieltes Werk einer bestimmten Gruppe etabliert werden. Dieser Sicht ist auch die *New Chicago School* zuzuordnen, die basierend auf Hobbes argumentiert, dass Menschen ohne zentrale Autorität nicht in der Lage sind ihr Verhalten zu koordinieren. Die zentrale Rolle von Normen wahrnehmend fordern die Vertreter der *New Chicago School* gezieltes Eingreifen einer Regierung um den *Policy-Making-Prozess* zu steuern.[82]
Fortschrittliche Modelle des *Policy-Making-Prozesses* betrachten *Policy-Making* nicht als einfachen linearen Prozess, sondern als rückgekoppelten, in Phasen ausdifferenzierten Problemlösungsprozess. Modellgrundlage ist ein kybernetisches Steuerungsverständnis mit Feedback als politisches Lernen. Nach Brewer und deLeon lassen sich in einem Policy Zyklus sechs Phasen identifizieren:[83]

- Initiation (Problemerkennung und Problemidentifizierung, Festlegen von Zielen)
- Estimation (empirisch-wissenschaftliches Expertenwissen zur Vorabschätzung der Handlungsalternativen)
- Selektion (Programmauswahl, evtl. Aushandlung zwischen verschiedenen Gruppen)
- Implementation (Umsetzung der gewählten Policy)
- Evaluation (retrospektive Bewertung des Erfolgs der Policy)
- Termination (Handlungskontrolle, politisches Lernen)

---

[81] Vgl. Hillmann (1994), S. 615-617.

[82] Vgl.: Ellickson, Robert C.: The Evolution of Social Norms: A Perspective from the Legal Academy, in: Hechter, Michael / Opp, Karl-Dieter (Hrsg.): Social Norms, New York: Russell Sage Foundation, 2001, S. 36.

[83] Brewer, Garry D. / deLeon, Peter: The Foundations of Policy Analysis, Homewood: Dorsey Press, 1983.

Problematisch sind hier – wie in jedem Phasenmodell – die Erklärung der Übergänge zwischen den Phasen und die Schwierigkeit Overspill-Effekte von anderen Policy-Zyklen einzubringen. Allerdings sind diese viel diskutierten Schwächen Bestandteil jeder Reduktion der komplexen Realität in einem wissenschaftlichen Modell.

Im Zentrum dieser Untersuchung stehen in erster Linie die Selektions- und die Implementationsphase, nämlich die Frage, wie *Policy-Maker* geeignete Normen etablieren und nutzen können, um eine gewählte Policy zu implementieren.

Dabei ist die Sicht, dass herrschende Eliten jederzeit Normen in ihrem Interesse setzen können, verkürzt. Tatsächlich ist die Setzung einer neuen Norm, beziehungsweise das Setzen einer bestehenden Norm in einen neuen Zusammenhang, ein komplexer Vorgang. Dennoch können einzelne Individuen oder Gruppen dazu beitragen, dass eine neue Norm entsteht, beziehungsweise dass eine bestehende Norm in einen neuen Zusammenhang gerückt wird. Diese Norm-Entrepreneure können dabei bewusst agieren. In diesem Fall wissen sie um die zentrale Rolle von Normen im Verhalten von Menschen. Sie kennen deren handlungsleitende Funktion und können verschiedene Normen entsprechenden Verhaltensweisen zuordnen. Diese Verhaltensweisen wollen sie gezielt verändern, indem sie einen Normwandel initiieren. Es ist allerdings auch möglich, dass sie aus Überzeugung ein bestimmtes Verhalten vorleben und so unbewusst zur Evolution einer neuen Norm beitragen ohne dabei vom Bewusstsein der zentralen Rolle von Normen im menschlichen Leben geleitet zu werden. Im Rahmen dieser Arbeit wird die Untersuchung der Normentstehung mit Blick auf die forschungsleitende Hypothese auf die Fälle beschränkt, in denen Akteure bewusst neue Verhaltensweisen durch einen Normwandel initiieren. Im Folgenden werden Individuen oder Gruppen als Norm-Entrepreneure definiert, die mit ihrem Handeln bewusst eine neue Norm initiieren wollen, beziehungsweise eine Norm in einen neuen Zusammenhang stellen wollen.

Im besten Fall ist die neue Norm nicht nur ein geänderter Handlungsrahmen für die Durchführung einer Policy, sondern führt dazu, dass eine Gesellschaft eine neue Policy nicht nur akzeptiert, sondern diese sogar fordert. Verschiedene Akteure können als Norm-Entrepreneure aktiv werden. Politiker oder eine Regierung beziehungsweise ein Ministerium, Epistemic Communities, Verbände oder andere gesellschaftliche Gruppen können typischerweise als Norm-Entrepreneure tätig werden.

Diese Akteure und deren Eigenschaften werden im folgenden Kapitel ausführlich dargestellt.

2.1.2 Die Eigenschaften eines Norm-Entrepreneur – notwendige Bedingungen

Akteure, die bewusst eine neue Norm initiieren, beziehungsweise eine Norm in einen neuen Zusammenhang stellen wollen, werden hier als Norm-Entrepreneure definiert. In der Soziologie werden normschaffende Akteure auch als *Normsetzer*[84], *Change Agent*, *Norm-Maker*[85], in den Politikwissenschaften *Norm Advocate*[86] und in den Rechtswissenschaften auch als *Value Activist*[87] bezeichnet. Die hier gewählte Bezeichnung Norm-Entrepreneur ist nicht nur eine semantisch zutreffende Bezeichnung, sondern entspricht auch der Bezeichnung von Finnemore und Sikkink[88], die durch ihren viel beachteten Aufsatz *International Norm Dynamics and Political Change* diesem Begriff eine gewisse Prominenz in der Disziplin *Internationale Beziehungen* verschafften. Allen Bezeichnungen gemein ist, dass die Autoren keine präzise Definition des normschaffenden Akteurs bieten und die Voraussetzungen, die ein Akteur bieten muss, um eine Norm zu initiieren nicht ausreichend darstellen.
Im Folgenden werden die notwendigen Eigenschaften eines Norm-Entrepreneurs dargestellt, die die Voraussetzung bieten, eine neue Norm zu initiieren. Zudem wird ein Untersuchungsraster, das die Identifikation eines geeigneten Zeitraums zur Initiierung einer neuen Norm bietet, sowie die Methoden eines Norm-Entrepreneurs kurz vorgestellt.

Welcher Akteur kann als Norm-Entrepreneur tätig werden?
Die Fähigkeit eines Akteurs, eine bestehende Norm in einen neuen Zusammenhang zu bringen beziehungsweise eine neue Norm zu etablieren, ist von verschiedenen Faktoren abhängig.
Grundvoraussetzung dafür, dass ein Akteur bewusst als Norm-Entrepreneur tätig werden kann, ist, dass er die wichtige Rolle von Normen als Richtschnur für Handeln begreift. Wobei dieses Wissen alleine nicht ausreicht. Neben dem Wissen um die Funktion von Normen ist es ebenso wichtig, dass ein Norm-Entrepreneur auch erkennt, welche Normen welches Verhalten bedingen und wie stark eine Norm in einer Gesellschaft verankert ist. Ein Norm-Entrepreneur muss folglich die Kommunalität einer Norm erkennen.[89] So ist die Kenntnis über die verschiedenen Einheiten in einem sozialen System, die eine Norm tei-

---

84 Vgl.: Popitz (1980).
85 Vgl.: Ellickson (2001), S. 35-75.
86 Vgl.: Payne, Rodger A.: Persuasion, Frames and Norm Construction, in: European Journal of International Relations, 7/1, 2001, S. 37-61.
87 Vgl.: Abbott, Kenneth W. / Snidal, Duncan: Values and Interests; International Legalization in the Fight against Corruption, in: Journal of Legal Studies, 31/1, 2002, S. 141-178.
88 Vgl.: Finnemore / Sikkink (1998).
89 Vgl.: Boekl / Rittberger / Wagner (1999).

len, die Basis um beurteilen zu können, mit wessen bestehendem Normgefüge eine neue Norm kollidieren kann. Kenntnis über die Verankerung einer Norm in verschiedenen gesellschaftlichen Gruppen ist eine Voraussetzung, um strategisch eine neue Norm zu etablieren beziehungsweise eine bestehende Norm in einen neuen Zusammenhang zu setzen. Zudem ist die Größe einer Gruppe, in der eine bestimmte Norm verankert ist, von Wichtigkeit. Eine Norm, die in einer gesamten Gesellschaft oder einer einflussreichen Gruppe verankert ist, hat größeren Einfluss auf das Verhalten der Menschen und ist schwerer zu ändern beziehungsweise durch eine neue Norm abzulösen, als eine Norm, die nur in einer kleinen, wenig einflussreichen Gruppe verankert ist.
Neben dem Wissen um die Kommunalität einer Norm ist es für einen Norm-Entrepreneur auch wichtig, die Spezifizität einer Norm zu kennen.[90] Denn je genauer eine Norm zwischen angemessenem und unangemessenem Verhalten unterscheidet, desto schwerer ist es, sie zu ändern beziehungsweise durch eine neue Norm abzulösen. Folglich sind neben dem allgemeinen Wissen um die Funktionen von Normen in einer Gesellschaft auch die Kategorien „Kommunalität" und „Spezifizität" für einen Norm-Entrepreneur von zentraler Wichtigkeit, um die Möglichkeit der Änderung einer Norm beziehungsweise der Etablierung einer neuen Norm zu beurteilen.
Normen verändern sich nur langsam, und es benötigt ebenfalls eine lange Zeit bis eine neue Norm etabliert werden kann. Entsprechend kann nur ein Akteur als Norm-Entrepreneur tätig werden, der sich über einen längeren Zeitraum für die strategische Etablierung einer Norm einsetzen kann. Nur ein zukunftsorientierter Akteur mit einem großen Zeithorizont hat die Ambition, eine neue Norm mittels eines langwierigen Prozesses zu etablieren. Der genaue Zeitraum, der benötigt wird, um strategisch eine neue Norm zu etablieren, ist zum einen abhängig von der Kommunalität und Spezifizität der zu etablierenden Norm, zum anderen von der Kommunalität und Spezifizität des bestehenden Normgefüges im von der neuen Norm betroffenen Politikfeld. Mangels einer aussagekräftigen Zahl empirischer Untersuchungen, die speziell auf den benötigten Zeitraum zur Etablierung einer neuen Norm fokussieren, wird hier von einem Zeitraum von mindestens einem Jahr im Fall einer Norm mit geringer Kommunalität und Spezifizität ausgegangen. Dass sich ein normgestützter Policy-Wandel über Jahre erstrecken kann, belegt Sabatier im Rahmen des Wandels der Luftreinhaltungspolitik Chicagos, der sich über einen Zeitraum von mehr als zehn Jahren erstreckte.[91]
Zudem muss ein solcher Akteur über großes Prestige verfügen. Nur dann kann er aufgrund seines Ansehens und Einflusses beispielsweise durch Argumentation, der Führung eines gezielten Diskurses oder durch Vorleben bestimmter Ver-

---

[90] Vgl.: Boekl / Rittberger / Wagner (1999).

[91] Vgl. Sabatier, Paul A.: Advocacy-Koalitionen, Policy-Wandel und Policy-Lernen: Eine Alternative zur Phasenheuristik, in: Héritier, Adrienne (Hrsg.): Policy-Analyse, Opladen: Westdeutscher Verlag, 1993, S. 119/120.

haltensweisen eine neue Norm etablieren oder eine bestehende Norm in einen neuen Zusammenhang setzen.[92] Prestige erfährt ein Akteur aufgrund seines Wissen, seines Wirkens und seiner Position in einer Gesellschaft. Somit sind die drei Attribute (1) Wissen um die Rolle sozialer Normen, (2) Verfügen über einen ausreichenden Zeithorizont und (3) Prestige, um als Norm-Entrepreneur tätig werden zu können, miteinander verknüpft: Akteure, die über hohes Prestige verfügen, verfügen in der Regel auch über einen ausreichenden Zeithorizont und über das Wissen um die Funktion von Normen.

Abbildung 2 Zentrale Eigenschaften eines Norm-Entrepreneurs

Die wichtigsten Eigenschaften, die ein Norm-Entrepreneur erfüllen muss, lassen sich wie folgt kurz zusammenfassen:

- Als Norm-Entrepreneure können nur Akteure tätig werden, die über einen längeren Zeitraum als Norm-Entrepreneur wirken können.
- Norm-Entrepreneure verfügen über das nötige Prestige, um eine neue Norm zu etablieren bzw. um durch ihr Verhalten zur Evolution einer neuen Norm beizutragen.
- Norm-Entrepreneure wissen um die grundsätzlich zentrale Rolle von Normen bei der Formierung von Interessen.
- Zudem sind Norm-Entrepreneure in der Lage, relevante Normen zu erkennen (Kommunalität und Spezifizität) und eine strategische Änderung von Normen / deren Zusammenhang vorzunehmen

Diese aufgezeigten Eigenschaften sind vor allem Regierungen beziehungsweise Ministerien und Parteien, aber auch Vereinigungen und Verbänden zuzuschreiben. Speziell einer Regierung kommt eine exponierte Stelle zu. Sie hat aufgrund des ihr zur Verfügung stehenden Apparats einerseits großen Informationsvorsprung gegenüber vielen anderen Gruppen, zudem kann sie diesen Apparat bei der Initiierung einer neuen Norm nutzen. Hinzu kommt, dass eine Regierung neben dem egoistischen Ziel der Wiederwahl auch das Ziel verfolgt, Politiken durchzuführen, die eine vermeintliche Wohlfahrtssteigerung versprechen.[93] Dieses Ziel ist in der Regel mit dem Ziel der Wiederwahl verbunden, da eine Wohlfahrtsteigerung der Gesellschaft oder wahlentscheidender Gruppen die Chance auf eine Wiederwahl erhöht.

Experten, Organisationen oder eine Regierung, denen von Seiten der Normempfänger ein Informationsvorsprung unterstellt wird, haben aufgrund dieses Informationsvorsprungs und des daraus resultierenden Prestiges eine gute Ausgangs-

[92] Zu den Methoden des Norm-Entrepreneur und der Rolle von Prestige siehe weiter unten.

[93] Das Ziel der Wohlfahrtsteigerung kann gesamtgesellschaftlich im Sinn eines Kaldor-Optimums angestrebt werden, es kann sich aber auch auf bestimmte privilegierte Gruppen beziehen, die beispielweise der Regierung nahe stehen.

basis, um als Norm-Entrepreneur tätig zu werden. Diese Ausgangsbasis gibt ihnen gegenüber Akteuren ohne dieses Prestige einen Vorteil beim Initiieren einer neuen Norm.[94]

Warum wird ein Akteur als Norm-Entrepreneur tätig?
Ein Norm-Entrepreneur wird aufgrund seiner Interessen aktiv. Er will eine Policy durchsetzen beziehungsweise ein erkanntes Problem lösen. Da ihm bewusst ist, dass diese Policy im aktuell bestehenden Normgefüge nicht durchsetzbar ist, muss er vor der Durchführung dieser Policy ein entsprechendes Normgefüge initiieren.

Es lassen sich drei mögliche Motive identifizieren, die das Agieren eines Norm-Entrepreneur erklären:

(1) Ein Norm-Entrepreneur kann aus egoistischen Motiven aktiv werden und eine Norm initiieren, die die Basis für eine Policy bietet, die ihm direkt nutzt. Eine Regierung kann zum Beispiel das Ziel der Wiederwahl beziehungsweise der Machtmehrung, eine Organisation die Steigerung des eigenen Einflusses beziehungsweise der eigenen Wohlfahrt anstreben. So sind beispielsweise Organisationen der Arbeitgeber und Arbeitnehmer an einem Normgefüge interessiert, dass jeweils ihrer Gruppe nutzt. Zudem erhält ein erfolgreicher Norm-Entrepreneur neben den positiven Rahmenbedingungen für die von ihm angestrebte Policy auch soziale Anerkennung. Durch das erfolgreiche Eintreten für neue Bedingungen wird so ein Norm-Entrepreneur zu einer anerkannten Persönlichkeit, die für Fortschritt und Neuerung eintritt, was wiederum Ansehen und Einfluss dieser Person steigen lässt.

(2) Neben der egoistischen Steigerung der eigenen Wohlfahrt kann auch das Ziel der Steigerung der gesamtgesellschaftlichen Wohlfahrt ein Motiv sein, als Norm-Entrepreneur tätig zu werden. Diese kann im Sinne eines Pareto-Optimums angestrebt werden, das heißt, durch die neue Policy wird keine Gruppe einer Gesellschaft schlechter gestellt, andere Gruppen profitieren von der neuen Policy. Ein nicht egoistisch motiviertes Eintreten für eine neue Norm kann neben dem Eintreten für ein Pareto-Optimum auch durch das Eintreten eines Akteurs für die Maximierung des aggregierten Nettonutzen einer Gesellschaft erklärt werden.[95] In diesem Fall überwiegt der positive Nutzen eines Teils der Gesellschaft die negativen Kosten des anderen Teils der Gesellschaft.[96] Speziell dieses Eintreten für ein Kaldor-Optimum kann von einer Regierung erwar-

[94] Vgl.: Ellickson (2001), S. 60.

[95] Vgl.: Scharpf, Fritz W.: Koordination durch Verhandlungssysteme: Analytische Konzepte und institutionelle Lösungen, in: Benz, Arthur / Scharpf, Fritz W. / Zintl, Reinhard.: Horizontale Politikverflechtung. Zur Theorie von Verhandlungssystemen, Frankfurt a.M.: Campus Verlag, 1992, S. 51-96.

[96] Kaldor, Nicholas: Welfare Propositions of Economics and Inter-Personal Comparisons of Utility, in: The Economic Journal, 49, 1939, S. 549-552.

tet werden, die trotz des egoistischen Motivs der Wiederwahl der Steigerung der gesamtgesellschaftlichen Wohlfahrt verpflichtet ist.
(3) Als drittes Motiv für einen Norm-Entrepreneur aktiv zu werden, ist auch altruistisches Verhalten denkbar. So kann sich eine Organisation aus selbstlosen Motiven für die Initiierung einer neuen Norm einsetzen, um so ideelle Ziele erreichen zu können. Beispielsweise trägt eine Organisation wie Amnesty International als Norm-Entrepreneur weltweit zur Initiierung von Normen zum Schutz der Menschenrechte bei.[97]
Diese drei Motive für einen Akteur als Norm-Entrepreneur tätig zu werden, können meist nicht für sich isoliert betrachtet werden. Oft ist hier eine Überlappung vorauszusetzen. So ist beispielsweise zu erwarten, dass eine Regierung neben dem egoistischen Ziel der Wiederwahl auch das Ziel der gesamtgesellschaftlichen Wohlfahrtsteigerung anstrebt, wobei das Erreichen des zweiten Ziels in der Regel mit der Steigerung der Chance auf eine Wiederwahl verknüpft sein dürfte. Auch das Eintreten für eine bestimmte Überzeugung, die zum Beispiel mit einer bestimmten Wirtschafts-, Sozial-, oder Bildungspolitik verbunden ist, kann mit jedem der drei aufgeführten Motive erklärt werden. Speziell das Agieren einer Regierung kann abhängig vom Bevorstehen einer Wahl in der Motivation variieren.[98]

Wann wird ein Akteur als Norm-Entrepreneur aktiv?
Nach der Darstellung der Motive eines Norm-Entrepreneurs aktiv zu werden, stellt sich automatisch die Frage nach dem Zeitpunkt eines Eintretens für eine neue Norm. Der Zeitpunkt für das Aktivwerden eines Norm-Entrepreneurs ist in der Regel durch einen exogenen Einfluss begründet. Neue wirtschaftliche, soziale oder politische Bedingungen stellen einen neuen Rahmen dar, der eine neue Policy fordern kann. Steht diese im Widerspruch mit einem bestehenden Normgefüge, kann ein Norm-Entrepreneur, angeleitet durch eines der oben aufgeführten Motive, tätig werden und sich für die Initiierung einer neuen Norm einsetzen.
Der exogen gegebene Anlass, durch Normwandel für eine neue Policy einzutreten, erklärt den Zeitpunkt, ab dem ein Norm-Entrepreneur aus den oben dargestellten Motiven ein Interesse hat, tätig zu werden. Dieser Zeitpunkt erklärt allerdings nicht zwangsläufig auch den Zeitpunkt für das Aktivwerden des Norm-Entrepreneurs. Aus taktischen Gründen können sie den Zeitpunkt für ihr Eintreten für eine neue Norm abhängig von den Erfolgschancen wählen. Wenn zum Beispiel ein großer Teil der Gesellschaft die Notwendigkeit einer neuen Policy

---

[97] Jede Art von Organisation verfolgt auch das Ziel des Selbsterhalts und der Stärkung gegenüber anderen Organisationen. Insofern ist das Verhalten von Organisationen nie alleine altruistischen Zielen verschrieben.
[98] Vgl.: Nordhaus, William: The Political Business Cycle, in: Review of Economic Studies, 42/2, 1975, S. 169-190.

realisiert, aber noch unklar ist, wie diese gestaltet werden soll, kann ein Norm-Entrepreneur mittels der Initiierung einer neuen Norm die Basis für eine Policy schaffen, die bis dahin nicht durchsetzbar gewesen wäre. Doch nicht nur die Bereitschaft der Gesellschaft eine neue Policy zu akzeptieren bietet für einen Norm-Entrepreneur einen günstigen Zeitpunkt. Auch die Wahl einer neuen Regierung kann der sie stellenden Partei die Chance bieten, mittels der dann gegebenen Möglichkeit nicht nur als Legislative eine neue Policy einzubringen sondern auch, falls nötig, im Vorfeld als Norm-Entrepreneur tätig zu werden. Das gleiche gilt für Organisationen, die Expertenmeinungen, technischen Fortschritt, einen gesellschaftlichen, wirtschaftlichen oder einen politischen Wandel als förderlichen Rahmen für die Initiierung einer neuen Norm nutzen. Im besten Fall entsteht ein Bandwagon-Effekt, der Norm-Entrepreneur erfährt schnell Unterstützung von anderen Akteuren, die sich ebenfalls für eine neue Norm einsetzen, um so eine neue Policy herbeizuführen.[99] Dabei muss allerdings beachtet werden, dass das Setzen einer neuen Norm nicht in kurzer Zeit zu bewerkstelligen ist. Und im Fall, dass ein anderer Norm-Entrepreneur konkurrierend tätig wird oder entgegengesetzte, bereits bestehende Normen sehr fest in einer Gesellschaft verankert sind, kann es Jahre dauern, bis eine neue Norm etabliert werden kann. Die Rolle externer Ereignisse, die das Wirken eines Norm-Entrepreneurs erleichtern, wird in Kapitel II.2.1.3 ausführlich dargestellt.

Wie kann ein Akteur als Norm-Entrepreneur tätig werden?
Gerade zu Beginn des Prozesses der Initiierung einer neuen Norm steht ein Norm-Entrepreneur großen Schwierigkeiten gegenüber. Solange die neue Norm vorwiegend auf Ablehnung stößt und praktisch keine Unterstützung erfährt, ist ein erfolgreiches Agieren des Norm-Entrepreneurs praktisch unmöglich. Für einen Norm-Entrepreneur ist es folglich wichtig, mögliche Widerstände und konkurrierende Norm-Entrepreneure zu identifizieren oder andere, unterstützende Norm-Entrepreneure einzubinden. So kann eine Regierung, die in einem bestimmten Politikfeld als Norm-Entrepreneur tätig wird, beispielsweise Organisationen die ebenfalls als Norm-Entrepreneur im gleichen Politikfeld tätig sind, fördern oder gegebenenfalls Unterstützung entziehen. Für das erfolgreiche Agieren eines Norm-Entrepreneurs ist eine komplexe Strategie von elementarer Wichtigkeit. Dabei stehen dem Norm-Entrepreneur verschiedene Mittel zur Verfügung.
(1) Durch Framing wird eine zu initiierende Norm in einen positiven Zusammenhang gestellt. Durch diese Verknüpfung mit bestehenden Normen können zu erwartende Widerstände reduziert und möglichen konkurrierenden Norm-Entrepreneuren Argumente genommen werden.

---

99 Vgl.: Ellickson (2001), S. 52.

(2) Das Überzeugen von einer neuen Policy und das Erzielen von Lerneffekten sind ebenfalls erfolgreiche Strategien zur Etablierung einer Norm. Bei dieser Strategie ist es für einen Norm-Entrepreneur hilfreich, wenn er auf die unterstützende Meinung von Experten zurückgreifen kann. So kann beispielsweise die Expertise von anerkannten Wissenschaftlern die Bereitschaft einer Gesellschaft fördern, bestehende Normen durch neue zu ersetzen und so die Basis für einen Policy-Wandel zu schaffen.
(3) Das Führen eines gezielten Diskurses ist ebenfalls ein Mittel, das es einem Norm-Entrepreneur erleichtert, eine neue Norm zu etablieren, indem mittels einer strategisch geführten Diskussion Widerstände gegen diese neue Norm minimiert werden.
Diese drei Strategien zur Initiierung einer Norm sind eng miteinander verknüpft und ein paralleles Zurückgreifen auf alle drei Strategien verspricht den größten Erfolg. In Kapitel II.2.2 werden diese Strategien ausführlich dargestellt.

2.1.3 Windows of Opportunity

Die Wahl eines geeigneten Zeitpunkts für das Aktivwerden des Norm-Entrepreneur ist von zentraler Bedeutung, um eine Chance auf die erfolgreiche Etablierung einer neuen Norm zu haben. Die Basis für dieses Aktivwerden ist das Interesse des Norm-Entrepreneurs an einer neuen Policy, das wie oben beschrieben verschieden motiviert sein kann. Ein besonders geeigneter Moment für die Initiierung einer neuen Norm ist dann gekommen, wenn bei den Normadressaten, zum Beispiel durch neue soziale oder ökonomische Gegebenheiten, die Notwendigkeit einer neuen Policy erkannt wird, deren Gestaltung aber noch unklar ist. In dieser Situation ist der Anstoß für einen Diskurs durch einen Norm-Entrepreneur besonders aussichtsreich. Auch die Bildung neuer möglicher Koalitionen, zum Beispiel durch einen Regierungswechsel, kann für einen Norm-Entrepreneur der geeignete Startpunkt für die Initiierung einer neuen Norm sein. Entsprechend können externe Ereignisse einem Norm-Entrepreneur für die erfolgreiche Etablierung einer neuen Norm, beziehungsweise für das erfolgreiche Setzen einer bestehenden Norm in einen neuen Zusammenhang, den geeigneten Zeitpunkt bieten.
Die Funktion externer Einflüsse auf einen Akteur wird in der Politikwissenschaft vielfach thematisiert. Die Optionen, die durch einen bestimmten externen Impuls einem *Policy-Maker* ermöglicht werden, werden exemplarisch von Kingdon[100] dargestellt und als Modell von verschiedenen Wissenschaftlern mo-

[100] Kingdon, John W.: Agendas, Alternatives, and Public Policies, Boston: HarperCollinsPublishers, 1984.

difiziert.[101] Kingdon bezeichnet die Akteure seines Modells als Policy-Entrepreneure, die er wie folgt definiert:

> Entrepreneurs are advocates who are willing to invest their resources – time, energy, reputation, money – to promote a position in return for anticipated future gain in the form of material, purposive, or solidary benefits.[102]

Um den Ursprung eines externen Impulses auf einen Policy-Entrepreneur lokalisieren zu können, teilt Kingdon das politische System in drei Ströme: Den Problem-, den Policy- und den Politics-Strom. Probleme werden von Akteuren vor dem Hintergrund ihres Wertesystems und der gemachten Erfahrungen realisiert. Soziale, politische und ökonomische Indikatoren sind die Bestandteile des Problemstroms. Der Policy-Strom wird als *Policy Primeval Soup* beschrieben. In diesem Strom fließen verschiedene Ideen, Programme und Gesetzesvorlagen. Bestand können nur die Policies haben, die ausgearbeitet sind und zu einem Problem aus dem Problemstrom passen. Zudem müssen sie implementierbar sein und mit den vorherrschenden Werten der betroffenen Akteure übereinstimmen. Der Politics-Strom wird durch ideologische, sozioökonomische und institutionelle Veränderungen bestimmt. Die getrennt laufenden Ströme können sich unter bestimmten Umständen kreuzen. Dies passiert in der Regel durch eine Änderung im Problemstrom, zum Beispiel wird ein wichtiges Problem erkannt und bestimmt die Decision-Agenda, oder auch durch eine Änderung im Politics-Strom, wenn beispielsweise eine neue Regierung ins Amt kommt. Diese Kopplung der Ströme stellt für einen Policy-Entrepreneur ein *Window of Opportunity* dar, um eine neue Politik auf die Agenda zu setzen und zu implementieren. Er kann im Fall der Kreuzung der Ströme die passenden Elemente aus jedem Strom koppeln und so eine bestimmte Policy fördern. So sind die passenden Rahmenbedingungen (*Window of Opportunity* durch Kopplung der Ströme) zwar keine zwingende Voraussetzung für eine neue Politik, aber dennoch eine förderliche Voraussetzung.

Kingdon untersucht, inwieweit ein Policy-Entrepreneur von einer Kopplung der drei Ströme bei der Implementierung einer Policy oder zumindest beim Agenda Setting profitiert. Im gleichen Maß wie ein Policy-Entrepreneur kann auch ein Norm-Entrepreneur von einer Kopplung der drei Ströme profitieren. Eine Änderung im Problem-, Policy- oder dem Politics-Strom und eine daraus folgende Kopplung der Ströme kann für einen Norm-Entrepreneur ein *Window of Opportunity* darstellen, das die Möglichkeit der Initiierung einer neuen Norm bietet, beziehungsweise die Möglichkeit darstellt, eine bestehende Norm in einen neuen Zusammenhang zu setzen. Eine Änderung im Politics-Strom, zum Beispiel die Wahl einer neuen Regierung, gibt der neuen Regierung die Chance, als Norm-

[101] Vgl. z.B.: Zelikow, Philip: Foreign Policy Engineering: From Theory to Practice and Back Again, in: International Security, 18/4 1994 S. 143-171.

[102] Kingdon (1984), S. 188.

Entrepreneur tätig zu werden. Sie kann in ihrer Position neue Verhaltensformen vorleben und die Aufmerksamkeit, die ihr zukommt, nutzen, um einen Diskurs über neue Verhaltensformen zu führen und so eine neue Norm zu initiieren. Auch ein Norm-Entrepreneur, der außerhalb einer neuen Regierung steht, kann eventuell die Wahl einer neuen Regierung nutzen, um im Zuge der Änderungen im Politics-Strom eine Norm zu etablieren. Auch eine Änderung im Problem-Strom kann einem Norm-Entrepreneur die Möglichkeit bieten, tätig zu werden. Zum Beispiel kann für einen Norm-Entrepreneur das Erkennen der veränderten wirtschaftlichen Bedingungen unter dem Einfluss globaler Märkte und der damit verbundenen Probleme für die Wirtschaftspolitik die Chance bieten auf neue Zusammenhänge aufmerksam zu machen und eine Stimmung des Wandels zu nutzen, um neue Normen zu etablieren.

Diese externen Faktoren sind nicht die Basis, die ein Norm-Entrepreneur benötigt, um eine neue Norm zu etablieren beziehungsweise eine bestehende in einen neuen Zusammenhang zu setzen. Allerdings stellen sie eine hilfreiche Unterstützung dar, um eine Norm zu initiieren. Der Ansatz von Kingdon kann nicht nur erklären, wann für einen Policy-Entrepreneur ein günstiger Moment gekommen ist, um eine neue Policy zu initiieren oder auf die Agenda zu setzen, sondern er kann auch dazu beitragen, einen solchen günstigen Moment für einen Norm-Entrepreneur auszumachen. Ein unterstützendes *Window of Opportunity* kann von einem Norm-Entrepreneur allerdings nur genutzt werden, wenn er sich bereits genau über die zu initiierende Norm im Klaren ist und er weiß, in welchen Zusammenhang er diese Norm setzen möchte. Die strategische Planung des Erreichens eines Ziels und die Definition einer Norm, die die Basis darstellt, um eine neue Politik durchzuführen, müssen bereits abgeschlossen sein. Nur dann kann der Norm-Entrepreneur auf einen günstigen Moment warten, der ihm hilft seine Norm zu etablieren.

Eine passende Metapher benutzt Kingdon um das Warten eines Entrepreneurs auf ein *Window of Opportunity* zu beschreiben, indem er den Entrepreneur mit einem Surfer vergleicht, der auf die richtige Welle wartet.

> [Entrepreneurs] are ready to paddle, and their readiness combined with their sense for riding the wave and using the forces beyond their control contributes to success. [...] entrepreneurs must develop their ideas, expertise, and proposals well in advance of the time the window opens.[103]

Eine Änderung in einem der drei Ströme muss nicht auf der nationalen Ebene erfolgen. Auch die internationale Ebene ist Teil des Systems indem ein Norm-Entrepreneur agiert. Entsprechend kann ein *Window of Opportunity* auch durch ein Ereignis auf der internationalen Ebene erfolgen. So bot das Ende des Kalten Krieges die Möglichkeit für Policy-Entrepreneure, eine Policy auf die Agenda zu setzen, beziehungsweise für Norm-Entrepreneure die Möglichkeit, eine neue

---

[103] Kingdon (1984), S. 190.

Norm zu initiieren beziehungsweise eine bestehende in einen neuen Zusammenhang zu setzen. Gleiches gilt für Änderungen in der internationalen Wirtschaft. Die zunehmende Bedeutung globaler Märkte führt zu neuen Problemen im Problem-Strom und zu neuen Policies im Policy-Strom. Daraus kann sich für einen Norm-Entrepreneur ein *Window of Opportunity* ergeben:

> Notions of "world time" are also present in the arguments of those who see current period of globalization as one that promotes dramatic expansion of new norms and creates new opportunities for norm entrepreneurs.[104]

Abbildung 3 Die drei Ströme

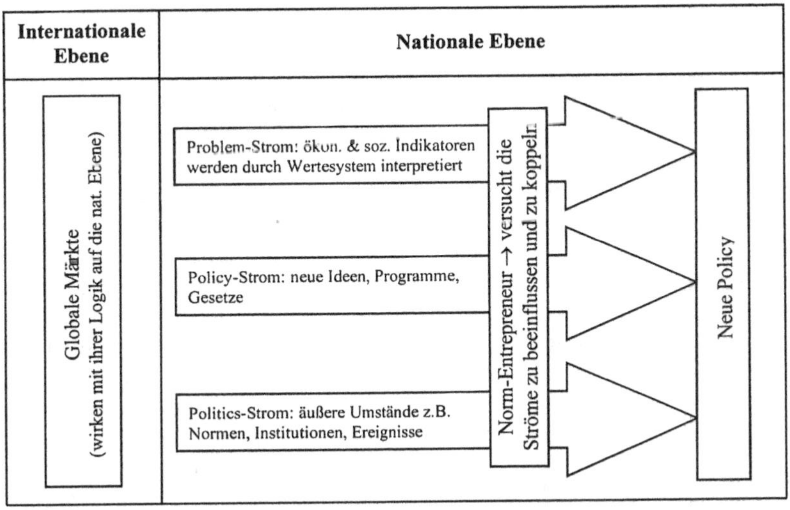

Die Einteilung eines Systems in die drei von Kingdon definierten Ströme bietet ein hilfreiches Analyseraster. So bietet eine Untersuchung des Problem-, des Policy- und des Politics-Stroms nicht nur eine erste Identifikation möglicher Ursachen für das Aktivwerden des Norm-Entrepreneurs, sondern anhand dieser Ströme lässt sich auch ein Ereignis identifizieren, das den Zeitpunkt für das Aktivwerden des Norm-Entrepreneur bestimmt. Zudem ist die Beobachtung dieser Ströme für einen Norm-Entrepreneur eine hilfreiche Methode bei der Planung der Initiierung einer neuen Norm.

[104] Finnemore / Sikkink (1998), S. 909.

2.2 Die Strategien eines Norm-Entrepreneurs

Motiviert aus den oben dargestellten Gründen wird ein Norm-Entrepreneur aktiv, um eine neue Policy zu initiieren. Der Inhalt dieser Policy beruht auf bestehenden Interessen oder einer Idee. Ideen können so als ein Ursprung neuer Normen betrachtet werden.[105] Aus einer Vielzahl von Ideen greifen Norm-Entrepreneure einzelne Ideen auf und setzen sich durch ihr Wirken für ein Durchsetzen dieser Idee ein. Als Ergebnis bereiten sie durch Normsetzung einer neuen Policy den Boden.[106]

Um eine neue Norm zu etablieren beziehungsweise eine bestehende Norm in einen neuen Zusammenhang zu setzen, kann sich ein Norm-Entrepreneur verschiedener Methoden bedienen. Normen lassen sich nur schwer und langsam wandeln, dies muss ein Norm-Entrepreneur bei seiner strategischen Beeinflussung des Normengefüges seiner Zielgruppe beachten. Framing, Lerneffekte, Überzeugung und das Führen eines gezielten Diskurses sind für einen Norm-Entrepreneur die Methoden, die den größten Erfolg versprechen. Dabei sind diese Methoden kaum voneinander zu trennen. Zum einen wird ein Norm-Entrepreneur diese kombinieren, um seine Erfolgsaussichten zu erhöhen, zum anderen sind diese Methoden auch inhaltlich miteinander verknüpft.

Der *Policy-Window* Ansatz von Kingdon bieten einen hilfreichen Erklärungsansatz, um den Zeitpunkt für ein taktisches Aktivwerden des Norm-Entrepreneurs zu erklären. So kann ein externes Ereignis die Etablierung einer Norm beziehungsweise die Erstellung eines neuen Zusammenhangs mit bestehenden Normen vereinfachen. Ein Norm-Entrepreneur kann ein solches Ereignis nutzen, um Lerneffekte zu erzielen, einen Diskurs zu starten, einen Frame für eine zu etablierende Norm zu schaffen oder einen geänderten institutionellen Rahmen zu nutzen.

Die Methoden des Norm-Entrepreneurs werden im Folgenden ausführlich dargestellt.

---

[105] Zum Zusammenhang von Ideen, Normen und Institutionen vgl. Kap. II.1.3.3.

[106] Vgl.: Björkdahl, Annika: From Idea to Norm. Promoting Conflict Prevention, Department of Political Science, Lund University, Sweden, 2002, S. 54-63.

2.2.1 Framing

Ein Frame[107] ist ein Interpretationsschema, das Menschen hilft, Erscheinungen zu identifizieren, zu lokalisieren und zu benennen.[108] Dabei stellt Framing einen Prozess dar, der, durch Akteure gesteuert, die Realität konstruiert. Das Ergebnis dieses Prozesses ist die Schaffung eines handlungsleitenden Rahmens. Dieser betont die Ernsthaftigkeit beziehungsweise die Ungerechtigkeit bestehender Verhältnisse und definiert, welche Politik akzeptabel ist.[109]
Durch das Setzen eines Ereignisses oder einer Policy in einen speziellen Frame kann die neue Policy mit bestehendem sozialen Wissen verknüpft werden. Die Realität wird hierzu in einen Kontext gesetzt, der bestimmte Interpretationen nahe legt und spezielle Ideen fördert. Die Realität wird konstruiert, indem Norm-Entrepreneure ihr Handeln mit vorhandenem sozialen Wissen und Erfahrungen versehen.[110]

> Indeed, as cognitive consistency theory in psychology explains, an actor is more likely to accept new claims if they are shown to be similar to already accepted ideas. Put in general terms, norm advocates frame issues so that target audiences can see how well newly proposed ideas coincide with already accepted ideas and practices.[111]

Das Framing einer Policy erfolgt meist im Rahmen eines Master-Frames. Ein Master-Frame ist ein allgemeingefasster Frame, ein spezieller handlungsleitender Frame ist entsprechend aus einem weitreichenden Master-Frame abgeleitet. Snow und Benford führen hierzu aus:

> Master frames are to movement-specific collective action frames as paradigms are to finely tuned theories. [...] So conceived, master frames can be construed as functioning in a manner analogous to linguistic codes in that they provide a grammar that punctuates and syntactically connects patterns or happenings in the world.[112]

---

107 Vor allem die Soziologie beschäftigt sich mit Framig-Prozessen. Entsprechend bietet sie ein hilfreiches Gerüst theoretischer Annahmen über diese Prozesse. Allerdings gibt es bisher nur wenige systematische Untersuchungen, die die theoretischen Annahmen empirisch untermauern.

108 Vgl.: Goffman, Erving: Frame Analysis, An Essay on the Organization of Experiences, New York: Harper & Row, 1974, S. 21.

109 Vgl.: Snow, David A. / Benford, Robert D.: Master Frames and Cycles of Protest, in: Morris, Aldon D. / McClurg Mueller, Carol (Hrsg.): Frontiers in Social Movement Theory, New Haven & London: Yale University Press, 1992, S. 136-137.

110 Vgl.: Fujii, Lee Ann: The diffusion of a genocidal norm in Rwanda, Paper prepared for the Annual Convention of the International Studies Association, New Orleans, 24-27 March 2002, S. 3.

111 Payne (2001), S. 43.

112 Snow / Benford (1992), S. 138.

Die Möglichkeiten für einen Norm-Entrepreneur einen Frame zu schaffen oder zu ändern, ist in großem Maße von dem Master-Frame abhängig, in dessen Rahmen der Prozess des Framings stattfindet. Snow und Benford unterscheiden hier, analog zu den Arbeiten Bernsteins[113], restringierte und elaborierte Master-Frames. Der restringierte Master-Frame ist bezogen auf neue Ideen geschlossen und nicht für Erweiterungen geeignet. Ein restringierter Master-Frame lässt nur einen engen Rahmen an Interpretationen zu, die in einem kleinen Bund an Ideen in einem eng zusammenhängenden Kontext stehen. Restringierte Master-Frames sind syntaktisch nicht flexibel und lexikalisch eingeschränkt. Im Gegensatz zum restringierten Master-Frame sind in einem elaborierten Master-Frame eine Vielzahl von Ideen organisiert. Bezogen auf Interpretationen sind sie sehr flexibel. Entsprechend stellen sie ein System dar, dass eine Ausweitung auf weitere Themen und neue Ideen zulässt. Da der eloborierte Master-Frame syntaktisch flexibler und lexikalisch universalistischer als der restringierte Master-Frame ist, bietet er Akteuren, die eine Änderung herbeiführen wollen, eine geeignete Möglichkeit diese zu artikulieren, in einen Frame einzuordnen und als entsprechendes Interpretationsschema zu nutzen.[114] So ist das Vorhandensein eines elaborierten Master-Frames in einem Policy-Feld eine hilfreiche Voraussetzung für das Agieren eines Norm-Entrepreneurs.

---

[113] Bernstein identifiziert zwei Sprechkodes (elaborierter und restringierter Kode). Kodes können linguistisch definiert werden in Ausdrücken der Vorhersagewahrscheinlichkeit, welche syntaktischen Elemente jeweils verwendet werden, um Bedeutungen innerhalb eines repräsentativen Sprechbereichs zu organisieren. Die Sprechkodes betrachtet Bernstein als Funktionen des Systems sozialer Beziehungen. Diese sozialen Beziehungen spiegeln sich in spezifischen syntaktischen und lexikalischen Auswahlmöglichkeiten.
Beim restringierten Kode sind alle Wörter und damit auch die Struktur eines Satzes ungeachtet ihrer möglichen Komplexität vorhersagbar. Die wesentliche Funktion dieses Kodes ist, die Form der Sozialbeziehung zu definieren und zu verstärken, indem der verbale Ausdruck der individuellen Erfahrung beschränkt wird. Artikulatorische Hinweise werden reduziert; gewisse Bedeutungen werden verschoben, abgekürzt und lokal gebraucht; es gibt nur einen niedrigen Grad lexikalischer und syntaktischer Auswahlmöglichkeiten.
Der elaborierten Kode, bei dem eine Vorhersage auf der syntaktischen Ebene sehr viel weniger möglich ist, entsteht in einer solchen Sozialbeziehung, die in ihren Teilhabern den Druck hervorruft, sich mit ihren verbalen Äußerungen auf ganz spezielle Sachverhalte zu beziehen. Die verbale Planung verlangt hier eine höhere Stufe syntaktischer Organisation und lexikalischer Auswahlmöglichkeit. Während ein restringierter Kode die Konstruktion und den Austausch gemeinschaftlicher Symbolik ermöglicht, ermöglicht ein elaborierter Kode die verbale Konstruktion und den Austausch individueller oder persönlicher Symbolik.
Vgl.: Bernstein, Basil: Elaborierter und restringierter Kode: Eine Skizze, in: Klein, Wolfgang / Wunderlich, Dieter (Hrsg.): Aspekte der Soziolinguistik, Frankfurt a.M.: Athenäum, 1971, S. 15-23.

[114] Vgl.: Snow / Benford (1992), S. 139-140.

Der gleiche Frame kann in verschiedenen Gesellschaften verschiedene Interpretationsschemata darstellen. Beispielsweise stehen die Deutschen der europäischen Integration sehr positiv gegenüber. Sie wird mit wirtschaftlichem Wachstum, politischer Stabilität und der Garantie von dauerhaftem Frieden in Verbindung gebracht. Dies ermöglicht einem Norm-Entrepreneur die Nutzung der europäischen Integration als elaborierten Master-Frame, der flexibel für eine Vielzahl an Themen offen ist, denen er als Interpretationsbasis dienen kann.
Eine ganz andere Sicht haben die Briten auf die europäische Integration. Denn die meisten Briten verbinden diese mit einem Souveränitätsverlust für Großbritannien. So ist die europäische Integration praktisch nicht für eine positive Verknüpfung mit einer Policy geeignet. Aufgrund dieser einseitigen Sicht der Briten stellt die europäische Integration für einen Norm-Entrepreneur einen restringierten Master-Frame dar, der nur für wenige Themen nutzbar und auch nicht erweiterbar ist.
Framing kann in verschiedenen Phasen erfolgen. Bereits bei der Identifikation eines Problems, das die Notwendigkeit einer neuen Policy schafft, kann eine Verknüpfung mit bestehenden Normen geschaffen werden. Auch in der Folge eingebrachte Lösungsvorschläge, Strategien und Instrumente zur Lösung eines Problems können ebenfalls mit bestehenden Normen verknüpft werden.[115] Entsprechend betrachten auch Finnemore und Sikking in der ersten Phase des *norm-life-cycle*, der *norm emergence,* Framing als die zentrale Aufgabe des Norm-Entrepreneurs.[116]
Dabei stehen dem Norm-Entrepreneur verschiedene Taktiken der Ausrichtung eines Frames zur Verfügung. Eine erfolgsversprechende Taktik kann als *Frame Bridging* bezeichnet werden. Hier werden zwei Frames miteinander verknüpft, die auf gleichen ideologischen Grundsätzen bestehen, die aber nicht mit einem speziellen Politikfeld beziehungsweise Thema verknüpft sind. Diese beiden zu verknüpfenden Frames sind in der Regel in einem Master-Frame vereint.
Eine weitere, weitaus schwerer durchzuführende Taktik ist die *Frame transformation.* Um eine Policy durchzuführen, die nicht im Einklang mit bestehenden Normen ist, kann ein Norm-Entrepreneur versuchen, einen bestehenden Frame zu transformieren. Der Norm-Entrepreneur muss hier neue Werte verankern und alte Überzeugungen einer Gesellschaft verdrängen. In der Folge kann so ein Frame neu aufgebaut werden. Diese Taktik ist sehr zeitaufwendig und erfordert entsprechend ein Wirken des Norm-Entrepreneurs von mindestens einer Dekade. Aufgrund der schweren Änderbarkeit eines Frames ist ein erfolgreiches Wirken des Norm-Entrepreneurs hier unwahrscheinlich.[117]

[115] Vgl.: Björkdahl (2002), S.87.
[116] Vgl.: Finnemore / Sikkink (1998), S. 897.
[117] Vgl. Sabatier (1993).

Zwischen diesen beiden sich gegenüberstehenden Taktiken lassen sich zwei weitere Taktiken der Frame-Ausrichtung ausmachen, die eine Zwischenposition einnehmen. Durch *Frame Amplification* kann ein bestehender Frame gestärkt werden. Hier wird ein Frame durch Argumentation fest mit einem Thema verknüpft, was verhindert, dass dieses Thema durch einen anderen Frame interpretiert wird. Die vierte Taktik ist die *Frame Extension*. Hier versucht ein Norm-Entrepreneur, eine Policy als übereinstimmend mit einem bestehenden Frame darzustellen. Dazu werden Werte und Interessen potentieller Anhänger als kongruent mit den eigenen dargestellt.[118]
Von diesen vier dargestellten Taktiken der Ausrichtung eines Frames erscheinen vor allem die des *Frame Bridging*, der *Frame Amplification* und der *Frame Extension* als praktikabel und erfolgversprechend. Dabei ist zu beachten, dass diese Taktiken nicht alleine auftreten müssen und sich überlappen können. Ein Norm-Entrepreneur wird versuchen, diese Taktiken miteinander zu verknüpfen um so den Rahmen zur Durchführung einer neuen Policy zu schaffen. Von den bestehenden Frames und der Möglichkeit diese mit einem speziellen Thema zu verknüpfen hängt auch der Zeitraum ab, indem eine Ausrichtung eines Frames stattfindet. Aufgrund des nur langsam vonstatten gehenden Wandels eines Frames kann im besten Fall davon ausgegangen werden, dass mit einem Zeitraum von eventuell mehreren Jahren zu rechnen ist. Entsprechend muss ein Norm-Entrepreneur über einen langen Zeitraum aktiv sein, um seine Ziele zu erreichen (vgl. Kap. II.2.1.2 zu den Eigenschaften eines Norm-Entrepreneurs).

2.2.2 Überzeugen und das Erzielen von Lerneffekten

Ein Norm-Entrepreneur kann auch durch Überzeugungsarbeit und das Erzielen von Lerneffekten eine neue Norm initiieren beziehungsweise eine bestehende Norm in einen neuen Zusammenhang stellen. Um diese Strategie erfolgreich zu verfolgen muss ein Norm-Entrepreneur selbst strikt gemäß der zu initiierenden Norm agieren. Durch Überzeugungen, die von einem Norm-Entrepreneur vertreten werden, können dann soziale Fakten geschaffen und geformt werden. Überzeugungen werden allerdings nicht in einem Vakuum vertreten. Sie werden in einem vorgegebenen institutionellen Rahmen interpretiert, der auf bestehenden Normen basiert. Dieser Rahmen bietet den Hintergrund für das Erzielen von Lerneffekten und das Eintreten für Überzeugungen, wobei das Erzielen von Lerneffekten und das Eintreten für Überzeugungen einen sozialen Prozess darstellen. Lernen kann sich dabei auf zwei unterschiedliche Aspekte beziehen, nämlich auf den des Weges zu einem bestimmten Ziel (Verbesserungslernen) oder auf das Ziel selbst (Veränderungslernen). Verbesserungslernen bezieht sich

---

[118] Vgl.: Snow, David A. / Rochford, Burke E. / Worden, Steven K. / Benford, Robert D.: Frame Alignment Processes, Micromobilization, and Movement Participation, in: American Sociological Review, 51/4, 1986, S. 464-481.

auf Veränderungen bei den Wegen, die gewählt werden, um ein bestehendes Ziel zu erreichen. Hier können Lerneffekte zu einer neuen, verbesserten Strategie für die Erreichung eines vorgegebenen Ziels führen. Veränderungslernen stellt dagegen ein bestehendes Ziel und den handlungsleitenden Rahmen selbst in Frage. Das Konzept des Veränderungslernens geht davon aus, dass sich Interessenlagen, Werte, Ziele und Handlungen von Akteuren durch neue Informationen verändern. Die Anforderungen, die die Globalisierung an Staaten stellt, kann sowohl zu einer Notwendigkeit der Wahl neuer Strategien als auch zu einer Formulierung neuer Ziele führen.[119] Bei den Adressaten der Lerneffekte kann die Notwendigkeit einer neuen Strategie schneller vermittelt werden, als ein neues Ziel. Entsprechend ist Veränderungslernen in besonderem Maß abhängig vom Agieren eines Norm-Entrepreneur, der den Rahmen für Lerneffekte schafft. Um erfolgreich agieren zu können, ist es wichtig, dass der Norm-Entrepreneur über ein hohes Prestige verfügt und eine exponierte Position in der Öffentlichkeit einnimmt, um so durch sein Agieren von anderen wahrgenommen zu werden und sie überzeugen zu können. Zudem lassen sich Lerneffekte nicht kurzfristig erzielen. Entsprechend muss ein Norm-Entrepreneur über einen längeren Zeitraum hinweg tätig sein um mittels Lerneffekte eine neue Norm zu etablieren.

Das Erzielen von Lerneffekten bezieht sich auf eine relativ stabile Veränderung des Denkens und von Verhaltensintentionen. Lerneffekte sind allerdings nicht alleine auf das Wirken eines Norm-Entrepreneurs zurückzuführen. Externe Einflüsse wie Änderungen in den sozioökonomischen Bedingungen oder neue politische Koalitionen fördern die Etablierung neuer Normen. Das Erzielen von Lerneffekten ist am wahrscheinlichsten, wenn die beteiligten Akteure über die nötigen Ressourcen verfügen, um einen argumentativen, überzeugenden Diskurs zu führen. Speziell ein Forum, das den Rahmen für einen Diskurs bietet, ist für die beteiligten Akteure hilfreich. Zudem ist das Erzielen von Lerneffekten am wahrscheinlichsten, wenn für die diskutierte Policy akzeptierte Erfolgsindikatoren existieren und durch Argumentation, Experimente oder Erfahrungen, zum Beispiel in anderen Staaten, die Annahme neuer Überzeugungen unterstützt wird.[120] Solche messbaren Indikatoren sind im Bereich der Wirtschaftspolitik zum Beispiel Änderungen im Steueraufkommen, die Zahl der Beschäftigten oder das Bruttoinlandprodukt.

Bei der Untersuchung dieser sozialen Prozesse steht der Wissenschaftler vor dem Problem unterscheiden zu müssen, ob ein Lernprozess durch argumentative Überzeugung stattgefunden hat oder ob das Eintreten für eine neue Policy auf

---

[119] Vgl.: Bandelow, Nils C.: Policy Lernen und politische Veränderungen, in: Schubert, Klaus / Bandelow, Nils, C. (Hrsg.): Lehrbuch der Politikfeldanalyse, München: Oldenbourg, 2003, S. 289-321.

[120] Vgl. Sabatier (1993).

Druck und durch Abhängigkeitsverhältnisse oder mittels eines *Package-Deals* erfolgt ist, der etwaige Nachteile der neuen Policy kompensiert.

2.2.3 Führen eines gezielten Diskurses

Ein Diskurs ist ein öffentlicher, geplanter und organisierter Diskussionsprozess, der sich auf spezifische Themen von allgemeinem gesellschaftlichem Belang bezieht.[121] So stellt ein Diskurs eine logisch fortschreitende Argumentationskette dar. Politische Realität wird durch Diskurse definiert. Ausgangspunkt für einen gezielt geführten Diskurs ist eine Idee. Mit der Idee verknüpfte Ziele können am ehesten erreicht werden, wenn die Idee politisch wirkt und von einer Mehrheit akzeptiert wird. Ideen, die über einen Diskurs vermittelt werden, sind fest mit vorhandenem Wissen verknüpft. Das Wissen, das einen Diskurs bestimmt, lässt sich in verschiedene Ebenen einteilen. Goldstein und Keohane[122] unterscheiden zwischen *world views* (Ideen, die grundsätzliche Möglichkeitsräume für Handeln vorgeben, auf ihnen beruht die Identitätsbestimmung), *principles beliefs* (normative Ideen, die definieren, was Recht und Unrecht ist) und *causal beliefs* (Annahmen über kausale Effekte). Das Fundament eines Diskurses sind die *world views*. Diese sind praktisch nicht veränderbar. Die größten Aussichten auf eine Änderung beziehungsweise Beeinflussung des Wissens bestehen bei den *causal beliefs*. Ein Norm-Entrepreneur, der durch einen gezielt geführten Diskurs eine Norm initiieren und somit neue Verhaltensoptionen etablieren möchte, muss folglich versuchen durch einen Diskurs speziell die *causal beliefs* zu beeinflussen. Beste Aussichten auf das erfolgreiche Führen eines Diskurses haben Gruppen, die über hohes Prestige und Sachverstand verfügen. Die *causal beliefs* beruhen in der Regel auf dem Konsens anerkannter (meist wissenschaftlicher) Eliten.[123] Eine neue Argumentation der Eliten ist eine wichtige Voraussetzung dafür, dass ein Norm-Entrepreneur durch einen Diskurs über neu vermitteltes Wissen neue Normen schafft und so neue Handlungsoptionen erlangt. Einen Diskurs führende Akteure sind in der Regel die Wortführer diskursiver Gemeinschaften, die Deutungsangebote für Handlungszusammenhänge entwerfen und Forderungen stellen. Aber auch individuelle Akteure können einen Diskurs anleiten. Zu diesen diskursiven Eliten gehören prominente Repräsentanten von Parteien und politischen Institutionen, prominente Intellektuelle und Medienakteure. Diese Akteure verfügen über die nötigen Mittel, die als symbolisches Ka-

---

[121] Vgl.: Keller, Reiner / Hirseland, Andreas / Schneider, Werner / Viehöver, Willy: Zur Aktualität sozialwissenschaftlicher Diskursanalyse – Eine Einführung, in: Keller, Reiner / Hirseland, Andreas / Schneider, Werner / Viehöver, Willy (Hrsg.): Handbuch Sozialwissenschaftliche Diskursanalyse. Band 1: Theorien und Methoden, Opladen: Leske + Budrich, 2001, S. 7.

[122] Vgl.: Goldstein / Keohane (1993), S. 3-30.

[123] Vgl.: Haas (1992).

pital bezeichnet werden können. Dieses symbolische Kapital verleiht ihren Deutungsangeboten Gewicht und befähigt sie so, sich in diskursiven Auseinandersetzungen einzusetzen.[124]

So ist ein Diskurs das Ergebnis einer hegemonial gesteuerten Debatte.[125] Dabei wirkt sich die linguistische Repräsentation einer Policy auf die Beantwortung der zentralen Fragen „Wer ist verantwortlich?", „Was kann getan werden?" und „Was sollte getan werden?" aus und bestimmt so die Policy.[126]

Abbildung 4   Methoden eines Norm-Entrepreneur

Norm-Entrepreneure bedienen sich drei zentraler Methoden, um eine neue Norm zu etablieren bzw. eine Norm in einen neuen Zusammenhang zu stellen: - Framing von Problemen / Lösungen / Ideen - Lerneffekte / Überzeugen - Führung einen gezielten Diskurses

Framing, Überzeugen, das Erzielen von Lerneffekten und das Führen eines Diskurses sind kaum getrennt zu untersuchen, da sie nie für sich alleine auftreten. Ein Diskurs, Lerneffekte und Überzeugungsarbeit finden immer in einem speziellen Frame statt, der sich oft einem Master-Frame zuordnen lässt. Ein Ereignis, ein Problem, ein Lösungsvorschlag oder eine neue Policy können nur mittels eines Diskurses in einem bestimmten Frame dargestellt werden. Entsprechend nimmt das Führen eines Diskurses bei der Wahl einer Strategie durch einen Norm-Entrepreneur eine exponierte Stelle ein. Framing und das Erzielen von Lerneffekten beziehungsweise das Überzeugen im Sinne einer neuen Policy ist immer mit dem Führen eines Diskurses verbunden.

> Diskurse sind der soziale Ort, an dem diese Bemühungen um die Definition sozialer Wirklichkeit stattfinden, so dass diese überhaupt kollektive Geltung erlangen können. *Frames* sind gleichsam die grundlegenden *Werkzeuge* oder gar *Waffen*, die in diesen Deutungskämpfen genutzt werden.[127]

---

[124] Vgl.: Schwab-Trapp, Michael: Diskurs als soziologisches Konzept. Bausteine für eine soziologisch orientierte Diskursanalyse, in: Keller / Hirseland / Schneider / Viehöver (2001), S. 271-272.

[125] Vgl.: Torfing, Jacob: Discourse analysis and the post-structuralism of Laclau and Mouffe, in: European Political Science, autumn 2002, S. 54

[126] Vgl.: Hajer, Maarten: Discourse analysis and the study of policy making, in: European Political Science, autumn 2002, S. 61-65.

[127] Donati, Paolo R.: Die Rahmenanalyse politischer Diskurse, in: Keller / Hirseland / Schneider / Viehöver (2001), S. 151-152.

Hilfreich bei dem Versuch der Etablierung einer Norm ist ein externes Ereignis in einem der von Kingdon identifizierten Ströme. Durch ein solches Ereignis kann sich für den Norm-Entrepreneur ein *Window of Opportunity* öffnen. Dieses kann den Erfolg der dargestellten Strategien wahrscheinlicher machen.
Allerdings besteht auch die Möglichkeit, dass verschiedene Norm-Entrepreneure tätig werden, die im gleichen Politikfeld aktiv sind und konträre Ziele verfolgen. In diesem Fall werden die geführten Diskurse entsprechend polarisierend geführt, beide Seiten werden versuchen, ihre Ideen in einen passenden Frame zu rücken.[128] Dieses konkurrierende Wirken kann zu einem Patt führen, keine Gruppe kann eine neue Norm etablieren. In dem Fall, dass eine Gruppe von Norm-Entrepreneuren versucht, eine neue Norm zu etablieren und eine andere Gruppe sich aktiv für bestehende Normen einsetzt, ist davon auszugehen, dass die bereits etablierte Norm nicht abgelöst wird. Denn sie ist durch die lange Präsenz als Richtschnur für Verhalten für einen Norm-Entrepreneur leicht zu erhalten, während es für einen anderen Norm-Entrepreneur deutlich schwieriger ist, konkurrierend eine neue Norm zu initiieren. Ein Politikwandel auf der Basis einer neuen Norm ist in diesem Fall also nicht zu erwarten.

3 Die Methode des theoretisch fundierten und strukturierten Vergleichs

Eine Untersuchung der Entstehung von Normen erfordert eine umsichtige Wahl der adäquaten Methode. Es ist zu beachten, dass in dieser Arbeit nicht nur verschiedene empirische Puzzles untersucht werden, sondern auch allgemeine theoretische Aussagen über das Wirken eines Norm-Entrepreneur getestet werden. An weiterer Komplexität gewinnt diese Arbeit durch die Tatsache, dass sie sich nicht ausschließlich mit Einflüssen der nationalen Ebene befasst, sondern auch den Einfluss der internationalen Ebene in die Analyse einbezieht. In der zunehmenden Relevanz globaler Märkte wird ein wichtiger Einfluss der internationalen Ebene gesehen, der auf nationaler Ebene neue Policies erfordert.
Im Gegensatz zu anderen Ansätzen, die für extreme Vereinfachungen kritisiert werden können, können konstruktivistische Ansätze aufgrund ihrer großen Komplexität kritisiert werden.[129] Diese Komplexität resultiert in der Notwendigkeit, im Rahmen von empirischen Untersuchungen zu vereinfachen und geeignete Analyseschemata zu bilden. Dabei gilt es zu beachten, dass bei der notwendigen Reduktion der Komplexität keine relevanten Teile übersehen werden.

---

[128] Vgl.: Payne (2001), S. 44-45.
[129] Vgl.: Ikenberry, G. John / Doyle, Michael W.: Continuity and Innovation in International Relations Theory, in: Doyle / Ikenberry (1997), S. 267.

Eine weitere Problematik liegt in der vergleichenden Methode. Einerseits bietet ein Vergleich der verschiedenen Fälle von Divergenz die Möglichkeit der Kontrolle von Ergebnissen. Gleichzeitig ist der jeweilige Vergleich von Policy in einem Politikfeld mit dem Problem behaftet, dass in zwei komplexen Systemen nie alle Variablen konstant sein können. So besteht die Gefahr, dass ein Erklärungsfaktor bei der Untersuchung von Divergenz übersehen wird und in der Folge Normen beziehungsweise das Wirken eines Norm-Entrepreneurs nicht die eigentlich erklärende Variable sind. Um sicherzustellen, dass Normen die primäre erklärende Variable in den zu untersuchenden Fällen sind, ist es notwendig, den Erklärungsgehalt alternativer Variablen zu testen (vgl. Kap. I.3.1). Können diese die vorhandene Divergenz nicht vollständig erklären, ist das zwar noch kein endgültiger Beweis für die Relevanz von Normen als unabhängige Variable aber dennoch eine tragfähige Begründung für das Heranziehen von Normen beziehungsweise das Wirken eines Norm-Entrepreneurs zur Erklärung der beobachteten Divergenz.
Die geringe Zahl der zu untersuchenden Fälle lässt keine systematische Kontrolle der Ergebnisse im Sinn einer statistisch nachweisbaren Korrelation zu. Allerdings ermöglicht die Auswahl von nur wenigen Fällen einen sorgsamen, strukturierten Vergleich, der nur wenig Gefahr läuft, relevante Faktoren zu übersehen.[130]
Das Untersuchungsdesign zur Beantwortung der zentralen Forschungsfrage *Warum führen Staaten mit ähnlichen Ausgangsbedingungen auf nationaler Ebene und unter ähnlichen äußeren Einflüssen eine unterschiedliche Politik durch?* ist eng mit den Methoden eines Norm-Entrepreneurs verbunden. Die Kenntnis existierender Frames ist eine notwendige Voraussetzung, um das Führen eines Diskurses, das Leisten von Überzeugungsarbeit und das Setzen eines Frames durch einen Norm-Entrepreneur zu untersuchen. Dies lässt sich durch eine systematische Analyse von Themen und Argumenten bewerkstelligen, die zwischen verschiedenen Gruppen und sozialen Bewegungen stehen.[131] Die Analyse dieser Inhalte und Frames erfolgt vorwiegend mittels einer qualitativen Untersuchung. Zentrale Quellen dieser Untersuchung sind von Eliten gehaltene Reden, Berichte in führenden Zeitungen und Magazinen, Parlamentsdebatten, Parteiprogramme und Meinungen, die von einflussreichen Gruppen wie beispielsweise Verbänden vertreten werden. In diesen Quellen spiegeln sich Ideen, Begriffe und Kategorien wieder. Diese Quellen werden mittels der Diskursanalyse untersucht.[132] Da-

[130] Vgl.: George, Alexander L.: Case Studies and Theory Development: The Method of Structured, Focused Comparison, in: Lauren, Paul Gordon (Hrsg.): Diplomacy. New Approaches in History, Theory, and Policy, New York: The Free Press, 1979, S. 49-50.
[131] Vgl.: Tarrow, Sidney: Mentalities, Political Cultures, and Collective Action Frames: Constructing Meanings through Action, in: Morris / McClurg Mueller (1992), S. 197.
[132] Vgl.: Nullmeier, Frank: Politikwissenschaft auf dem Weg zur Diskursanalyse?, in: Keller / Hirseland / Schneider / Viehöver (2001), S. 285-311.

bei ist die Diskursanalyse in erster Linie eine Konfliktanalyse, in deren Rahmen öffentliche Auseinandersetzungen um Deutungen und Handlungszusammenhänge untersucht werden. Diese Auseinandersetzung stellt einen Prozess dar, somit kann eine Diskursanalyse keine Momentaufnahme sein.[133] Eine Diskursanalyse beginnt mit der speziellen Auswahl der Quellen, in denen der zu untersuchende Diskurs verankert ist. Jeder Diskurs findet in unterschiedlichen Arenen statt. So ist die Wahl der zu untersuchenden Quellen, wie zum Beispiel verschiedener Zeitungen, abhängig vom zu untersuchenden Thema. In einem nächsten Schritt werden diese Quellen mit Blick auf den Diskurs erschlossen. Ein spezieller Fokus gilt verwendeten Schlagwörtern, Argumentationen und Positionen.

Die strukturierte Inhaltsanalyse der zur Untersuchung gewählten Quellen und Diskurse erfolgt in dieser Arbeit durch eine Einteilung in die Kategorien „positiv“, „neutral“ und „kritisch gegenüber einer neuen Policy“. Grundlage dieser Einteilung ist die qualitative inhaltliche Analyse der Quellen und Diskurse nach unterscheidbaren Aussagen. Die Einteilung ist bei allen Quellen und Diskursen systematisch und objektiv. Diese Valenzanalyse baut vor allem auf einer semantischen Analyse, also der Untersuchung der direkten Beziehungen einzelner Wörter zueinander als auch deren Bedeutung im weiteren Sinn (Sinnrelation). Zudem werden bei der Untersuchung der Presse auch Bilder- und Grafikelemente einbezogen. Diese Untersuchung bietet die Basis für eine umfangreiche qualitative Bewertung der einzelnen Quellen, auf denen abschließend die Gesamtanalyse beruht.[134] Die Gesamtanalyse berücksichtigt neben den Ergebnissen der inhaltlichen Analyse die Häufigkeit des Auftretens bestimmter Merkmale.

Innerhalb dieser drei Kategorien „positiv“, „neutral“ und „kritisch gegenüber einer neuen Policy“ werden die Quellen nach den verschiedenen Frames unterschieden, die ihnen als Interpretationsbasis zugrunde liegen. Diese Unterscheidung erfolgt unter der Berücksichtigung der gewählten Argumentation, der Verknüpfung mit anderen Themen und der verwendeten Schlagwörter.[135]

Quellen, die nicht eindeutig einer dieser Kategorien zugeordnet werden können, da sie beispielweise als „neutral“ mit einer leicht kritischen oder positiven Konnotation[136] zu bezeichnen sind, werden, falls diese Fälle häufig auftreten, in den Analysen auch besonders berücksichtigt. So lassen sich Verkürzungen, welche die Einteilung in nur drei Kategorien mit sich bringt, vermeiden.

---

[133] Vgl.: Schwab-Trapp (2001), S. 264.

[134] Vgl.: Jäger, Siegfried: Diskurs und Wissen. Theoretische und methodische Aspekte einer Kritischen Diskurs- und Dispositivanalyse, in: Keller / Hirseland / Schneider / Viehöver (2001), S. 102-106.

[135] Vgl.: Kromrey, Helmut: Empirische Sozialforschung. Modelle und Methoden der Datenerhebung und Datenauswertung, Opladen: Leske + Budrich, 1995[7], S. 291-305.

[136] Solche konnotativen Merkmale bestehen in zusätzlichen, emotional gefärbten Informationen, die durch die Wahl spezieller Wörter oder Metaphern deutlich werden.

Die in allen zu untersuchenden Fällen wiederholte Einteilung in die verwendeten drei Kategorien als Untersuchungsraster ermöglicht einen strukturierten Vergleich der Häufigkeit des Aktivwerdens, der Positionen und der Argumentationsmuster der Norm-Entrepreneure. Die Analyse der verwendeten Frames, die den positiven, neutralen oder kritischen Quellen als Interpretationsbasis zugrunde liegen, gibt Aufschluss über die jeweilige Wahl der Frames durch die konkurrierenden Norm-Entrepreneure. Aufbauend auf dieser qualitativen Analyse können dann vergleichende Aussagen über die Strategien verschiedener Norm-Entrepreneure gemacht werden.
Bei dieser Analyse von Frames und Diskursen muss ein besonderes Augenmerk der komplizierten Bedeutung der doppelten Rolle eines Diskurses gelten: Ein Diskurs stellt für einen Norm-Entrepreneur nicht nur eine zentrale Rolle beim Initiieren einer neuen Norm dar, sondern die Diskursanalyse ist gleichzeitig auch die Untersuchungsmethode des Wirkens eines Norm-Entrepreneurs und zur Identifizierung von Frames. So ist „Diskurs“ als ein Mittel des Norm-Entrepreneurs der Untersuchungsgegenstand und Diskursanalyse Instrument und Methode. In diesem Sinne stellt eine Diskursanalyse einen Diskurs über Diskurse dar, da gesellschaftlich konstruierte Diskurse rekonstruiert werden.
Die ausführliche Analyse von stattgefundenen Diskursen mittels qualitativer Methoden führt zu einem „Spannungsfeld zwischen Detaillierungszwang und Verallgemeinerungsgebot“.[137] Hier gilt es, die einzelnen Analysen der Quellen sorgsam zu einer zusammenfassenden Aussage zusammenzuführen.
Die rückblickende Untersuchung einer Policy birgt die Gefahr einer idealistischen ex post-Konstruktion von Frames und entsprechenden Wirkungszusammenhängen. Dies gilt umso mehr, als dass die zu analysierenden Quellen selbst einen Frame schaffen, der zu einer bestimmten Interpretation verleitet.
Das erfolgreiche Agieren beziehungsweise das Scheitern eines Norm-Entrepreneurs lässt sich durch eine Verschiebung eines Frames nachweisen. Dieser neue Frame kann neben der dargestellten Analyse auch mit quantitativen Methoden gemessen werden. So kann mittels verschiedener Erhebungen periodisch erstellter Umfragen eine Veränderung bezüglich der Einstellung der Bevölkerung zu verschiedenen Themen gemessen werden. Diese Änderungen müssen allerdings nicht zwangsläufig mit dem Agieren eines Norm-Entrepreneur zusammenhängen. Eine endgültige Falsifizierung ist hier nicht möglich – doch eine sorgsame Analyse anderer Variablen lässt eine abschließende Beurteilung der unabhängigen Variable „Norm“ zu.
Neben der Beantwortung der zentralen Forschungsfrage *Warum führen Staaten mit ähnlichen Ausgangsbedingungen auf nationaler Ebene und unter ähnlichen äußeren Einflüssen eine unterschiedliche Politik durch?* liegt ein zweiter Fokus auf der theoretischen Fundierung der Entstehung von Normen. Die in Kapitel

[137] Schwab-Trapp (2001), S. 275.

II.2 aufgestellten Thesen bezüglich des Wirkens eines Norm-Entrepreneurs werden im Rahmen der empirischen Untersuchung getestet.
Die hier durchgeführten empirischen Untersuchungen konzentrieren sich auf die Rolle einzelner Akteure und Akteursgruppen. Mit Blick auf die Debatte *Explaining* versus *Understanding* steht diese Arbeit mit ihrem konstruktivistischen Ansatz zwischen den beiden Camps. Aufgrund der Methode und der Bestrebung, Normen und Normsetzung empirisch zu fassen, ist sie näher am *Explaining-Camp* als am *Understanding-Camp* angesiedelt.

III Policy-Making in den USA im Rahmen der Millennium-runde

Zu Beginn dieses Kapitels werden die Aufgaben der WTO und die Vorteile globalen Freihandels dargestellt. Anschließend wird das Verhalten der USA im Zusammenhang mit der WTO-Runde in Seattle untersucht. Ein besonderes Augenmerk gilt dabei der Free-Trade-Tradition und der Fair-Trade-Tradition, die das Verhalten der USA im Bereich der Außenhandelspolitik beeinflussen. Die theoretischen Überlegungen aus Kapitel II bieten die Basis für die Untersuchung des Verhaltens der USA.

1 Freihandel und die WTO

1.1 Vom GATT zur WTO

Als Reaktion auf die Weltwirtschaftskrise von 1929 erhöhten die Staaten ihre Außenzölle und führten Importkontingente ein. In der Folge verschlimmerte sich die Krise, was in einer Spirale zu weiteren Erhöhungen der Zölle führte und in den 30ern in einem Zusammenbruch des internationalen Handels endete. Um solche negativen ökonomischen Entwicklungen in Zukunft zu vermeiden, wurde 1944 auf der Konferenz von Bretton Woods neben der Festlegung des Gold-US-Dollar-Standards die Gründung von drei Institutionen beschlossen, die als Eckpfeiler der Weltwirtschaftsförderung dienen sollten. Sie sollten protektionistischen und nationalistischen Interessen entgegen wirken. So entstanden der Internationale Währungsfond und die Weltbank. Für den handelspolitischen Sektor war die Gründung der International Trade Organization (ITO) vorgesehen. Diese sollte ein multilaterales Vertragswerk von verbindlichen Regeln für Handelsfragen bieten. Dieses Regelwerk, die „Havana Charter for an International Trade Organization“, sah den Abbau von Zöllen vor und befasste sich auch mit der Eindämmung von privaten Wettbewerbsbeschränkungen und der Schaffung der Voraussetzungen für ausländische Direktinvestitionen. Bereits am 1. Januar 1948 trat auf der Basis eines „Protocol of Provisional Application“ Kapitel IV der Havana Charter in Kraft. Dieses Kapitel, das General Agreement on Trade and Tarifs (GATT) befasst sich mit der Handelspolitik und regelt Zolltarife, mengenmäßige Beschränkungen, Subventionen und staatlichen Handel. Allerdings verweigerte der US-Kongress in der Folge die Unterzeichnung der Havana Charter, deren Inhalt zwar in weiten Zügen die Handschrift der US-Regierung trug, die aber die Mitbestimmungsrechte des US-Kongresses einschränkte. Dieser argumentierte, dass die Kompetenzen der ITO nicht mit der amerikanischen

Verfassung vereinbar seien und parlamentarische Befugnisse abgegeben würden. Dies führte zu einem Scheitern der ITO, übrig blieb nur das GATT, dessen Unterzeichner sich lediglich auf eine vorläufige Anwendung verpflichteten. Kennzeichen des GATT waren das Prinzip der Meistbegünstigung und der Nichtdiskriminierung.[1] Die schwache institutionelle Struktur und die Abhängigkeit vom guten Willen der Mitgliedsstaaten für die Konfliktbeilegung standen diesen Prinzipen allerdings teilweise im Weg. Doch trotz dieser schwachen institutionellen Verankerung trug das GATT in der Folge in weitem Maße zu einer Reduzierung der Handelshemmnisse und so zu einer Zunahme globalen Handels bei.

Abbildung 5 Zentrale Inhalte des GATT-Vertrags[2]

Allgemeingültige Grundsätze:
- Meistbegünstigung
- Inländerbehandlung
- Verbot mengenmäßiger Beschränkungen
- Progressive Liberalisierung
- Disziplinierung nicht-tarifärer Handelshemmnisse
- Multilaterale Streitschlichtung

Allgemeine Ausnahmen:
- Allgemeine Schutzklausel
- Zahlungsbilanzklausel
- Nicht-ökonomische Gründe
- Regionale Integrationsräume
- Landwirtschaft und Textilien
- Entwicklungsländer

Erläuternde Kodizes mit begrenzter Mitgliedschaft:
- Antidumping
- Subvention
- Technische Handelshemmnisse
- Öffentliches Beschaffungswesen
- Einfuhrlizenzen
- Zollwertbestimmung

Im Zuge dieser Erfolge und der sich beschleunigenden Globalisierung nahmen allerdings auch die protektionistischen Tendenzen der westlichen Industriestaa-

[1] Dem Prinzip der Nichtdiskriminierung folgend, gelten erlaubte Ausnahmen bei der mengenmäßigen Beschränkung einer Ware für alle Vertragsparteien. Die Meistbegünstigungsklausel bedeutet, dass allen GATT-Mitgliedsländern die gleichen Zollvergünstigungen gewährt werden.

[2] Vgl.: Hausner, Heinz / Schanz, Kai-Uwe: Das neue GATT. Die Welthandelsordnung nach Abschluss der Uruguay-Runde, München: R. Oldenbourg Verlag, 1995, S. 41.

ten zu. Waren die 60er Jahre noch eine Hochphase der Handelsliberalisierung, so nahmen seit Mitte der 70er die Schutzmaßnahmen zu.[3] Zwar gab es im Rahmen von Welthandelsrunden auch Erfolge im weiteren Abbau von Handelshemmnissen und im Zuge der Tokio-Runde (1973-1979) gelang ein Abkommen zur multilateralen Disziplinierung nicht tarifärer Handelshemmnisse. Allerdings handelt es sich bei vielen wichtigen Abkommen nur um Kodizes, die als separate Abkommen nur von Teilen der GATT-Vertragsparteien unterzeichnet wurden. Dies führte zu einer Unterminierung des Prinzips der Meistbegünstigung, also der Gültigkeit von Abkommen für alle GATT-Unterzeichner und förderte so bei einigen Staaten ein Free-Rider-Verhalten. Speziell in den USA wurde bemängelt, dass Staaten, die von der amerikanischen Marktöffnung profitierten, ihre eigenen Märkte abschotten würden. Denn der steigende Ölpreis, schwankende Wechselkurse nach der Aufkündigung des Gold-US-Dollar-Standards und ein wachsender Strukturanpassungsdruck in vielen Staaten führten vermehrt zur Nutzung von Vertragslücken im GATT. Wobei aber nicht übersehen werden darf, dass das GATT in der Zeit seiner Unterzeichnung bis in die 80er Jahre in großem Maß zur weltwirtschaftlichen Prosperität und zu einer konfliktfreien Entwicklung des Welthandels beitrug.
Um GATT-immanente Schwächen zu reparieren und das Abkommen an die sich ändernden Anforderungen der Weltwirtschaft anzupassen, wurde am 29. November 1982 auf einem GATT-Ministertreffen ein „Arbeitsprogramm für die 80er-Jahre" angenommen und am 28. November 1985 wurde ein Vorbereitungsausschuss für die achte GATT-Handelsrunde ins Leben gerufen. Am 20. September 1986 wurde dann in Punta del Este die sogenannte Uruguay-Runde mit 108 Teilnehmerstaaten eröffnet. Die Verhandlungen dieser GATT-Runde gestalteten sich äußerst schwierig. Zum einen verhielten sich die Entwicklungsländer, vor allem Indien und Brasilien, zögerlich, zum anderen führte die komplexe Agenda zu einem langwierigen Verhandlungsprozess. Aber letztendlich wurde am 15. April 1994 in Marrakesch das Ergebnis dieser Verhandlungen von 117 Staaten unterzeichnet. Zentrale Elemente der Uruguay-Runde waren die Gründung der Welthandelsorganisation (WTO) mit Sitz in Genf, Abkommen zur weiteren Liberalisierung des Güterhandels und des internationalen Dienstleistungshandels sowie über handelsrelevante Aspekte geistiger Eigentumsrechte. Dabei kann die Gründung der WTO, in der das GATT aufgeht, als Quantensprung im Welthandel bezeichnet werden. Neben der Vereinbarung weitreichender Schritte zur Förderung des Handels wurde eine funktionsfähige Organisation mit eigener Rechtspersönlichkeit (Art. VIII WTO-Vertrag) und einem funktionierenden Regelwerk mit Sanktionsmöglichkeiten geschaffen. Das Problem der Kodizes wurde überwunden. Statt der begrenzten Mitgliedschaft gilt jetzt das Prinzip des

---

3 Vgl.: Gerke, Kinka: Vom GATT zur Welthandelsorganisation, HSFK-Report 5/1994, S. 5.

„single package“-Ansatzes, alle 30 WTO-Abkommen müssen von den Mitgliedstaaten komplett angenommen werden.[4]

Abbildung 6 Das Ergebnis der Uruguay-Runde: Die WTO[5]

GATT-Vertrag von 1947 + die Revisionen durch die Uruguay-Runde Abkommen der Tokio-Runde + Resultate der Uruguay-Runde Neue Zolllisten	Dienstleitungsabkommen (GATS)	Abkommen über geistiges Eigentum (TRIPS)

Die WTO-Regeln werden im Konsens von allen Mitgliedsländern getroffen. Die Ministerkonferenz bildet das oberste Organ der WTO und tagt mindestens alle zwei Jahre. In der Ministerkonferenz sind alle Mitgliedsstaaten vertreten und stimmen nach dem Prinzip der Einstimmigkeit ab. Die verschiedenen Ausschüsse der Ministerkonferenz beaufsichtigten die Arbeit des Allgemeinen Rates, der die Tagesgeschäfte leitet und abhängig vom Thema mit einfacher, Zweidrittel- oder Dreiviertelmehrheit entscheidet. Der Allgemeine Rat tagt monatlich und setzt sich aus Experten zusammen. Er hat die Aufgabe der Überwachung der Handelspolitiken der Mitgliedsländer sowie die der Streitschlichtung.
Nach dem Beitritt von China und Taiwan im Jahr 2001 hat die WTO 147 Mitglieder, weitere Staaten haben sich für einen Beitritt beworben.
Die erste WTO-Ministerkonferenz fand 1996 in Singapur statt. Sie hatte das Ziel, die Rolle der WTO als Verhandlungsforum und die im Rahmen der Uruguay-Runde eingegangenen Verpflichtungen zu stärken. Zudem wurde ein Arbeitsprogramm für die folgende Ministerkonferenz festgelegt, das sich mit Handel, Wettbewerb, Investitionen und der Transparenz im öffentlichen Beschaffungswesen befasst. Diese Konferenz fand 1998 in Genf statt. Hier stand die Umsetzung des WTO-Abkommens im Vordergrund. Der Allgemeine Rat wurde beauftragt, ein Arbeitsprogramm für die dritte WTO-Ministerkonferenz mit dem Ziel weiterer Liberalisierung zu entwerfen. Diese dritte Konferenz fand vom 30. November bis zum 3. Dezember 1999 in Seattle statt und wurde als Millennium-Runde bekannt. Das Ziel der Konferenz eine neue Welthandelsrunde zu beschließen scheiterte. Inhaltlich war sie von Differenzen im Agrarbereich und im

[4] Vgl.: Hausner / Schanz (1995), S. 181-283.
[5] Vgl.: Hausner / Schanz (1995), S. 61.

Streitschlichtungsverfahren gekennzeichnet. Hinzu kam die Forderung der USA den Umweltschutz und Arbeiterrechte als Themen in die Verhandlungen einzubringen. Diese Themen waren allerdings für viele Staaten nicht verhandelbar, so dass sie eine Überfrachtung der WTO-Agenda darstellten. Das Scheitern wird allerdings nicht nur auf diese Differenzen, sondern auch auf die schlechte Vorbereitung und eine verhängnisvolle Verquickung der WTO-Verhandlungen mit innenpolitischen US-Interessen zurückgeführt. Im Vorfeld der Runde hatte der US-Kongress sich geweigert, den Präsidenten für multilaterale und regionale Handelsgespräche zu autorisieren und hatte ihm die Ratifizierung solcher Abkommen durch das *fast-track procedure*[6] nicht genehmigt. Die Clinton-Administration war als Gastgeber entsprechend geschwächt und trug wesentlich zum Abbruch der Konferenz bei. Dieses Scheitern warf die erfolgreiche Entwicklung von GATT und WTO zurück und schadete der Akzeptanz der WTO.
Die vierte WTO-Ministerkonferenz fand 2001 in Doha statt. Hier wurde die Einleitung einer neuen, umfassenden Welthandelsrunde beschlossen, die bis 2005 läuft. Auf der Konferenz konnten die Entwicklungsländer ihre Anliegen in der abschließenden Erklärung verankern. Die fünfte WTO-Ministerkonferenz fand in Cancún statt. Sie wurde ohne Ergebnis abgebrochen, da die Dritte-Welt-Staaten aufgrund der Uneinigkeit in Fragen des Agrarhandels nicht weiter verhandeln wollten.

1.2 Die WTO und globale Märkte

1.2.1 Die Vorteile von globalem Freihandel

Handel zwischen Staaten kommt zustande, wenn sie benötigte Güter nicht selbst produzieren können oder diese Güter im Ausland billiger zu erwerben sind. Auch ein Produktionsüberschuss kann zu Außenhandel führen, da sich in diesem Fall der Produzent um einen neuen Absatzmarkt bemüht. Handel zwischen Staaten kann zu einer Wohlfahrtsteigerung führen. Bereits Adam Smith argumentierte, dass Arbeitsteilung nicht nur innerhalb einer Volkswirtschaft, sondern auch zwischen Staaten zu Spezialisierung, größerer Effizienz und Skaleneffekten führe. So vergrößert Freihandel den Wohlstand aller Nationen, wenn jedes Land die Güter exportiert, die es selbst am billigsten produzieren kann, und gleichzeitig

---

[6] Das *fast-track procedure* bezeichnet eine besondere Form der Verhandlungsführung durch die Administration, wobei das Politikfeld „Handelspolitik" laut Verfassung eigentlich der Legislative vorbehalten ist. Im Rahmen dieses „Schnellverfahrens" verpflichtet sich der Kongress Handelsabkommen in einem vorgegebenen Zeitrahmen ohne Änderungen zu ratifizieren oder abzulehnen. Ohne die Zusage dieses Verfahren ist die Verhandlungsposition des US-Präsidenten extrem geschwächt, da er seinen Verhandlungspartnern keine Zusagen machen kann und selbst keine verlässliche Position einnehmen kann.

die Güter importiert, die in anderen Staaten billiger produziert werden können. Diese Argumentation wird von David Ricardo fortgeführt, der feststellt, dass sich Handel auch dann wohlfahrtssteigernd auswirkt, wenn einer der Handelspartner alle Güter weniger effizient produziert als der andere Handelspartner. In seinen Überlegungen geht er von der Annahme aus, dass alleine der Einsatz von Arbeitseinheiten, die überall qualitativ einheitlich sind, den Produktionsaufwand bestimmt. Zudem reduziert er die Realität, indem er mögliche Transportkosten ignoriert. Vorteile des Handels liegen nach Ricardo nicht in den absoluten Produktionskosten, sondern in den relativen Kosten der in einem Land produzierten Güter zueinander. Er belegt mit seiner Theorie der komparativen Kostenvorteile, dass sich durch Freihandel die maximale Güterversorgung einzelner Staaten und aller Staaten insgesamt erreichen lässt, wenn sich jeder Staat auf die Produktion der Güter spezialisiert, bei denen er einen komparativen Kostenvorteil im Vergleich zu den anderen produzierten Gütern besitzt, und diese Güter international gegen Güter tauscht, die sich selbst nur durch komparative Kostennachteile produzieren lassen.[7]
Die Arbeiten von Eli Heckscher und Bertil Ohlin demonstrieren, dass auch die unterschiedliche Ausstattung mit den Faktoren Arbeit und Kapital durch Freihandel positiv genutzt werden kann und diese Faktoren wichtige Determinanten für die Richtung und das Ausmaß des internationalen Handels sind. Denn sämtliche Produktionsfaktoren haben einen Einfluss auf die Produktionskapazität und die Produktionskosten. So exportiert ein Staat das Gut, zu dessen Produktion vom stark vorhandenen Produktionsfaktor benötigt wird, und importiert das Gut, das einen hohen Einsatz des knappen Produktionsfaktors erfordert.[8] Die Vorteile des Freihandels sind ausführlich theoretisch diskutiert, wobei aber auch Situationen möglich sind, in denen ein Staat kurzfristig durch eine protektionistische

7 Die komparativen Kostenvorteile werden am Modell mit zwei Ländern und zwei Gütern deutlich. Jedes Land entschließt sich dabei, das Gut herzustellen, welches es im Vergleich zum anderen Gut mit weniger Arbeitseinheiten herstellen kann. Durch die Spezialisierung der Staaten auf das für sie billiger zu produzierende Gut müssen global betrachtet bei gleicher produzierter Menge weniger Arbeitseinheiten eingesetzt werden. Vgl.: Dickheuer, Gustav: Internationale Wirtschaftsbeziehungen, München: R. Oldenbourg Verlag, 1991², S. 31-41.

8 Vgl.: Dickheuer (1991), S. 58-89.

Haltung profitieren kann.[9] Dennoch zeigt die Attraktivität einer Mitgliedschaft in der WTO sowie der steigende Welthandel und das Wachstum nationaler Wirtschaften, dass Feihandel nicht nur theoretisch, sondern auch empirisch nachweisbar den Wohlstand fördert.

Neben einer Entwicklung hin zu globalem Freihandel ist auch eine starke Tendenz zur regionalen Integration und zur Schaffung von Präferenzzonen feststellbar.

Jakob Viner beschreibt die handelsumleitenden und handelschaffenden Effekte, die durch den Wegfall von Zöllen in einer ökonomischen Präferenzzone entstehen. Der Wegfall der Zölle zwischen den am Präferenzraum Beteiligten führt zu einer relativen Preissenkung gegenüber Drittländern, die von diesem Präferenzraum ausgeschlossen sind. Dies führt zu einer Substitution von Gütern aus Drittstaaten durch nicht mit einem Zoll belegten Güter, die in der Präferenzzone produziert wurden. Das resultiert in einem handelsumleitenden Effekt: In der Präferenzzone wird auf Kosten der nicht beteiligten Staaten, die aufgrund von Zöllen weniger wettbewerbsfähig sind, mehr gehandelt. Neben diesen handelsumleitenden Effekten kommt es auch zu handelschaffenden Effekten. Preisinduzierte handelschaffende Effekte entstehen durch eine Steigerung der Nachfrage durch gesunkene Preise nach dem Wegfall der Handelsbeschränkungen. Einkommensinduzierte handelschaffende Effekte entstehen durch die Umleitung der Produktion der von Zöllen betroffenen Drittstaaten in die Präferenzzone. Die Zunahme der Produktion in der Zollunion führt zu einer Erhöhung der Einkommen, was die Nachfrage nach Gütern steigert. Von dieser gesteigerten Nachfrage können unter Umständen auch Drittstaaten profitieren. Zu diesen Vorteilen innerhalb der Präferenzzone kommt, dass innerhalb einer solchen Zone die Wettbewerbsintensität steigt, was den Druck für Innovationen verstärkt. Langfristig profitiert hiervon die Wirtschaft in der Präferenzzone. Die Vorteile einer Präferenzzone sind eindeutig. Allerdings darf nicht übersehen werden, dass ein großer Teil dieser Vorteile auf der Diskriminierung der ausgeschlossenen Staaten basiert.[10]

---

[9] Internationale Arbeitsteilung führt zweifellos zu einer Steigerung des Weltsozialprodukts. Allerdings können die Handelsvorteile ungleich verteilt sein. Speziell der Verfall der *Terms of Trade* hat sich für Staaten, die vorwiegend Rohstoffe exportieren negativ ausgewirkt. Zudem wird argumentiert, dass Staaten, die ihre Industrie erst entwickeln, diesen Prozess abgeschottet vom Druck des Weltmarkts erfolgreicher durchführen können. Zudem kann ein Staat durch protektionistische Maßnahmen gezielt einzelne Wirtschaftszweige fördern. Allerdings bedeuten solche Maßnahmen neben den Vorteilen für den geschützten Industriezweig auch höhere Preise für die Bürger. Die Wahl einer protektionistischen Politik ist auch dadurch zu erklären, dass die Vorteile des Freihandels für den Einzelnen nur gering sind und kaum wahrgenommen werden. Im Gegenzug profitieren kleine Gruppen, die oft ihr Interesse entsprechend deutlich machen, extrem von protektionistischen Maßnahmen.

[10] Vgl.: Dickheuer (1991), S. 485-508.

Diese regionalen Abkommen sind mit den Statuten der WTO (Art. XXIV GATT und Art. V GATS) vereinbar, obwohl durch sie das Prinzip der Meistbegünstigung verletzt wird. Allerdings dürfen sie nicht zu einer Erhöhung der Handelsbeschränkungen führen, sondern müssen zu einem Abbau der Handelsschranken für alle Güter führen, um reine sektorenspezifische Abkommen zu verhindern. Der Außenzoll des Integrationsraums darf zudem nicht höher sein, als der durchschnittliche Außenzoll der am Integrationsraum beteiligten Staaten.
Die gegenseitige Vorzugsbehandlung in Präferenzzonen ist teilweise als eine Antwort auf stockende GATT- und WTO-Verhandlungen zu sehen, da sich Staaten zu weitergehenderen Lösungen zusammenschließen, als dies unter dem Dach der WTO möglich wäre.[11] So wird innerhalb dieser Abkommen der freie Handel gefördert, was in der Regel mit der Diskriminierung ausgeschlossener Staaten einhergeht. Die Konsequenzen der Zunahme regionaler Handelsabkommen sind umstritten und aufgrund der komplexen ökonomischen Zusammenhänge kaum zu prognostizieren. Zweifellos ist das Vorhandensein nur eines Handelsblocks, also globaler Freihandel, die ökonomisch beste Lösung. Dass regionale Abkommen als „second-best-Lösung" besser sind als die Abwesenheit jeder Form von Handelsabkommen, ist ebenfalls unstrittig. Allerdings ist unklar, wie viele konkurrierende Handelsblöcke eine optimal wohlfahrtsteigernde Situation darstellen. Zudem ist strittig, inwieweit regionale Abkommen als Motor eine Weiterentwicklung der WTO-Abkommen fördern oder dieser entgegenstehen.[12] Es ist denkbar, dass sich eine starke Präferenzzone gegen weitergehende WTO-Regeln wendet, um so vorhandene Vorteile zu schützen. Gleichzeitig kann aber das Vorhandensein starker Präferenzzonen Druck auf Staaten ausüben, die sich zuvor gegen weitergehende WTO-Regeln ausgesprochen haben, denn als von der Präferenzzone ausgeschlossene Staaten sind sie negativ von den handelsumleitenden Effekten der Präferenzzone betroffen. Diese möglichen Entwicklungen werden am Beispiel der Europäischen Union deutlich. Die EU-Mitglieder profitieren vom gemeinsamen Markt, während die EU sich gleichzeitig nach Außen abschottet. Nicht an der EU beteiligte Staaten sind von den Handelsbeschränkungen der EU negativ betroffen und sprechen sich innerhalb der WTO für weitergehende Freihandelslösungen aus, um so ihre Güter in die EU exportieren zu können.

---

[11] Vgl.: Krugman, Paul R.: Is Bilateralism Bad?, in: Helpman, Elhanan / Razin, Assaf (Hrsg.): International Trade and Trade Policy, Cambridge: MIT Press, 1991, S. 9-23.

[12] Vgl.: Krugman, Paul R.: Regionalism versus multilateralism: analytic notes, in: De Meolo, Jaime / Panagariya, Arvind (Hrsg.): New dimensions in regional integration, Cambridge: Cambridge University Press, 1993, S. 58-79.

Abbildung 7 Entwicklung des Welthandels nach dem 2. Weltkrieg

Zollsenkungen im Rahmen von GATT/WTO-Runden		
Runde	Durchschnittliche Zoll-senkung (in %)	Zahl der teilnehmenden Staaten
Genf (47)	19	23
Annecy (49)	2	13
Torquay (50-51)	3	38
Genf (55-56)	2	38
Dillon (61-62)	7	26
Kennedy (64-67)	35	62
Tokio (73-79)	34	102
Uruguay (86-93)	40	117

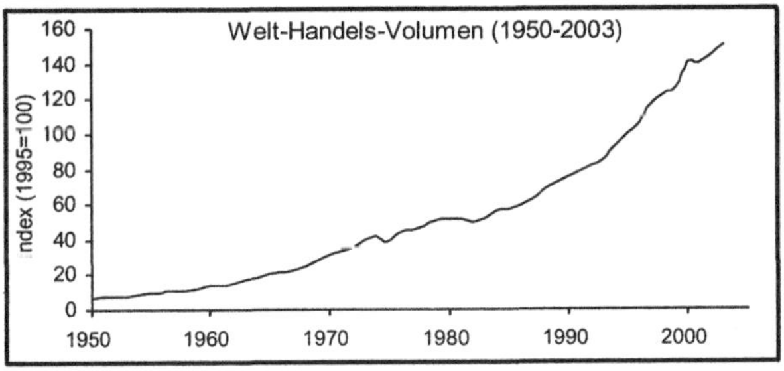

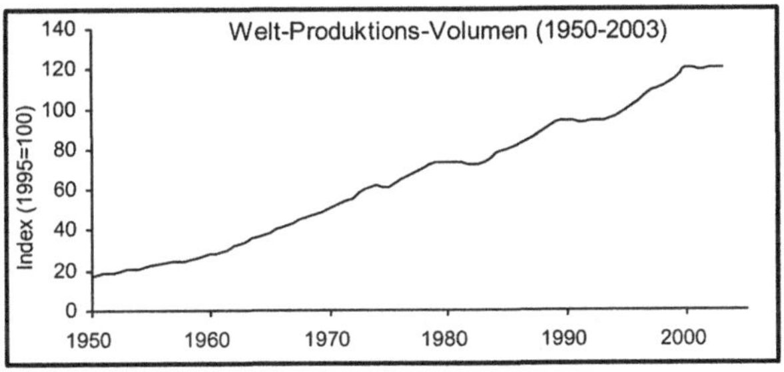

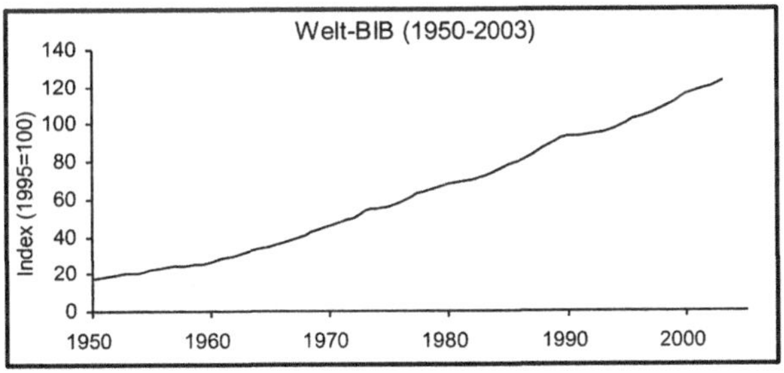

Quellen: WTO Longterm-Statistik und Hausner / Schanz (1995), S. 42.

Die wirtschaftlichen Vorteile globalen Freihandels liegen auf der Hand. Das Regelwerk der WTO bietet die Basis für einen funktionierenden Freihandel. Dabei werden der WTO eine Vielzahl an positiven Funktionen zugeschrieben: Die WTO fördert nicht nur den Freihandel, sondern bietet den Mitgliedsstaaten auch ein Forum zur Deeskalation internationaler politischer Konflikte und zur Vermeidung von Handelskriegen. Das System multilateraler Regeln entlastet die Staaten, die ohne dieses System mit aufwändigen bilateralen Verhandlungen konfrontiert wären. Verbraucher profitieren nicht nur durch die durch Freihandel gesenkten Preise, sondern auch durch ein vergrößertes Warenangebot. Spezialisierung und Arbeitsteilung führen zu Kostenreduktion und zu neuen Wachstumsimpulsen. Zudem begrenzt ein mulilaterales Handelssystem den Einfluss von Partikularinteressen.[13] Dass Handel nicht nur theoretisch das Wachstum fördert, ist auch empirisch belegt. So weisen Staaten, die für Handel offen sind größere Wachstums- und Investitionsraten auf als Staaten, die sich gegenüber freiem Handel verschließen.[14] Empirische Untersuchungen belegen, dass eine Steigerung des Handels direkt mit einem Wachstum der Einkommen verbunden ist.[15] Diese positiven Effekte müssen allerdings nicht in allen Staaten gleichgewichtet auftreten und nicht nur Änderungen in den *Terms of Trade* sind für die ungleiche Verteilung der Vorteile verantwortlich. So benennen die Kritiker des Freihandels in den USA drei zentrale ökonomische Argumente, die speziell im Fall der USA gegen eine Ausweitung des Freihandels sprechen: Freihandel führt zu einer Reduzierung der Industrieproduktion, zudem führt Freihandel zu einer Senkung der US-Standards und Löhne für weniger qualifizierte Arbeiter und drittens wird durch Freihandel das US-Handelsdefizit weiter vergrößert, was sich negativ auf die wirtschaftliche Entwicklung der USA auswirkt. Exakte Prognosen und Counterfactual-Studien, welche ökonomische Situation sich für die USA im Fall weniger weitreichender Freihandelskriterien bieten würde, sind aufgrund der Vielzahl sich gegenseitig beeinflussender Faktoren kaum möglich. Dennoch lassen sich diese Argumente gegen Freihandel aus der Perspektive der USA widerlegen. Untersuchungen belegen, dass die Deindustrialisierung zwar zu einer Reduktion von Industriearbeitsplätzen führt. Sie geht aber einher mit einer Verlagerung dieser Stellen in den Dienstleitungssektor. Zudem zeigen Untersuchungen, dass Handel zu einer Erhöhung von Standards in den beteiligten Staaten und nicht zu einer Senkung führt. Auch sinkende Löhne für schlecht qualifizierte Arbeiter hängen nur in geringem Maße mit Handel zusammen. Und

---

13 Vgl.: Neue Dynamik für die WTO, Bundesverband der Deutschen Industrie, Berlin, Januar 2001.

14 Vgl.: Irwin, Douglas A.: Free Trade Under Fire, Princeton: Princeton University Press, 2002, S. 40-41.

15 Eine Steigerung des Handels um 1% führt durchschnittlich zu einer Steigerung der Einkommen um 0,1%. Vgl.: Frankel, Jeffrey A. / Romer, David: Does Trade Cause Growth?, in: The American Economic Review, 89/3, 1999, S. 379-399.

ein Handelsdefizit hat keine negativen Auswirkungen auf die wirtschaftliche Situation, solange ausländisches Kapital investiert wird und die Wirtschaft wächst. Dies trifft für die US-Ökonomie seit Dekaden zu.[16] Entsprechend sind diese Argumente der US-Gegner des Freihandels nicht haltbar. Und dass die USA von Freihandel durch eine Steigerung des Exports profitieren, lässt sich auch durch Zahlen belegen.

Abbildung 8 US-Import & Export

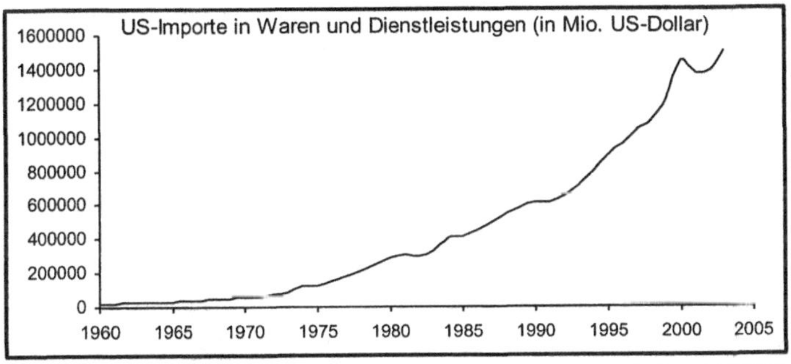

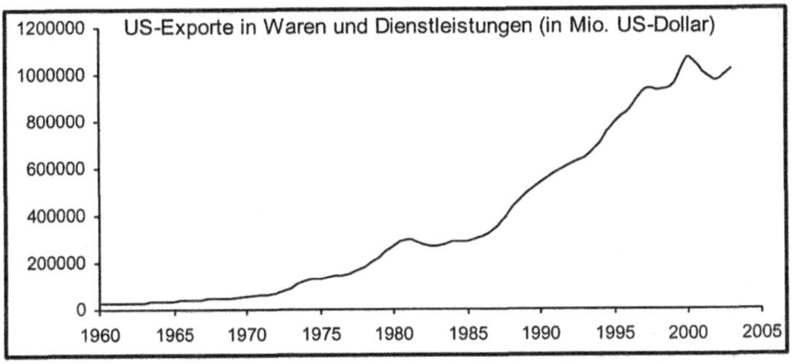

Quelle: U.S. Census Bureau, Foreign Trade Division.

Zweifellos profitieren die USA vom Abbau von Handelshemmnissen und in der Zeit nach dem Zweiten Weltkrieg setzen sich die USA dementsprechend für Freihandel ein. Vor allem die global tätigen transnationalen Unternehmen mit Stammsitz in den USA profitieren vom Freihandel und speziell von den Abkommen der Uruguay-Runde.[17] Doch trotz aller positiven Erfahrungen scheiterte

[16] Vgl.: Rogowsky, Robert A. / Linkins, Linda A. / Tsuji, Karl S.: Trade Liberalization. Fears and Facts, Westport: Praeger, 2001.

[17] Von den 100 größten TNUs der Welt haben 30 ihren Stammsitz in den USA. Vgl.: Döhrn, Roland / Herwegh, Elisabeth: Die Außenwirtschaft, in: Adams, Willi Paul / Lösche, Peter (Hrsg.): Länderbericht USA, Bonn: Bundeszentrale für politische Bildung, 1998, S. 592.

die WTO-Konferenz in Seattle aufgrund der Haltung der USA. Mit Blick auf die Vorteile, die globaler Freihandel mit sich bringt, scheint diese Position unlogisch.

1.2.2 Die ökonomische Entwicklung in den USA in der Phase Uruguay bis Seattle

Seit Mitte der 30er Jahre stehen die USA für eine Politik des freien Handels. Dieser Einsatz für globalen Freihandel beruht zum einen auf der Tatsache, dass Freihandel global wohlfahrtsfördernd wirkt, zum anderen in der Einsicht, dass protektionistische Maßnahmen den Interessen der USA ökonomisch und politisch massiv schaden:

> Mutually agreed rules, formulated under the General Agreement on Tariffs and Trade (GATT), underpinned the development of a trading regime in which countries could prosper. All these efforts greatly enhanced America's well-being, economically as well as politically. [...] Yet the United States and other countries continue to benefit from U.S. leadership in international economic policy.[18]

In den USA ist seit der Unterzeichnung des GATT-Abkommens nicht nur das Bruttoinlandsprodukt stark gestiegen, sondern auch speziell für die Phase nach der Uruguay-Runde ist ein starkes Wachstum zu beobachten.
Und dieses Wachstum ist nicht nur im Bruttoinlandsprodukt festzumachen, sondern auch für den einzelnen Bürger spürbar. Neben einer deutlichen Reduzierung der Arbeitslosenquote stieg in der Zeit von 1993 bis 2000 das durchschnittliche Jahreseinkommen der US-Bürger um 4.000 US-Dollar. Zwar wurde dieser Gehaltszuwachs teilweise durch die aufgrund zunehmender Nachfrage steigenden Verbraucherpreise ausgeglichen. Doch gerade Verbraucher profitieren mittelfristig von der Öffnung der Märkte, da sie die Möglichkeit bekommen, die global günstigsten Güter zu erwerben. Neben dieser ökonomischen Entwicklung gelang es der US-Regierung in diesem Zeitraum die Staatsverschuldung abzubauen ohne gleichzeitig für die Bevölkerung schmerzhafte Reformen durchführen zu müssen. Dieser ökonomische Erfolg spiegelt sich in einer Umfrage wieder, nach der die überwiegende Mehrheit der US-Bürger angibt, dass es ihnen wirtschaftlich noch nie so gut ging, wie zu Beginn des 21. Jahrhunderts.[19]

---

[18] Economic Report of the President, Washington D.C., Februar 1997, S. 295.

[19] Vgl.: Thunert, Martin: Wirtschaftsentwicklung und Wirtschaftspolitik in den USA unter der Clinton-Administration, in: Aus Politik und Zeitgeschichte, B 44/2000, S. 23-30.

Abbildung 9 Entwicklung der US- Wirtschaft von Uruguay bis Seattle

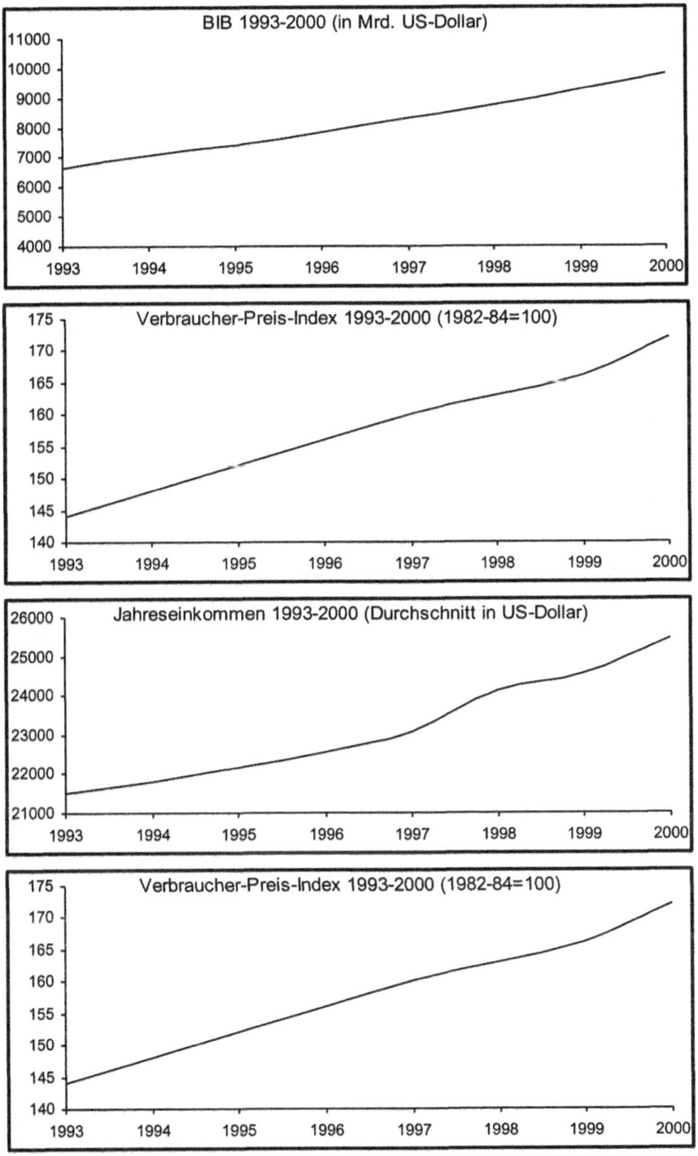

Quellen: Economic Report of the President & U.S Department of Commerce, Bureau of Economic Analysis (verschiedene Jahrgänge)

Zudem profitieren die USA als wichtigster Exporteur von Dienstleistungen besonders vom Dienstleitungsabkommen sowie vom Abkommen über geistiges Eigentum die in der WTO verankert sind.[20] Und auch das Streitschlichtungsverfahren der WTO kommt den USA zu Gute. Von insgesamt 138 Verfahren in den ersten fünf Jahren nach der Gründung der WTO wurden die USA 50 Mal als Kläger tätig.[21]

Die erfolgreiche Etablierung der WTO und die positive Entwicklung nach Uruguay machen die Frage nach der Blockadehaltung der USA in Seattle umso interessanter. Dies gilt speziell mit Blick auf die Entwicklung in Europa. Hier wurden 1993 mit der Gründung der EU durch den Maastricht Vertrag und dem Beschluss zur Einführung einer gemeinsamen Währung eine Präferenzzone geschaffen, die nicht nur eine große Konkurrenz für die USA darstellt, sondern die auch weiteren Entscheidungen Richtung globalem Freihandel entgegenstehen kann und von der die USA negativ betroffen sein können.

Die leitende Forschungsfrage *Warum führen Staaten mit ähnlichen Ausgangsbedingungen auf nationaler Ebene und unter ähnlichen äußeren Einflüssen unterschiedliche Policies durch?* kann jetzt präzisiert werden:

Warum haben die USA in der Zeit nach 1934 und speziell im Zuge der Uruguay-Runde den Freihandel gefördert?

Warum standen die USA einer weiteren Förderung des Freihandels auf der WTO-Konferenz in Seattle entgegen?

Die Antwort auf die Frage nach der Förderung des Freihandels im Zuge der Uruguay-Runde scheint nach den Ausführungen über die Vorteile von Freihandel für die USA eindeutig. Folglich rückt die Frage nach dem Verhalten der USA im Zuge der WTO-Runde in Seattle in das Zentrum des Interesses.

---

20 Vgl.: Drake, William J. / Nicolïdis, Kalypso: Ideas, interests, and institutionalization: "trade in services" and the Uruguay Round, in: International Organization, 46/1, 1992, S. 37-100.

21 Vgl.: Pfeil, Andreas: Die USA vor der Millennium-Runde der WTO, in: Aus Politik und Zeitgeschichte, B46-47, 1999, S. 23.

1.3 Außenhandelspolitische Strömungen in den USA und ihre Verankerung

1.3.1 Die Entwicklung des US-Außenhandels im 20. Jahrhundert

Typische Erklärungsansätze der Außenhandelspolitik betrachten entweder internationale Entwicklungen oder nationale Interessen als erklärende Variable. In der Regel wird die nationale Regierung als ausführende Instanz betrachtet, die dem Druck der nationalen beziehungsweise der internationalen Ebene folgt.[22] Dabei ist eine Regierung aber nicht nur externem Druck ausgesetzt, der ihr Verhalten bestimmt, sondern sie folgt auch eigenen Interessen, die eventuell unabhängig vom Interesse verschiedener Lobbygruppen sind und auch einen größeren Zeitraum umfassen können, als dies bei Interessengruppen der Fall ist. Zudem ist eine Regierung dem Allgemeinwohl verpflichtet, wobei anerkannt werden muss, dass beispielsweise wahltaktische Überlegungen auch eine Politik befördern können, die dem Allgemeinwohl entgegensteht. Neben den internationalen und den nationalen Einflüssen sowie dem Eigeninteresse der Regierung ist deren Handeln auch durch Gesetze, Institutionen und Normen bestimmt, die zum einen die Wahrnehmung beeinflussen und zum anderen auch einen Handlungsrahmen vorgeben. Diese legislativen Vorgaben sowie Institutionen und Normen, die das Handeln der US-Regierung beeinflussen, haben sich über einen langen Zeitraum entwickelt und sind entsprechend nur durch einen Rückblick auf die Außenhandelsentwicklung der USA in den letzten Dekaden zu verstehen.[23]

Die Außenwirtschaftspolitik der USA im 20. Jahrhundert ist durch zwei zentrale Konflikte gekennzeichnet. Erstens stehen sich protektionistische und Freihandel befürwortende Positionen gegenüber. Diese Positionen wurden vor allem in der ersten Hälfte des 20. Jahrhunderts durch die tendenziell protektionistische Politik der Republikaner und die tendenziell freien Handel befürwortende Politik der Demokraten verkörpert. Diese erste Konfliktlinie lässt sich aber in der zweiten Hälfte des 20 Jahrhunderts nicht mehr einfach nur an der Parteipolitik festmachen. Die zweite Konfliktlinie betrifft die Zuständigkeit für Außenhandelsfragen. Die Geschichte der Außenhandelspolitik der USA ist durch den Kampf um Befugnisse zwischen Kongress und Präsidenten gekennzeichnet. Diese Konflikte bestimmen die Entwicklung der US-Außenhandelspolitik und aufgrund ihrer langen Existenz haben sie sich inzwischen institutionalisiert.

Durch die Gründung der Tariff Commission im Jahr 1916 (seit 1974 United States Trade Commission genannt) wurde die US-Zollpolitik zum Feld staatlicher Regulierung.

---

22 Vgl.: Goldstein, Judith: Ideas, institutions, and American trade policy, in: International Organization, 42/1, 1988, S. 180.

23 Vgl.: Goldstein (1988).

In den 20ern war die US-Handelspolitik durch eine Phase der Hochzollpolitik bestimmt. Nach dem Ersten Weltkrieg waren die USA zur Weltwirtschafts- und Welthandelsmacht aufgestiegen, zudem waren sie der wichtigste Kreditgeber für die verschuldeten europäischen Staaten. Entsprechend negativ wirkten sich die steigenden Zölle auf die Weltwirtschaft aus. Durch die Einschränkung des Handels wurde neben der US-Wirtschaft auch die europäische Wirtschaft geschwächt, was dazu führte, dass die europäischen Staaten nicht in der Lage waren, ihre US-Kredite zu tilgen. Entsprechend groß ist der Anteil des US-Protektionismus am Zusammenbruch der Weltwirtschaft.[24] Ein Höhepunkt dieser protektionistischen Politik wurde 1930 mit dem Smoot-Hawley Act erreicht, der Zölle von bis zu 59% auf Warenimporte vorsah und endgültig in eine Spirale steigender Zölle führte. Die negativen Erfahrungen, die mit dem Smoot-Hawley Act gemacht wurden, waren die Basis für die folgende Befürwortung des Freihandels. Durch den Beschluss des Reciprocal Trade Agreements Act wurde 1934 der Präsident ermächtigt, Zölle durch bilaterale Abkommen zu senken. Dieser Act, der in der Folge immer wieder verlängert wurde, wurde zur Basis für weitreichende Änderungen der US-Handelspolitik hin zum Eintreten für ein System globalen Freihandels. Allerdings waren die USA mit der Überwindung des Smoot-Hawley Act und dem Aufstieg zur militärischen- und Handelsweltmacht nach dem Zweiten Weltkrieg nicht automatisch zu einem Staat transformiert, der sich für Freihandel im Sinne der klassischen Theorie einsetzte. Vielmehr standen binnenwirtschaftliche Begründungen und Bewertungen für die Zollpolitik Pate.[25]

Die Außenhandelspolitik der USA ist durch das Merkmal gekennzeichnet, dass sich der Präsident weit stärker für Freihandel einsetzt, als dies beim Kongress der Fall ist. Dies ist darin begründet, dass sich der Präsident in seinen Entscheidungen eher von allgemeinen volkswirtschaftlichen Gewinn- und Verlustrechnungen leiten lässt, während die Kongressmitglieder eher auf die Interessen der Produzenten und Arbeiter in ihrem Staat achten.[26] Entsprechend war der Trade Expansion Act von 1962, der die Zollanpassungskompetenz vom Kongress auf den Präsidenten verlagert und ihn ermächtigt, Zollsenkungen frei zu verhandeln, ein wichtiger Schritt hin zu einer unabhängigen Außenwirtschaftspolitik und weiteren Förderung des Freihandels.

In den 70er und 80ern reifte im US-Kongress aufgrund der Marktabschottung anderer Staaten (vor allem Japans), des wachsenden Handelsdefizits und der Unzufriedenheit mit dem GATT, das keine Möglichkeiten bot, unfaire Handelspraktiken zu bekämpfen, das Konzept des „Fair Trade". Das Konzept des Fair Trade wendet sich gegen ungleiche Marktöffnung, Dumping sowie unerlaubte

---

[24] Vgl.: Medick-Krakau, Monika: Amerikanische Außenhandelspolitik im Wandel. Handelsgesetzgebung und GATT-Politik 1945-1988, Berlin: Akademie Verlag, 1995, S. 72.

[25] Vgl.: Medick-Krakau (1995), S. 74-75.

[26] Vgl.: Medick-Krakau (1995), S. 138.

Subventionen und wurde im Trade Act von 1974 (Sektion 301) und im Omnibus Trade and Competitivness Act von 1988 (Super 301) verankert. Die Idee des Fair Trade selbst ist noch auf die Anti-Dumping-Gesetzgebung aus der Zeit vor 1943 zurückzuführen.
Der Trade Act von 1974 bietet der US-Wirtschaft die Möglichkeit, zu Handelsgesetzen Stellung zu nehmen und den US Trade Representative zu beauftragen, die Handelspraktiken anderer Staaten auf ihren unfairen Charakter hin zu untersuchen. Dieser Trade Act führte zu einer Depolitisierung und einer Verrechtlichung des Importschutzverfahrens. Zudem führte er das „*fast-track*-Verfahren" ein. In diesem Verfahren, das dem Präsidenten eine schnelle Ratifizierung internationaler Handelsabkommen ermöglicht, muss der Kongress 90 Tage vor Abschluss eines Abkommens informiert werden. Er muss dann in 60 Tagen ohne die Möglichkeit einer Änderung über eine Zustimmung entscheiden. Die Sektion 301 zwingt den Präsidenten, alle möglichen Schritte gegen Staaten einzuleiten, die ihren Markt durch ungerechtfertigte Importbeschränkungen abschotten, und auf importierte Ware zu reagieren, die heimische Ware unfair unter Druck setzt.
Der Omnibus Trade and Competitivness Act von 1988 beinhaltet neben protektionistischen Handelsschutzbestimmungen eine Verschärfung der Sektion 301 (Super 301). Neben einer Einschränkung des Ermessensspielraums für Sanktionen durch den US Präsidenten, wird auch ein Teil seiner Kompetenzen auf den US Trade Representative verlagert. Dies hat das Ziel, die Handelspolitik stärker von der Außen- und Sicherheitspolitik abzukoppeln.[27] Allerdings ist auch der Omnibus Trade and Competitivness Act kein Wendepunkt in der Freihandel fördernden Politik der USA seit 1934. Denn neben den protektionistischen Elementen, die den Fair Trade fördern sollen, bekommt der Präsident auch ein Mandat für Verhandlungen über Zölle und nicht-tarifäre Hemmnisse.[28]

1.3.2 Free Trade versus Fair Trade

Free Trade und Fair Trade, die beiden zentralen Strömungen der US-Außenhandelspolitik im 20. Jahrhundert, existieren parallel. Diese parallele Existenz ist in der festen historischen und institutionellen Verankerung begründet. Zudem stehen hinter diesen Strömungen vitale Interessen, die sich entsprechend einsetzen. Neben einem auf Normen fundierten Rahmen basieren diese beiden Strömungen, wie dargestellt, auch auf einer Reihe von Außenhandelsgesetzen. Zur Verankerungen dieser gegensätzlichen Strömungen in Institutionen und Gesetzen führt Goldstein aus:

> If ideas become encased in institutions through legal procedures, they will continue to have policy impact over time. Generally, this institutional influence derives from

[27] Vgl.: Mildner, Stormy: Weltwirtschaft, Kapitel 1, 2001, auf: http://weltpolitik.net/sachgebiete/wirtschaft/.
[28] Vgl.: Medick-Krakau (1995), S. 133-173.

> the existence of formal organizations whose rules, norms, expectations, and traditions establish constraints on individuals within these organizations, on elected leaders outside these organizations, and on society in general.[29]

Die Verankerung des Freihandels durch den Reciprocal Trade Agreements Act im Jahr 1934 ist vor allem auf Lerneffekte nach den Erfahrungen der Weltwirtschaftskrise zurückzuführen. So wurde das Eintreten für globalen Freihandel in den USA zur Norm und ist fest verbunden mit dem Aufstieg zur Weltwirtschaftsmacht. Allerdings kam es zu keiner Ächtung jeder Form protektionistischer Maßnahmen. Dass die Wende hin zu einer Befürwortung des Freihandels nicht mit einer gleichzeitigen Ablehnung jeder protektionistischen Tendenz verbunden ist, wird in der Gesetzgebung deutlich. Die nach 1934 beschlossenen Gesetze zum Außenhandel widerspiegeln beide Strömungen der Außenhandelspolitik. Jede Zollsenkung oder Bemächtigung der gegenüber Freihandel positiv eingestellten US-Regierung entsprechende Entscheidungen zu treffen oder Verhandlungen zu führen, ist gleichzeitig mit der Schaffung oder Erweiterung von Fair-Trade-Komponenten verbunden. Aufgrund dieser gleichzeitig vorhandenen Strömungen sind in den USA grundsätzlich immer auch Policy-Outputs möglich, die einer der beiden Strömungen entsprechen. Allerdings zeigt eine empirische Untersuchung dieser Fair-Trade-Klauseln, dass in der Regel Entscheidungen pro Freihandel dominieren und den Anträgen auf Schutz eines bestimmten Wirtschaftszweiges nur selten stattgegeben wird.[30] Der Einsatz der Akteure, die sich für Freihandel aussprechen, gab in der Regel den entscheidenden Impuls für eine Bevorzugung dieser Politik. Insgesamt hat sich in der Zeit von 1934 bis zum Abschluss der Uruguay-Runde tendenziell der Freihandel gegen protektionistische Maßnahmen durchgesetzt und die USA gelten als Motor für die Durchsetzung des Freihandels.

Dass beide Strömungen miteinander vereinbar sind, wird vor allem am Eintreten der USA im Zuge der Uruguay-Runde deutlich. Zwar war das zentrale Motiv der USA in den ökonomischen Vorteilen des Freihandels begründet. Doch gleichzeitig war es auch das Ziel der USA, durch die Gründung der WTO die Aspekte des Fair Trade zu stärken. Denn in den USA wurde die Gründung der WTO auch als Mittel gegen die Abschottung der Märkte durch Schwellenländer in Asien betrachtet. So fördert die WTO nicht nur den wohlfahrtsteigernden globalen Freihandel, sondern verhindert auch die einseitige Abschottung von Handelspartnern.[31]

Die Akteure, die sich für Free Trade beziehungsweise für Fair Trade einsetzen, lassen sich in zwei Akteursgruppen teilen, die allerdings nicht eindeutig zu un-

---

29 Goldstein (1988), S. 181-182.

30 Vgl.: Goldstein (1988).

31 Vgl.: Falke, Andreas: Einstellung und Strategie der USA in der Uruguay-Runde, in: Engels, Benno (Hrsg.): Weiterentwicklung des GATT durch die Uruguay-Runde?, Hamburg: Deutsches Übersee-Institut, 1992, S. 63-78.

terscheiden sind. Wie bereits dargestellt, ist die Regierung gegenüber Free Trade positiv eingestellt, während der Kongress eher für Fair-Trade-Positionen steht. Schwieriger ist eine Zuordnung der Wirtschaft. Deren Position ist zum einen abhängig von der Branche, zum anderen von der augenblicklichen globalen Wettbewerbsfähigkeit. Das Selbe gilt für die Seite der Arbeitnehmer, deren Einstellung gegenüber Free Trade beziehungsweise Fair Trade branchenabhängig ist. Grundsätzlich überwiegen die Akteure, die sich für Free Trade einsetzen. Dabei ist allerdings das Eintreten für Free Trade nicht nur von den eigenen Interessen abhängig, sondern auch vom Bildungsniveau. Zudem ist die Einstellung der US-Bürger gegenüber Free Trade aufgrund der Erfahrungen und des entsprechenden Normgefüges grundsätzlich positiv. Aber wenn die US-Bürger mit konkreten Fällen des Außenhandels konfrontiert werden, dann gewinnen Fair-Trade-Komponenten an Einfluss.[32]

Die in Kapitel I formulierte Hypothese, dass wenn bestehende Normen einer Policy entgegenstehen, diese durch das Wirken eines Norm-Entrepreneurs geändert werden können, lautet auf den zu untersuchenden Fall entsprechend präzisiert:

Wenn die Zustimmung zu einer Erweiterung der WTO-Regeln nicht im Einklang mit bestehenden Normen ist, kann ein Akteur als Norm-Entrepreneur tätig werden und so einen handlungsleitenden Rahmen schaffen, der die Basis für die Zustimmung zur weiteren Förderung des Freihandels ist.

Sie bietet entsprechend den Leitfaden für die Beantwortung der in Kapitel III.1.2.2 formulierten Frage *Warum standen die USA einer weiteren Förderung des Freihandels auf der WTO-Konferenz in Seattle entgegen?*

Die institutionell verankerten und auf einem entsprechenden Normgefüge basierenden Free-Trade- und Fair-Trade-Komponenten stellen den Rahmen dar, innerhalb dessen eine Policy von der US-Gesellschaft als angemessen akzeptiert wird.

Dass das Normgefüge und das Wirken eines Norm-Entrepreneur als erklärende Variable zur Untersuchung der Forschungsfrage entscheidend beitragen kann, scheint vor allem mit Blick auf die alternativen erklärenden Variablen einleuchtend (vgl. Kap. I.3.1). Denn der diachrone Vergleich der US-Außenhandelspolitik der Dekaden nach 1934 mit dem Verhalten der USA im Rahmen der WTO-Runde in Seattle bringt automatisch mit sich, dass die meisten alternativen Variablen konstant bleiben. Und auch die Funktion globaler Märkte als vom politischen System unabhängige erklärende Variable kann zur Erklärung des Verhaltens der USA in Seattle nicht beitragen. Denn diese hätte aufgrund der Vorteile, die freier Handel für die USA bringt, eine Förderung des Freihandels im Rahmen der WTO durch die USA zur Folge gehabt.

---

[32] Vgl.: Irwin (2002), S. 19-20.

1.3.3 Vermutungen über das Vorgehen der Norm-Entrepreneure

Ein Akteur wird als Norm-Entrepreneur tätig, weil er Interessen verfolgt und für die Durchsetzung dieser einen normbasierten Handlungsrahmen schaffen muss. Für die Schaffung dieses normbasierten Rahmens muss er über einen längeren Zeitraum tätig sein, da Normen nur langsam zu etablieren beziehungsweise zu ändern sind. Die Identifikation der Akteure, die im Rahmen der WTO-Verhandlungen in Seattle tätig wurden, erfolgt zum einen mit Blick auf das Politikfeld. Neben politischen Akteuren sind im Politikfeld „Außenhandelspolitik" verschiedene Interessengruppen tätig. Zudem können weitere Akteure, die nicht unbedingt dem Politikfeld „Außenhandelspolitik" zugeordnet werden, durch eine Analyse der Berichterstattung über die WTO-Verhandlung und den US-Außenhandel in den Medien identifiziert werden.

Es ist davon auszugehen, dass Norm-Entrepreneure, die sich für einen Ausbau der WTO-Regeln in Seattle einsetzen, sich auf die ökonomischen Vorteile von Freihandel beziehen werden. Speziell ein Verweis auf die messbaren Erfolge der Uruguay-Runde scheint hier sinnvoll und bietet die Basis für das Erzielen von Lerneffekten. Zudem wird ein Akteur, der sich für Freihandel einsetzt, neben den ökonomischen Erfolgen auf die Tradition der USA als Förderer der Freihandels verweisen und so die Normen ansprechen, die mit dem Aufstieg der USA als Welthandelsmacht verknüpft sind.

Akteure, die sich gegen eine Ausweitung der WTO-Regeln in Seattle aussprechen, werden ihre Argumentation in erster Linie auf der Fair-Trade-Tradition der USA aufbauen. Dabei empfiehlt es sich vor allem, auf die Industriezweige zu verweisen, die global nicht wettbewerbsfähig sind. Zudem wird ein Akteur, der sich gegen Freihandel ausspricht, auf die Normen und Handlungsroutinen verweisen, die fest mit der Fair-Trade-Komponente der US-Außen-handelsgeschichte verknüpft sind.

Die Fair-Trade-Tradition und die Free-Trade-Tradition bieten mit den mit ihnen verbundenen Normen nicht nur jeweils einen Frame, der als Argumentationsbasis dient. Vielmehr sind diese beiden Frames auch geeignet, mit anderen, ähnlichen Argumentationen verknüpft zu werden und so mittels *Frame Amplification* und *Frame Extension* neue Themen mit den bestehenden Frames zu verknüpfen. Da in den USA die Free-Trade- und die Fair-Trade-Tradition parallel existieren, kann ein Norm-Entrepreneur auf bereits vorhandene Werte aufbauen, was grundsätzlich einen relativ schnellen Policy-Wandel ermöglicht. In den letzten Dekaden haben sich jeweils Vertreter beider Traditionen für eine Politik in ihrem Sinne eingesetzt, wobei die Free-Trade-Tradition die Oberhand behielt. So war bei allen Entscheidungen bezüglich der Ausrichtung der Handelspolitik der USA grundsätzlich sowohl eine Entscheidung pro Freihandel als auch eine Entscheidung pro Abschottung möglich, wobei die Überzeugungsarbeit der Regierung und der Wirtschaft den Ausschlag pro Freihandel gab.

2 Auswertung des Agierens der Norm-Entrepreneure

2.1 Identifikation der Akteure

Akteure, die ein Interesse am Eintreten der USA für eine Ausweitung des Freihandels haben, sind schnell zu identifizieren. Dies ist zum einen die US-Regierung, die sich traditionell für Freihandel einsetzt und dabei die Wachstumseffekte für die USA im Blick hat.[33] Zum anderen setzen sich Wirtschaftsakteure für Freihandel ein, die global wettbewerbsfähige Branchen und die Exportbranche vertreten. Es ist davon auszugehen, dass neben diesen direkt betroffenen oder institutionell mit den zu treffenden Entscheidungen verbundenen Akteuren sich nur mit geringer Wahrscheinlichkeit auch andere Akteure für Freihandel einsetzen. Denn die Vorteile von Freihandel sind für den Einzelnen nicht sofort ersichtlich und die Themen und das Ergebnis einer WTO-Runde sind für den Einzelnen nur schwer mit der eigenen ökonomischen Situation zu verknüpfen. Dies gilt um so mehr, als sich die positiven Effekte der Ausweitung des Freihandels durch die WTO erst verzögert für die einzelnen Bürger auswirken.
Eine Abgrenzung der Akteure ist nicht immer einfach. Beispielsweise treten im Kongress im Rahmen von Anhörungen Akteure auf, die auch unabhängig von dieser Anhörung untersucht werden. Gleiches gilt für die Medien, die selbst als Norm-Entrepreneur auftreten, aber auch anderen Norm-Entrepreneuren ein Forum bieten.
Ob die identifizierten Akteure, die ein Interesse an der Ausweitung des Freihandels haben, auch als Norm-Entrepreneure tätig werden, wird im Folgenden untersucht. Dass sich diesen Akteuren bedingt durch die ökonomische Entwicklung nach der Uruguay-Runde eine perfekte Argumentationsbasis bot, wurde bereits dargestellt. Zu dieser Ausgangs- und Argumentationsbasis kommt, dass sich in den vergangenen Dekaden stets die Förderer des Free Trade in der grundsätzlichen Ausrichtung der Politik gegen die Vertreter des Fair Trade durchgesetzt haben und sie so auch auf eine lange Tradition der Förderung des Freihandels zurückblicken können, die mit dem Aufstieg der USA zur Wirtschafts- und Weltmacht verbunden ist. Dies ist eine geeignete Argumentationsbasis für einen Norm-Entrepreneur, um erneut bei der Mehrheit der Bürger und den politischen Entscheidungsträgern die mit Free Trade verbundenen Normen anzusprechen und zu stärken und sich gegen die traditionell ebenfalls in den USA verankerten Fair-Trade-Komponenten durchzusetzen.
Auch die Akteure, die ein Interesse an der Einschränkung des Freihandels haben, sind schnell zu identifizieren. Neben dem Kongress, dessen Mitglieder sich in der Regel den speziellen Interessen einzelner Bundesstaaten verpflichtet füh-

[33] Vgl.: Economic Report of the President (1997) & U.S Department of Commerce, Bureau of Economic Analysis, 1997.

len, die oft als Vertreter der dortigen Wirtschaft auftreten und somit Partikularinteressen vertreten, sind die Wirtschaftzweige zu nennen, die global nicht wettbewerbsfähig sind und für die eine fortschreitende Marktöffnung eine Zunahme an Konkurrenz bedeutet. Als Norm-Entrepreneure können hier nicht nur die Arbeitgeber dieser Wirtschaftszweige auftreten, sondern auch die Arbeitnehmerseite.

Neben diesen beiden Gruppen, die Free- beziehungsweise die Fair-Trade-Interessen vertreten, ist das Wirken der Medien als Norm-Entrepreneur zu untersuchen. Sie berichten über die verschiedenen Interessen und deren Argumente, können aber auch eigenständig eine Position vertreten. Zudem bieten sie einen Raum für das Führen von Diskursen.

Aufgrund des gleichzeitigen Vorhandenseins der Free- und der Fair-Trade-Komponenten kann ein Wechsel der Einstellung einer Mehrheit der US-Bürger zum Thema „Freihandel" relativ schnell erreicht werden, denn ein völliger Normwandel oder die Initiierung einer neuen Norm muss nicht vollzogen werden. Die Analyse des Agierens der Norm-Entrepreneure umfasst das Jahr 1999. Früher gab es keine nennenswerten Aktivitäten eines Akteurs mit Blick auf eine große WTO-Handelsrunde, anderes Agieren, das mit der Außenhandelspolitik der USA in Zusammenhang steht, kann zwar auch Einfluss auf die WTO-Runde in Seattle haben, steht hier aber nicht im Zentrum des Interesses.

Im Folgenden werden die Partien und der Kongress, die Regierung, die Arbeitgeber- und Arbeitnehmervertreter, Public Interest Groups und die Presse ausführlich untersucht. Die untersuchten Quellen und Diskurse werden in drei Kategorien „positiv", „neutral" und „kritisch gegenüber einer Ausweitung des Freihandels im Rahmen der WTO-Runde" unterschieden und jeweils verschiedenen Frames zugeordnet, die ihnen als Interpretationsbasis zugrunde liegen (vgl. Kap. II.3). Diese Unterscheidung erfolgt unter der Berücksichtigung der gewählten Argumentation, der Verknüpfung mit anderen Themen und der verwendeten Schlagwörter. Positive Quellen und Diskurse betonen Chancen einer weitgehenden WTO-Runde. Sie verweisen auf die wohlfahrtsteigernden Effekte von Freihandel und der WTO-Regeln. Dabei beziehen sie sowohl die bisherigen Vorteile für die USA, als auch die erwarteten Vorteile, die mit einer Ausweitung des Freihandels im Rahmen der WTO-Runde in Seattle verbunden sind, in ihre Argumentation ein.

Neutrale Quellen, die in erster Linie bei der Analyse der Presse zu finden sind, informieren nur sehr knapp, ohne zu werten, über einen Sachverhalt oder ausgewogen über die Vor- und Nachteile beziehungsweise Chancen und Risiken, die mit der WTO-Runde verbunden sind. Diese Quellen tragen entsprechend beim Empfänger zu keiner Positionierung gegenüber einer neuen Policy bei.

Kritische Quellen und Diskurse betonen die Nachteile und Risiken einer weitgehenden WTO-Runde. Beispielsweise verweisen sie auf die negativen Effekte einer Marktöffnung bezüglich der US-Standards.

Quellen und Diskurse, die nicht eindeutig zugeordnet werden können, da sie neutral mit einer leichten positiven oder kritischen Konnotation sind, werden, in den Fällen, in denen sie in relevanter Zahl auftreten um beim Empfänger zu einer Positionierung beizutragen, in die Auswertung mit einbezogen.

2.1.1 Die Parteien und der Kongress

Parteien nehmen bei der Wahl und Implementation einer Policy eine zentrale Rolle ein. Diese wird vor allem durch die Parteienherrschaftstheorie thematisiert. Doch Parteien und das Partei- und Regierungssystem sind nicht nur, wie von der Parteienherrschaftstheorie thematisiert, aufgrund des Machtgefüges und der Interessen, die sie repräsentieren eine erklärende Variable für Policy-Outcome. Während die Parteiherrschaftstheorie vorwiegend das Partei- und Regierungssystem sowie die ideologische Ausrichtung der verschiedenen Parteien und deren Einfluss auf die Policy-Gestaltung thematisiert, stellen für den hier Verwendung findenden akteurszentrierten Konstruktivismus mit einem Fokus auf das Wirken von Norm-Entrepreneuren Parteien und Politiker einen Akteur unter möglicherweise vielen verschiedenen dar. Hier wird der Einfluss von Parteien beziehungsweise Politikern auf die Gestaltung von Normen untersucht.[34] Denn Parteien und Politiker agieren in einem vorgegebenen Normgefüge, das ihnen einen Handlungsrahmen vorgibt. Sie gehören zu den Akteuren, die diesen normbasierten Rahmen, der ihre Handlungen restringiert, auch beeinflussen und ändern können. Denn Parteien oder genauer die prominenten Politiker einer Partei erfüllen die Anforderungen an einen Norm-Entrepreneur. Sie sind über einen genügend langen Zeitraum aktiv um eine Norm in einen speziellen Zusammenhang zu setzen oder sogar neu zu schaffen. Zudem verfügen sie in der Regel über ein hohes Prestige und sind in der Öffentlichkeit präsent. Allerdings sind in den USA im Gegensatz zu den meisten anderen westlichen Demokratien Parteien nur schwach organisiert. Die Anhänger der Parteien vertreten ein breites Spektrum heterogener Interessen. Die Parteien selbst bilden mit denen sie unterstützenden Gruppen vorwiegend nur lose Koalitionen. Und eine Kommunikation zwischen Parteien und Bürgern erfolgt in der Regel nur in Wahlkampfzeiten. Während des Wahlkampfes schließen dann die Parteien ihre Reihen und treten als geschlossener Block an um nach erfolgtem Urnengang wieder in regionale und lokale Einheiten zu zerfließen.[35] Im Jahr 1999 befanden sich die USA im Vorwahlkampf und das Impeachment-Verfahren gegen Präsident Clinton trug weiter dazu bei, dass sich die beiden Parteien mit verschiedenen Positionen ge-

---

[34] Zudem werden anders als in der Parteienherrschaftstheorie auch eine Vielzahl anderer Akteure mit Blick auf ihr mögliches Wirken als Norm-Entrepreneur untersucht.

[35] Vgl.: Wasser, Hartmut: Politische Parteien in Amerika. Ihr Stellenwert und Erscheinungsbild in der Präsidialdemokratie, in: Wasser, Hartmut (Hrsg.): USA. Grundwissen – Länderkunde – Gesellschaft - Politik, Opladen: Leske + Budrich, 2000^4, S. 149.

genüber standen. Entsprechend befanden sich die USA in den Monaten vor dem WTO-Gipfel in Seattle in einer Phase, in der die Parteien relativ geschlossen auftraten und ihre Positionen von den Bürgern wahrgenommen wurden. Allerdings war die Position der Parteien gegenüber einer Ausweitung des Freihandels und speziell gegenüber der WTO kein Wahlkampfthema und wurde durch die Politiker praktisch nicht thematisiert. Speziell bei den Parteitreffen, die ein großes Medienecho erfahren und somit einem Norm-Entrepreneur eine geeignete Plattform bieten um aktiv zu werden, standen bei beiden Parteien andere Themen im Fokus. Die Republikaner rückten die Themen Moral und Religion in das Zentrum ihrer Kampagne, die Demokraten warben für eine umfangreiche Sozial- und Gesundheitsreform.[36] Lediglich der Verbraucheraktivist Ralph Nader, der als Präsidentschaftskandidat für die Green Party antrat, sprach sich gegen eine Ausweitung des Freihandels unter dem Dach der WTO aus. Er verknüpfte dabei die Themen Verbraucherschutz, Umweltstandards und globale Arbeiterrechte mit dem von ihm kritisierten freien Handel und der WTO:

> Textile workers in a Bangladesh factory that makes clothes for Wal-mart are paid between 9Tk and 20Tk an hour - far less than the countries' legal 33Tk minimum wage - seven days a week. The coming year will see a more intense focus on the booming practice of using child laborers under conditions unimaginable to most Americans. International trade in products made by children, in many cases under indentured servitude, is legal under the WTO.[37]

In der Öffentlichkeit fand er selbst mit diesem Thema indes nur sehr geringe Resonanz, was sicherlich auch auf die Passivität der anderen Parteien in diesem Punkt zurückzuführen ist.[38] Erst nach dem WTO-Gipfel in Seattle und den gewalttätigen Ausschreitungen, die in den Medien ein sehr großes Echo fanden,

---

36 Weitere Themen des Wahlkampfes waren die Gestaltung des Haushaltes, Waffengesetze, die Abtreibungsfrage, eine mögliche Steuerreform und Bürgerrechte. Vgl.: Filzmaier, Peter / Plasser, Fritz: Wahlkampf um das Weiße Haus. Presidential Elections in den USA, Opladen: Leske + Budrich, 2001, S. 36-41 und Homepage „OnTheIssues", http://www.ontheissues.org (zugegriffen am 31. 5. 2005).

37 http://www.ontheissues.org (zugegriffen am 31. 5. 2005).

38 Ralph Nader erreichte bei der Präsidentschaftswahl 2000 2,7% der Stimmen. Besondere Relevanz gewann sein Engagement nicht aufgrund der von ihm besetzten Themen, sondern dadurch, dass seine Wähler potentielle Anhänger der Demokraten waren und so sein Antreten die knappe Niederlage Al Gores bestimmte. Vgl.: Shade, William G. / Campbell, Ballard C. (Hrsg.): American Presidential Campaigns and Elections, Volume Three, Armonk: M.E. Sharp. Inc., 2003.

nahmen die Republikaner und auch die Demokraten das Thema „Freihandel“ in die Wahlkampfagenda auf, wobei es nur ein Randthema im Wahlkampf blieb.[39] Neben den Parteien, die selbst nicht als Norm-Entrepreneur tätig wurden, kommt dem Kongress die Rolle eines potentiellen Norm-Entrepreneurs zu. Er ist im politischen System der USA eine zentrale Institution und ein Forum in dem Diskurse statt finden. Allerdings spiegelt der Kongress grundsätzlich kein Gegenüber von Demokraten und Republikanern wieder, wobei jedoch 1999 durch das Impeachment-Verfahren gegen Clinton eine starke Abgrenzung der republikanische Mehrheit im Kongress gegenüber den Demokratischen Abgeordneten zu beobachten war.

Der Kongress gilt in Handelsfragen als Gegenspieler der US-Regierung. Während diese mit Blick auf die makroökonomischen Daten und die lang- und mittelfristige ökonomische Entwicklung der USA für Freihandel eintritt, vertritt der Kongress vorwiegend Partikularinteressen und seine Mitglieder fühlen sich ihren Bundesstaaten oder speziellen Gruppen verpflichtet. Die typische Form der Interessenvertretung in den USA, das *grass routs lobbying*, zielt auf das Werben in den Wahlkreisen ab und hat das Ziel, auf die Vertreter des Senats und des Repräsentantenhauses Einfluss auszuüben, woraus sich für die Abgeordneten eine besondere Abhängigkeit ergibt.

Eine herausragende Funktion kommt dem Kongress in Handelsfragen zu. In der Verfassung wird seine Zuständigkeit ausdrücklich betont, den Handel mit ausländischen Staaten und zwischen den einzelnen Bundesstaaten zu regeln. Da der Kongress Präsident Clinton für die Verhandlungen in Seattle die Zustimmung zum *fast-track procedure* verweigerte, ist seine Position und die Argumentation bezüglich einer Ausweitung des Freihandels durch die WTO von besonderer Relevanz.

Mit Blick auf die traditionell freihandelkritische Position des Kongress ist die Analyse der Ausschüsse, die sich mit der Konferenz in Seattle befassen, überraschend. Nur sechs Komitees beziehungsweise Unterkomitees befassten sich mit der WTO-Konferenz in Seattle. In verschiedenen Konstellationen tagten sie in insgesamt sechs Anhörungen.[40] Die zur Anhörung geladenen Redner vertraten in

---

[39] Speziell die Republikaner Alan Keyes und Gary Bauer befassten sich nach dem WTO-Gipfel mit der Legitimierung der WTO und stellten den Nutzen der WTO für die USA in Frage. Allerdings sprachen sie sich wie die Demokraten nicht gegen Freihandel aus. Vgl.: Republican Debate in Phoenix, Arizona am 7. 12. 1999 und Republican Debate in Des Moines, Iowa am 13. 12. 1999 und Republican Debate in Manchester, NH, 26. 1. 2000 (http://www.ontheissues.org, zugegriffen am 31. 5. 2005).

[40] (1) Governmental Printing Office: Levelling the Playing Field and Opening Markets: Negotiating a WTO Agricultural Agreement, hearing before the Subcommittee on International Economic Policy and Trade of the Committee on International Relations, United States House of Representatives, 106th Congress, 1st session, March 23, 1999, Report Nr. 106-50, Washington D.C., 1999/2000.

der Regel die Exportwirtschaft, nur in wenigen Ausnahmen wurden Vertreter von Umweltgruppen oder Gewerkschaften gehört.
Die Mitglieder des Kongresses sowie die angehörten Interessenvertreter traten bis auf wenige Ausnahmen für eine Ausweitung des Freihandels ein. Dabei standen die positiven Effekte der Uruguay-Runde für die US-Wirtschaft im Vordergrund der Argumentation. Robert Holleyman, der Präsident der „Business Software Alliance", die alle namhaften US-Softwareproduzenten vertritt, betonte beispielsweise:

> The software industry depends on trade. More than 50 percent of the revenues of our members are generated by overseas sales. With the establishment of on-line electronic commerce, we expect that even more of our companies' sales will be to foreign customers. The software industry has been a consistent advocate of international trade liberalization. The Uruguay Round results have made a meaningful and lasting contribution to our ability to compete in the international marketplace.[41]

Speziell die Telekommunikations- und die Computerbranche standen im Fokus der Anhörungen, da in diesem Branchen die USA eine besonders wichtige und global wettbewerbsfähige Stellung einnehmen:

> I do believe that it is critical for the United States to continue to expand its global economic presence and for us to capture as many of the technological opportunities that have been created largely by the policies that have been created domestically by this committee so that our companies, including telecommunications and computers and software down the line have the benefits of the global marketplace.[42]

---

(2) Governmental Printing Office: WTO 2000: The Next Round, hearing before the U.S. House Committee on Commerce and the Subcommittee on Telecommunications, Trade and Consumer Protection, United States House of Representatives, 106th Congress, 1st session, August 5, 1999, Report No. H 106-52, Washington D.C., 1999/2000.
(3) Governmental Printing Office: U.S. Preparations for the Upcoming WTO ministerial meeting: hearing before the Committee on Finance, United States Senate, 106th Congress, 1st session, September 29, 1999, Report No. S 106-361, Washington D.C., 1999/2000.
(4) Governmental Printing Office: U.S. trade negotiating objectives for services at the Seattle Ministerial Meeting: hearing before the Subcommittee on International Trade of the Committee on Finance, United States Senate, 106th Congress, 1st session, October 21, 1999, Report No. S 106-354, Washington D.C., 1999/2000.
(5) Governmental Printing Office: WTO 2000: The Next Round, hearing before the U.S. House Committee on Commerce and the Subcommittee on Telecommunications, Trade and Consumer Protection, United States House of Representatives, 106th Congress, 1st session, November 4, 1999, Report No. H 106-52, Washington D.C., 1999/2000.
(6) Governmental Printing Office: WTO 2000: The Next Round, hearing before the Subcommittee on Telecommunications, Trade, and Consumer Protection of the Committee on Commerce, United States House of Representatives, 106th Congress, 1st session, November 4, 1999, Report No. 106-71, Washington D.C., 1999/2000.

41 Report No. H 106-52.

42 Edward Markey, Report No. 106-71.

Doch auch die Schaffung gleicher Wettbewerbschancen durch eine Marktöffnung der EU für US-Agrarprodukte und Lebensmittel sowie eine Beschleunigung der Schiedsgerichtsfälle vor der WTO wurden gefordert.[43]
Die wenigen kritischen Stimmen bezogen sich vorwiegend auf Arbeiterrechte und die Verteilung der positiven Globalisierungseffekte. So forderte David Smith, der Direktor der „American Federation of Labor", dass diese Themen in die Verhandlungen von Seattle mit einbezogen werden sollten. Seine Argumentation sprach dabei die Fair-Trade-Tradition der USA an.[44]
Für eine vollständige Ablehnung der WTO sprach sich nur David Downes vom „Center for International Environment Law", das 15 prominente Umweltgruppen vertritt, aus.[45] Allerdings stellten die Vertreter der Umweltgruppen und der Arbeiter mit ihren kritischen Positionen die Ausnahmen der Anhörungen dar.
Insgesamt vertrat der Kongress eine Position, die der Free-Trade-Politik der USA der letzten Dekaden entsprach. Mit Blick auf die traditionelle Position des Kongresses, die eher dem Fair-Trade-Camp entspricht, überrascht diese Position, wobei die Argumentation der Redner das mehrheitliche Eintreten für Freihandel erklärt: Die positiven Effekte der Uruguay-Runde für die meisten US-Wirtschaftsbranchen begründen eine weitere Befürwortung der WTO und deren Ausbau. Dass aber nur sechs Anhörungen im Zusammenhang mit der Konferenz in Seattle stattfanden, verdeutlicht, dass das Thema für den Kongress insgesamt keinen großen Stellenwert hatte. Das geringe Interesse des Kongresses für die WTO-Konferenz übertrug sich auch auf die Medien, die praktisch nicht über die Anhörungen berichteten. Aufgrund des mangelnden Engagements des Kongresses und der nicht vorhanden öffentlichen Aufmerksamkeit kommt dem Kongress nur eine marginale Rolle als Norm-Entrepreneur zu.
So waren die Themen „Freihandel" und „WTO" weder im Wahlkampf noch in den Debatten im Kongress kontrovers diskutiert. Vielmehr wurden diese Themen von anderen, als wichtiger erachteten, überlagert, die dann die Auseinandersetzungen zwischen den Parteien, dem Kongress und der Regierung bestimmten. Und die wenigen Äußerungen, die es im Kongress und den Parteien zu diesen Themen gab, fanden in der Öffentlichkeit praktisch keine Resonanz.

2.1.2 Die Regierung

Präsident Clinton und seinem Stab kam eine besondere Rolle als Norm-Entrepreneur zu. Er war bei der Konferenz in Seattle nicht nur Gastgeber, sondern auch Verhandlungsführer der USA. Zudem war er als Staatsoberhaupt dem Wohl der USA verpflichtet und sah dieses – wie seine Amtsvorgänger – im Freihandel begründet, von dem die USA wirtschaftlich und politisch besonders

43 Vgl. z.B.: Report No. 106-50.
44 Vgl.: David Smith, Report No. 106-52.
45 Vgl.: David Downes, Report No. 106-52.

profitieren.[46] Da er über einen langen Zeitraum hinweg planen konnte und er über eine große öffentliche Resonanz verfügte, erfüllte er die Anforderungen an einen Norm-Entrepreneur.

Die Aktivität Clintons als Norm-Entrepreneur fiel nur äußerst gering aus. In seinen Reden in den Monaten vor der WTO-Konferenz in Seattle ging er nur selten auf das Thema „Freihandel" oder speziell auf die WTO-Konferenz ein. Auch die beachtete Rede „State of the Union" wurde von Clinton nicht massiv genutzt, um für eine Ausweitung des Freihandels zu werben. Zwar ging er auf die wichtige Funktion offener Märkte für die USA ein. Aber er forderte auch eine Berücksichtigung von Umwelt- und Arbeitsstandards und ging damit auf die Interessen der Globalisierungskritiker ein. Aber er versäumt es, die Vorteile der WTO mit dem ökonomischen Aufschwung der letzten Jahre zu verknüpfen.

> First, we ought to tear down barriers, open markets and expand trade. But at the same time, we must ensure that ordinary citizens in all countries actually benefit from trade – a trade that promotes the dignity of work – and the rights of workers, and protects the environment. We must insist that international trade organizations be open to public scrutiny instead of mysterious, secret things subject to wild criticism. When you come right down to it, now that the world economy is becoming more and more integrated, we have to do in the world what we spent the better part of this century doing here at home – we have got to put a human face on the global economy.[47]

Insgesamt nahm das Thema „Freihandel" nur 5% der State of the Union-Rede ein. Erst kurz vor der Konferenz verstärkte Clinton bei öffentlichen Auftritten sein Werben für die WTO. Der Grund hierfür ist in der Einsicht zu finden, dass durch die Vernachlässigung des Themas von Seiten der Regierung die US-Bürger die WTO-Konferenz von der Basis der Fair-Trade-Tradition bewerteten und somit einer Ausweitung des Freihandels skeptisch gegenüberstanden. Ein Werben für die WTO und das Ansprechen der mit Free Trade verbundenen Normen erschien deshalb dringend notwendig.

Und erst kurz vor der Konferenz verband Clinton den wirtschaftlichen Aufschwung der vorhergehenden Jahre mit Freihandel und der bevorstehenden WTO-Konferenz und sprach damit direkt die Free-Trade-Normen an, die in der US-Gesellschaft verankert sind. So besuchte Clinton in dieser Phase verschiedene exportstarke Firmen, um für die Vorteile des Freihandels zu werben:

> If I cannot convince the decision makers in Washington and ordinary people like you all across America that a key part of the economic success we've enjoyed in the last seven years and the economic success Americans can enjoy in the years ahead requires us to continue to break down barriers to trade, then in the future, when I'm

[46] Vgl.: Economic Report of the President (1997).

[47] Bill Clinton: State of the Union Address 1999, Washington D.C., 19. Januar 1999 (http://www.washingtonpost.com, zugegriffen am 18. 7. 2004).

not around anymore, you won't have the economic prosperity that I think you deserve.[48]

Neben der Berufung auf die Free-Trade-Normen versuchte Clinton auch, die Themen, die die Kritiker der Globalisierung besetzt hatten, mit der WTO zu verbinden. In den Wochen vor der Konferenz erschienen verschiedene Umfragen, die belegten, dass die US-Bevölkerung zwar dem Freihandel grundsätzlich positiv gegenübersteht, dass sie sich aber gleichzeitig um Umwelt und soziale Aspekte sorgt. Clinton ging auf die Forderung ein und betonte, dass es das Ziel der USA sei, in der WTO vor allem den Umweltschutz zu verankern.[49]
Insgesamt ist das erst späte Agieren als Reaktion auf die WTO- und Globalisierungsgegner zurückzuführen, deren Einfluss viel zu spät erkannt wurde. Clinton griff dabei sogar auf das Vokabular der WTO-Gegner zurück und nutzte Schlagwörter wie „Putting a Human Face on the Global Economy", um deren Themen positiv mit der WTO-Runde zu verknüpfen.[50]
Vizepräsident Al Gore befand sich im Jahr 1999 in der besonderen Position, dass er bereits in den Vorwahlkampf um die Clinton-Nachfolge involviert war und er gleichzeitig für eine Ausweitung des Freihandels im Zuge der WTO-Runde werben sollte.[51] Diese Situation führte zu einem Dilemma:

> If the White House ends up disappointing labor, it could hurt Vice President Al Gore in his bid to succeed President Clinton next year. Most big unions endorsed Gore last month, but rank and file may cool to his candidacy if they think that as a member of Clinton's inner circle, he won't protect U.S. jobs.[52]

Der Wahlkampf erforderte die Rücksichtnahme auf Partikularinteressen, speziell die der Gewerkschaften, die die Stammwählerschaft der Demokraten bilden.[53] Zudem sah sich Al Gore gezwungen, das Thema „Freihandel" in seinen Wahlkampf aufzunehmen, da Ralph Nader mögliche negative Folgen freien Handels

48 Bill Clinton in einer Harley-Davidson-Fabrik am 10. November 1999 (Los Angeles Times am 11. November 1999: „Clinton grabs trade issues by the handlebars in Pa").

49 Vgl. z.B.: Seattle Post Intelligencer am 17. November 1999: „Clinton promises environmental review of new WTO trade plans".

50 Vgl. z.B: Bill Clinton und Al Gore: Expanding Trade and Ensuring a Healthy Environment, 16. November, 1999 (http://www.useu.be, zugegriffen am 20. 7. 2004).

51 Auch Bill Bradley, der demokratische Gegenkandidat von Gore trat für Freihandel ein. Er hatte aber wie die republikanischen Kandidaten George W. Bush und John McCain den Vorteil, dieses Thema in seinem Wahlkampf nicht in das Zentrum rücken zu müssen, da er kein Amt inne hatte, das ihn zwang, offensiv für Freihandel und die WTO-Runde zu werben.

52 Chicago Tribune am 24. November 1999: „Labor's wishes clash with WTO".

53 Speziell in den Staaten Illinois, Michigan, Ohio und Pennsylvania, die für den Wahlausgang als mit entscheidend gelten, haben die Gewerkschaften viele Mitglieder (vgl.: Marschner, Andreas: The New Lobbying: Interest Groups, Governments, and the WTO in Seattle, in: Sais Review, 21/1, 2001, S.176).

für US-Verbraucher und Arbeiter unterstrich und mit diesem Thema potentielle Wähler der Demokraten ansprach. Die Vorteile von Freihandel für den Einzelnen sind aber nicht leicht zu vermitteln und in erster Line nur über abstrakte volkswirtschaftliche Daten zu erfassen. Dennoch suchte Gore den Dialog mit den Gewerkschaften und versuchte, den Vorteil des freien Handels für die US-Wirtschaft zu vermitteln. Um für seine Position die Akzeptanz der Gewerkschaften zu gewinnen, nahm er die wichtigsten Anliegen der Gewerkschaften (globale Mindeststandards in den Bereichen Umwelt und Arbeiterrechte) auf und versprach, diese in Seattle als Position der US-Regierung einzubringen. Die Argumentation von Gore war also durch den Spagat gekennzeichnet, gleichermaßen auf den Free- wie auf den Fair-Trade-Normen aufbauen zu müssen:

> Gore, meanwhile, is trying to walk the fine line between pro-growth, free-trade policies and his fealty to core Democratic constituencies such as unions and environmental activists. "America can and should use its trade policy to strengthen environmental protection both at home and abroad," he said.[54]

Alles in allem war Gore in seinem Eintreten für die WTO-Konferenz aktiver als Präsident Clinton. Doch auch Gore wurde nur bedingt und spät als Norm-Entrepreneur für eine Ausweitung des Freihandels tätig. Im Vergleich zu Clinton war seine Argumentation noch stärker durch die Themen „Umwelt“ und „Arbeiterrechte“, die er mit den Vorteilen des Freihandels zu verknüpfen versuchte, geprägt, was durch die spezielle Situation des Vorwahlkampfes zu erklären ist.

Ein weiterer potentieller Norm-Entrepreneur der Regierung war Handelsminister William Daley. Allerdings fanden seine Reden nur ein sehr geringes öffentliches Echo. Und auch seine Werbetour „Trade Globally, Prosper Locally“, die ihn durch 20 US-Städte führte, fand praktisch keine Medienresonanz.[55] Die Argumentation von Daley war durch eine Verknüpfung des wirtschaftlichen Wachstums der USA mit den Regelungen der WTO gekennzeichnet. Dabei verwies er speziell auf das TRIPS-Abkommen als Ergebnis der Uruguay-Runde, von dem die USA in besonderem Maß profitieren.[56] Auf die Widerstände, die der Freihandelspolitik der Regierung entgegenstanden, reagierte er erst spät und passte dann seine Argumentation, die bis zu diesem Punkt auf rein ökonomischen Aspekten aufbaute, an die von Al Gore an. So versuchte er in den Wochen vor der Konferenz vor allem Umweltaspekte mit der WTO-Runde zu verknüpfen, wobei sein Agieren auch in diesem Fall praktisch nicht von den Medien wahrgenom-

---

[54] The Washington Post am 17. November 1999: „U.S. to Give Trade Pacts Eco-Review“.

[55] Vgl. z.B.: Seattle Times am 14. November 1999: „Trade is hard sell for Commerce Secretary William Daley“.

[56] Vgl. z.B.: William Daley vor dem Senate Finance Commitee am 29. September 1999, Washington D.C..

men wurde und seine Argumentation teilweise plump und aus der Not geboren erschien:

> But the aspect of our dialogue with Americans that is probably the least understood is the connection between trade and the environment. And the environment is certainly where we expect to see some of the sharpest criticism in Seattle. The fact is, when you think about it, the environment is one of the first places we should be able to find common ground. In fact, it is the one thing we all have in common. We all breathe the same air, drink the same water, and eat the same fish.[57]

Ebenfalls nur ein sehr geringes Medienecho bekam Charlene Barshefsky, die US Trade Representative. Sie baute ihre Argumentation auf die Free-Trade-Tradition der letzten Dekaden auf und verknüpfte die Verhandlungen von Seattle mit wirtschaftlichem Wohlstand und politischer Stabilität:

> Open markets and freer trade are good for Americans and good for our trading partners overseas. With freer trade, producers can sell to wider markets; consumers have greater choice and quality; technological progress accelerates; businesses become more efficient and competitive. With a strong, rules-based trading system that keeps markets open, the rule of law advances and the world has a shield in moments of crisis. And as countries trade more with their neighbors, they gain an interest in prosperity and stability beyond their borders, strengthening the chances of peace.[58]

Doch aufgrund der nur sehr geringen öffentlichen Aufmerksamkeit, die ihr im Zusammenhang mit der WTO widerfuhr, konnte sie nicht als Norm-Entrepreneur aktiv werden. Zudem hatte die knappe Berichterstattung über sie keinen speziellen Fokus auf die WTO-Runde in Seattle, sondern sie konzentrierte sich vielmehr auf die Verhandlungen um den Beitritt Chinas zur WTO.

Auf die selben Argumente wie Barshefsky baute Madeleine Albright ihre Argumente auf. Auch sie nutzte die Free-Trade-Normen als Basis für ihre Argumentation und stellte eine erfolgreiche Konferenz in Seattle als eine Fortführung der erfolgreichen US-Handelspolitik dar, die den Prinzipien der WTO entspräche.[59] Albright fand wie Barshefsky im Zusammenhang mit der Konferenz in Seattle keine öffentliche Aufmerksamkeit. Auch sie konnte entsprechend nicht als Norm-Entrepreneur aktiv werden.

Zusammenfassend fällt auf, dass die US-Regierung nur in sehr geringem Maße als Norm-Entrepreneur tätig wurde. Dies lag zum einen daran, dass die Akteure nicht bereit waren, sich als Norm-Entrepreneur zu engagieren und sich insgesamt nur in geringem Umfang zum Thema äußerten. Zum anderen erfuhr die

---

[57] Rede von William Daley am 22. November 1999: „Trade and the environment: finding common ground", im Woodrow Wilson Center, Washington D.C. (http://www.useu.be, zugegriffen am 20. 7. 2004).

[58] Charlene Barshefsky: „Toward the New Round", Foreign Press Center, Washington D.C. am 1. November 1999 (http://www.usembassy-mexico.gov, zugegriffen am 16. 7. 2004).

[59] Vgl.: Madeleine Albright: „National Dialogue on Jobs and Trade" Statement im Department of State, Washington D.C. am 10. November 1999.

Regierung nur eine sehr geringe öffentliche Aufmerksamkeit in ihrem Eintreten für Freihandel und die WTO, was am Beispiel des „National Trade Education Day" deutlich wird, der praktisch keine öffentliche Aufmerksamkeit hatte.[60] Überraschend ist dieses Ergebnis mit Blick auf die Vorteile des Freihandels für die USA und in Anbetracht der Tatsache, dass die Regierung dem Allgemeinwohl verpflichtet ist und in den letzten Dekaden dieses in einer Zunahme des Freihandels begründet sah und nur bedingt auf Partikularinteressen einging. Das passive Verhalten der Regierung ist zu einem gewissen Teil darauf zurückzuführen, dass sich die Akteure in der besonderen Situation des Vorwahlkampfes befanden. Davon war speziell Al Gore betroffen, der mit dem Spagat zwischen der Forderung der Stammwähler seiner Partei nach Fair Trade und andererseits mit dem Eintreten für Free-Trade entsprechend seiner Überzeugung und seinen Amtspflichten, nicht zurecht kam. Dies stellte für die Regierung einen besonderen Verlust dar, da es doch Gore war, der in den Jahren zuvor erfolgreich für eine Akzeptanz des Freihandels im Rahmen des NAFTA-Abkommens geworben hatte. Sein Agieren sowie das der anderen Akteure aus dem Stab um Clinton ist durch das erst spätes Aktivwerden und dann durch eine Anpassung an die Interessen der Gewerkschaften geprägt. So stellt Craig Johnstone, ein Senior Vizepräsident der U.S. Chamber of Commerce, fest:

> They [the government] have allowed themselves to be swung around by the rhetoric of a very few in the labor movement.[61]

Soweit man überhaupt mit Blick auf das Agieren der US-Regierung von einem Norm-Entrepreneur sprechen kann, nutzte diese die Methoden eines Norm-Entrepreneur nur bedingt. Das Eintreten für Freihandel erfolgte zu spät um die WTO-Konferenz mit den Free-Trade-Normen zu verknüpfen und somit bei den US-Bürgern eine Akzeptanz zu wecken. Die Funktion der WTO und ihre Vorteile für die USA wurden nicht ausreichend in Zusammenhang mit dem ökonomischen Aufschwung der letzten Jahre gebracht. Und eine Verbindung mit Umwelt- und Arbeitsrechtaspekten erfolgte erst, als diese Themen fest mit den Zielen anderer Akteure verbunden waren.

[60] Der *National Trade Education Day* am 10. November 1999 hatte das Ziel, ein Bewusstsein für die Vorteile und Herausforderungen des internationalen Handels zu schaffen und so eine hohe Akzeptanz für Freihandel zu erzielen. Vgl.: Business Wire am 10. November 1999: „Chase Celebrates National Trade Education Day – Setting the Stage for the Ministerial Meeting of the World Trade Organization".

[61] Seattle Times am 14. November 1999: „Trade is hard sell for Commerce Secretary William Daley".

2.1.3 Die US-Wirtschaft

Die vielfältigen Ausprägungen der US-Gesellschaft spiegeln sich auch in der Form und Zahl der Interessengruppen wieder. Die über 20.000 Gruppen sind in der Regel lokal verankert und widmen sich höchst unterschiedlichen Zielen. In Anbetracht dessen, dass die US-Wirtschaft einen hohen Konzentrationsgrad aufweist – die 200 größten Industriefirmen repräsentieren 60% des ökonomischen Potentials – überrascht es, dass es in den USA keine starken, zentral organisierten Unternehmerverbände gibt. So entspricht die Existenz von über 7.000 spezialisierten und in der Regel regional verankerten Industrieverbänden dem allgemeinen Bild der US-Interessenverbände. Die Mitgliedschaft in einem Verband bedeutet nicht automatisch, dass die Artikulation der Interessen auch über diesen Verband stattfindet.[62] Vielmehr betreiben die US-Firmen eine selbstständige Interessenpolitik, was zum Beispiel im Rahmen der Anhörungen zur WTO-Runde in Seattle deutlich wurde, wo vorwiegend einzelne Firmen oder sehr speziell ausgerichtete Interessengruppen gehört wurden.

Die wichtigsten Interessengruppen der US-Wirtschaft sind die „Chamber of Commerce" und die „National Association of Manufacturers" (NAM). Sie treten grundsätzlich für freien Handel ein. Mit Blick auf die Konferenz in Seattle betonte der Präsident der Chamber of Commerce, Thomas Donohue:

> U.S. exports have created 12 million good jobs at high wages and lowered prices for consumers. Around the world, increased trade raises living standards, opens up closed societies, and generates the wealth needed to pay for social programs. The protestors who have come to Seattle to fight free trade don't understand that.[63]

Allerdings beschränkte sich das Werben der Wirtschaftsverbände für eine weitreichende WTO-Runde auf die Anhörungen in Washington und die Einflussnahme auf einzelne Abgeordnete. Ein öffentliches Werben und somit ein Engagement als Norm-Entrepreneur fand praktisch nicht statt. Die einzige nennenswerte Aktion der Chamber of Commerce war die Ausstrahlung eines TV-Spots, um für Freihandel und die WTO-Runde von Seattle zu werben.[64] Allerdings wurde der Spot nur direkt an den Tagen vor der Konferenz gesendet. Obwohl eine Änderung der Einstellung der US-Bürger gegenüber Freihandel aufgrund des gleichzeitigen Vorhandenseins der Free-Trade-Normen und der Fair-Trade-Normen relativ schnell möglich war, so reichen wenige Tage natürlich nicht aus, um einen normbasierten Wandel zu initiieren. Dass sich die Chamber of Commerce praktisch nicht als Norm-Entrepreneur engagierte, wird auch angesichts der Tatsache deutlich, dass sie neben der Ausstrahlung des TV-Spots keine Pres-

---

62 Vgl.: Lösche, Peter: Verbände, Gewerkschaften und das System der Arbeitsbeziehungen, in: Adams / Lösche (1998), S. 340-347.

63 Vgl.: http://www.uschamber.com (zugegriffen am 21. 7. 2004).

64 Der Spot lief auf den Sendern „CNN", „CNN Headline News", „CNBC", in der „Today Show" und in „Good Morning America" in Seattle.

seerklärung zum WTO-Gipfel in Seattle veröffentlichte.[65] Ebenso wurde die NAM im Zusammenhang mit dem WTO-Gipfel in Seattle nicht als Norm-Entrepreneur aktiv.

Weitaus engagierter traten die einzelnen Konzerne für ihre Freihandelsinteressen ein. Der Austragungsort Seattle wurde vor allem wegen der dort ansässigen Wirtschaft gewählt, die extrem von Freihandel und den Regelungen der WTO profitiert. Dies sollte ein passendes Umfeld für den Gipfel bieten. Die Wirtschaft selbst beteiligte sich umfangreich an den Kosten für die Austragung der Konferenz, indem sie mit neun Millionen US-Dollar zur Finanzierung des Gipfels beitrug. Speziell die Firmen im Umland von Seattle, wie Microsoft oder Boeing beteiligten sich durch hohe Beträge. Im Gegenzug wurde diesen Firmen, abhängig von der Höhe ihrer Zahlungen, Zugang zu verschiedenen Räumlichkeiten gewährt oder Treffen mit Entscheidungsträgern organisiert.[66] Das größte Engagement der Wirtschaft wird in ihrer Lobbyarbeit direkt in Washington deutlich. Hier stellten einzelne Firmenvertreter beziehungsweise Vertreter von sehr speziell ausgerichteten Verbänden, die nur eine relativ kleine Zahl an Firmen vertreten, in den Ausschüssen zur WTO-Konferenz den größten Teil der zur Anhörung geladenen Akteure.

Insgesamt suchten die Vertreter der Wirtschaft nicht die Öffentlichkeit. Die öffentlichen Forderungen verschiedener Gruppen, Arbeiterrechte und Umweltfragen in die Verhandlungen einzubeziehen, wurden heruntergespielt und nicht als relevant wahrgenommen.[67] Die US-Wirtschaft wurde entsprechend auch nicht als Norm-Entrepreneur aktiv. Ihre Interessen selbst konnten sie in den Ausschüssen des US-Kongresses perfekt positionieren. Dies wird an der offiziellen Agenda der US-Regierung für die WTO-Konferenz in Seattle deutlich. Sie spiegelt genau die Position der im Kongress durch die US-Wirtschaft geäußerten Positionen wider.[68] Dass die Wirtschaft nicht als Norm-Entrepreneur tätig wurde, ist wohl auf zwei Gründe zurückzuführen. Erstens gibt es in den USA keine starken Wirtschaftsverbände, die lange angelegte Kampagnen planen und durchführen. Eine einzelne Firma, die vom Freihandel profitiert, aber selbst über die Ressourcen verfügt sehr spezielle Forderungen einzubringen, wird versuchen diese direkt bei den Entscheidungsträgern zu platzieren. Zweitens konnten die Vertreter der Wirtschaft aufgrund der Politik der letzten Dekaden davon ausgehen, dass sich die Regierung für eine Fortführung der Ausweitung des Freihandels unter der Regie der WTO einsetzt. So wurden die Gegner einer weitreichenden WTO-Runde weder von der US-Regierung noch von der Industrie

[65] Allerdings wurden im Zusammenhang mit den Verhandlungen über den WTO-Beitritt Chinas etliche Presseerklärungen herausgegeben.

[66] Vgl.: Los Angeles Times am 19. Mai 1999: „Selling the WTO".

[67] Vgl.: Chicago Tribune am 24. November 1999: „Labor's wishes clash with WTO".

[68] Vgl.: Fact Sheet: White House Agenda on WTO Ministerial, 13. Oktober 1999, (http://www.usconsulate.org.hk, zugegriffen am 20. 7. 2004).

wahrgenommen. Und vor allem die Situation, dass sich der Kongress hinter die Forderungen der Wirtschaft nach einer Ausweitung des Freihandels stellte, gab keinen Anlass aktiv zu werden.

2.1.4 Die US-Arbeitnehmervertreter

Wie die Interessenvertretungen der Arbeitgeber, sind auch die der Arbeitnehmer lokal verwurzelt und in der Regel sehr spezialisiert. Einige Gewerkschaften existieren sogar nur auf Betriebsebene und sind keinem Dachverband angeschlossen. Dennoch gibt es mit der „American Federation of Labor – Congress of Industrial Organizations" (AFL-CIO) einen großen Gewerkschaftsverbund. Die AFL-CIO vertritt die Gewerkschaften in der Öffentlichkeit und gegenüber internationalen Organisationen, führt aber selbst keine Tarifverhandlungen. Ihr kommt eine besondere Rolle zu, da sie mit dem „Committee on Political Education" über eine der effektivsten Wahlkampforganisationen der USA verfügt.[69]
Die AFL-CIO gehörte zu den Akteuren, die sich gegen eine Verlängerung des *fast-track procedure* aussprachen und somit die Regierung im Zusammenhang mit den WTO-Verhandlungen vom Kongress abhängig machte. Sie befasste sich bereits zu Beginn des Jahres 1999 mit der WTO-Konferenz. Anders als die kleinen Gewerkschaften, die lediglich versuchten, ihre Interessen bei den Anhörungen im Kongress einzubringen, wurde die AFL-CIO auch als Norm-Entrepreneur aktiv.
Die AFL-CIO legte sich bereits früh auf eine Argumentationsbasis fest. Grundsätzlich sprach sie sich für Freihandel aus, forderte aber eine Berücksichtigung der Arbeiterinteressen und auch von Umweltaspekten.[70] Interessanterweise sprach sich die AFL-CIO nicht nur für die Rechte der amerikanischen Arbeiter aus, sondern forderte globale Standards, die in der WTO verankert werden sollten. Eine Erfüllung dieser Forderung wäre allerdings speziell den US-Arbeitern zugute gekommen. Denn eine Anhebung der Standards in Asien und den Entwicklungsländern hätte zwar den dortigen Arbeitern genutzt, hätte aber auch gleichzeitig deren Produkte gegenüber den US-Produkten verteuert. So forderte die AFL-CIO keine direkte Abschottung vor billigen Produkten aus dem Ausland, sondern indirekt eine Verteuerung der dort produzierten Produkte durch eine Anhebung der Standards.
Die Betonung der globalen Arbeiterrechte hatte für die AFL-CIO den Vorteil, dass sich viele Menschenrechtsgruppen und auch Globalisierungsgegner auf sie bezogen, was insgesamt die Aufmerksamkeit für ihre Forderungen vergrößerte. Die globale soziale Verantwortung, die die AFL-CIO augenscheinlich übernahm, wurde von anderen Gruppen und auch der Presse anerkennend bemerkt.

---

[69] Vgl.: Lösche (1998), S. 345.

[70] Vgl.: Global Economy Petition der AFL-CIO (http://www.aflcio.org, zugegriffen am 21. 7. 2003).

Als Resultat dieser Forderung steht dann allerdings die Schaffung besserer Wettbewerbsverhältnisse für die USA, die den Vorstellungen des Fair Trade entsprechen.
Die große Presseresonanz, die die AFL-CIO bereits früh für ihre Interessen erfuhr, zwang die Regierung und speziell Al Gore, der sich im Vorwahlkampf befand und der es sich nicht leisten konnte seine Stammwähler zu übergehen, auf die Interessen der AFL-CIO einzugehen. Die erfolgreiche Arbeit der AFL-CIO resultierte in einer schrittweisen Annäherung der Regierung an die Position der AFL-CIO. Diese Annäherung wurde der Regierung ermöglicht, da sich die AFL-CIO nicht grundsätzlich gegen Freihandel aussprach, aber eben die Berücksichtigung von Arbeiterinteressen innerhalb der WTO forderte. Auf den Punkt brachte diese Forderung Richard Trumka, der Schatzmeister der AFL-CIO:

> If workers have no seat at the WTO table, then the WTO is the wrong table.[71]

John Sweeney, der Präsident der AFL-CIO, machte schnell deutlich, dass die AFL-CIO die Regierung im Fall der Aufnahme der von ihr geforderten Punkte in die WTO-Agenda unterstützen würde:

> Recently, the U.S. government indicated it will ask the WTO to establish a working group on trade and labor. We have long urged such a step and support the administration's proposal.[72]

Am 28. Oktober kam es zur offiziellen Vereinigung der AFL-CIO Interessen mit der Position der Regierung. Nachdem die Regierung das Thema „Arbeiterrechte“ gemeinsam mit den Forderungen der US-Wirtschaft in ihre WTO-Agenda aufgenommen hatte, veröffentlichte das „Advisory Committee for Trade Policy and Negotiations“, dem auch der Präsident der AFL-CIO angehört, eine Stellungnahme, die feststellt:

> The U.S. negotiating agenda as a whole is bold and appropriately comprehensive. We believe that if achieved, it will result in better jobs, higher living standards and increased economic opportunities for all Americans. [...] We support the emphasis by the United States on increasing market access.[73]

Für dieses Resultat wurden die Regierung aber auch die AFL-CIO kritisiert. Der Regierung wurde vorgeworfen, dass sie einen nicht verhandelbaren Punkt in ihre Agenda aufgenommen habe, um damit die Unterstützung der AFL-CIO für den Wahlkampf von Gore zu erkaufen. Und auch die AFL-CIO wurde von ihren eigenen Mitgliedern, die bis dahin keine öffentliche Position zur WTO-Runde bezogen hatten und nicht als Norm-Entrepreneur aktiv wurden, scharf kritisiert. So

[71] The Washington Post am 13. Oktober 1999: „Labor Wants Seat at WTO Talks“.
[72] Statement des AFL-CIO Präsidenten John Sweeney am 9. Oktober 1999: „Workers' Rights and the WTO“.
[73] The Washington Post am 29. Oktober 1999: „AFL-CIO Backs Agenda für WTO“.

wurde in dieser Situation deutlich, dass die AFL-CIO eine deutlich positivere Position gegenüber Freihandel einnahm, als dies für die Mitgliedergewerkschaften und Arbeiter der Fall gewesen ist.[74] Die Ablehnung dieser Position durch die Basis der AFL-CIO ist wohl auf die Tatsache zurückzuführen, dass die Gewerkschaften ein klassisches Eintreten für die Rechte der US-Arbeiter erwartet hatten. Dieses ist in Zusammenhang mit der Diskussion um die Vorteile von Freihandel von der Arbeitnehmerseite in der Regel fest mit den Fair-Trade-Normen verknüpft. Die Fair-Trade-Tradition stand aber nicht im Zentrum der Argumentation der AFL-CIO. Vielmehr wurden globale Arbeiterechte in das Zentrum der Argumentation gerückt. Dass das Eintreten vermeintlich altruistischer Ziele, wie eben globale Arbeiterrechte und Umweltaspekte, eine geeignete Taktik darstellte, die zum einen die Unterstützung anderer Gruppen und eine sehr positive Presseresonanz garantierte, und zum anderen letztendlich in einer Politik entsprechend des Fair Trade resultiert, wurde an der Basis kaum wahrgenommen.
Auf dem Gipfel selbst stellten die Mitglieder der Gewerkschaften den größten Teil derer, die gegen die WTO-Runde demonstrierten.

2.1.5 Public Interest Groups

Neben den bereits dargestellten Akteuren, denen ein Interesse am Ausgang der WTO-Verhandlung und auch ein Aktivwerden als Norm-Entrepreneur unterstellt werden konnte, gab es einen weiteren Akteur, dessen zentrale Rolle von den meisten sich mit der WTO-Konferenz Beschäftigenden nicht vorhergesehen wurde. Eine Vielzahl kleiner Interessengruppen aus den verschiedensten Interessenfeldern artikulierte schon zu Beginn des Jahres 1999 eigene Positionen bezüglich der Konferenz. Diese wurden auch bereits früh von der amerikanischen Presse aufgenommen und diskutiert.
Oft werden diese Gruppen als „Zivilgesellschaft“ bezeichnet, die einen eigenen Bereich zwischen Politik und Wirtschaft einnimmt, womit genaugenommen alle Bürger, die nicht die Politik oder die Wirtschaft vertreten, zu bezeichnen sind.[75] Auch die Bezeichnung „Non Governmental Organization“ (NGO) wird oft genannt. Hier werden diese Akteure unter dem Begriff „Public Interest Groups“ zusammengefasst, der in den USA typischerweise verwendet wird und Gruppen beschreibt, die kein ökonomisches Interesse verfolgen, sondern ein kollektives Gut, von dessen Verwirklichung sie keinen direkten Vorteil haben. In diesen Gruppen sind vorwiegend Angehörige der Mittelschicht mit guter Schulausbil-

---

74 Vgl. z.B.: USA Today am 29. Oktober 1999: „AFL-CIO backs global trade talks. But some union officials, shocked, remain opposed“.

75 Die Definition des Begriffs „Zivilgesellschaft“ ist umstritten. Vor allem die Globalisierungsgegner, die sich selbst oft als Zivilgesellschaft bezeichnen, haben zu diesem Begriff einen anderen Zugang als die Sozialwissenschaft (vgl.: http://www.wz-berlin.de/zkd/zg, zugegriffen am 5. 7. 2004).

dung aktiv.[76] Public Interest Groups verfügen speziell in den USA über ein hohes Renommee und gelten als unabhängige Macht in der Gesellschaft. Ein Grund für die wichtige Rolle der Public Interest Groups ist die schwache Parteibindung der US-Bürger und der geringe Organisationsgrad der Parteien.[77]
Die Interessen und Forderungen der Public Interest Groups sind äußerst vielfältig. Eine Vielzahl befasst sich mit den Themen „Umwelt“, „Menschenrechte“ und „Arbeiterrechte“, wobei hier das Interesse in der Regel sehr weit gefasst ist und sich nicht auf ein konkretes Thema oder eine Region bezieht. Das einigende Element, das die Gruppen zumindest in weiten Zügen gemein haben, ist die Verknüpfung ihrer Anliegen mit der als negativ empfunden Globalisierung. Zudem verknüpften sie das vertretene Themenfeld oft nicht nur mit den USA, sondern wenden ihre Forderungen nach zum Beispiel Arbeiterrechten, Menschenrechten oder Umweltstandards global an und fordern eine entsprechend globale Umsetzung. Die WTO sehen sie als Sinnbild für den unkontrollierten Globalisierungsprozess, der zur Unterdrückung von Menschen beitrage, Arbeiterrechte untergrabe und der Umwelt schade.[78] Damit sind die Interessen dieser Gruppen zumindest teilweise konform mit denen der Akteure, die sich in den USA für eine Stärkung der Fair-Trade-Komponenten einsetzen, was speziell für eine Vielzahl der Einzelgewerkschaften gilt. Denn ein erfolgreiches Eintreten für globale Menschenrechte, Arbeits- und Umweltstandards resultiert vor allem in einem Preisanstieg von Waren aus den Entwicklungsländern, was die in den USA produzierten Güter im Sinne der Fair-Trade-Idee global wettbewerbsfähig machen würde. So kommen anti-liberale Gruppen mit speziellen Anliegen und Gruppen, die eine grundsätzliche Ablehnung einer liberalisierten Wirtschaft ausweisen, zusammen.
Insgesamt ist in allen westlichen Gesellschaften ein Trend zur Ablehnung einer liberalen Politik zu beobachten. Globalisierung wird als Prozess betrachtet, der vor allem durch eine hohe Zahl an Verlierern gekennzeichnet ist, der zu massiven Ungerechtigkeiten führt und der in allen Ebenen zu einem *Race to the Bottom* führt. Dies resultiert in einer starken Allianz von Akteuren, die für zentrale Themen wie „Menschenrechte“, „soziale Verantwortung“ und „gleichberechtigte Entwicklung“ eintreten. Gruppen, die sich für diese Themen einsetzen, müssen praktisch keine Opposition fürchten. Denn kein Akteur wird es wagen, sich gegen diese populären Themen, die alle in eine Korrelation mit Globalisierung gebracht werden, zu wenden.[79] Dass zur Jahrtausendwende eine große aktive Gruppe von Globalisierungsgegnern einer kleinen passiven Gruppe von Befür-

76 Vgl.: Lösche (1998), S. 350 ff.
77 Vgl.: Brabrook, Alec: Protests and Pressures: The Public Interest and Pressure Groups in the USA, Hull Papers in Politics, 1980.
78 Vgl. z.B.: The National Journal am 18. Dezember: „New Players in the Trade Game“.
79 Vgl.: Henderson, David: Anti-Liberalism 2000. The Rise of New Millennium Collectivism, London: The Institute of Economic Affairs – Thirteen Wincott Lecture, 2001.

wortern des Freihandels gegenüber steht, beobachtet auch Bhagwati. Er bemängelt, dass in dieser Situation keine objektive Beurteilung von Freihandel stattfindet.[80] Die extreme Zunahme an globalisierungskritischen Akteuren, die die WTO begleiten, lässt sich auch in Zahlen ausdrücken. Für die Uruguay-Runde ließen sich 12 NGOs als Beobachter registrieren. In Seattle waren es mehr als 1.000 NGOs und Public Interest Groups, die gegen die WTO opponierten.[81] Die Finanzierung der WTO-Konferenz durch die US-Exportwirtschaft war für viele dieser Gruppen eine Bestätigung ihrer Überzeugungen.
Die verschiedenen Public Interest Groups erkannten schnell die Übereinstimmung ihrer Ziele mit denen der meisten klassischen Gewerkschaften, die ebenfalls gegen eine Ausweitung des Freihandels eintraten. So suchte eine Vielzahl der Public Interest Groups, vorwiegend aus dem Umweltbereich, bereits im Mai 1999 eine Allianz mit den Gewerkschaften. Grundlage dieser Kooperation war die Argumentation, dass große Konzerne für tragbare Arbeitsbedingen und eine Schonung der Umwelt gleichermaßen zuständig sind:

> The goal of a giant, global corporation is to maximize wealth and to wield political power on its own behalf. Too often, corporate leaders regard working people, communities, and the natural world as resources to be used and thrown away.[82]

In einer Allianz zwischen Gruppen mit unterschiedlicher Entstehungsgeschichte und unterschiedlichem Organisationsaufbau sahen die Gründer die Entstehung einer starken, neuen politischen Macht. Gemeinsam gründeten sie die Gruppe „Alliance for Sustainable Jobs“ die in den „Houston Principles“, von fast 400 Gruppen unterzeichnet, ihre zentralen Ziele festschreibt:

- A healthy future for the economy and the environment requires a dynamic alliance between labor, management, and environmental advocates.
- The same forces that threaten economic and biological sustainability undermine the democratic process.
- The drive for short-term profits without regard for long-term sustainability hurts working people, communities, and the earth.
- Labor, environmental and community groups need to take action to organize as a counter-balance to abusive corporate power.[83]

---

80 Vgl.: Bhagwati, Jagdish: Free Trade Today, Princeton: Princeton University Press, 2002, S. 5 ff.

81 Vgl.: The Washington Post am 30. November 1999: „Big Nongovernment“ und Business Week am 9. November 1999: „A Sophisticated Assault on Global Capitalism“.

82 Zitat aus der Präambel der „Houston Principles of the Alliance for Sustainable Jobs and the Environment” (http://www.asje.org/gt.html, zugegriffen am 21. 7. 2004).

83 http://www.asje.org/gt.html (zugegriffen am 21. 7. 2004).

Die Gründung der „Alliance for Sustainable Jobs" steht beispielhaft für die Taktik der Gruppen, die unter dem Label Public Interest Groups zusammengefasst werden. Viele der kleinen, in der Regel lokal verwurzelten Gruppen, schlossen sich mit anderen Gruppen zusammen, um so die Zahl der Adressaten zu erhöhen und um gemeinsam für ihre Ziele zu werben. Dabei gingen die meisten Gruppen sehr pragmatisch vor. So vereinigten sich Gruppen mit unterschiedlichsten Zielen unter einem gemeinsamen Dach, das oft auch klassische Interessengruppen wie die AFL-CIO mit großer Mitgliederzahl und langer eigener Geschichte, beinhaltete. Die Konferenz von Seattle stand im Hauptaugenmerk dieser Gruppen und im Laufe des Jahres führten sie Veranstaltungen durch und schalteten sogar Zeitungsanzeigen.[84]

Die Aktionen der Public Interest Groups fanden in den Medien ein großes und in der Regel positives Echo. Dabei überwog das Ausmaß der Berichterstattung über die Public Interest Groups und ihre Forderungen das über die Positionen und Argumente der Regierung oder der Wirtschaft. Und die Medien beschränkten sich nicht nur auf die Berichterstattung über diese Gruppen. Vielmehr wurden ihre Themen auch aufgegriffen und fanden beispielweise in Kommentaren zur demokratischen Legitimation der WTO Widerhall. In solchen Berichten wurde keine Verknüpfung zu den Public Interest Groups gesucht, dennoch trugen sie beim Leser zu einer Beschäftigung mit den Themen der Public Interest Groups bei.[85] Dabei erfuhren die Public Interest Groups eine weit größere öffentliche Aufmerksamkeit als Ralph Nader, der als Präsidentschaftskandidat für die Green Party unter anderen auch die Themen der Public Interest Groups vertrat.

Ihre Interessen und Forderungen formulierten sie in einfachen Schlagwörtern ohne dabei auf die komplexen Zusammenhänge des Freihandels einzugehen – und viele der Themen und Forderungen stehen in keinem Zusammenhang mit den Aufgaben der WTO. Doch gerade die suggerierten einfachen Antworten zu den Themen „Arbeiterrechte", „Menschenrechte", „Freihandel" und „Umweltzerstörung" wurden von vielen Amerikanern aufgenommen und trugen dazu bei, das Feindbild „WTO" zu zementieren. Dabei griffen die Public Interest Groups vor allem auf das Internet als Medium zur Verbreitung ihrer Interessen zurück.[86] Neben der Einrichtung einer Vielzahl eigener Homepages richteten die Gruppen

---

[84] Aufsehenerregend war die Schaltung einer ganzseitigen Anzeige in der New York Times am 4. Oktober 1999. Die Alliance for Sustainable Jobs ist auch heute, fünf Jahre nach ihrer Gründung und nach dem Scheitern der Konferenz in Seattle, noch aktiv.

[85] Vgl.: z.B.: Los Angeles Times am 21. November 1999: „The WTO and the FED have essentially become two new branches of government, in many ways more powerful than Congress and the President. Who elected them anyway?".

[86] Vgl. z.B.: Business Week am 9. November 1999: „A Sophisticated Assault on Global Capitalism".

Newsletter und eMail-Verteilerlisten ein, was eine kostengünstige Organisationsbasis darstellte.[87]
Doch die Public Interest Groups griffen auch auf die klassischen Formen der Arbeit von Interessengruppen zurück. Sie versuchten Politiker für ihre Interessen zu gewinnen und führten Informationsveranstaltungen durch. Ein typisches Beispiel für die teilweise aufsehenserregenden Veranstaltungen war die Bustour „Pillage Globally, Lay-off Locally", die parallel zur Informationstour „Trade Globally, Prosper Locally" von Handelsminister Daley durchgeführt wurde.[88] Hier gewann die Tour der WTO-Gegner eine größere öffentliche Aufmerksamkeit, als die Werbetour von Handelsminister Daley.
Die Argumentation der Public Interest Groups baute vorwiegend auf einer grundsätzlichen Globalisierungskritik auf. Das Bild, das diese Gruppen schufen, stellt die Globalisierung als einen Prozess dar, der von der Industrie und der WTO als Handlanger von Politik und Wirtschaft gesteuert wird und dem der einzelne Bürger ausgeliefert ist. Der Frame, der diesen Gruppen als Argumentationsbasis dient, wird hier als Civil-Society-Frame bezeichnet. Die in Zusammenhang mit der WTO-Verhandlung stehenden Gruppen nahmen in Anspruch, nicht nur einen Teil der Gesellschaft zu vertreten, sondern die Gesellschaft der USA im Ganzen oder sogar alle Bürger der Welt. Dabei stellten sie die Gesellschaft der Politik und der Wirtschaft gegenüber und zeichneten einen Interessenkonflikt zwischen Gesellschaft und der Wirtschaft beziehungsweise der Politik, die die Interessen der Wirtschaft vertritt. So stellt der Civil-Socity-Frame als Argumentationsbasis einen Rahmen dar, der die Public Interest Groups als Vertreter der Globalisierungsverlierer (in diesem Verständnis alle Menschen bis auf die Vertreter der Wirtschaft), darstellt. Während vor allem die vielen kleinen Gewerkschaften die WTO aus einer Fair-Trade-Perspektive ablehnten, führten die Public Interest Groups vergleichbare Argumente mit einem anderen Fokus an. Sie bezogen nicht nur die USA in ihre Argumentation ein, sondern auch die ärmsten Staaten der Welt, für die sie ebenfalls faire Bedingungen forderten. Dass solche altruistische Forderungen in einer prosperierenden Gesellschaft, in der postmaterialistische Werte wichtiger werden, wie der Gesellschaft der USA im Jahr 1999, auf fruchtbaren Boden fiel, ist nicht überraschend.
Interessanterweise resultiert ein Eintreten für Arbeiterrechte und Umweltstandards in den ärmsten Staaten in einem Preisanstieg der dort produzierten Waren, was der ökonomischen Entwicklung dieser Staaten schaden kann, gleichzeitig aber den US-Firmen nutzt.

---

[87] Bei der Einrichtung der Homepages gingen die Public Interest Groups äußert geschickt vor. Kurz nach der Einrichtung der offiziellen Seite zur Konferenz unter der Adresse „www.wtoseattle.org" richteten sie z.B. die Seite „www.seattlewto.org" ein, die aufgrund der Ähnlichkeit zu Verwechslungen führte.

[88] Vgl.: Seattle Times am 14. November: „Trade is hard sell for Commerce Secretary William Daley".

2.1.6 Presse

Die Medien, vor allem die Printmedien, stellen einen zentralen Norm-Entrepreneur dar. Denn sie sind ein geeignetes Medium um die komplexen Aspekte der WTO und die Funktion des Freihandels für die USA darzustellen. Bei der Analyse der Medien gilt es zu beachten, dass diese eine Doppelfunktion als Norm-Entrepreneur wahrnehmen. Sie beziehen eigene Positionen, die sie argumentativ untermauern. Gleichzeitig sind sie aber auch ein Medium, das von anderen Norm-Entrepreneuren genutzt wird und das diesen ein Forum im Rahmen der Berichterstattung über diese Akteure und auch durch die direkte Wiedergabe verschiedener Positionen und Argumente in der Form von Interviews bietet.
Analysiert wurden die vier Tageszeitungen „Wall Street Journal", „USA Today", „The Washington Post" und die „Los Angeles Times". Diese vier Zeitungen gehören zu den auflagenstärksten Zeitungen der USA.[89] Zudem werden sie überregional wahrgenommen und teilweise werden sogar ganze Berichte dieser Zeitungen von anderen Zeitungen wiedergegeben.[90] Die Beiträge dieser Zeitungen wurden in die drei Kategorien „positiv", „neutral" und „kritisch gegenüber der WTO" eingeteilt.
Die untersuchten vier Zeitungen widmen sich in ihrer Berichterstattung allen Aspekten der US-Ökonomie, dem globalen Handel und der Politik und garantieren so eine umfassende Berichterstattung über die WTO und speziell die Konferenz in Seattle. Neben diesen vier Zeitungen, deren komplette Ausgabe 1999 analysiert wurde, flossen auch einzelne Artikel anderer US-Zeitungen in die Analyse der Medien ein. Ausgeklammert wurden die Artikel, die nach beziehungsweise während der Konferenz erschienen. Zum einen sind diese Artikel nicht mehr relevant für das Verhalten der US-Regierung und den Ausgang der Konferenz, zum anderen befassen sich diese Artikel vorwiegend mit den gewalttätigen Ausschreitungen während der Konferenz und gehen nicht auf die Funktion des Freihandels und die Handelsinteressen der USA ein.
Die US-Presse berichtete nur in sehr geringem Umfang über die Rolle der WTO und ihre Funktion für die Förderung des Freihandels. Speziell die Konferenz in Seattle wurde in der Presse kaum behandelt. Die Mehrzahl der Beiträge über die WTO beziehen sich auf die Beitrittsverhandlungen mit China. Und in diesen Beiträgen steht meist das angespannte Verhältnis zwischen den USA und China nach dem Bombardement der chinesischen Botschaft in Belgrad während des Kosovo-Kriegs im Zentrum. Die Folgen des Beitritts Chinas in die WTO für den Welthandel und speziell für die USA werden oft nur knapp abgehandelt. Äußerst umfangreich wurde über die Konferenz in Seattle erst berichtet, nachdem es dort

---

89 Wall Street Journal: 1.780.600, USA Today: 2.149.900, The Washington Post: 759.800, Los Angeles Times: 944.300.

90 Vgl.: Kleinsteuer, Hans J.: Medien und öffentliche Meinung, in: Adams / Lösche (1998), S. 375-392.

zu gewalttätigen Ausschreitungen gekommen war. Diese Beiträge, die sich mit den Ausschreitungen befassen, wurden in der Auszählung nicht berücksichtigt.

Abbildung 10 Framing in der US-Presse

Auswertung der Positionen in Artikeln der US-Tagespresse zum Thema „WTO" bzw. „Freihandel" im Jahr 1999. Die Positionen sind in die feststellbaren Frames untergliedert, die den Artikeln als Interpretationsbasis dienen.

	Free Trade	Fair Trade	Civil Society	Info
Wall Street Journal				
positiv	-	-	-	-
neutral	-	-	-	4
kritisch	-	1	3	-
USA Today				
positiv	11	-	-	-
neutral	-	-	-	29
kritisch	-	23	3	-
The Washington Post				
positiv	4	-	-	-
neutral	-	2	-	30
kritisch	-	6	3	-
Los Angeles Time				
positiv	6	-	-	-
neutral	1	-	-	20
kritisch	-	14	7	-

Die Hälfte der untersuchten Beiträge (50,3%) ist keinem Frame zuzuordnen, der als Interpretationsbasis dient. Diese Beiträge informieren ohne Wertung knapp über die WTO. Dabei entsprechen sie in ihrer Form oft einer einfachen, informierenden Agenturmeldung. Diesen Beiträgen wird als statistische Größe der Info-Frame zugeordnet. Dieser stellt eigentlich keinen Frame dar, da er keine Interpretationsbasis bietet.

29,5% der Artikel sind dem Fair-Trade-Frame zuzuordnen. Dieser Frame als Argumentationsbasis hilft, diese Artikel der amerikanischen Tradition des Schutzes bedrohter Wirtschaftszweige zuzuordnen. Sie diskutieren die Funktion der WTO und die Zunahme des Freihandels kritisch und rücken die Benachteiligungen der US-Wirtschaft durch einseitige Abschottung anderer Staaten sowie die Folgen des Freihandels für nicht wettbewerbsfähige US-Wirtschaftzweige in den Fokus. Interessanterweise zeigen diese Artikel nicht, dass die WTO den USA hilft, eine Marktöffnung zum Beispiel der EU für US-Agrargüter zu errei-

chen, sondern bringen durch die Nutzung des Fair-Trade-Frames als Interpretationsbasis die Benachteiligung der USA mit Freihandel und insbesondere der WTO in einen Zusammenhang.
8,1% der Artikel sind dem Civil-Society-Frame zuzuordnen. Diese Artikel nutzen das Verständnis der US-Bürger für die Probleme der Dritte-Welt-Staaten und die globale Umweltzerstörung als Interpretationsbasis für die Funktion der WTO. So werden die Menschen als Verlierer der durch die WTO gesteuerten Globalisierung dargestellt. Diese Artikel nehmen eine kritische Position gegenüber globalem Freihandel und speziell der WTO ein und implizieren, dass diese für die Umweltverschmutzung und die Ausbeutung der Dritte-Welt-Staaten verantwortlich ist. In dieser Logik stehen sich die die Umwelt und Arbeiter ausbeutende Wirtschaft und die Menschen, die die Verlierer des Globalisierungsprozesses sind, gegenüber.
12,1% der untersuchten Artikel nutzen den Free-Trade-Frame als Interpretationsbasis. Diese Artikel argumentieren Bezug nehmend auf die erfolgreiche Tradition der USA als Förderer des Freihandels. Dabei verweisen sie meist auf die Gewinnung neuer Märkte durch die Regelungen der WTO und betonen die wohlfahrtsteigernden Effekte des Freihandels und speziell das Wachstum, das die USA seit der Uruguay-Runde erfahren haben.
Insgesamt fällt die Berichterstattung der US-Medien über die WTO und speziell die WTO-Runde in Seattle sehr kritisch aus. Während nur 12,1% der Artikel dem Free-Trade-Frame zuzuordnen sind und somit eine eindeutig positive Position gegenüber einer Zunahme des Freihandels beziehen, sind dem Fair-Trade-Frame und dem Civil-Society-Frame, die eine kritische Position gegenüber der WTO einnehmen, zusammen 37,6% der Artikel zuzuordnen.
Neben der kritischen Berichterstattung fällt auf, dass die Berichterstattung insgesamt nur sehr knapp ausfällt und dass die Leser in den wenigen Beiträgen nur bedingt umfassend informiert werden. Die Vorteile und Nachteile von Freihandel werden praktisch nicht ausführlich diskutiert. Eine ausführliche Evaluierung der ökonomischen Entwicklung der USA seit der Uruguay-Runde findet nicht statt. So sind Beiträge, die die relevanten Fragen an die Wirkung von Freihandel diskutieren, die absolute Ausnahme.[91]

[91] Eine dieser wenigen Ausnahmen stellt beispielsweise der Beitrag „At what price free trade? Tuesday's clash will highlight impasse of trade's fans and foes“ in der „USA Today“ von 26. November 1999 dar. Hier werden die relevanten Fragen „Does it create jobs or ship them over the border? Does it benefit consumers or just pad corporate earnings? Does it raise living standards or erode them?“ diskutiert.

2.2 Ergebnis der Untersuchung des Verhaltens der USA im Rahmen der Millenniumrunde

2.2.1 Bewertung der Taktik der Akteure

Die Bewertung der Taktik der Akteure sowie die Bewertung ihres Erfolges ist ein elementarer Bestandteil, um das Verhalten der USA auf der WTO-Konferenz und somit deren Scheitern zu erklären.
Präsident Clinton und seine Regierung wurden nur bedingt als Norm-Entrepreneur aktiv. Zwar geht aus verschiedenen Regierungsdokumenten und Statements eindeutig hervor, dass sich die Regierung über die Vorteile des Freihandels für die USA bewusst war und sich zu diesem bekannte. Somit stand die Regierung Clinton in der freihändlerischen Tradition der US-Regierungen der letzten Dekaden, die eine Steigerung des Allgemeinwohls garantieren soll. Dennoch trat die Clinton-Regierung erst sehr spät in der Öffentlichkeit für die WTO-Konferenz ein. Zwar ist im Fall der WTO-Konferenz ein spätes Aktivwerden aufgrund der bei den US-Bürgern parallel existierenden Free-Trade und Fair-Trade Normen, die als Basis für eine Argumentation dienen können, grundsätzlich möglich. Allerdings war ein Auftreten als Norm-Entrepreneur im Sommer 1999 schon zu spät um einen normbasierten Wandel zu initiieren beziehungsweise um die Free-Trade-Tradition zu stärken. Und Präsident Clinton, der noch im Januar 1999 mit einem Impeachment-Verfahren konfrontiert war, verfügte nur noch bedingt über ausreichendes Prestige, um als Norm-Entrepreneur tätig zu werden. Hinzu kam die Unterordnung der WTO-Konferenz unter den anstehenden Wahlkampf. Der Spagat zwischen den Interessen der Gewerkschaften, der Public Interest Groups und dem Ziel, den Freihandel auszuweiten, konnte nicht gelingen. Zwar versuchte Gore, alle diese Ziele zu vereinigen und wurde dabei auch von der AFL-CIO unterstützt, doch diese komplexe Argumentation konnte auf keinem geeigneten Frame aufgebaut werden. Der Versuch, es gewissermaßen allen Recht zu machen, spiegelt sich auch in der offiziellen Agenda der US-Regierung für die WTO-Konferenz in Seattle wieder. Diese beinhaltet neben der Forderung nach einer Ausweitung des Freihandels, wie sie die US-Industrie fordert, auch die Forderung nach einer Berücksichtigung von Umweltaspekten und der Arbeiterrechte unter dem Dach der WTO, was eine Überfrachtung darstellt, die mit Blick auf den Abstimmungsmodus der WTO nicht bewältigt werden konnte.[92] Fortschritte in den Verhandlungen mit China um einen Beitritt zur WTO oder Berichte über die positive Entwicklung der Wirtschaft in den USA wurden nicht als geeigneter Moment genutzt, um auf ihm aufbauend als Norm-Entrepreneur tätig zu werden. Vor allem als sich im Januar 1999 Seattle als Veranstaltungsort gegen Dallas, Denver, Detroit, Honolulu und San Die-

[92] Vgl.: Fact Sheet: White House Agenda on WTO Ministerial, 13. Oktober 1999 (http://www.usconsulate.org.hk, zugegriffen am 16. 7. 2004).

go durchsetzte, hätte dies einen geeigneten Moment dargestellt, um die USA als treibende Kraft der WTO darzustellen, die entsprechend von den Regelungen der WTO profitiert. So muss das Agieren der Clinton-Regierung als Norm-Entrepreneur als zu spät, nur halbherzig und mangels der Nutzung eines geeigneten Frames auch als taktisch schlecht bezeichnet werden.
Der Kongress, der in Handelsfragen typischerweise als Gegenpol zur Regierung auftritt, wurde als Norm-Entrepreneur überhaupt nicht aktiv. Über die wenigen Anhörungen zur WTO-Konferenz wurde in den Medien praktisch nicht berichtet und auch die einzelnen Abgeordneten des Kongress traten kaum in Erscheinung. Auffällig ist allerdings, dass bei den Anhörungen vorwiegend die Interessen der Exportwirtschaft vertreten waren und andere Interessenvertreter kaum zu Wort kamen. Dass der Kongress der WTO-Konferenz positiv gegenüberstand, hätte Clinton theoretisch die Chance eines gemeinsamen Auftretens als Norm-Entrepreneur geboten, was ein großes Prestige versprochen hätte. Dies war allerdings aufgrund des extrem schlechten Verhältnisses zwischen dem Weißem Haus und dem Kongress nicht möglich.[93] Offen bleibt, wie der Kongress im Fall der Ratifizierung einer erfolgreichen WTO-Runde entschieden hätte. Die Passivität der Clinton-Regierung und des Kongress gegenüber dem Thema „WTO" wird auch im Vorwahlkampf deutlich. Weder die Demokraten noch die Republikaner setzten die Themen „WTO" und „Freihandel" auf ihre Wahlkampfagenda.
Ebenso wenig wie der Kongress wurde die US-Wirtschaft als Norm-Entrepreneur aktiv. Zwar sprach sie sich mehrheitlich für eine weitgehende WTO-Runde aus, förderte diese finanziell und stellte durch Lobbying eine Unterstützung durch den Kongress sicher. Ein öffentliches Auftreten als Norm-Entrepreneur erfolgte aber nicht. Dabei wäre ein solches Auftreten durchaus möglich gewesen, da die US-Wirtschaft über ein relativ hohes Ansehen in der Bevölkerung verfügt und die Amerikaner grundsätzlich von ihrem liberalen Wirtschaftssystem überzeugt sind.[94]
Speziell die AFL-CIO stellte auf der Seite der Gewerkschaften einen wichtigen Norm-Entrepreneur dar. Ihr Ziel, Arbeiterrechte in der WTO zu verankern, fand in der Position der Regierung Einzug, was das erfolgreiche Agieren der AFL-CIO belegt. Speziell die Forderung nach globalen Arbeiterrechten ermöglichte eine Kooperation mit den Public Interest Groups und ein entsprechendes Ergeb-

---

93 Vor allem das Impeachment-Verfahren führte zu einem sehr angespannten Verhältnis. Der Austausch selbst mit den Abgeordneten der Demokraten kam fast zum Erliegen, so dass Clinton beispielsweise von der Nicht-Ratifizierung des Atomteststopp-Abkommens durch den Kongress überrascht war, da er mit einer Zustimmung des Kongresses gerechnet hatte. Dieses schlechte Verhältnis kann auch zu einer Erklärung der Ablehnung des *fast-track procedure* durch den Kongress beitragen, die insofern überrascht, als dass der Kongress 1999 dem Freihandel sehr offen gegenüber stand.

94 Vgl.: Vorländer, Hans: Politische Kultur, in: Adams / Lösche (1998), S. 291-297.

nis in Seattle hätte sich positiv für die US-Arbeiter ausgewirkt, da es zu einer Verteuerung nicht-amerikanischer Produkte beigetragen hätte. Die Nutzung des Civil-Society-Frames und dessen Verknüpfung mit den Fair-Trade-Normen als Argumentationsbasis sowie die Kooperation mit den Public Interest Groups trug zu einer großen öffentlichen Aufmerksamkeit bei, was sich in einer vorwiegend positiven Berichterstattung in den Medien niederschlug. Dabei kam der AFL-CIO entgegen, dass der Fair-Trade-Frame als elaborierter Frame ein flexibles Interpretationsschema stellt und für viele Ideen offen ist. Entsprechend bot sich die Möglichkeit des *Frame Bridging*, das die Politikfelder der AFL-CIO mit denen der Public Interest Groups verknüpfte. Mit Blick auf die relativ schwache Rolle, die die US-Gewerkschaften spielen, konnte die AFL-CIO relativ erfolgreich als Norm-Entrepreneur auftreten. Nachdem die US-Regierung die Forderungen der AFL-CIO aufgenommen hatte, konnte sie sich zwar deren Unterstützung in Bezug auf eine weitreichende WTO-Runde sicher sein. Aber diese Überfrachtung war ein zentraler Grund für das Scheitern der WTO-Verhandlung. So erreichte die AFL-CIO zwar die Aufnahme ihrer Interessen in die Agenda der US-Regierung, aber eine internationale Durchsetzung ihrer Ziele war nicht möglich.

Der wichtigste und aktivste Norm-Entrepreneur waren die Public Interest Groups. Sie nutzten das große Prestige, das sie in den USA traditionell inne haben, für die Verbreitung ihrer Interessen. Die Nutzung von positiven Schlagwörtern wie „Umweltschutz“ oder „Menschenrechte“ machte eine Argumentation gegen diese Gruppen fast unmöglich. Schnell erreichten sie ihr Ziel, eine feste Verbindung dieser Themen mit der WTO, die sie für globale Missstände verantwortlich machten, zu schaffen. Neben der Nutzung von Schlagwörtern und einer extremen Verkürzung der Aspekte des internationalen Handels trugen die Nutzung des Internets als Verbreitungsmedium, die Ausrichtung von Veranstaltungen und die positive Berichterstattung durch die Medien zum erfolgreichen Agieren als Norm-Entrepreneur bei. Durch die Nutzung des Civil-Socity-Frame schafften sie eine Argumentationsbasis für die Kritik an der WTO. Zudem erweiterten sie mittels *Frame Extension* die Normen, die mit der Fair-Trade-Tradition verbunden sind, um eine globale Perspektive. Diese Kritik, zusammen mit dem frühen Aktivwerden, verband die Themen der Public Interest Groups sehr früh mit der WTO, was eine neue Besetzung der Themen für andere Akteure praktisch unmöglich machte. So gelang es der Clinton-Regierung auch dann nicht, ein breite unterstützende Basis für ihr WTO-Engagement zu finden, nachdem sie die Themen der Public Interest Groups in ihre Agenda aufgenommen hatte. Denn diese Themen waren zu diesem Zeitpunkt fest mit den Public Interest Groups verbunden, die als überzeugende Vertreter dieser Ziele betrachtet wurden.

Die Presse wurde nur in geringen Maß als Norm-Entrepreneur tätig. Die Zahl der Berichte über die Konferenz ist nur gering, vor allem unter dem Aspekt, dass

Freihandel für die USA ein wichtiges Thema ist und die Konferenz in den USA statt fand. Inhaltlich befassten sich eine Vielzahl der Beiträge mit den Themen der Public Interest Groups, über die vorwiegend sehr positiv berichtet wurde. Dies wird vor allem an der Tatsache deutlich, dass die WTO-kritischen Beiträge die WTO-positiven bei Weitem überwiegen. Die insgesamt nur knappe Berichterstattung ist sicherlich auf das komplexe Thema zurückzuführen, das sehr abstrakt ist und in aller Komplexität einem Leser mit nur wenig Vorwissen entsprechend schwer zu vermitteln ist. Dass die Berichterstattung, die sich in weiten Zügen auf den Civil-Society-Frame und den Fair-Trade-Frame stützte, auf der Seite der Bevölkerung zu einer kritischen Haltung gegenüber der WTO beitrug, ist offensichtlich.

2.2.2 Zusammenfassung der Untersuchung der USA

Die Beantwortung der Frage *Warum standen die USA einer weiteren Förderung des Freihandels auf der WTO-Konferenz in Seattle entgegen?* lässt sich nun beantworten. Die Hypothese *Wenn die Zustimmung zu einer Erweiterung der WTO-Regeln nicht im Einklang mit bestehenden Normen ist, kann ein Akteur als Norm-Entrepreneur tätig werden und so einen handlungsleitenden Rahmen schaffen, der die Basis für die Zustimmung zur weiteren Förderung des Freihandels ist,* diente als leitender Rahmen für die Untersuchung der Forschungsfrage. Die Antwort ist offensichtlich. Die Überfrachtung der WTO-Agenda durch die US-Regierung war letztendlich einer der zentralen Gründe für das Scheitern der Konferenz. Die Ablehnung der WTO durch die Public Interest Groups, die Forderung der Gewerkschaften Umwelt- und Sozialstandards in die Verhandlungen aufzunehmen und eine Bevölkerung, die durch das Wirken dieser Gruppen als Norm-Entrepreneur für deren Themen sensibilisiert wurde und ebenfalls deren Aufnahme in die WTO forderte, übte auf die US-Regierung einen hohen Druck aus. Einen Einfluss darauf, dass sich die Regierung diesem Druck beugte, hatte der Vorwahlkampf in den USA und die Absicht, Vizepräsident Gore eine aussichtsreiche Startbasis zu schaffen. Denn ein Verhalten der US-Regierung, das nicht den zu Ende des Jahres 1999 gestärkten Fair-Trade-Normen und den durch die Public Interest Groups gestärkten Normen, die Umweltschutz und globale soziale Gerechtigkeit einfordern, entspricht, hätte eine Sanktionierung durch die US-Wähler zur Folge gehabt. Als die US-Regierung diese Widerstände wahrnahm, war es für ein Aktivwerden als Norm-Entrepreneur in doppelter Weise zu spät. Die Zeit, um eine normbasierte Befürwortung des Freihandels und der WTO herbei zu führen, war direkt vor der Konferenz nicht mehr gegeben. Zudem waren die Themen der Gewerkschaften und der Public Interest Groups bereits fest mit deren Argumenten verknüpft, so dass die Zuordnung dieser Themen zu neuen Frames praktisch nicht mehr möglich war.

Akteure, die sich für eine Erweiterung der WTO-Regeln einsetzten, wurden nicht oder nur in geringem Maß als Norm-Entrepreneur tätig. Dem gegenüber standen die Public Interest Groups und in Teilen auch die Presse, die sich als Norm-Entrepreneur gegen eine erfolgreiche WTO-Runde engagierten.
Hätte sich die US-Regierung bereits frühzeitig als Norm-Entrepreneur betätigt und die in den USA ausgeprägten Free-Trade-Normen gestärkt, wäre wohl das Agieren der Public Interest Groups und der Gewerkschaften nicht so erfolgreich gewesen. So ist letztendlich das fehlende Eintreten der Befürworter des Freihandels als Norm-Entrepreneur und das gleichzeitige Eintreten der Gegner der WTO für die Gestaltung der WTO-Agenda verantwortlich. Die von der Regierung erst spät geführte Diskussion um die WTO-Konferenz endete schließlich mit einer Aufnahme aller Forderungen der WTO-Kritiker in die Agenda der US-Regierung, was die Kritiker zufrieden stellte und die Position Gores im Wahlkampf nicht schwächte, aber zu einem Scheitern der überfrachteten Konferenz führen musste.
Warum die Clinton-Regierung nicht frühzeitig als Norm-Entrepreneur tätig wurde, bleibt offen. Die Motive eines Akteurs, als Norm-Entrepreneur tätig zu werden, wurden in Kapitel II.2 dargestellt. Neben ideologischen Überzeugungen können diese auch eine Verpflichtung für das Allgemeinwohl oder egoistische Motive sein. Im Fall der WTO-Befürworter in den USA ist es naheliegend, dass sie ein Eintreten als Norm-Entrepreneur als nicht nötig empfanden, da aufgrund der ökonomischen Rahmenbedingen und der Freihandelstradition der letzten Dekaden eine Zustimmung der Bevölkerung wahrscheinlich schien. Zudem kamen in den Wochen vor dem Gipfel die egoistischen Motive der US-Regierung, die mit Blick auf den Wahlkampf das Führen komplexer Diskurse, die auch Widerstände wecken können, mied und sich den neuen, durch die Public Interest Groups und Gewerkschaften geförderten normbasierten Erwartungen der Bevölkerung bezüglich der WTO-Konferenz anpasste.
Diese Einschätzung wurde bereits direkt nach dem Scheitern von europäischen Teilnehmern der Konferenz geäußert:

> Some in the EU delegation say the conference's failure was not accidental. Was failure a political option for the US, a price you're willing to pay to make sure Al Gore gets his election?[95]

So wurde die Agenda der US-Regierung nicht dem komplexen Two-Level-Game gerecht, dass eine WTO-Verhandlung darstellt.[96] Die Agenda der US-Regierung hatte eine Form, die zwar eine Zustimmung auf nationaler Ebene ga-

---

95 Seattle Weekly am 9. Dezember 1999: „Mistaken Identities".

96 Vgl.: Putnam, Robert D.: Diplomacy and Domestic Politics: The Logic of Two-Level Games, in: Evans, Peter B. / Jacobson, Harold K. / Putnam Robert D. (Hrsg.): Double-Edged Diplomacy: International Bargaining and Domestic Politics, Berkeley: University of California Press, 1993, S. 431-430.

rantierte, die aber auf internationaler Ebene nicht verhandelbar war. Alleine die von den USA, Australien und vielen Entwicklungsländern geforderte Liberalisierung des Agrarmarktes stellte einen Knackpunkt der Verhandlungen dar. Die zusätzliche Aufnahme von sozialen und ökologischen Mindeststandards in die WTO-Verhandlungen wurde zwar von einigen Industriestaaten unterstützt, dieses Thema stellte aber für die Entwicklungsländer einen nicht verhandelbaren Punkt dar.[97]

Zur Fehleinschätzung der Situation durch die US-Regierung trug die Tatsache bei, dass diese sich auf einen Kongress stützen konnte, der grundsätzlich eine weitgehende WTO-Runde befürwortete, was für die Regierung eine komfortable Situation darstellte. Zudem schien das Thema „WTO" so abstrakt, dass im Falle einer Befürwortung einer weitreichenden Runde durch die Regierung und den Kongress, nicht mit einer Ablehnung durch die kaum informierte US-Bevölkerung zu rechnen war. Hier schätzte die Regierung den Einfluss der Public Interest Groups völlig falsch ein, wurde von deren einseitigen Informationskampagnen überrumpelt und konnte erst reagieren, als zum einen wichtige Themen bereits besetzt waren und zum anderen die Zeit zu knapp war um ebenfalls als Norm-Entrepreneur tätig zu werden.

Für die USA – wie für alle Staaten – bedeutet das Scheitern der Konferenz einen vorläufigen Stillstand der Ausweitung des Freihandels. Vor allem die USA sind mit ihren innovativen, wettbewerbsfähigen Produkten aus dem Dienstleistungssektor und den Hightechbranchen von einer Nicht-Ausweitung negativ betroffen. Zudem erfuhr die junge WTO in Seattle einen Imageschaden.

In Anbetracht der Tatsache, dass in den USA die Free-Trade-Normen und die Fair-Trade-Normen ähnlich stark ausgeprägt sind, war sowohl eine Befürwortung als auch eine Ablehnung einer weitgehenden WTO-Konferenz grundsätzlich möglich. Entsprechend relevant war die Rolle verschiedener Akteure, die als Norm-Entrepreneur tätig wurden. Es wurde deutlich, dass die erfolgreiche Taktik der Stärkung und Verknüpfung von Frames mit den Schlagwörtern „Gerechtigkeit", „Umwelt" und „Menschenrechte" durch die Public Interest Groups und die AFL-CIO deren Argumente stärkte und gleichzeitig den Argumentationsrahmen anderer Akteure einschränkte. Durch das Ansprechen bestimmter Themen und durch die Zuordnung dieser Themen zu bestimmten Frames durch die WTO-Kritiker, war es der US-Regierung und der Wirtschaft kurz vor der Konferenz nicht mehr möglich einen Stimmungswandel zu initiieren. Speziell den Public Interest Groups war es gelungen, Normen bezüglich Sozial- und Umweltstandards zu setzen und diese argumentativ mit der WTO-Verhandlung zu verknüpfen. Dieses Versäumnis wurde von der Seite der US-Wirtschaft erst

[97] Vgl.: Felke, Reinhard: Die neue WTO-Runde: Meilenstein auf dem Weg zu einer globalen Wirtschaftsordnung für das 21. Jahrhundert, in: Aus Politik und Zeitgeschichte, B46-47, 1999, S. 3-12.

kurz vor Beginn der Konferenz erkannt. So stellte Lewis Platt, der Vorsitzende von Hewlett-Packard, fest:

> We just haven't done a very good job selling it. Industry leaders, the government, the press – we could all be tarred with the same brush.[98]

Dass in Anbetracht des komplexen Themas „Freihandel" entsprechende Informationen nötig sind, um dessen positiven Effekte für den Einzelnen zu verdeutlichen, bekannten nach dem Scheitern der Konferenz eine Vielzahl an Akteuren.[99] So merkte der Ökonom Jeffrey Garten mit Blick auf die Funktion der Public Interest Groups und der von ihnen geschickt genutzten positiven Schlagwörter an:

> The media should be continually prompted to scrutinize the accuracy of the facts that underlie NGOs' arguments against globalization. They should treat the situation as if it were a hotly contested long-term political campaign for public opinion – which it is.[100]

Welchen Einfluss speziell die Presse und die Public Interest Groups auf die Festlegung der Position der US-Bürger hatten, belegen auch eine Vielzahl an Umfragen, die in den USA zum Thema „Freihandel" in regelmäßigen Abständen vom „Program on International Policy Attitudes" (PIPA) durchgeführt werden.[101] Diese belegen eine grundsätzliche Unterstützung von Freihandel. Diese grundsätzliche Unterstützung war auch kurz vor der WTO-Konferenz nachweisbar, als in einer Umfrage 62% der Befragten angaben, der Prozess der Zunahme des Handels zwischen Saaten hätte die richtige Geschwindigkeit und sollte nicht verlangsamt werden. Nicht ganz so positiv wurden 1999 die Effekte der Globalisierung betrachtet. Positiv wurden die Effekte für US-Konsumenten und die US-Wirtschaft betrachtet, gleichzeitig wurden aber die Auswirkungen auf die Umwelt und auf US-Jobs kritisch gesehen.
Die Verknüpfung der Themen „Umwelt" und „Arbeiterrechte" mit Freihandel durch die Public Interest Groups kommt auch in Umfragen zum Thema „Wirtschaftspolitik" zum Ausdruck. So sprachen sich kurz vor der WTO-Konferenz in Seattle 86% der Befragten für global einheitliche Standards für Arbeiter und 81% für global einheitliche Umweltstandards aus. Und 54% sahen für den Fall der Nicht-Anpassung eine Benachteiligung für US-Firmen, was der Fair-Trade-Tradition entspricht. Denn gerade die Forderung nach global einheitlichen Standards macht zwar die in den USA produzierten Güter wettbewerbsfähiger. Allerdings nannte diesen Grund nur ein kleiner Teil der Befragten. Die Mehrheit

---

[98] USA Today am 26. November 1999: „At what price free trade? Tuesday's clash will highlight impasse of trade's fans and foes".

[99] Vgl.: Henderson (2001).

[100] Jeffrey Garten in der Business Week am 9. November 1999: „A Sophisticated Assault on Global Capitalism".

[101] http://www.pipa.org, zugegriffen am 15. 7. 2004.

der Befragten stellte die Situation der benachteiligten Menschen in anderen Staaten in das Zentrum ihrer Antworten und sprach sich dafür aus, den Dritte-Welt-Staaten Sonderregeln zuzugestehen. Insgesamt belegen die Umfragen eine eindeutige Sensibilisierung der US-Bürger für die Themen der Public Interest Groups.

So gelang den Public Interest Groups gemeinsam mit der AFL-CIO eine Verknüpfung von Themen mit der WTO, die von der Mehrheit der Bevölkerung bisher als nicht zusammenhängend gesehen wurden. Diese Verknüpfung bedeutete aber keine Ablehnung von Freihandel oder der WTO durch die US-Bürger im Jahr 1999. Vielmehr führte das Agieren der Norm-Entrepreneure zu einer starken Sensibilisierung für die WTO-Konferenz. 56% der US-Bürger gaben an, die Debatten um die bevorstehende Konferenz sehr aufmerksam zu verfolgen und 78% forderten, dass die US-Regierung Fragen des Umweltschutzes in die WTO-Verhandlungen mit einbezöge.[102]

Abbildung 11 US-Präferenzen für Handelsabkommen (1999)

Sollten folgende Aspekte ein zentrales Anliegen von US-Handelsabkommen sein?	**Zustimmung**
Umweltschutz	80%
Verhinderung des Verlustes von US-Jobs	77%
Schutz vor unfairem Wettbewerb durch Staaten, die Arbeiterrechte verletzen	74%
Investitionen in den USA fördern	64%
Niedrige Preise für US-Konsumenten	58%
Fremde Märkte für US-Exporte öffnen	56%

Quelle: PIPA, Oktober 1999

Die Daten der Umfragen belegen, dass von der Seite der US-Bürger keinesfalls eine totale Ablehnung der WTO bestand. Im Gegenteil, auch 1999 sprach sich, wie die Jahre zuvor, die Mehrheit für freien Handel aus. Und auch die klassischen Fair-Trade-Aspekte, also die Schaffung von Chancengleichheit für US-Firmen durch protektionistische Maßnahmen fand eine ähnlich hohe Akzeptanz wie in den vorhergehenden Jahren. Neu war die Berücksichtigung der Themen, die die Public Interest Groups mit der WTO-Konferenz in Seattle verknüpft hatten.

Dies verdeutlicht nicht nur das erfolgreiche Agieren dieser Gruppen als Norm-Entrepreneur, sondern auch, dass ein frühes Eintreten für Freihandel der Regierung und der Wirtschaft den Erfolg der Public Interest Groups hätte verhindern können. So hätten sich die US-Regierung und die Wirtschaftsvertreter darum bemühen müssen, eine Verknüpfung der Themen „Umwelt" und „Arbeiterrech-

[102] PIPA Poll Oktober 1999.

te“ mit der WTO zu verhindern, da eine Aufnahme dieser Themen in die WTO-Verhandlungen aufgrund des Prinzips der Einstimmigkeit zu einem Scheitern führen musste. Neben einer Verknüpfung der WTO mit dem Wachstum der vorhergehenden Jahre wäre es für die US-Regierung und die Wirtschaft auch möglich gewesen, die Themen der Public Interest Groups mit einer anderen internationalen Organisation zu verknüpfen um so eine Verknüpfung dieser Themen mit der WTO zu verhindern. Darüber, dass eine Verknüpfung dieser Themen mit Freihandel unter dem Dach der WTO nicht funktionieren kann, herrscht unter Ökonomen Einigkeit:

> Trade economist Jagdish Bhagwati recently pointed out that trying to implement two objectives – the freeing of trade and advancing social and moral agendas – through one policy instrument such as the World Trade Organization would undermine both. Dr. Bhagwati and other economists see the importance of social, humanitarian and environmental concerns but argue that those issues can better be advanced in their own venues. Open trade is too important to be held hostage to self-appointed and unelected groups.[103]

[103] The Washington Post am 24. Oktober 1999: „Protect Open Trade“.

IV Policy-Making in der Bundesrepublik und in Großbritannien im Rahmen der Währungsunion

Zu Beginn dieses Kapitels wird die Entstehung der Wirtschafts- und Währungsunion kurz skizziert und deren Bedeutung im Zusammenhang mit der Logik globaler Märkte erläutert. Aufbauend auf die Darstellung der Funktion und der Symbolkraft einer eigenen, nationalen Währung und der damit verbundenen Normen wird die Wahl der unterschiedlichen Policy der Bundesrepublik Deutschland und Großbritanniens in Bezug auf die Einführung des Euro untersucht. Dabei bieten die theoretischen Überlegungen aus Kapitel II die Basis für die empirische Untersuchung. Abschließend werden die Ergebnisse der Untersuchungen der beiden Staaten evaluierend gegenübergestellt.

1 Die Währungsunion

1.1 Der Weg zur Währungsunion

Das Ende des internationalen Währungsabkommens von Bretton Woods im Jahr 1973 bedeutete eine tiefgreifende Änderung der Währungspolitik hin zu einer neuen Mobilität internationalen Kapitals. Dieser Trend wurde in den folgenden Jahren durch Fortschritte im Bereich der Telekommunikation und der EDV-Technologie weiter verstärkt. In der Folge entschieden sich einige Staaten wie Japan und die USA für ein freies Floaten ihrer Wechselkurse, wobei vor allem den Entwicklungsländern das Risiko frei floatender Kurse zu groß war und sie sich für den Versuch entschieden, einen festen Wechselkurs zu halten. Die europäischen Staaten, die für Handel offener waren als die USA, waren für Wechselkursschwankungen weit anfälliger als die USA. Entsprechend beschlossen die an der europäischen Integration beteiligten Staaten, die vorwiegend untereinander Handel betreiben, ihre Währungen aneinander zu koppeln um eine negative wirtschaftliche Entwicklung aufgrund von Währungsschwankungen zu vermeiden.[1]

Dass wirtschaftlicher Wohlstand eines der treibenden Motive europäischer Integration ist, wurde bereits im Jahr 1951 bei der Formulierung der Präambel des Vertrages zur Gründung der Europäischen Gemeinschaft für Kohle und Stahl deutlich. Neben der Aussöhnung nach dem Zweiten Weltkrieg werden wirtschaftliche Kooperation und Wohlstandssteigerung als Ziele genannt. Entspre-

[1] Vgl.: Eichengreen, Barry: Vom Goldstandard zum Euro. Die Geschichte des internationalen Währungssystems, Berlin: Verlag Klaus Wagenbach, 2000, S. 183-202.

chend wuchs der wirtschaftliche Austausch zwischen den europäischen Staaten. Die Unterzeichnung der Römischen Verträge im Jahr 1957 sah die Gründung der Europäischen Wirtschaftsgemeinschaft (EWG) vor. Die Zusammenführung der bestehenden Verträge (Montanunion, EWG und Euratom) zu den Europäischen Gemeinschaften (EG) und die Abschaffung der Zölle im Rahmen der Zollunion im Jahr 1968 führte zu einer weiteren Vernetzung des Handels der Mitgliedsstaaten mit entsprechendem Einfluss auf die Währungen der Mitgliedsstaaten.

Die institutionelle Integration des europäischen Wirtschaftsraumes verläuft dabei in Stufen, die den theoretischen Prognosen entsprechen. Auf die Schaffung einer Freihandelszone folgt die Zollunion. Durch Bewegungsfreiheit für Dienstleistungen, Kapital und Personen wird ein gemeinsamer Markt geschaffen. Eine Anpassung relevanter Normen und Rechtsvorschriften sowie die Abschaffung innerer Grenzkontrollen resultieren in einem gemeinsamen Binnenmarkt. Die letzten Stufen der Institutionalisierung sind die monetäre Union und die politische Union.[2] Bezüglich der beiden letzten Schritte besteht Uneinigkeit betreffend der zu präferierenden Reihenfolge. Der Frage, ob eine monetäre Union ohne politische Union zum Scheitern verurteilt ist und wie sich eine politische Union definiert und ob die EU diesen Status bereits erreicht hat, wird hier nicht nachgegangen.[3] Die Institutionalisierung der Integration und das Ziel die Währungen zu stabilisieren, sind leitende Motive der europäischen Integration, die im Folgenden kurz skizziert werden.

Nach dem Vollzug der Zollunion 1968 wurde der nächste Schritt, eine Wirtschafts- und Währungsunion angestrebt. Neben den politischen Beweggründen wurde dieses Ziel auch durch die Angst vor der Instabilität des Dollar begründet. Entsprechend wurde 1970 eine Expertenrunde um den luxemburgischen Premierminister Pierre Werner gegründet, die die schrittweise Schaffung einer Wirtschafts- und Währungsunion vorsah, deren Start ein System nationaler Zentralbanken sein sollte, das den Austausch der Währungen zu einem Nennwert leitet. Nach dem Scheitern des zu ambitionierten Werner-Plans mangels entsprechender Institutionen und des Beginns der Ölkrise wurde 1972 das Basler Abkommen über einen Europäischen Währungsverbund geschlossen. Hier verpflichteten sich die Mitgliedsstaaten, ihre Währungsschwankungen in einer Bandbreite von maximal 2,25% zu einem in US-Dollar ausgedrückten Mittelkurs zu halten. Die Kurse bewegen sich entsprechend innerhalb dieser Bandbreite im Zeitverlauf vergleichbar der Bewegung einer Schlange, was den Begriff „Europäische Währungsschlange" geprägt hat. Dieser Schlange gelang es nicht,

[2] Vgl.: Sarrazin, Thilo: Der Euro, Chance oder Abenteuer?, Bonn: Bundeszentrale für politische Bildung, 1998, S. 63-64.

[3] Vgl. hierzu: Sturm, Michael: Währungsunion und politische Union – notwendige Ergänzung, zwangsläufige Folge oder fehlende Interdependenz?, in: integration, 4, 1999, S. 263-273.

stabile Wechselkurse zu garantieren. Das lag zum einen an der unterschiedlichen Abhängigkeit von Erdöl und der darauf basierenden Betroffenheit von der Ölkrise und zum anderen an den Umwälzungen auf den Gütermärkten.[4]

Einen neuen Schub in der wirtschafts- und währungspolitischen Zusammenarbeit bedeutete die Gründung des Europäischen Währungssystems (EWS) im Jahr 1979. Das EWS sollte die Abhängigkeit von Dollarschwankungen mindern und so die wirtschaftliche Entwicklung stabilisieren. Dabei ist das EWS ein System fester, aber anpassungsfähiger Leitkurse der Unterzeichnerländer untereinander sowie gegenüber der neu geschaffenen Einheit European Currency Unit (ECU). Die Schwankungsbreite war auf 2,25% festgelegt, in Ausnahmefällen konnte sie auf 6% erweitert werden. Die ECU stellt einen Währungskorb dar, indem die nationalen Währungen im Verhältnis ihrer Wirtschaftskraft, der Höhe des Bruttoinlandproduktes und dem Anteil am Intra-EG Handel vertreten waren. Aus dem für jeden Staat errechneten ECU-Leitkurs konnte dann die erlaubte Abweichungsbreite im Rahmen der 2,25% errechnet werden. Bei einer Überschreitung dieses Rahmens waren die betroffenen Notenbaken verpflichtet, durch Währungskauf beziehungsweise Verkauf einzuschreiten. Die Finanzpolitik der deutschen Bundesbank führte zu einer starken D-Mark und so waren die EG-Mitgliedstaaten immer wieder gezwungen, ihre eigene Währung abzuwerten. Trotz aller Stabilisierungserfolge führten verschiedene Krisen zu einer Verzögerung weiterer Integration im Finanz- und Währungsbereich.

Die Unterzeichnung der Einheitlichen Europäischen Akte (EEA) im Jahr 1986 bedeutete einen weitreichenden Integrationsschritt und rückte das Ziel einer Währungsunion wieder auf die Agenda. Auf dem Gipfel in Madrid im Juni 1989 wurde die Umsetzung des Delors-Berichts beschlossen, dessen Kernziel in den Maastrichter Vertrag übernommen wurde. Dieser Bericht sah die Vollendung der Wirtschafts- und Währungsunion (WWU) in drei Stufen vor. Die erste Stufe, die im Januar 1990 begann, befasste sich mit der Liberalisierung des Kapitalverkehrs. Die Präsidenten der Zentralbanken wurden beauftragt, die Koordination der Geldpolitik zwischen den Mitgliedsstaaten zu verbessern. Die zweite Stufe zur WWU begann im Januar 1994 mit der zeitlich befristeten Errichtung des Europäischen Währungsinstitutes (EWI) und der Auflösung des Ausschusses der Zentralbankpräsidenten. Die Aufgabe des EWI war die Vorbereitung einer Europäischen Zentralbank und die Förderung einer einheitlichen Geldpolitik. Diese Aufgaben stellten die Basis für vergleichbare wirtschaftliche Grunddaten und somit für das erfolgreiche Gelingen einer Währungsunion dar. Der Europäische Rat einigte sich 1995 in Madrid auf den Namen Euro für die neue Währung und legte den Beginn der dritten Stufe auf den 1. Januar 1999 fest. Im Dezember 1996 einigte sich der Europäische Rat in Dublin auf den Stabilitätspakt für die gemeinsame Währung und Anfang Mai 1998 entschieden die Staats- und Regie-

---

[4] Vgl.: Eichengreen (2000), S. 203-211.

rungschefs, dass die 14 Mitgliedsstaaten Belgien, Deutschland, Dänemark, Finnland, Frankreich, Großbritannien, Irland, Italien, Luxemburg, die Niederlande, Österreich, Portugal, Schweden und Spanien die Konvergenzkriterien für die Einführung der einheitlichen Währung erfüllten. Artikel 121 des EG-Vertrags legt diese Kriterien fest. Sie werden im Protokoll über die Konvergenzkriterien nach Artikel 121 des Vertrages zur Gründung der Europäischen Gemeinschaft weiter präzisiert:

> Erreichung eines hohen Grades an Preisstabilität, ersichtlich aus einer Inflationsrate, die der Inflationsrate jener – höchstens drei – Mitgliedstaaten nahekommt, die auf dem Gebiet der Preisstabilität das beste Ergebnis erzielt haben;
>
> eine auf Dauer tragbare Finanzlage der öffentlichen Hand, ersichtlich aus einer öffentlichen Haushaltslage ohne übermäßiges Defizit im Sinne des Artikels 104 Absatz 6;
>
> Einhaltung der normalen Bandbreiten des Wechselkursmechanismus des Europäischen Währungssystems seit mindestens zwei Jahren ohne Abwertung gegenüber der Währung eines anderen Mitgliedstaats;
>
> Dauerhaftigkeit der von dem Mitgliedstaat erreichten Konvergenz und seiner Teilnahme am Wechselkursmechanismus des Europäischen Währungssystems, die im Niveau der langfristigen Zinssätze zum Ausdruck kommt.

Allerdings waren neben diesen Konvergenzkriterien auch politische Interessen für einen Beitritt zur WWU ausschlaggebend. So konnten auch Staaten, die eine zu hohe Staatsverschuldung aufwiesen, an der WWU teilnehmen. Am 1. Januar 1999 trat die dritte Stufe in Kraft. Aus innenpolitischen Gründen lehnten Dänemark, Schweden und Großbritannien die Teilnahme an der dritten Stufe ab, so dass 11 Staaten an der Währungsunion teilnahmen. Die Wechselkurse wurden unwiderruflich festgelegt und die Europäische Zentralbank (EZB) für die Durchführung einer einheitlichen Geldpolitik verantwortlich. Nach Art. 105 Abs. 2 EGV hat das Europäische Zentralbanksystem zur Aufgabe,

> die Geldpolitik der Gemeinschaft festzulegen und auszuführen,
>
> Devisengeschäfte im Einklang mit Artikel 111 [möglichen Wechselkurszielen, F.F.] durchzuführen,
>
> die offiziellen Währungsreserven der Mitglieder zu halten und zu verwalten,
>
> das reibungslose Funktionieren der Zahlungssysteme zu fördern.

Durch den Beschluss des Europäischen Rates von 19. Juni 2000 trat auch Griechenland als zwölfter Staat der WWU bei.
Der Beitritt Großbritanniens zur Währungsunion hängt in erster Linie mit dem Ergebnis von fünf Tests ab, die der britische Schatzkanzler Gordon Brown im Juli 1997 formulierte: Die Auswirkungen der Währungsunion auf Investitionen in Großbritannien, die Auswirkung auf den Finanzsektor, dem Übereinstimmen

des Wirtschaftszyklus Großbritanniens mit dem der anderen EU-Staaten, der notwendigen Flexibilität der Wirtschaft der EU-Staaten und den Auswirkungen der Währungsunion auf Wirtschaftswachstum und Arbeitsplätze.[5] Diese Kriterien lassen einen Deutungsspielraum zu und sind zudem teilweise nur schwer messbar beziehungsweise kaum exakt prognostizierbar. Eine Argumentation pro oder kontra Währungsunion, aufbauend auf diesen Kriterien, ist entsprechend abhängig von der Einstellung zur Währungsunion und somit vorwiegend eine politische Entscheidung. Im Fall der Erfüllung der fünf Tests ist zudem ein Referendum vorgesehen. Ein britischer Beitritt zur Währungsunion ist bisher nicht absehbar.

1.2 Die Währungsunion und die Logik globaler Märkte

1.2.1 Die Vorteile einer Währungsunion – optimale Währungsräume

Die Entwicklung der Europäischen Union kann als ein wirtschaftlicher Erfolg betrachtet werden. Bereits 1817 beschrieb David Ricardo in einem Modell die komparativen Kostenvorteile

unter Bedingungen des Wettbewerbs und des freien Marktes. 1950 stellte Jakob Viner die positiven handelschaffenden und handelumleitenden Effekte für die an wirtschaftlicher Integration teilnehmenden Staaten dar.[6] Da an der Integration nicht-teilnehmende Staaten eventuell negativ von handelsumleitenden Effekten betroffen sind, wird regionale Kooperation zwar im Gegensatz zu globalem Freihandel nur als second-best Lösung betrachtet.[7] Doch nicht nur die theoretischen Argumente für wirtschaftliche Integration sind überzeugend. Betrachtet man die Zahlen wird die wirtschaftliche Stärke der EU deutlich: Der europäische Binnenmarkt umfasste zum Zeitpunkt der Euro-Einführung 376 Millionen Einwohner, seit der Osterweiterung sind es 475 Millionen. Das sind zwar nur

---

5 Vgl.: The Economist: „On your marks", am 2. Oktober 1997.

6 Treten zwei Staaten in eine Zollunion, werden in dieser Zollunion produzierte Güter um den wegfallenden Zollsatz günstiger. Wird dadurch ein Produkt eines an der Zollunion teilnehmenden Staates billiger, als das eines nicht an der Zollunion teilnehmenden, und steigt daraufhin die Nachfrage, so führt das in der Zollunion zu handelschaffenden Effekten. Handelsumleitende Effekte entstehen, wenn durch den Wegfall eines Zolls ein in der Produktion teureres Produkt im Endpreis billiger ist, als das eines dritten Landes, das billiger produziert, aber durch die Nicht-Teilnahme an der Zollunion mit einem Zoll konfrontiert wird und folglich mit einem höheren Endpreis innerhalb der Zollunion konkurriert. Vgl.: Viner, Jacob: The Customs Union Issue, New York: Carnegie Endowment for International Peace, 1950.

7 Vgl.: Krugman, Paul R.: Regionalism versus Multilateralism: Analytical Notes, in: De Melo, Jaime / Panagariya, Arvind (Hrsg.): New Dimensions in Regional Integration. Cambridge: Cambridge University Press, 1993, S. 58-79.

6% der Weltbevölkerung, diese leisten allerdings beinahe 20% des Bruttoinlandsproduktes der Welt.[8] Zudem ist seit der Nachkriegszeit der Handel zwischen den Mitgliedsstaaten um mehr als 60% gestiegen.[9] Inwieweit das Wirtschaftswachstum in Westeuropa auf die Schaffung des Binnenmarkts zurückzuführen ist, ist zwar nicht mit völliger Eindeutigkeit zu klären. Aber zweifellos hat der verschärfte Wettbewerb im Binnenmarkt die europäische Wirtschaft global konkurrenzfähiger gemacht und zur Nutzung von Skaleneffekten beigetragen. Da speziell Großunternehmen der Logik globaler Märkte folgen, ist eine Stärkung des Wirtschaftsraums der EU ein Gewinn im globalen Standortwettbewerb der Staaten um diese Unternehmen. So können die europäischen Großunternehmen zu den Profiteuren des Binnenmarktes gezählt werden.[10] Den größten wohlfahrtssteigernden Effekt für die Staaten der EU hat folglich der gemeinsame Binnenmarkt. Dessen positive Effekte werden durch eine gemeinsame Währung weiter verstärkt, denn den Erfolg der Kooperation im Bereich der Wirtschaft betrachtend, erscheint es nur selbstverständlich, die Kooperation auch auf die Währungspolitik auszudehnen. So prognostiziert der Internationale Währungsfond für die an der WWU teilnehmenden Staaten deutliche Wachstumsimpulse. Es wird mittelfristig im Jahr 2010 ein Wachstum vorausgesagt, das um 2,9% über dem des Basisszenarios liegt.[11]
Die Vorteile einer gemeinsamen Währung beruhen auf dem Wegfall von Transaktionskosten, der Minderung von Informationskosten, dem Wegfall des Wechselkursrisikos und dem geringeren Grad des Ausgeliefertseins von Währungsspekulationen. Zwar war die Einführung des Euro kurzfristig mit hohen Transaktionskosten für Firmen und Bürger verbunden, mittel- und langfristig profitieren aber vor allem exportorientierte Unternehmen vom Wegfall der Transaktionskosten, was einen hohen Grad an Planungssicherheit für langfristige Investitionen bietet. Der Wegfall von Wechselkursschwankungen kommt ebenfalls den exportorientierten Unternehmen zu Gute, da auch er Planungssicherheit schafft und speziell langfristig geschlossene Einkaufs- und Lieferverträge besser kalkulierbar macht. Die Europäische Kommission rechnet langfristig mit einer Reduktion der Kosten für Transaktionen und die Absicherung der Kursschwankungen von 0,5% des Bruttoinlandprodukts der EU, was 40 Milliarden US-Dollar im Jahr entspricht.[12] Diese Kostenreduktionen wirken sich auch auf die vom

8 Vgl.: Geigant: Friedrich: Die Euro-Flagge über der Festung Europa. Deutschlands Weg zur einheitlichen Währung im gemeinsamen Markt, Berlin: Duncker & Humbolt, 2002, S. 207-208.
9 Vgl.: International Monetary Fund: World Economic Outlook, Washington D.C., Oktober, 1997, S. 51.
10 Vgl.: Ziltener, Patrick: Hat der EU-Binnenmarkt Wachstum und Beschäftigung gebracht?, in: WSI-Mitteilungen 4, 2003, S. 221-227.
11 Vgl.: International Monetary Fund (1997), S. 77.
12 Vgl.: The Economist: „The merits of one money", am 22. Oktober 1998.

Verbraucher zu entrichtenden Preise aus. Zudem profitieren die Verbraucher von der neuen Preistransparenz. Der Preisvergleich über Ländergrenzen ist problemlos möglich, unterschiedliche Preise lassen sich jetzt nur noch im Rahmen unterschiedlicher Steuersätze und durch Transportkosten erklären. Dies führt zu einem größeren Angebot an Waren und Dienstleitungen und zu einer mittelfristigen Angleichung der Preise für das selbe Produkt.
Durch die Schaffung einer gemeinsamen Währung und der EZB ist zudem das Risiko einzelner Staaten gemindert, dass ihre Währung das Objekt von internationalen Finanzspekulationen wird, was einzelne Nationalbanken zu teuren Interventionen auf dem Währungsmarkt zwingen konnte. Die gemeinsame Währung trägt außerdem zu einer größeren Unabhängigkeit von der US-Haushaltspolitik bei, da eine gemeinsame europäische Währung bei internationalen Geschäften zumindest teilweise den Dollar ablösen kann.
Allerdings birgt eine gemeinsame Währung auch Nachteile. So kann ein fester Wechselkurs oder eine gemeinsame Währung nicht mehr die auftretenden unterschiedlichen Probleme einer nationalen Volkswirtschaft wie Arbeitslosigkeit, Außenhandelsüberschüsse beziehungsweise -defizite, Verschuldung oder unterschiedliches Wachstum ausgleichen, wie es bei flexiblen Kursen möglich ist. Zudem wird die Steuerungsfähigkeit der nationalen Regierungen eingeschränkt, da sie verpflichtet sind, die in Art. 104 EGV formulierten Stabilitätskriterien einzuhalten.[13] Mittels Schulden finanzierte Investitionen durch eine nationale Regierung sind nur noch in einem engen Rahmen möglich, was das Herbeiführen eines Aufschwungs durch keynesianische Ausgabenpolitik unmöglich macht. Dennoch gelten feste Wechselkurse mit Blick auf den Außenhandel und eine stabile wirtschaftliche Entwicklung als erstrebenswert. Die Abwägung zwischen den Vor- und Nachteilen fester Wechselkurse ist vor allem durch die Arbeit von Mundell bestimmt.[14] Seine Theorie der optimalen Währungsräume basiert auf der Feststellung, dass eine gemeinsame Währung den Verlust des wirtschaftspolitischen Anpassungsinstruments der veränderbaren Wechselkurse mit sich bringt. Auf das Wechselkursscharnier kann verzichtet werden, wenn die Überwindung von Ungleichheiten zwischen Regionen durch den Verzicht weder erschwert noch verteuert wird.[15] Die teilnehmenden Staaten müssen folglich bereits stark integriert sein, um auf andere Instrumente der Anpassung ausweichen zu können. Mundell argumentiert entsprechend, dass eine hohe Faktorenmobilität die Voraussetzung für einen gemeinsamen Währungsraum ist. Diese Mobilität hilft, Schocks in der Nachfrage und somit die Arbeitslosigkeit und mangeln-

---

[13] Hier bietet der Kompromiss der EU-Mitgliedssatten vom März 2005 einen etwas größeren Spielraum. Unter der Berücksichtigung nationaler spezifischer Faktoren ist auch ein vorübergehendes Überschreiten der 3%-Grenze möglich.

[14] Vgl.: Mundell, Arthur: A Theory of optimal currency areas, in: The American Economic Review, Vol. 51, 1961, S. 657-665.

[15] Vgl.: Geigant (2002), S. 216.

de Investitionen einer betroffenen Region auszugleichen. In diesem Fall wären nicht flexible Währungen der Puffer, einen solchen Schock auszugleichen, sondern die Faktorenmobilität. Die von Mundell formulierten Voraussetzungen für einen optimalen gemeinsamen Währungsraum sind in der EU vorzufinden: Eine hohe wirtschaftliche Verflechtung mit breiter Produktpalette ist innerhalb der EU gegeben. Ebenso wie der freie Warenverkehr ist die Freizügigkeit von Arbeitskräften, in Art. 39 EGV festgelegt, als notwendige Voraussetzung für einen optimalen gemeinsamen Währungsraum gegeben. Diese Freizügigkeit besteht aufgrund von sprachlichen und kulturellen Barrieren zwar nur eingeschränkt, dennoch treffen die Voraussetzungen für einen optimalen Währungsraum auf keine Region so gut zu, wie auf die EU.

1.2.2 Die Logik globaler Märkte

Die wirtschaftlichen Vorteile eines Beitritts zur Währungsunion liegen auf der Hand. Der Beitritt zur Währungsunion ist mit einer Kosten- und Risikoreduktion durch den Wegfall von Wechselkursen und Transaktionskosten verbunden. Der Markt für die Verbraucher der Beitrittsländer wird transparenter was insgesamt zu Wachstumsimpulsen führt. Die beruhigende Wirkung des Euro auf die globalen Finanzmärkte ist messbar: Während die Umsätze auf Devisenmärkten von 600 Milliarden US-Dollar am Ende der 80er Jahre auf 1,5 Billionen US-Dollar vor der Bildung des Euro-Raumes anstieg, ist er aufgrund des wegfallenden Umsatzes zwischen den Teilnehmerländern auf 1,2 Billionen US-Dollar gesunken.[16] „Mit der Einführung des Euro gehören nunmehr spekulative Attacken auf einzelne Währungen, wie sie in der ersten Hälfte der neunziger Jahre auf das Europäische Währungssystem unternommen wurden, zur Vergangenheit."[17] Von den mit Devisenhandel verbundenen Kursschwankungen sind vor allem kleinere und mittlere Unternehmen betroffen. Aufgrund ihrer relativ dünnen Kapitaldecke sind für sie die Kosten des Wechselkursrisikos kaum zu tragen.[18] Doch dass nicht nur kleinere und mittlere Unternehmen vom Wechselkursrisiko betroffen sind, macht das Engagement von BMW bei Rover deutlich. Unter anderem der steigende Kurs des britischen Pfunds gegenüber dem Euro führte zum Verkauf von Rover durch BMW und dem damit verbunden Verlust von Arbeitsplätzen. Alleine im Jahr 1999 stieg der Pfund-Kurs gegenüber dem Euro um 12%, was für BMW Kosten in der Höhe von 350 Millionen Euro bedeutete.[19] Insgesamt

---

[16] Vgl.: Schlussbericht der Enquete-Kommission des Deutschen Bundestags: Globalisierung der Wirtschaft, Opladen: Leske + Budrich, 2002, S. 63.

[17] Enquete-Kommission Globalisierung (2002), S. 93.

[18] Vgl.: Enquete Globalisierung (2002), S. 85.

[19] Vgl.: Rede des Vorstandsvorsitzender der BMW AG Joachim Milberg, anlässlich einer Pressekonferenz am 17. März 2000 in München (http://www.auto-news.de, zugegriffen am 16. 7. 2003).

wurden in Großbritannien alleine im Jahr 1999 trotz boomender Wirtschaft 200.000 Stellen in der Industrie abgebaut.[20]
Gemäß der Logik globaler Märkte werden private, global agierende Akteure, die auf eigene Nutzenmaximierung aus sind, die Investitions- und Produktionsbedingungen auf globaler Ebene vergleichen. Der Standort EU erscheint dabei attraktiv. Neben Rechtssicherheit, stabilen politischen Verhältnissen, der guten Infrastruktur, dem hohen Bildungsniveau und der hohen Produktivität, bietet die Produktion von Gütern innerhalb der EU einen weiteren fundamentalen Vorteil: Werden diese Güter vorwiegend in den Staaten der EU verkauft, unterliegen sie im Binnenmarkt keinen Zöllen. Viele für eine Investition entscheidende Daten sind zwischen Staaten der EU identisch. So unterliegen sie alle den selben Produktnormierungen und vergleichbaren Rechtsvorschriften. Unterschiede gibt es in der Produktivität und der speziellen Ausgestaltung des Arbeitsrechts. Da diese Unterschiede teilweise nur gering sind, ist der Beitritt beziehungsweise Nicht-Beitritt eines Staates zur Währungsunion für einen Investor umso wichtiger. Staaten, die einen Beitritt ablehnen, unterliegen den dargestellten Nachteilen und Risiken. Ein global agierender Wirtschaftsakteur wird gemäß der Logik globaler Märkte bei der Suche nach einem Standort für Investitionen und für die Produktion die Staaten meiden, die der Währungsunion nicht beigetreten sind. Die möglichen Vorteile eines Beitritts Großbritanniens zur Währungsunion werden auch von einer Counterfactual-Studie der Treasury formuliert, die die wahrscheinliche wirtschaftliche Entwicklung im Falle einer Mitgliedschaft der Währungsunion vom Start 1999 ab untersucht. Die Studie unterstellt ein Wachstum für das Jahr 2000 von 5,5% (bei 3,5% realem Wachstum). Für die Jahre 2002-2005 unterstellt sie zwar ein etwas geringeres Wachstum, aber langfristig wäre durch einen Beitritt mit einem größeren Wachstum zu rechnen. So geht das Treasury im Falle der baldigen Einführung des Euro von einem Wachstum des Handels in den nächsten 30 Jahren von bis zu 50% aus. Die Transaktionskosten würden um jährlich eine Milliarde Pfund reduziert.[21] Trotz dieser absehbaren Vorteile hat sich Großbritannien gegen einen Beitritt zur Währungsunion entschieden. Die leitende Forschungsfrage *Warum führen Staaten mit ähnlichen Ausgangsbedingungen auf nationaler Ebene und unter ähnlichen äußeren Einflüssen eine unterschiedliche Politik durch?* kann jetzt entsprechend präzisiert werden:
Warum ist die BRD der WWU beigetreten?
Warum ist Großbritannien der WWU nicht beigetreten?
Die Antwort nach dem Beitritt Deutschlands zur Währungsunion scheint nach den Ausführungen zur Logik globaler Märkte offensichtlich. Doch da Großbri-

[20] Vgl.: Der Spiegel 21/2000, „Blair in der Klemme", S. 217.

[21] Vgl.: HM Treasury: UK membership of the single currency – An assessment of the five economic tests, June 2003.

tannien eben diesen Schritt bisher ablehnt, kann ein Vergleich des *Policy-Making-Prozesses* der beiden Staaten erklären, welche Faktoren einer Policy gemäß der Logik globaler Märkte entgegenstehen können, und wie diese überwunden werden können.

1.2.3 Die Vergleichbarkeit der Staaten

Bei der Beantwortung dieser Fragen bieten die in Kapital I.3.1 vorgestellten Variablen Institutionen, sozioökonomische Entwicklungsmechanismen, Parteiengefüge, Regierungssystem, organisierte Interessen und die Größe der Staaten einen nur geringen Erklärungsgehalt. Zwar unterscheidet sich das politische System der BRD von dem Großbritanniens ebenso wie die Struktur der Institutionen und die organisierten Interessen. Aber mit Blick auf die unterschiedlichen Regierungssysteme der zur WWU beigetretenen Staaten scheinen diese Variablen keinen ausreichenden Erklärungsgehalt zu haben. Auch die Bevölkerungsgröße (BRD: 83 Mio. / GB: 59 Mio. Einwohner) und das Bruttoinlandsprodukt (BRD: 26.100 US$ / GB: 23.200 US$ pro Einwohner) unterscheiden sich nicht fundamental und scheiden somit als erklärende Variable aus.[22] Diese Unterschiede sind als Erklärung für das unterschiedliche Verhalten gegenüber der WWU vor allem dann nicht relevant, wenn man betrachtet, dass andere EU-Mitgliedsstaaten der WWU beigetreten sind, die sich in den dargestellten Variablen weitaus mehr von der BRD unterscheiden, als das bei Großbritannien der Fall ist. Da von einem Beitritt zur WWU in erster Linie die Wirtschaft betroffen ist, ist es entsprechend nötig, zu überprüfen, ob sich die Wirtschaft der beiden Staaten fundamental unterscheidet und sich so unterschiedliche Interessenlagen unter dem Einfluss globaler Märkte ergeben, die die Policy-Divergenz erklären. Zwar ist die Gesamtsumme an Importen der BRD (160% der Summe von GB) sowie die Gesamtsumme an Exporten der BRD (201% der Summe von GB) höher als die Großbritanniens, aber Übereinstimmung herrscht betreffend der wichtigen Rolle von Industriegütern im Import und Export der beiden Staaten. Da speziell die Hersteller von Industriegütern gemäß der Logik globaler Märkte ihre Güter in dem Land produzieren, in dem sie die günstigsten Produktionsvoraussetzungen finden, riskiert ein Staat, der seine Politik – hier speziell die Währungspolitik – nicht entsprechend gestaltet, Nachteile im Standortwettbewerb. Der Nutzen des Beitritts zur WWU wird so in hohem Maße durch die Rolle der Exportindustrie bestimmt, die zum einen auf globalen Märkten Produktionsmittel erwirbt, zum anderen die produzierten Güter auf globalen Märkten anbietet.

[22] Zahlen: Britannica 2001 und Encarta 2001.

Abbildung 12 Wirtschaft: EU-Staaten im Jahr 2000

	BIB pro Einwohner	BIP Anteil Dienstleistungen (% des BIB)	BIB Anteil Industrie (% des BIB)	BIB Anteil Landwirtschaft (% des BIB)	Exporte gesamt (Mio. US$)	Importe gesamt (Mio. US$)	Handelsbilanz (% des Imports)
B	22.110	71,5	27,0	1,5	185.602	172.425	8,6
D	22.800	67,6	31,3	1,2	549.578	497.803	13,4
DK	30.420	70,9	26,4	2,7	46.237	41.911	8,3
FIN	23.460	62,2	34,2	3,6	44.524	32.604	33,0
F	21.980	70,9	26,1	2,9	295.041	301.040	2,6
EL	10.670	68,5	23,6	7,9	10.501	26.557	-58,6
UK	23.680	70,2	28,8	1,0	281.436	338.341	-15,0
IRL	24.740	60,3	35,9	3,8	76.859	50.547	49,5
I	18.620	67,6	29,5	2,9	236.262	236.624	6,6
L	43.090	79,2	20,1	0,7	7.898	10.249	-14,5
NL	22.910	70,3	26,7	3,0	208.875	196.301	6,8
A	23.310	64,9	32,9	2,2	63.684	68.401	-7,6
P	10.500	65,6	30,6	3,8	23.310	38.250	-37,1
S	25.630	68,8	29,2	2,0	86.733	72.427	22,4
E	14.150	65,9	30,5	3,6	113.225	152.870	-22,6

Quelle: Encarta 2003, Zahlen von 2000

Bezüglich der Zielstaaten, in denen die BRD und Großbritannien ihre Güter verkaufen, herrscht nahezu völlige Übereinstimmung. Mehr als die Hälfte (BRD: 57,1%; GB: 57%) der exportierten Güter gehen in Mitgliedsstaaten der EU. Dieser Intra-EU-Handel unterliegt für die an der WWU teilnehmenden Staaten nicht mehr den Nachteilen, die mit freien Wechselkursen verbunden sind, was entsprechend der Logik globaler Märkte einen Standortvorteil darstellt.

Abbildung 13 Exporte Bundesrepublik & Großbritannien

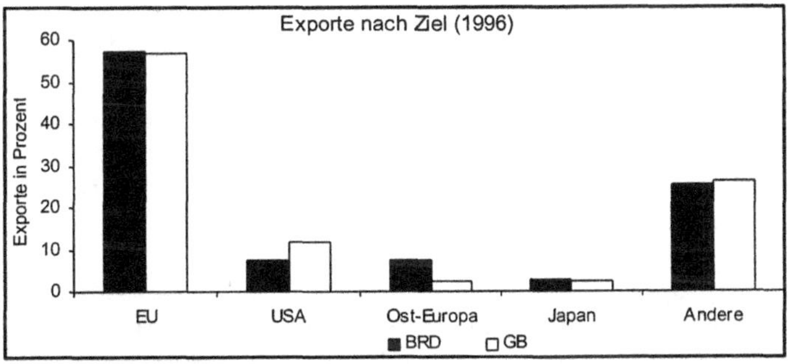

Quelle: Britannica 2001

Ebenso wie bei den anderen möglichen erklärenden Variablen ist auch eine Vergleichbarkeit der wirtschaftlichen Ausgangsbasis der beiden Staaten bezüglich ihres Beitritts beziehungsweise Nicht-Beitritts zur WWU gegeben. Beide Staaten können durch einen Beitritt in vergleichbarem Maße von den Vorteilen der WWU profitieren. Insofern stellt sich hier die Frage nach den Gründen der vorhandenen Policy-Divergenz. Diese werden in unterschiedlichen Identitäten und Normen vermutet, die in der BRD durch das Wirken eines Norm-Entrepreneurs geschaffen beziehungsweise angesprochen wurden. Durch dieses Wirken konnte in der BRD ein Norm-Entrepreneur einen Rahmen für eine Policy pro WWU kreieren und so die Voraussetzung für die Nutzung der Wachstumsimpulse schaffen, die die WWU verspricht.
Aufbauend auf der Vermutung, dass Normen und Identitäten die vorhandene Policy-Divergenz erklären, müssen die in Zusammenhang mit der Euro-Einführung relevanten Normen und Identitäten identifiziert und analysiert werden.

1.3 Identität und nationale Währung

Den Argumenten der dritten Theoriedebatte folgend wird das Interesse von Akteuren hier mittels der unterschiedlichen Identität und Unterschieden im Normgefüge der zu untersuchenden Akteure erklärt. Die Identität bildet sich durch die Sozialisation, Interaktionen und soziales Lernen heraus. Dabei ist Identität ein komplexes Konstrukt, das mit unterschiedlichen Graden der Bewusstheit verbundene Selbstverständnis von Personen im Bezug auf die eigene Individualität und soziale Zugehörigkeit bezeichnet.[23] Identität stellt eine Basis dar, auf der sich Normen entwickeln, wobei zwischen individueller und kollektiver Identität unterschieden werden kann. Kollektive Identität verbindet mit den anderen Mitgliedern einer Gruppe beziehungsweise eines Staates und schafft eine Abgrenzung zu anderen Gruppen beziehungsweise Staaten mit eigener kollektiver Identität. Da in dieser Arbeit die unterschiedliche Policy von Nationalstaaten untersucht wird, wird statt „kollektiver Identität" der hier treffendere Begriff „nationale Identität" verwendet. Die nationale Identität der Bevölkerung eines Staates ist fest mit dessen Geschichte verknüpft, sie entwickelt sich durch die Sozialisation einer Gesellschaft. So sind das nationale Umfeld sowie das internationale Umfeld die Arenen, in denen Normen entstehen und in denen Identitäten geschaffen und auch rekonstruiert werden.[24]

---

[23] Vgl.: Hillmann, Karl-Heinz: Wörterbuch der Soziologie, Stuttgart: Körner, 1994[4], S. 350.

[24] Vgl.: Kapitel II.1.3.3 und Jepperson, Ronald / Wendt, Alexander / Katzenstein, Peter J.: Norms, Identity, and Culture in National Security, in: Katzenstein, Peter J. (Hrsg.): The Culture of National Security. Norms and Identity in World Politics, New York: Columbia University Press, 1996, S. 25.

Eine nationale Währung stellt eines der wichtigsten nationalen Symbole dar. Die Identifikation mit einer neuen Währung ist entsprechend ein langfristiger Prozess und kann mit dem Erlernen einer neuen Sprache verglichen werden, wobei der Wechsel einer Währung sogar als ein Wechsel der Identität empfunden werden kann.[25] Die symbolische Funktion wird auch durch die Aufdrucke und Prägungen von Scheinen und Münzen deutlich, die in erster Linie durch nationale Persönlichkeiten, Bauwerke, Kunstwerke nationaler Künstler oder historische Symbole besetzt sind.[26]
Helleiner nennt insgesamt fünf Aspekte nationaler Währungen, die zu der Bildung der nationalen Identität beitragen, wobei diese abhängig von der historischen und politischen Entwicklung einer Nation unterschiedlich zu gewichten sind. So ist die nationale Währung erstens ein Medium für die kollektive Tradition einer Gesellschaft, zweitens ein gemeinsames Medium für die Kommunikation in einer Gesellschaft, drittens ein Medium gemeinsamer monetärer Erfahrungen, die eine Gruppenzugehörigkeit schaffen. Viertens ist die Währung ein Symbol nationaler Souveränität und fünftens kann sich eine stabile nationale

---

25 Vgl.: Europäische Kommission: Green Paper. On the practical arrangements for the introduction of the single currency, May 1995, S. 44-49.

26 Typisches Symbol auf D-Mark Münzen sind das Eichenblatt und der Bundesadler, auf den zwei D-Mark Münzen sind die Portraits wichtiger Bundespolitiker abgebildet. Auf den D-Mark Scheinen sind neben nationalen Symbolen Gemälde wichtiger deutscher Künstler wie Albrecht Dürer und bekannte Gebäude wie die Burg Eltz und Persönlichkeiten wie der Kosmograph Sebastian Münster abgebildet. Auch die neuen D-Mark Scheine, die 1989 von der Deutschen Bundesbank ausgegeben wurden, stellen neben typischen nationalen Symbolen deutsche Persönlichkeiten wie Carl Friedrich Gauß oder Annette von Droste-Hülshoff dar (vgl.: Müller, Horst: Deutsches Geld 1948-2001, Rehlingen-Siersburg: Design-Linie, 2002). Die Bank of England gibt seit ihrer Gründung 1694 Banknoten aus. Aufgedruckte Personen und Symbole werden mit der Ausgabe neuer Scheine oft ersetzt. Auf der Vorderseite der Scheine ist der aktuelle Souverän abgebildete, auf der Rückseite bekannte britische Persönlichkeiten. Auf den aktuellen Scheinen sind z.B. nationale Persönlichkeiten wie Charles Darwin, Sir Edward Elgar oder Elizabeth Fry abgebildet. Gleiches gilt für die Münzen. Neben der Bank of England sind auch andere Banken zur Ausgabe von Scheinen berechtigt. Auch sie bedrucken Ihre Scheine und Münzen mit nationalen bzw. regionalen Symbolen, die beispielsweise für die Regionen Wales oder Schottland stehen (vgl.: www.bankofengland.co.uk, zugegriffen am 10. 3. 2004).
Vergleichbare nationale Symbole wurden bei der Gestaltung der Euro-Noten gezielt vermieden. Sie stellen Architekturelemente in Baustilen aus verschiedenen Epochen der europäischen Kulturgeschichte dar, wobei eine Assoziation mit bekannten Gebäuden gezielt vermieden wurde. Auch die Euro-Münzen sollen zur schnellen gesamteuropäischen Identifikation mit der Währung beitragen. Auf einer Seite der Münzen sind drei verschiedene Landkarten von Europa, umgeben von den zwölf Sternen der Europäischen Union dargestellt. Nur auf einer Seite sind die Euro-Münzen mit nationalen Symbolen versehen, wobei keine Personen dargestellt werden.

Währung zu einem quasi religiösen Symbol entwickeln.[27] Geld hat folglich nicht nur eine ökonomische Dimension, sondern auch eine geographische, eine politische, soziale und eine kulturelle Dimension für eine Nation und somit ist eine nationale Währung auch Zeichen der Souveränität eines Staates.[28]
Da eine nationale Währung eng mit der nationalen Identität verknüpft ist und der Beitritt zur WWU ein fester Teil des europäischen Integrationsprozesses ist, kann davon ausgegangen werden, dass die nationale Identität und die jeweilige Ausprägung einer europäischen Identität in der Bundesrepublik und in Großbritannien die Einstellung gegenüber einem Beitritt zur WWU in starkem Maß beeinflusst. Diese eingenommen Identitäten helfen den Akteuren sich selbst in einer Gesellschaft einzuordnen und bestimmen das Zugehörigkeitsgefühl zu einer Gruppe beziehungsweise einer Nation.
Die zentrale Rolle der nationalen Währung als nationales Symbol und somit Teil der nationalen Identität ist in der BRD und in Großbritannien vergleichbar. In Großbritannien waren im Jahr 1999 nach einer Studie von Müller-Peters 54% der Bevölkerung stolz auf die eigene Währung, in der BRD waren es sogar 65%. Dabei liegen diese beiden Staaten über dem europäischen Schnitt von 45%.[29] Der ehemalige Bundesbank Präsident Hans Tietmeyer betont mit Blick auf die Funktion der D-Mark:

> Gewiss, jede nationale Währung repräsentiert den jeweiligen Staat. Und doch: Das Band zwischen der D-Mark und der Bundesrepublik Deutschland ist wohl ein Stück enger als üblich.[30]

Es ist zu vermuten, dass unterschiedliche Ausprägungen der nationalen und der europäischen Identität in der Bundesrepublik und in Großbritannien eine Ursache für das verschieden erfolgreiche Agieren der Norm-Entrepreneure sind, da diese Identitäten als Referenzrahmen für Akteure wirken. So stellen Identitäten die Grenzen für einen Diskurs beziehungsweise für Framing und somit für die Möglichkeit, eine Policy in einen zur Implementierung geeigneten Rahmen zu stellen. Das Normgefüge, so die Vermutung, konnte in der BRD zugunsten eines Beitritts zur WWU geschaffen werden, während die handlungsleitenden Normen in Großbritannien einem Beitritt zur WWU entgegenstehen. Die Schaffung eines

---

27 Vgl.: Helleiner, Eric: National Currencies and National Identities, in: American Behavioral Scientist, 41/10, 1998, S. 1409-1436.

28 Vgl.: Gilbert, Emily / Helleiner, Eric: Introduction – nation-states and money: historical contexts, interdisciplinary perspectives, in: Gilbert, Emily / Helleiner, Eric (Hrsg.): Nation-States and Money. The past, present and future of national currencies, London: Routledge, 1999, S. 1-21.

29 Vgl.: Müller-Peters, Anke: Psychologie des Euro. Die Währung zwischen nationaler Identität und europäischer Integration, Lengerich: Pabst Science Publisher, 2001, S. 176 und 191.

30 Rede von Hans Tietmeyer anlässlich des Festaktes „50 Jahre Deutsche Mark“ in der Paulskirche in Frankfurt a.M. am 20. Juni 1998.

geeigneten handlungsleitenden Rahmens ist im Fall der BRD auf das erfolgreiche Agieren eines Norm-Entrepreneurs zurückzuführen, während in Großbritannien ein erfolgreiches Agieren eines Norm-Entrepreneurs ausblieb.
Die in Kapitel I formulierte Hypothese lautet auf den zu untersuchenden Fall entsprechend präzisiert:
Wenn die Zustimmung zur WWU nicht im Einklang mit bestehenden Normen ist, kann ein Akteur als Norm-Entrepreneur tätig werden und so einen handlungsleitenden Rahmen schaffen, der die Basis für die Zustimmung zur WWU ist.
Sie bietet entsprechend den Leitfaden für die Beantwortung der in Kapitel IV.1.2.2 formulierten Fragen
Warum ist die BRD der WWU beigetreten?
Warum ist Großbritannien der WWU nicht beigetreten?
Die nationale wie die europäische Identität einer Bevölkerung stellt einen Rahmen dar, innerhalb dessen eine Policy von allen Mitgliedern der Gesellschaft interpretiert und als angemessen akzeptiert wird. Ein solcher Rahmen kann sehr weit gefasst sein und erlaubt grundsätzlich unterschiedliche Verhaltensweisen. Boekle, Nadoll und Stahl führen hierzu aus:

> Welche Verhaltensweise sich als dauerhaft legitim angesehene durchsetzt, ergibt sich erst in identitätsbezogenen Diskursen, in welchen auf verschiedene Identitätselemente Bezug genommen werden kann. Nationale Identität bildet somit den kommunikativ zu aktivierenden Referenzrahmen für diese Diskurse. Der Diskurs ist das Medium, durch welches Identität in einer konkreten Situation mit Bedeutung versehen wird.[31]

Der Test der formulierten Hypothese und die Beantwortung der beiden Fragen erfordert eine Untersuchung des Wirkens verschiedener Akteure, die in Deutschland und Großbritannien als Norm-Entrepreneur tätig wurden. Da diese Akteure wie ausgeführt in einem Rahmen agieren, der durch Normen und Werte bestimmt wird, die die jeweilige nationale und europäische Identität manifestieren, ist es vorerst nötig diese Identitäten darzustellen und ihre Funktion für die Einführung des Euro offen zu legen. Aufbauend auf dieser Basis kann dann die Frage nach der erfolgreichen Einführung des Euro beziehungsweise der Nicht-Einführung mit Hilfe der in Kapitel II ausgeführten Annahmen über das Wirken eines Norm-Entrepreneurs erfolgen.

---

[31] Boekle, Henning / Nadoll, Jörg / Stahl, Bernhard: Nationale Identität, Diskursanalyse und Außenpolitikforschung: Herausforderungen und Hypothesen, Zusammenfassung der Ergebnisse des „Projekts über vergleichende Außenpolitikforschung in Europa", Trier, 2001, S. 10.

2 Policy-Making in der Bundesrepublik

2.1 Nationale und europäische Identität

Die Bedeutung der nationalen Währung für die nationale Identität ist im Falle der Bundesrepublik zweifellos groß. Dies liegt vor allem an der deutschen Situation nach dem Zweiten Weltkrieg. Nationale Symbole und die nationale Identität waren in Frage gestellt und entsprechend wurde die D-Mark mit ihrer erfolgreichen Geschichte und dem mit ihr verbundenen Wirtschaftswunder zu einem neuen, positiven nationalen Symbol. Speziell die Erfahrungen mit der Hyperinflation 1923 trugen zur Entwicklung eines Stolzes auf die stabile D-Mark bei.[32] Helleiner führt hierzu aus, dass für die Bundesrepublik die D-Mark vor allem ein Medium der gemeinsamen positiven monetären Erfahrungen nach dem Zweiten Weltkrieg, ein Symbol der staatlichen Souveränität und ein Vertrauen gebendes nationales Symbol ist.[33] Dass die D-Mark ein positives nationales Symbol ist, wird im europäischen Vergleich deutlich. In der BRD sind 65% der Bevölkerung stolz auf die eigene Währung, während es im europäischen Schnitt nur 45% sind.[34] Da in beiden zu untersuchenden Staaten die eigene nationale Währung eine ähnlich zentrale Rolle als wichtiger Bestandteil der nationalen Identität einnimmt, liegt die Vermutung nahe, dass unterschiedliche Ausprägungen der europäischen Identität der beiden Staaten sowie das Verhältnis der nationalen zur europäischen Identität den relevanten Unterschied für das unterschiedlich erfolgreiche Wirken der Norm-Entrepreneure ausmachen. Denn diese Identitäten stellen für Norm-Entrepreneure eine Argumentationsbasis dar.

Im Gegensatz zur Entwicklung der nationalen Identität Großbritanniens ist die der Bundesrepublik nicht durch eine vergleichbare Kontinuität gekennzeichnet. So wurde ein deutscher Nationalstaat erst spät durch Bismarck 1871 gegründet. Auch die Entwicklung zu einer funktionierenden und stabilen Demokratie erfolgte in Deutschland erst nach dem Zweiten Weltkrieg. Durch die Niederlage im Zweiten Weltkrieg und in Anbetracht der deutschen Gräueltaten gab es nach 1945 im völlig zerstörten Deutschland so gut wie keine Werte und Institutionen, an denen sich die Bevölkerung orientieren konnte. Entsprechend kam es in Deutschland nach 1945 zu einem tiefen politischen, gesellschaftlichen und moralischen Kontinuitätsbruch, der den Beginn eines postnationalen Sonderwegs darstellte.[35] Die Entwicklung einer neuen nationalen und einer europäischen

---

[32] Vgl.: Verdun, Amy: The logic of giving up national currencies: lessons from Europe's monetary union, in: Gilbert / Helleiner (1999), S. 208.

[33] Vgl.: Helleiner (1998), S. 1431.

[34] Vgl.: Müller-Peters (2001), S. 178.

[35] Vgl.: Winkler, Heinrich August: Der lange Weg nach Westen. Zweiter Band. Deutsche Geschichte vom «Dritten Reich» bis zur Wiedervereinigung, München: Verlag C.H. Beck, 2002^4, S. 651.

Identität erfolgte erst in der Zeit nach 1945. Positiv besetzte Symbole, Werte, Institutionen und eine Orientierung bietende nationale Identität mussten erst geschaffen werden. Dabei ist im Fall der Bundesrepublik die Entwicklung der nationalen mit der der europäischen Identität fest verknüpft.
Aufgrund des Fehlens einer politikleitenden nationalen Identität und durch die enorme moralische Schuld Deutschlands musste eine völlig neue Politik in einem demokratischen Staat gefunden werden. Dies galt nicht nur für die Innenpolitik, die in weiten Zügen von den Siegermächten bestimmt wurde, sondern auch für die Außenpolitik. So ist die Geschichte der Außen- und Sicherheitspolitik der Bundesrepublik gekennzeichnet von der Einbindung in westliche Bündnisse und der anfänglichen Abhängigkeit von den drei Westmächten. Die 1949 gegründete Bundesrepublik war zunächst nicht souverän, die Zuständigkeit für auswärtige Angelegenheiten war den westlichen Siegermächten vorbehalten. Erst nach der Revision des Besatzungsstatus kam es 1951 zur Wiedereinrichtung des Auswärtigen Amts und der Erlangung außenpolitischer Handlungsfreiheit. In den fünfziger Jahren war die Bundesrepublik ein Staaten, der bereit war, Kompetenzen, die sie hatte – und auch Kompetenzen, die noch nicht wieder erlangt waren – zugunsten supranationaler Integration abzugeben. Die Einbindung in internationale Organisationen und die europäische Integration kann als postnationale Politik bezeichnet werden, die die Konsequenz der Gräueltaten des Dritten Reichs darstellt. Gleichzeitig verschaffte gerade diese Verflechtung mit anderen Staaten der Bundesrepublik Einfluss und die Möglichkeit der Mitsprache. Adenauer bezeichnete diese Einbindung als das „notwendige Sprungbrett, um überhaupt wieder in die Außenpolitik zu kommen“.[36] So ist die Bundesrepublik seit 1952 Mitglied des Internationalen Währungsfonds und der Weltbank, seit 1954 Mitglied in der WEU, einem Bündnis zur kollektiven Selbstverteidigung, das ursprünglich gegen Deutschland gegründet wurde, seit 1955 NATO-Mitglied, seit 1961 Mitglied der OECD, seit 1973 UNO-Mitglied und seit 1975 Mitglied in der KSZE (heute OSZE). Zu einem weiteren Kompetenzzuwachs und einem Gewinn an Eigenständigkeit kam es in den sechziger Jahren durch die Annäherung an den Ostblock. Egon Bahr hatte schon 1967 betont, die BRD sei "erwachsen geworden und habe begonnen ihre eigenen Interessen zu definieren, ihre Möglichkeiten und ihre Rolle zu analysieren und in praktische Politik umzusetzen.“[37] Eine neue Situation gab es nach dem Zusammenbruch des Ostblocks. „Dass sich der Aktionsbereich deutscher Politik erweitert hat, ist geradezu eine Folge seiner Einbindung in europäische, transatlantische und UNO-

---

36 Koerfer, Daniel: Kampf ums Kanzleramt. Erhard und Adenauer, Stuttgart: Deutsche Verlags-Anstalt, 1987, S. 140.

37 Bahr in einer Aufzeichnung für Brandt vom 30.1.1967, in: AsD, Depositum Bahr 299/3, zit. nach: Niedhart, Gottfried: Deutsche Außenpolitik: Vom Teilstaat mit begrenzter Souveränität zum postmodernen Nationalstaat, in: Aus Politik und Zeitgeschichte, B1-2, 1997, S. 20.

Strukturen."[38] Für Deutschland haben sich allerdings nach der Wiedervereinigung die Handlungsmöglichkeiten nicht grundlegend geändert. Die BRD bleibt in ihren Handlungsmöglichkeiten auf Integration und Multilateralität festgelegt. Die Einbindung in internationale Organisationen gab der Bundesrepublik die Chance zu beweisen, dass sie Willens ist, sich in einem friedlichen System einzugliedern. In Übereinstimmung mit der UN-Charta bestimmt das Grundgesetz in Artikel 24, dass sich die BRD zur Wahrung des Friedens in ein System gegenseitiger kollektiver Sicherheit einordnen kann. Und in der Präambel des Grundgesetzes wird das Ziel ausgegeben, „als gleichberechtigtes Glied in einem vereinten Europa dem Frieden der Welt zu dienen."
Die Einbindung in internationale Organisationen stellt neben dem Grundgesetz und geschichtlichen Erfahrungen den normativen Rahmen für die Außenpolitik. So ist gerade in den ersten Jahren der Bundesrepublik eine starke Orientierung der deutschen Außenpolitik an den Bündnispartnern zu beobachten. So stellt das Weißbuch zur Sicherheit der Bundesrepublik fest:

> Kern deutscher Sicherheitspolitik ist eine feste und tiefe Freundschaft und enge Zusammenarbeit mit unseren Verbündeten. [...] Die Bündnisse bleiben das Fundament deutscher Sicherheitsvorsorge auch in der Zukunft.[39]

Betrachtet man also den Verlauf der Entwicklung der außenpolitischen Rollenentfaltung der Bundesrepublik, können drei Hauptphasen unterschieden werden: Die Phase der dezidierten Westbindung der Bundesrepublik unter dem Vorzeichen des Kalten Kriegs, die Phase der „neuen" Ostpolitik (Westbindung plus Ostverbindungen) unter dem Vorzeichen der Détente und die Phase der Vereinigung der beiden deutschen Staaten unter dem Vorzeichen der Beendigung des Ost-West-Konflikts.[40] Heute befindet sich die BRD in einer vierten Phase. Denn nach der Wiedervereinigung Deutschlands ist der Gegensatz von Staatsräson, also dem Primat der Westbindung der Außenpolitik, und dem nationalen Interesse, also der Wiedererlangung der Einheit, aufgehoben.[41] Im wiedervereinigten Deutschland „geht es nicht mehr um eine Balance zwischen nationalem Interesse und Staatsräson, sondern um das Verhältnis von Nation und Integration."[42] Durch die Wiedervereinigung und die Erlangung der vollständigen Souveränität kam es zu keinem Bruch in der deutschen Politik. Allerdings steht nicht mehr die Balance zwischen West und Ost im Zentrum der Politik, sondern die Suche

---

38 Niedhart (1997), S. 22.
39 Weißbuch 1994. Weißbuch zur Sicherheit der Bundesrepublik Deutschland und zur Lage und Zukunft der Bundeswehr, Hrsg.: Bundesministerium der Verteidigung, Bonn, 1994, S. 43.
40 Niedhart (1997), S. 17.
41 Vgl.: Hacke, Christian: Die Bedeutung des nationalen Interesses für die Außenpolitik der Bundesrepublik Deutschland, in: Aus Politik und Zeitgeschichte, B1-2, 1997, S. 5.
42 Hacke (1997), S. 5.

nach der richtigen Balance zwischen Nation und Integration.[43] So stellt sich heute für Deutschland die Frage, ob und inwieweit die neu erlangten Kompetenzen und der Spielraum in der Gestaltung der Außenpolitik genutzt werden sollen. Die Jahre nach der Wiedervereinigung zeigen, dass das Kontinuum der deutschen Politik die Integration im Rahmen der EU ist. Dies wird bereits durch eine nach der Wiedervereinigung neu aufgenommene Formulierung in das Grundgesetz deutlich. Hier heißt es in Art. 23 Abs. 1:

> Zur Verwirklichung eines vereinten Europas wirkt die Bundesrepublik Deutschland bei der Entwicklung der Europäischen Union mit, die demokratischen, rechtsstaatlichen, sozialen und föderativen Grundsätzen und dem Grundsatz der Subsidiarität verpflichtet ist und einen diesem Grundgesetz im wesentlichen vergleichbaren Grundrechtsschutz gewährleistet. [...]

Dieses unumstrittene Verfassungsgebot verdeutlicht die Selbstverständlichkeit, mit der deutsche Politik multilateral, eingebettet in internationale Strukturen und Organisationen, stattfindet. Speziell die EU nimmt für die Gestaltung der deutschen Politik eine besondere Stellung ein und auch nach der Wiedervereinigung treibt die Bundesrepublik eine Stärkung der europäischen Institutionen voran. Die hohe Akzeptanz dieser Politik bei der deutschen Bevölkerung ist eng mit den positiven Erfahrungen dieser Politik verbunden, die für politische Stabilität und wirtschaftliches Wachstum steht. Die Einbindung in internationale Organisationen war wie dargestellt die Voraussetzung für die Gewinnung politischen Handlungsspielraums und der staatlichen Souveränität. Zudem war diese Politik auch eine zentrale Voraussetzung für den wirtschaftlichen Aufschwung. Speziell die europäische Integration und das Binnenmarktprojekt kamen dem wirtschaftlichen Aufschwung zu Gute. Gerade das Wirtschaftswunder und die schnelle Erlangung eines überdurchschnittlichen Lebensstandards waren Ereignisse, die zur schnellen Identifizierung mit der Bundesrepublik und der Schaffung einer nationalen Identität beitrugen. Da die Außenpolitik der jungen Bundesrepublik die Voraussetzung für diesen wirtschaftlichen Erfolg war und die Deutschen nach dem Zweiten Weltkrieg auf praktisch keine demokratischen Institutionen und leitende nationale Identität zurückgreifen konnten, ist es nicht verwunderlich, dass sich in der BRD wie in keinem anderen Staat nach 1945 eine nationale Identität bildete, die in hohem Maß mit der sich parallel entwickelnden europäischen Identität verknüpft ist. So wird am Beispiel der Bundesrepublik deutlich, dass die Ausprägung verschiedener Identitäten kein Nullsummenspiel ist. Eine stark ausgeprägte nationale oder europäische Identität bedeutet nicht automatisch, dass die jeweils andere Identität schwach ausgeprägt sein muss.
Die Verknüpfung der nationalen mit der europäischen Identität ist vor allem bei den Bürgern der Bundesrepublik ausgeprägt, die nach 1945 sozialisiert wurden. Dass die europäische Identität vor allem bei jungen Menschen der Bundesrepu-

[43] Vgl.: Hacke (1997), S. 5.

blik ausgeprägt ist, belegt eine vergleichende Studie der International University Bremen. Während sich in der Bundesrepublik 63,5% der Befragten stark, beziehungsweise sehr stark, mit Europa verbunden fühlen, rangiert das Verbundenheitsgefühl mit Europa bei den britischen Befragten bei nur 28,8%. Doch in der Bundesrepublik ist nicht nur die europäische Identität sehr stark ausgebildet. Auch der Vergleich der nationalen mit der europäischen Identität offenbart deutliche Unterschiede. Während in der Bundesrepublik das nationale und das europäische Identitätsgefühl beinahe identisch sind (63,5% vs. 64,5%), ist in Großbritannien das nationale Identitätsgefühl weitaus stärker als das europäische Identitätsgefühl (75,0% vs. 28,8%).[44] Die Verknüpfung der nationalen mit der europäischen Identität der Deutschen wird auch angesichts der Korrelation zwischen Währungsstolz auf die D-Mark und der Einstellung zum Euro von -.18 deutlich, was ausdrückt, dass diese beiden Variablen nur in geringem Maß linear voneinander abhängig sind. So steht der D-Mark-Stolz einer positiven Beurteilung des Euro nicht entgegen, da die Verknüpfung der nationalen mit der europäischen Identität eine positive Beurteilung beider Währungen zulässt und keine negative Beurteilung fördert, die mit den jeweiligen Identitäten begründbar wäre. Das gilt für beide Geschlechter, alle alters- und soziale Schichten.[45] Dies ist umso beachtlicher, wenn man sich vor Augen führt, dass die D-Mark eines der zentralen deutschen Symbole darstellt und der Stolz auf die nationale Währung im europäischen Vergleich in Deutschland besonders ausgeprägt ist.

2.2 Norm-Entrepreneure im Zusammenhang eines deutschen Beitritts zur Währungsunion

2.2.1 Vermutungen über das Vorgehen der Norm-Entrepreneure

Ein Norm-Entrepreneur hat das Ziel, eine bestimmte Policy zu erhalten oder zu implementieren. Ihm ist bewusst, dass der Erhalt oder die Implementierung dieser Policy vom bestehenden Normgefüge stark beeinflusst ist. Entsprechend führt er einen gezielten Diskurs um so mittels Framing, durch Überzeugungsarbeit und durch das Erzielen von Lerneffekten eine bestimmte Norm zu etablieren oder zu festigen. Wichtig ist dabei das vorhandene Normgefüge und die verschiedenen Identitäten der anzusprechenden Gruppen, denn sie bilden den Rahmen für das Agieren des Norm-Entrepreneurs. Ein Beitritt der Bundesrepublik zur Währungsunion berührt vor allem die nationale und die europäische Identität der Deutschen. Die Bundesrepublik stellt insofern einen besonderen Fall dar, da sich nach 1945 die nationale und die europäische Identität der Deutschen paral-

44 Vgl.: Beck, Kristin: Junge Deutsche zwischen nationaler und europäischer Identität, Informationsdienst Wissenschaft, 11. August 2003 (http://idw-online.de/).

45 Vgl.: Müller-Peters (2001), S. 178.

lel entwickelten und diese miteinander verknüpft sind. Ein Norm-Entrepreneur kann für seine Argumentation folglich diese Verknüpfung nutzen. Wenn aber seine Argumentation mit der europäischen oder der nationalen Identität opponiert, dann befindet er sich auch automatisch zumindest teilweise in Opposition zur jeweils anderen Identität. Entsprechend schwer ist es für einen Norm-Entrepreneur, sich für eine Policy einzusetzen, die im Widerspruch zu den bestehenden Identitäten steht.

Im Gegensatz zu den Briten ist für die Deutschen speziell eine Abgabe nationaler Souveränität an die Europäische Union mit der nationalen Identität vereinbar. Zudem steht die in der Bundesrepublik stark ausgeprägte europäische Identität einer gemeinsamen europäischen Währung nicht entgegen. Diese stark ausgeprägte europäische Identität ist für einen Norm-Entrepreneur, der sich für den Euro einsetzt, von großer Wichtigkeit, da die D-Mark für die Deutschen vor allem ein Medium der gemeinsamen positiven monetären Erfahrungen nach dem Zweiten Weltkrieg ist, das als Vertrauen gebendes nationales Symbol wirkt und so nur schwer durch eine neue Währung zu ersetzen ist.

Norm-Entrepreneure, die sich gegen die Einführung des Euro einsetzen, können das hohe Vertrauen der Deutschen in die D-Mark und die besondere symbolische Funktion der D-Mark in ihrer Argumentation gegen den Euro nutzen. Speziell der symbolische Gehalt der D-Mark als Garant für den wirtschaftlichen Aufschwung und Stabilität bietet eine starke Basis für eine ablehnende Haltung gegenüber dem Euro. Eine feste Verknüpfung der D-Mark mit wirtschaftlichem Wohlstand bietet entsprechend für einen Norm-Entrepreneur die Option, den Euro als unstabile Währung darzustellen, die nicht den selben wirtschaftlichen Wohlstand wie die D-Mark garantiert. Im Falle dieser Argumentation wird die Verknüpfung der D-Mark mit wirtschaftlichem Aufschwung und Stabilität gestärkt, während entsprechend der Euro mit Inflation und wirtschaftlichem Niedergang verbunden wird. Ein möglicher Frame, den Norm-Entrepreneure in diesem Fall als Argumentationsbasis für ihr Agieren nutzen können, drückt die Sorge aus, dass der Euro nicht so stabil wie die D-Mark sein könnte. Dieser Frame wird als 3%-Frame bezeichnet, da sich Diskussionen um die Stabilität des Euro vorwiegend auf das 3%-Kriterium für die Verschuldung der Euro-Staaten beziehen und symbolisch für die Debatte um die Stabilität der neuen Währung stehen. Ein weiterer Frame, den ein Norm-Entrepreneur nutzen kann, der sich gegen die Einführung des Euro einsetzt, bezieht sich auf die Skepsis gegenüber der europäischen Bürokratie. So bietet der EU-Bürokratie-Frame eine Argumentationsbasis, um auf die Zuständigkeit der EU und vor allem der Europäischen Zentralbank für den Euro aufmerksam zu machen. Eine Argumentation, die sich auf den EU-Bürokratie-Frame bezieht, zielt vor allem darauf ab, die europäischen Institutionen als weniger verlässlich als die bundesdeutschen und vor allem als die Bundesbank darzustellen. Allerdings steht dieser Frame teilweise in Opposi-

tion mit der bei den Deutschen stark ausgeprägten europäischen Identität, was eine Nutzung dieses Frames für die Gegner des Euro einschränkt.
Für einen Norm-Entrepreneur, der sich für die Einführung des Euro ausspricht, stellt der symbolische Gehalt der D-Mark als Garant für wirtschaftlichen Aufschwung und Stabilität ein Hindernis in seiner Argumentation dar. Entsprechend wird ein solcher Norm-Entrepreneur versuchen, den positiven symbolischen Gehalt der D-Mark auf den Euro zu übertragen. Der Frame, der hier als Argumentationshintergrund dienen kann, wird als Euro=DM-Frame bezeichnet. Speziell die Gestaltung der Europäischen Zentralbank nach dem Vorbild der Bundesbank sowie die Stabilitätskriterien der gemeinsamen Währung bieten für diese Argumentation eine wertvolle Stütze um die Eigenschaften, die der D-Mark zugesprochen werden, auf den Euro zu übertragen. Ein weiterer Frame, auf den ein Norm-Entrepreneur, der sich für die Einführung des Euro einsetzt, seine Argumentation aufbauen kann, basiert auf der stark ausgeprägten europäischen Identität. Die Abgabe von Souveränität an eine supranationale EU wird von den Deutschen nicht automatisch als bedrohlich empfunden, wie dies bei den meisten anderen europäischen Nationen der Fall ist. So ist die EU als politischer Garant für Frieden in Deutschland anerkannt und die Integration Europas sogar mit der Gewinnung eigener Handlungsoptionen verbunden. Zudem hat die Bundesrepublik bisher auch wirtschaftlich von der Integration profitiert. Entsprechend bietet der EU-Frame, der auf der europäischen Identität der Deutschen beruht, für einen Norm-Entrepreneur eine geeignete Argumentationsbasis, um sich für den Euro einzusetzen. Als weitere Argumentationsbasis für diese Norm-Entrepreneur bietet sich auch der Logik-globaler-Märkte-Frame an. Ein Aufbau der Argumentation auf diesen Frame ist geeignet, um auf die Auswirkung globaler Märkte auf Nationalstaaten hinzuweisen und um die ökonomischen Vorteile einer gemeinsamen Währung zu belegen. Dabei werden keine komplexen wirtschaftswissenschaftlichen Zusammenhänge bemüht, sondern auf einfache ökonomische Vorteile für die nationale Wirtschaft verwiesen. Eine Argumentation, die auf diesem Frame aufbaut, ist besonders geeignet, Lerneffekte durch sachlich fundierte Überzeugungsarbeit zu erzielen. Diese können dann zu Verbesserungslernen oder Veränderungslernen, also der Akzeptanz für eine neue Definition politischer Ziele führen.
Speziell die Verknüpfung verschiedener Frames scheint im Fall der Bundesrepublik eine sinnvolle Strategie zu sein. Denn so kann ein Norm-Entrepreneur einen komplexen Argumentationsrahmen schaffen, der einem opponierenden Norm-Entrepreneur die Argumentationsbasis nimmt.

2.3 Auswertung des Agierens der Norm-Entrepreneure

Im Folgenden wird das Wirken verschiedener Norm-Entrepreneure im Zusammenhang mit dem deutschen Beitritt zur Währungsunion ausgewertet. Untersucht wurde der Zeitraum vom 1. Januar 1997 bis einschließlich 2000. Zwar wurde die Währungsunion schon früher thematisiert, sie fand aber in der Öffentlichkeit kaum Aufmerksamkeit. Erst der Gipfel in Dublin im Dezember 1996, bei dem sich der Europäische Rat auf die Grundsätze und Hauptbestandteile des Stabilitäts- und Wachstumspaktes zur Gewährleistung der Haushaltsdisziplin in der WWU einigte, rückte die Währungsunion in den Fokus aller politischen Akteure und der Medien. Nach der aktuellen Stunde im März 1997, bei der sich der Bundestag für die Vollendung der europäischen Währungsunion aussprach, beherrschte die Währungsunion die bundespolitische Agenda. Zwar war nach 1999 die Währungsunion schon beschlossen, aber die Debatte um Vor- und Nachteile einer Währungsunion wurden bis in das Jahr 2000 geführt und die Akteure, die sich vehement für die Einführung aussprachen, warben bis zu diesem Zeitpunkt um eine mehrheitliche Zustimmung der Bevölkerung.
Die Auswahl der zu analysierenden Akteure erfolgt zum einen bedingt durch die Thematik: Ein möglicher Beitritt zur Währungsunion betrifft vor allem Wirtschaftsakteure wie die Gewerkschaften und die Arbeitgeber, die entsprechend untersucht werden müssen. Zum anderen werden Akteure wie Parteien oder die Regierung untersucht, die sich institutionell mit der Währungsunion befassen und als Norm-Entrepreneur tätig werden können. So werden die Parteien nicht wie von der Parteienherrschaftstheorie auf Grund ihres institutionellen und inhaltlichen Einflusses auf die Gestaltung von Policy untersucht. Vielmehr steht ihr Wirken als Norm-Entrepreneur im Zentrum des Interesses. Die Auswertung der Parteien beschränkt sich auf die CDU/CSU und die SPD, da die kleinen Parteien und ihre Position kaum wahrgenommen wurden und ihnen somit als Norm-Entrepreneur keine relevante Funktion zukam. Allerdings sind die Positionen der kleinen Parteien in der Analyse des Bundestags enthalten. Zudem werden zentrale Printmedien untersucht, denen eine besondere Rolle als Norm-Entrepreneur zukommt. Diese Akteure erfüllen alle Anforderungen an einen Norm-Entrepreneur: Man kann davon ausgehen, dass sie die Wirkung von Normen kennen. Sie können über einen ausreichend langen Zeitraum agieren und sie verfügen über die entsprechenden Mittel um als Norm-Entrepreneur tätig zu werden.
Dabei ist eine getrennte Untersuchung der Akteure nicht immer einfach. So ist zum Beispiel der Bundestag als wichtige Institution als Norm-Entrepreneur tätig, gleichzeitig dient er aber auch als Forum für die Argumentation von Parteien und Politikern. Auch die Medien sind nicht nur als selbstständiger Norm-Entrepreneur tätig, sondern dienen zum Beispiel im Rahmen von Interviews

oder durch ihre Berichterstattung auch als Medium anderer Norm-Entrepreneure.
Im Folgenden werden der Bundestag, die CDU, die SPD, die Bundesbank, verschiedene Interessengruppen und die Presse ausführlich untersucht. Im Zentrum des Interesses steht, ob diese Akteure als Norm-Entrepreneure aktiv werden und welche Methoden und Argumente sie verwenden um Normen zu stärken, Normen in einen neuen Zusammenhang zu setzen oder eine neue Norm zu implementieren. Die Positionen der untersuchten Artikel und Statements werden in die drei Kategorien „positiv", „neutral" und „kritisch gegenüber der Währungsunion" eingeteilt und jeweils verschiedenen Frames zugeordnet, die ihnen als Interpretationsbasis zugrunde liegen. Diese Unterscheidung erfolgt unter der Berücksichtigung der gewählten Argumentation, der Verknüpfung mit anderen Themen und der verwendeten Schlagwörter (vgl. Kap. II.3).
Positive Quellen und Diskurse betonen die Chancen einer gemeinsamen europäischen Währung. Sie verweisen auf die wohlfahrtsteigernden Effekte des Euro und der europäischen Integration. Dabei beziehen sie sowohl die bisherigen Vorteile der europäischen Integration für die Bundesrepublik, als auch die erwarteten Vorteile, die mit einer gemeinsamen Währung verbunden sind, in ihre Argumentation ein.
Neutrale Quellen, die in erster Linie bei der Analyse der Presse zu finden sind, informieren nur sehr knapp – ohne zu werten – über einen Sachverhalt oder sie klären ausgewogen über die Vor- und Nachteile beziehungsweise Chancen und Risiken auf, die mit der Einführung des Euro verbunden sind. Diese Quellen tragen entsprechend beim Empfänger zu keiner Positionierung gegenüber einer neuen Policy bei.
Kritische Quellen und Diskurse betonen die Nachteile und Risiken einer gemeinsamen Währung. Beispielsweise verweisen sie auf die negativen Effekte eines Verlustes der nationalen Souveränität bezüglich der Währung.
Dabei weist diese Einteilung die Problematik auf, dass die untersuchten Artikel und Statements nicht zwangsläufig diesen Kategorien zugewiesen werden können. Speziell bei einer Zuordnung in die Kategorie „neutral" ist auch eine leichte Abweichung der Position in die Kategorie „positiv" oder „kritisch" möglich, die allerdings nicht eindeutig genug ist, um den entsprechenden Fall der entsprechenden Kategorie zuzuordnen. In der Untersuchung werden solche Fälle berücksichtigt, da ihr häufiges Auftreten mit einer wiederholten leichten positiven oder kritischen Konnotation durchaus einen Einfluss auf die Gestaltung einer Norm haben kann.

2.3.1 Der Bundestag

Dem Bundestag kommt als Norm-Entrepreneur eine besondere Rolle zu. Er ist eine zentrale Institution des politischen Systems, der Vertrauen entgegen gebracht wird. Zudem ist er ein Forum, indem Diskurse stattfinden. Bei der Untersuchung des Wirkens des Bundestags als Norm-Entrepreneur wird der Bundestag als geschlossener Akteur betrachtet, die Ergebnisse werden als aggregierte Daten dargestellt, in denen die Positionen der einzelnen Parteien und Politiker aufgehen.
Im Bundestag treffen die verschiedenen Parteien aufeinander, die im Bundestag vorgebrachten Stellungnahmen finden in den Medien ein entsprechendes Echo. Untersucht wurden alle 220 Redebeiträge, die zum Thema „Währungsunion" in den Jahren von 1997 bis 2000 im Bundestag gehalten wurden.

Abbildung 14 Beiträge im Bundestag

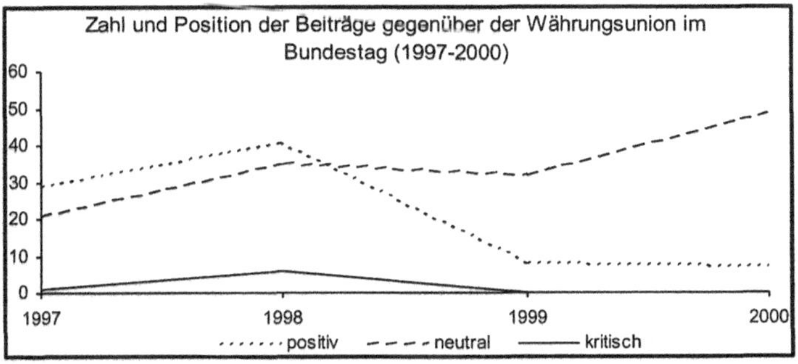

Mehr als die Hälfte (58,2%) der untersuchten Beiträge nehmen gegenüber dem Euro eine neutrale Position ein, wobei sich die meisten neutralen Beiträge in zwei große Gruppen einteilen lassen: Der größte Teil der gegenüber dem Euro als neutral einzustufenden Beiträge befasst sich zwar mit der Einführung des Euro. Doch statt eine Position zur Währungsunion zu nehmen, nutzt der Redner seinen Auftritt um die Unterschiede seiner Partei zu den anderen zu unterstreichen. Typisch für ein solches Abweichen vom ursprünglichen Thema ist beispielsweise die Diskussion um eine Steuerreform und deren Blockade im Bundesrat. Ein solcher Beitrag beginnt mit der Einführung des Euro und schwenkt dann zu parteipolitischen Streitigkeiten um, die nicht mit der Währungsunion in Zusammenhang stehen. Diese Beiträge werden dem Parteistreit-Frame zugeordnet, der als Interpretationshintergrund die grundlegenden unterschiedlichen politischen Einstellungen der Parteien ausdrückt, wobei diese sich nicht auf die Währungsunion und die europäische Integration beziehen. Insgesamt sind 45,9% aller Beiträge diesem Frame zuzuordnen. Speziell die Beiträge, die dem Parteistreit-Frame zuzuordnen sind, haben weder das Ziel noch die Eignung, eine Position gegenüber der Euro-Einführung zu untermauern. Die zweite Gruppe der gegenüber dem Euro neutralen Beiträge ist dem Verwaltungs-Frame zuzuordnen. Diese Beiträge befassen sich mit den Anforderungen der Euro-Einführung an die Verwaltung, beispielsweise der Herstellung neuer Formulare und der Gestaltung von verschiedenen Gebühren. Einen reinen Verwaltungsbezug haben 11,8% aller Beiträge.

Abbildung 15 Framing im Bundestag

Auswertung der Beitrage der Abgeordneten und Redner des Bundestages in den Jahren 1997-2000. Die Positionen sind in die feststellbaren Frames untergliedert, die den Beiträgen als Interpretationsbasis dienen.

	Parteistreit	Verwaltung	Europ. Identität	Euro=DM	Logik glob. Märkte	-
1997						
positiv	2	-	10	8	9	-
neutral	19	2	-	-	-	-
kritisch	-	-	-	-	-	1
1998						
positiv	-	-	18	12	11	-
neutral	20	14	1	-	-	-
kritisch	-	-	-	-	-	6
1999						
positiv	1	-	5	-	2	-
neutral	23	-	-	-	-	-
kritisch	-	-	-	-	-	-
2000						
positiv	-	-	5	1	1	-
neutral	39	10	-	-	-	-
kritisch	-	-	-	-	-	-
1997-2000						
positiv	3	-	38	21	23	-
neutral	101	26	1	-	-	-
kritisch	-	-	-	-	-	7

Positiv gegenüber dem Euro sind 38,6% der Beiträge eingestellt. Diese lassen sich drei Frames zuordnen, die den meisten dieser positiven Beiträge als Interpretationshintergrund dienen. Der größte Teil der gegenüber dem Euro als positiv zu bewertenden Beiträge nutzt den europäische-Identität-Frame als Interpretationshintergrund. Diese Beiträge nutzen die bei den Deutschen stark ausgeprägte europäische Identität, um die Währungsunion mit der erfolgreichen Geschichte der Einbettung der Bundesrepublik in die EU zu verbinden. Diesem Frame sind insgesamt 44,7% der positiven Beiträge (17,3% aller Beiträge) zuzuordnen.

Dem Logik-globaler-Märkte-Frame sind 27,1% aller gegenüber dem Euro positiv eingestellten Artikel zuzuordnen. Diese Beiträge beziehen sich auf die ökonomischen Vorteile, die ein deutscher Beitritt zur Währungsunion bietet. Dabei dienen die durch Globalisierung bedingten ökonomischen Änderungen und Anforderungen als Interpretationshintergrund um die Vorteile einer gemeinsamen Währung zu verdeutlichen, wobei in der Regel auf die wichtige Rolle der export-orientierten deutschen Wirtschaft verwiesen wird. Eine Argumentation aufbauend auf dem Logik-globaler-Märkte-Frame ist vor allem geeignet, um den Adressaten zu überzeugen beziehungsweise um Lerneffekte zu erzielen. Dabei wird die starke Rolle der deutschen Exportwirtschaft mit den bisherigen positiven Effekten der Marktöffnung und den Globalisierungseffekten verknüpft.

Der dritte Frame, der sich den gegenüber dem Euro positiv eingestellten Artikeln zuordnen lässt, ist der Euro=DM-Frame. Diesem Frame sind 24,7% der positiven (9,5% aller Beiträge) zuzuordnen. Der Euro=DM-Frame baut auf dem symbolischen Gehalt der D-Mark auf, die für Stabilität und Wachstum steht. Redner, die diesen Frame für ihre Argumentation nutzen, übertragen die mit der D-Mark verbundenen Eigenschaften auf den Euro. Hier wird vor allem auf den Stabilitätspakt und die Gestaltung der EZB nach dem Vorbild der Bundesbank verwiesen.

Gegenüber der Währungsunion sind insgesamt nur 3% der Beiträge kritisch eingestellt. Diesen Beiträgen kann kein spezieller Frame zugewiesen werden, da ihnen kein nachweisbarer Interpretationshintergrund zugrunde liegt. Alle eindeutig Euro-kritischen Beiträge stammen von Abgeordneten der PDS.

Insgesamt nimmt der Bundestag als Norm-Entrepreneur eine wichtige Rolle ein. Zwar überwiegen die neutralen Beiträge die positiven, aber bei den zentralen Debatten um die Einführung des Euro bekannten sich alle Parteien bis auf die PDS zur Währungsunion und viele der als neutral bewerteten Beiträge haben eine Euro-positive Konnotation. Bei den zentralen Debatten, die auch entsprechend in den Medien ein Echo fanden, überwiegt der Anteil der positiven Beiträge den der neutralen Beiträge. Die meisten gegenüber dem Euro positiv eingestellten Beiträge, die nicht auf dem europäische-Identität-Frame aufbauen, nutzen diesen Frame dennoch in einer Verknüpfung mit dem Euro=DM-Frame oder dem Logik-globaler-Märkte-Frame. Dies verdeutlicht die zentrale Rolle, die die europäische Integration für die Bundesrepublik einnimmt. Diese Beiträge ordnen in der Regel den Euro in die historische Entwicklung der EU ein und bezeichnen die neue Währung als eine logische Fortführung der Frieden und Wohlstand bringenden europäischen Integration.

2.3.2 Helmut Kohl und die CDU/CSU

Helmut Kohl nimmt als Bundeskanzler und Vorsitzender der Regierungspartei eine besondere Rolle als Norm-Entrepreneur ein. Denn er verfügt über alle wichtigen Eigenschaften eines Norm-Entrepreneurs und ist als Regierungschef der zentrale *Policy-Maker*. Kohl, der sich während seiner Kanzlerschaft vehement für die Einführung des Euro aussprach, sieht seine Politik der Einbettung Deutschlands in ein vereinigtes Europa als die Basis für einen dauerhaften Frieden in Europa. Kohl bestimmte als Kanzler und Parteivorsitzender die Politik der CDU und verhinderte weitgehend Meinungsäußerungen in der Regierung und der Partei, die nicht mit seinen konform waren.[46] Dieses geschlossene Auftreten der CDU für den Euro stärkte das Agieren von Kohl, da sein Ansehen als vertrauensvoller Vertreter für ein vereinigtes, friedliches Europa von der eigenen Partei nicht unterminiert wurde. Aufgrund der wichtigen Funktion der D-Mark für die Deutschen war das hohe Vertrauen in den Europa-Politiker Kohl von zentraler Bedeutung. Rückblickend bekennt Kohl:

> Mir war von Anfang an klar, dass die Zustimmung der Bevölkerung zur Abschaffung der deutschen Mark zugunsten eines europäischen Geldes, das erst später EURO hieß, schwer zu gewinnen war. Denn wir dürfen nicht vergessen, wie der Weg mit der D-Mark war.[47]

Und der damalige Fraktionsvorsitzende Schäuble erklärt, dass der CDU bewusst war, dass nur mit der Persönlichkeit Kohls eine Einführung des Euro realistisch war.[48] Da Kohl die Brisanz des Themas und das politische Risiko bewusst waren, setzte er seine Argumentation für den Euro auf eine Vielzahl von Säulen und nutzte seine Position geschickt, um als Norm-Entrepreneur tätig zu werden. Denn einen Beitritt zur Währungsunion konnte die Bundesregierung zwar auch ohne die Zustimmung der Mehrheit der Bevölkerung treffen, aber im Fall einer zu großen Ablehnung hätte dies Auswirkungen auf die anstehende Wahl gehabt. Entsprechend baute Kohl seine Argumentation auf verschiedene Säulen auf. Dabei nutzte er die stark ausgeprägte europäische Identität der Deutschen. Die Entscheidung für den Euro ist für Kohl Teil der Fortführung der europäischen Integration. Er verknüpfte die politische Union mit der Währungsunion und machte deutlich, dass ein Fortschreiten der als positiv empfundenen Integration fest mit der Einführung des Euro verbunden ist. So betonte er, dass

---

46 Vgl.: Dreher, Klaus: Helmut Kohl. Leben mit Macht, Stuttgart: Deutsche Verlags-Anstalt, 1998.

47 Kohl, Helmut: Der Euro und die Zukunft Europas, in: ZEI Discussion Paper C103, 2002, S. 9.

48 Interview mit Wolfgang Schäuble im Portrait „Helmut Kohl – ein deutscher Kanzler", ausgestrahlt im Südwest Fernsehen am 11. April 2004.

> [...] die gemeinsame europäische Währung ein tragendes Element beim Bau eines stabilen und wetterfesten Hauses Europa [ist]. Sie wird das Zusammengehörigkeitsgefühl der Europäer stärken. Der Euro wird das Bewusstsein dafür fördern, dass die Völker Europas die großen Aufgaben der Zukunft nur gemeinsam lösen können.[49]

und

> Von dieser Entscheidung hängt ganz wesentlich ab, ob künftige Generationen in Deutschland und Europa dauerhaft in Frieden und Freiheit, in Wohlstand und sozialer Stabilität leben können.[50]

So verschmelzt Kohl die Entscheidung für den Euro mit der Frage von „Frieden und Freiheit im 21. Jahrhundert" und nutzt die europäische Identität als Frame für seine Argumentation für den Euro.[51] Seine Funktion als Norm-Entrepreneur wird dadurch gestärkt, dass er im Feld der europäischen Integration höchstes Vertrauen genießt.[52]

Neben der europäischen Identität als zentrale Säule der Argumentation für die Einführung des Euro nutzte Kohl auch zwei weitere Frames, die allerdings weit weniger in seine Argumentation Einzug fanden. Der Euro=DM-Frame baut auf der Funktion der D-Mark für die Deutschen auf. Diese ist Symbol der gemeinsamen monetären Erfahrungen und steht für Wachstum und Stabilität. Eine Übertragung dieser Werte auf den einzuführenden Euro kann die Angst vor dem Verlust der D-Mark mildern:

> Für die meisten Deutschen ist die D-Mark, die im Juni 50 Jahre alt wird, Symbol für 50 Jahre Frieden, 50 Jahre Freiheit und 50 Jahre Stabilität in Wohlstand. [...] Wir haben alle Vorkehrungen dafür getroffen, dass der Euro eine dauerhaft stabile Währung wird. Die Bundesregierung – und ich ganz persönlich – hat sich bei unseren Partnern in der Europäischen Union immer wieder nachdrücklich dafür eingesetzt, dass die Stabilitätskriterien des Vertrags von Maastricht nicht zur Disposition gestellt werden. Die Bundesregierung hat im Vertrag von Maastricht durchgesetzt, dass die zukünftige Europäische Zentralbank so unabhängig wie die Deutsche Bundesbank und zuallererst der Stabilität der Währung verpflichtet ist. Und wir haben erreicht, dass der Sitz der Europäischen Zentralbank nach Frankfurt gekommen ist.

---

49 Regierungserklärung von Bundeskanzler Helmut Kohl anlässlich der Debatte im Deutschen Bundestag über die Konvergenzberichte zur Teilnahme an der Europäischen Währungsunion am 2. April 1998 in Bonn.

50 Regierungserklärung von Bundeskanzler Helmut Kohl anlässlich der Debatte im Deutschen Bundestag über die Konvergenzberichte zur Teilnahme an der Europäischen Währungsunion am 2. April 1998 in Bonn.

51 Vgl. z.B.: Der Spiegel 8/97, S. 22 und Rede von Helmut Kohl am 12. November 2003 in Mailand sowie Juncker, Jean-Claude: Ein großes Stück Europa. Eine Währung als Friedensmittel, PM 387, Februar 2002, Konrad-Adenauer-Stiftung.

52 74% der Deutschen glauben, dass Helmut Kohl der Politiker ist, der die europäische Einigung am ehesten voran bringt. Im Politikfeld „Europa" bekommt Kohl im Vergleich zu anderen Politikfeldern die mit Abstand höchste Kompetenz zugesprochen. (Vgl.: Umfrage in Der Spiegel 13/98, S. 25).

> Der Name Frankfurt steht dank der Arbeit der Bundesbank weit über die Grenzen unseres Landes hinaus für Stabilität und Solidität. [...] Die Erfolgsgeschichte der D-Mark geht daher mit dem Wechsel zum Euro auf europäischer Ebene weiter. Mit dem Euro sichern wir die Werte, die die D-Mark zum Inbegriff von Stabilität und Vertrauen gemacht haben.[53]

und

> Die Vorzüge, die wir mit der D-Mark erarbeitet haben und an der D-Mark – zu Recht – schätzen, gehen nicht verloren. Sie werden in ein größeres Ganzes zum Vorteil Deutschlands und zum Vorteil Europas eingebracht.[54]

Der dritte von Kohl genutzte Frame ist der Logik-globaler-Märkte-Frame. Dieser Frame als Interpretationshintergrund verdeutlicht die Notwendigkeit, Antworten auf neue wirtschaftliche Gegebenheiten zu finden. So ist dieser Frame geeignet, bei der Bevölkerung Lerneffekte zu erzielen und die wirtschaftlichen Vorteile einer gemeinsamen Währung zu vermitteln:

> Der Euro schafft mit flexibleren Güter-, Arbeits- und Kapitalmärkten mehr Wettbewerb, damit Wachstumschancen und damit die Voraussetzungen für sichere Arbeitsplätze in Europa. Er wird eine dauerhaft stabile Währung sein. Hierfür sind die notwendigen Voraussetzungen gegeben.[55]

und

> Die zunehmende Globalisierung der Märkte und ein immer schärferer weltweiter Standortwettbewerb zwischen Ländern und Regionen um Investoren und Arbeitsplätze erfordern dringend ein gemeinsames Handeln der Europäer. Die Einführung des Euro ist eine zwingende Notwendigkeit. Sie liegt im ureigensten deutschen Interesse.[56]

Andere führende Unionspolitiker wie der Vorsitzende der CDU/CSU-Fraktion Wolfgang Schäuble bauten ihre Argumentation auf den selben Frames auf, wie Helmut Kohl. Allerdings setzten sie nicht die europäische Identität in das Zentrum ihrer Argumentation, sondern nutzten vielmehr den Euro=DM-Frame und den Logik-globaler-Märkte-Frame um den Zuspruch für den Euro zu erhöhen.[57]

---

[53] Regierungserklärung von Bundeskanzler Helmut Kohl anlässlich der Debatte im Deutschen Bundestag über die Konvergenzberichte zur Teilnahme an der Europäischen Währungsunion am 2. April 1998 im Bundestag.

[54] Rede von Bundeskanzler Helmut Kohl am 23. April 1998 im Bundestag.

[55] Beschluss der deutschen Bundesregierung zum Teilnehmerkreis der Europäischen Wirtschafts- und Währungsunion vom 27. März 1998.

[56] Regierungserklärung von Bundeskanzler Helmut Kohl anlässlich der Debatte im Deutschen Bundestag über die Konvergenzberichte zur Teilnahme an der Europäischen Währungsunion am 2. April 1998 im Bundestag.

[57] Vgl. z.B.: Homepage der CDU (www.cdu.de). Interviews mit Wolfgang Schäuble in Der Spiegel 1/97, S. 24-29 und Der Spiegel 14/98, S. 30-21.

Auch der Bundesfinanzminister und Vorsitzende der CSU, Theo Waigel, nutzt diese drei Frames in seiner Argumentation für den Euro, wobei bei ihm der Euro=DM-Frame die zentrale Rolle einnahm. Mit Blick auf die Stabilität der neuen Währung betonte er im April 1997 auf einem CSU-Kongreß in Fürth seine Auffassung von einer klaren Definition des Kriteriums, dass ein Haushaltsdefizit von mehr als 3,0 Prozent des BIP nicht zum Eintritt in die Währungsunion ausreichen werde mit den Worten: „Drei ist 3,0". Diese Definition wiederholte Waigel in der Folge gebetsmühlenartig. Dabei verwies er auf die Stabilität der neuen Währung, die die Einhaltung dieser Kriterien und die Unabhängigkeit der Europäischen Zentralbank garantieren.[58] Der Gipfel von Amsterdam und die Verabschiedung des Stabilitätspakts wurden von Waigel entsprechend hervorgehoben:

> Dieser Stabilitäts- und Wachstumspakt ist ohne jeden Abstrich so verabschiedet worden, wie ihn die Finanzminister vorbereitet hatten. Auf der EU-Ebene haben wir somit das Notwendigste getan, damit die Haushaltsdisziplin auf Dauer gesichert wird. Es wird keinen weichen Euro geben.[59]

In dieser Argumentation wurde Waigel vom Chef der Landesgruppe der CSU unterstützt. So verwies auch Glos auf die Notwendigkeit der Einhaltung der Defizitkriterien und betonte:

> [...] für mich ist der Euro die D-Mark unter einem anderen Namen.[60]

Allerdings gab es auch innerhalb der Unionsparteien Akteure, die sich gegen die Einführung des Euro aussprachen. Die prominentesten Kritiker des Euro waren der bayerische Ministerpräsident Stoiber und der sächsische Ministerpräsident Biedenkopf. Ihre Kritik an der Einführung des Euro bezog sich nicht auf eine grundsätzliche Ablehnung einer gemeinsamen europäischen Währung, sondern auf den Zeitpunkt, der ihnen als zu früh erschien. Die Kritik dieser beiden Unionspolitiker baute auf dem 3-Prozent-Frame auf, der als Argumentationshintergrund für die Debatte um die Stabilität der neuen Währung genutzt wird und dem Euro=DM-Frame gegenübersteht.[61] Allerdings war diese Kritik nicht durch eine grundsätzliche Aversion gegen Europa bestimmt, sondern war vielmehr mit persönlichen politischen Ambitionen begründet.[62] Da diesen beiden Ministerpräsidenten bundesweit weniger Aufmerksamkeit als einem Bundespolitiker entge-

---

[58] Vgl. z.B.: Die Welt, Hart oder Weich?, am 10. 3. 1997, Interview mit Theo Waigel in Der Spiegel 13/97, S. 25-28, 14/98, S. 104-105, Rede im Deutschen Bundestag anlässlich der Debatte über den Euro am 6. Mai 1998.

[59] Rede des Bundes Finanzministers Theo Waigel am 5. März 1998 im Bundestag.

[60] Interview mit Michael Glos in: Der Spiegel 1/98, S. 38.

[61] Vgl. z.B.: Interviews mit Edmund Stoiber in: Der Spiegel 97/7, S. 31-33 und Der Spiegel 42/97, S. 26-29 und Interview mit Kurt Biedenkopf, in: Der Spiegel 31/97, S. 35-38.

[62] Vgl.: Clough, Patricia: Helmut Kohl. Ein Portrait der Macht, München: Deutscher Taschenbuchverlag, 1998, S. 261-262.

genkommt und sie sich zudem trotz ihrer Kritik in einem gewissen Rahmen der Parteidisziplin unterordneten, ist ihre Rolle als erfolgreicher Norm-Entrepreneur zu hinterfragen. Dies wird vor allem in der Berichterstattung über die Kritik der beiden Ministerpräsidenten am Euro deutlich. So greifen die Medien in ihrer Berichterstattung zwar auch die Argumente der beiden auf, rücken diese Kritik dann aber oft in einen völlig anderen Zusammenhang, nämlich in die Debatte um den Reformstau der Regierung Kohl und die Frage der Kanzlerkandidatur. Zwar ging die Bundestagswahl 1998 für die CDU verloren, das Wahlergebnis wird aber nicht mit der Einführung des Euro in Verbindung gebracht.[63]

2.3.3 Die SPD

Die SPD unterstützt wie die Unionsparteien die europäische Integration. Diese gilt auch für die Währungsunion. Vor allem der Parteivorsitzende Oskar Lafontaine trat vehement für die Einführung des Euro ein. Seine Argumentation baute in erster Linie auf der europäischen Identität auf und war damit deckungsgleich mit der des Kanzlers Kohl:

> Die Europäische Währungsunion ist eine historische Chance für unser Land und Europa. Sie ist eine Chance für die politische Einigung Europas in Frieden und Freiheit. Sie ist eine Chance für neue Arbeit und neuen Wohlstand in Deutschland und in der gesamten Europäischen Union.[64]

Und wie Helmut Kohl baute auch Lafontaine seine Argumentation nicht nur auf der europäischen Identität auf, sondern führte ebenso die ökonomischen Vorteile einer gemeinsamen Währung unter dem Einfluss globaler Märkte an. Oft verknüpfte er auch diese beiden Aspekte:

> Die Europäische Wirtschafts- und Währungsunion ist eine historische Chance für Europa. Sie verbessert die wirtschaftlichen Rahmenbedingungen und gibt uns auf europäischer Ebene Politikinstrumente zurück, die wir auf nationaler Ebene unter dem Druck der Globalisierung schon lange verloren haben.[65]

Allerdings tut sich im Vergleich der Argumentation von Helmut Kohl und Oskar Lafontaine auch ein Unterschied auf. Lafontaine nutzte den Vergleich der D-Mark mit dem Euro, also den Euro=DM-Frame in weit geringerem Maß als der Kanzler. Zudem betont Lafontaine die Möglichkeit im Rahmen der EU poli-

---

[63] Vgl.: Hilmer, Richard: Ein Ruck ging durchs Land – Analyse der Wahl, in: Oberreuter, Heinrich (Hrsg.): Umbruch '98: Wähler, Parteien, Kommunikation, München: Olzog, 2001, S. 59-80.

[64] Oskar Lafontaine vor dem Deutschen Bundestag am 2. April 1998.

[65] Lafontaine, Oskar: Eine historische Chance für Europa, in: Jörges, Hans-Ulrich (Hrsg.): Der Kampf um den Euro. Wie riskant ist die Währungsunion?, Hamburg: Campe, 1998, S. 227.

tische Steuerungsmöglichkeiten zu erlangen, die einzelne Staaten nicht wahrnehmen können.
In seiner Argumentation wurde der Parteivorsitzende Lafontaine von seiner Partei unterstützt. Der einzige prominente SPD-Politiker, der sich gegen die Einführung des Euro aussprach, war der niedersächsische Ministerpräsident Gerhard Schröder. Er nutzte die Debatte um sich als Gegenpol zu Helmut Kohl darzustellen:

> Wenn die Bedingungen stimmen und der Kreis der Teilnehmer vernünftig festgelegt wird, dann kann man das Wagnis mit dem Euro zum 1. Januar 1999 eingehen. Wenn nicht, dann darf es nicht sein. Dann sage ich [...]: Lasst die Finger davon, verschiebt das Ganze. Anders als für Helmut Kohl ist das Ganze für mich keine Frage von Krieg und Frieden in Europa.[66]

Die Argumentation Schröders gegen den Euro, in der er vor einer schwachen Währung warnte, basiert auf dem 3%-Frame. So betonte er, dass die neue Währung nicht die Stabilität der D-Mark erreichen werde und auch Staaten, die das 3-Prozent-Kriterium nicht erfüllen, an der Währungsunion teilhaben werden. In diesem Zusammenhang sprach er in der Bild-Zeitung auch vom Euro als eine „schwächelnde Frühgeburt“. Diese Argumentation ergänzte er mit Aussagen, wie dass der Euro zu Lohndumping, Wanderarbeitern und dem Verlust von Arbeitsplätzen führen werde. Diese Position Schröders fand in der Öffentlichkeit große Aufmerksamkeit sowie ein großes Medienecho und war in seiner Positionierung als möglicher SPD-Kanzlerkandidat sicher hilfreich. Für diese Position erntete er allerdings auch aus der eigenen Partei große Kritik. Lafontaine bezeichnete Schröders Aussagen als „deutschnationales Geplapper“[67] und Heide Simonis argumentierte:

> Das Exportland Deutschland kann sich keine Kampagne gegen den Euro leisten. Deshalb wird es auch keinen Kanzlerkandidaten der SPD geben, der gegen den Euro kämpft.[68]

Dass ein Europa-feindlicher Kurs zwar Aufsehen erregt, sich aber nicht zur Profilierung eignet, musste Schröder bald feststellen. Vor allem aufgrund der Tatsache, dass in der Bundesrepublik ein Europa-kritischer Kanzler undenkbar ist, da dies der ausgeprägten europäischen Identität der Deutschen widerspräche, wich Schröder schrittweise von dieser Argumentation ab:

> Ich denke gar nicht daran, mich in die Ecke des Antieuropäers drängen zu lassen. Ich fordere nicht mehr als die Einhaltung der von der Regierung selbst aufgestellten Bedingungen.[69]

---

66 Interview mit Gerhard Schröder in: „Der Spiegel“ 9/97.
67 Vgl.: Der Spiegel 9/97, S. 44.
68 Interview mit Heide Simonis in „Die Zeit“ am 12. September 1997.
69 Interview mit Gerhard Schröder in „Die Zeit“ am 18. April 1997.

So bekannte er sich nach seiner anfänglichen starken Kritik jetzt zur Währungsunion und einem starken Euro.[70] Diese Wandlung war mit seiner Rede vor dem Deutschen Bundestag am 23. April 1998 vollzogen:

> Wer die D-Mark durch eine gemeinsame europäische Währung ersetzen will, der braucht verdammt gute Gründe dafür. Er braucht sie nicht nur; er muss sie auch vermitteln können. Mein Eindruck ist, dass es diese Gründe gibt. Die Einführung der Wirtschafts- und Währungsunion zum 1. Januar 1999 ist richtig, dafür gibt es gute Gründe.[71]

Insgesamt stellte die SPD im Zusammenhang mit der Euro-Einführung keine Opposition zur CDU dar. Auch in der SPD ist die europäische Identität verankert, die europäische Integration wird grundsätzlich befürwortet. Die Argumentation für den Euro basierte auf den gleichen Frames. So bezog sich der größte Unterschied zwischen den beiden großen Parteien auf die Forderung der SPD, der Währungsunion möglichst bald auch eine gemeinsame Steuer- und Sozialpolitik folgen zu lassen. Gerhard Schröder stellte jedoch innerhalb einer relativ homogenen SPD die große Ausnahme dar, die in den Medien vor allem aufgrund seiner möglichen Kandidatur gegen Kanzler Kohl ein großes Echo fand. Allerdings nutzte er für seine Argumentation unterschiedliche Frames, was die Beurteilung seiner teilweise populistischen Argumente erschwert. Als er realisierte, dass er aufgrund seiner Euro-Kritik einen anti-europäischen Stempel aufgedrückt bekam, wich er von seiner Euro-kritischen Haltung ab und fügte sich in die Linie seiner Partei ein. Dennoch wurde er als Norm-Entrepreneur wahrgenommen, der sich gegen den Euro einsetzte. Die Erfolglosigkeit dieses Unterfangens kann auf die stark ausgeprägte europäische Identität zurückgeführt werden, die zu einer Beschädigung des Politikers Schröder im Europa-freundlichen Deutschland führte.

2.3.4 Die Bundesbank

Die Bundesbank genoss als Hüterin der Stabilität der D-Mark höchstes Vertrauen. Der Präsident der Bundesbank fühlt sich zwar traditionell einer zurückhaltenden Öffentlichkeitsarbeit verpflichtet, dennoch sind die wenigen Äußerungen der Bundesbank gegenüber der Einführung des Euro wichtig. Entsprechend gewann die Äußerung Hans Tietmeyers, die Einführung des Euro gegebenenfalls zu verschieben, große Aufmerksamkeit.[72] Während sich die Bundesbank im Hintergrund als Mahner für strikte Stabilitätskriterien und die kompromisslose Beachtung der Konvergenzkriterien einsetzte, zügelte Tietmeyer seine anfänglichen kritischen Kommentare und äußerte sich in der Folge öffentlich positiver

---

70 Vgl. z.B.: Interview mit Gerhard Schröder in „Der Spiegel" 14/98 und „Der Spiegel" 1/99.
71 Gerhard Schröder am 23. April 1998 vor dem Deutschen Bundestag.
72 Vgl.: „Die Welt" am 4. September 1997, Tietmeyer heizt Euro-Diskussion an.

gegenüber der neuen Währung, wobei seine Beiträge zur Währungsunion dem Euro=DM-Frame zuzuordnen sind:

> Die Mark geht in etwas Größerem auf. Wichtig ist, dass das Größere tatsächlich das Stabilitätserbe der Mark übernimmt. Mark und Deutsche Bundesbank haben die Grundkonstruktion der Währungsunion und des Euro entscheidend mitgeprägt.[73]

und

> Ende dieses Jahres wird die Deutsche Mark als eine hochgeschätzte Währung eingehen in eine neue, größere Währung, den Euro. Sie wird dabei ihre Stärke mitbringen. Wenn die Bundesbank dann ihre geldpolitische Zuständigkeit abgibt, so tut sie dies als eine national wie international geachtete Institution. Und niemand wird durch die Umstellung auf das neue Geld irgend etwas verlieren. Im Gegenteil! Auch die Deutschen werden bei einem stabilen Euro Gewinner sein.[74]

Vor allem die Bundesregierung befürchtete, dass sich die Bundesbank offen gegen die Einführung des Euro aussprechen könnte, was aufgrund deren Prestige und Autorität als Instanz für Währungsstabilität eine Einführung des Euro praktisch unmöglich gemacht hätte. Entsprechend wurde von der Seite der Bundesregierung mit Zufriedenheit festgestellt, dass sich die Bundesbank mit kritischen Äußerungen größtenteils zurück hielt und sich letztendlich für einen starken Euro einsetzte.[75]

Mit Blick auf die doch relativ geringe Zahl an öffentlichen Statements kann die Bundesbank kaum als wichtiger Norm-Entrepreneur gewertet werden. Ihr kommt vielmehr die Rolle eines potentiell gewichtigen Norm-Entrepreneur zu, der im Falle des Aktivwerdens einen großen Einfluss entfaltet hätte. Gleichzeitig sind aber die wenigen Statements wichtig für alle anderen Akteure, die sich für oder gegen die Währungsunion einsetzen. Denn die Bundesbank hätte vor allem im Falle einer anlehnenden Haltung gegenüber dem Euro eine sehr starke Position als Norm-Entrepreneur einnehmen können, der dem Wirken der Bundesregierung entgegen gestanden hätte.

---

73 Interview mit dem Präsidenten der Bundesbank, Hans Tietmeyer: Maßgebend ist die Stabilität, in: Der Spiegel 53/1998.

74 Rede von Hans Tietmeyer anlässlich des Festaktes „50 Jahre Deutsche Mark" in der Paulskirche in Frankfurt a.M. am 20. Juni 1998.

75 Vgl. z.B.: Eingangsstatement des Präsidenten der Deutschen Bundesbank, Hans Tietmeyer, vor dem Finanzausschuss und dem Ausschuss für die Angelegenheiten der Europäischen Union des Deutschen Bundestages am 3. April 1998 und die Wochenberichte der Bundesbank.

2.3.5 Interessengruppen

Von besonderer Relevanz sind Interessengruppen aus dem Politikfeld Ökonomie, da diese zum einen ein Interesse an der Währungsunion haben und zum anderen über Sachverstand und Prestige verfügen, was sie als Norm-Entrepreneur qualifiziert.

Die Gewerkschaften

Die deutschen Gewerkschaften sind gegenüber der europäischen Integration positiv eingestellt. Auch die Einführung des Euro wurde von ihnen unterstützt. Dabei verwiesen die Gewerkschaften vor allem auf die ökonomischen Vorteile einer Währungsunion. Speziell vom Wegfall der Wechselkursschwankungen wurde eine bessere Vergleichbarkeit der Lohnstückkosten und die Schaffung neuer Arbeitsplätze erwartet. So betonte der DGB-Vorsitzende Dieter Schulte, dass „die EWU [...] nicht nur eine Stabilitätsunion, sondern auch eine Wachstums- und Beschäftigungsunion“ sei.[76] Und der Stellvertretende Vorsitzende der IG Metall, Walter Riester, stellte fest:

> Die deutschen Gewerkschaften standen und stehen dem Ziel, ein gemeinsames Europa zu schaffen, positiv gegenüber. Dies gilt ebenso für das Projekt einer Europäischen Wirtschafts- und Währungsunion – auch unter dem Aspekt der Beschäftigungssicherung in der stark exportorientierten Wirtschaft Deutschlands.[77]

Zudem gingen die Gewerkschaften über die Forderung nach Einführung des Euro hinaus und forderten auch eine gemeinsame Sozial- und Steuerpolitik in der EU. Das Agieren der Gewerkschaften für die Einführung des Euro fand in der Öffentlichkeit nur ein geringes Echo, weshalb ihnen als Norm-Entrepreneur nur eine kleine Rolle zukam. Aber immerhin erreichten sie mit ihrer Argumentation mittels eigener Zeitschriften Teile ihrer Mitglieder. Zudem machten sie deutlich, dass die Einführung des Euro nicht geeignet ist, einen populistischen Wahlkampf zu führen. Diese Position war vor allem für Helmut Kohl wichtig, da die Gewerkschaften als eine mögliche starke Opposition gegen seine Politik in der Euro-Frage hinter ihm standen.

Die Arbeitgeberverbände

Die deutschen Arbeitgebervertreter standen wie die Gewerkschaften hinter der europäischen Integration und befürworteten auch die Einführung des Euro. Dabei waren ihnen vor allem eine stabilitätsorientierte Politik und verlässliche makroökonomische Rahmenbedingungen wichtig. Der Einsatz für diese Rahmenbedingungen erfolgte allerdings kaum in der Öffentlichkeit. Die Vorteile

---

[76] Vgl.: Handelsblatt, Silvesterausgabe, 1996/97.

[77] Riester, Walter: Arbeit schaffen – aber wo? Beschleunigt der Euro den Export von Arbeitsplätzen?, in: Jörges (1998), S. 305.

einer gemeinsamen Währung unter dem Einfluss globaler Märkte wurden aber auch von den Arbeitgeberverbänden herausgestellt. So betonte zum Beispiel der Industrielle und spätere Präsident des Bundesverbandes der Deutschen Industrie Michael Rogowski:

> Die neue Währung ist Voraussetzung für ein erfolgreiches Wirtschaften der Unternehmen auf den europäischen und globalen Märkten. Transparente Preise, der Wegfall der Wechselkursrisiken und größere Planungssicherheit eröffnen der deutschen Wirtschaft neue Möglichkeiten für Handel, Investitionen und Arbeitsplätze. Hiervon profitieren alle Bürgerinnen und Bürger unseres Landes.[78]

So ist in Bezug auf die Einführung des Euro eine seltene Übereinstimmung der Position und der Argumente von Gewerkschaften und Arbeitgeberverbänden zu beobachten. Diese Übereinstimmung trägt stark zu einer hohen Glaubwürdigkeit bei und führte dazu, dass Politiker, die sich für den Euro einsetzten, auf die Unterstützung der Verbände hinwiesen um so von deren ökonomischen Prestige zu profitieren.[79]

Die Experten

Verschiedenste Gruppen und Einzelpersonen setzten sich in der Bundesrepublik für beziehungsweise gegen die Einführung des Euro ein. Die größte Aufmerksamkeit gewann eine Gruppe von vier Professoren, die eine Klage vor dem Bundesverfassungsgericht einreichten, um die Einführung des Euro zu verhindern. Ihre umfangreiche Klageschrift veröffentlichten sie auch als Buch, um diese der Öffentlichkeit zugänglich zu machen.[80] Ihre Argumentation baute vor allem auf zwei Aspekten auf. Sie rügten eine mangelnde Konvergenz der europäischen Volkswirtschaften und das Fehlen einer Stabilitätsgemeinschaft. Dies würde in einem schwachen Euro resultieren, wobei andere Staaten auf Kosten der Bundesrepublik Gewinne erzielen würden. So machten sie in ihrer Klage ein Bürgerrecht auf Stabilität geltend. Sie gingen sogar so weit, zu argumentieren, dass die Einführung des Euro zu „Chaos und Unfrieden in Europa“ führen würde.[81] Ihre Verfassungsbeschwerde wurde am 31. März 1998 vom Bundesverfassungsgericht verworfen.

Eine weitere Gruppe von 155 Wirtschaftsexperten schloss sich dieser kritischen Haltung an und forderte im Februar 1998 eine Verschiebung der Euro-Einführung. Einer Einführung standen sie zwar grundsätzlich positiv gegenüber, aber auch sie bemängelten fehlende Konvergenz der Volkswirtschaften und den Stabilitätspakt, der keine langfristige Haushaltsdisziplin gewährleistet, da Sank-

---

[78] Handelsblatt, Silvesterausgabe, 1996/97.

[79] Vgl. z.B. die Rede von Helmut Kohl am 4. April 1999 im Bundestag.

[80] Hankel, Wilhelm / Nölling, Wilhelm / Schachtschneider, Karl A. / Starbatty, Joachim: Die Euro-Illusion, Berlin: Rowohlt, 2001.

[81] Vgl.: Spiegel 3/1998, Vier gegen den Euro.

tionen nicht automatisch in Kraft treten, weshalb sie eine Verschiebung um einige Jahre forderten.[82] Diese beiden Gruppen bauten ihre Argumentation auf komplexen ökonomischen Zusammenhängen auf, die sie nicht vor dem Hintergrund eines bestimmten Frames darstellten und so bei den Adressaten keine schnelle Zuordnung oder Beurteilung möglich machten.
Allerdings sprachen sich auch verschiedene Akteure für die Einführung des Euro aus. Die größte Aufmerksamkeit gewann eine Gruppe von 58 Wirtschaftsprofessoren, die einen „10-Punkte-Appell gegen die Euro-Skepsis" veröffentlichten. Auch sie bezogen sich in ihrer Argumentation auf die ökonomischen Aspekte einer gemeinsamen Währung, kamen aber zu einem positiven Fazit. Ihre Argumentation basierte ebenfalls auf ökonomischen Zusammenhängen und ist zumindest in Teilen dem Logik-globaler-Märkte-Frame zuzuordnen.
Insgesamt gewannen diese Gruppen zumindest jeweils kurzfristig eine hohe Aufmerksamkeit in den Medien, die aber auch schnell wieder abebbte. Dabei verfügten diese Experten über eine hohe Glaubwürdigkeit, da sie sich in ihrer Argumentation auf die ökonomischen Aspekte bezogen, einem Feld, in dem sie ausgewiesene Experten waren. Da sich aber Expertengruppen für und gegen den Euro aussprachen und dabei beide Gruppen ökonomische Argumente anführten, hob sich deren Wirken teilweise auf. Zudem waren ihre Argumente relativ komplex und nicht ohne ausreichendes Hintergrundwissen verständlich. Diese Komplexität der Argumente der Experten war auch nur bedingt für die Berichterstattung in den Medien geeignet. Und einem zur Interpretation geeigneten Frame, der eine schnelle Zuordnung der Argumente in einen bekannten Zusammenhang ermöglicht, lassen sich die komplexen juristischen und ökonomischen Zusammenhänge, die die Experten in ihren Veröffentlichungen nannten, nicht zuordnen. Dies verdeutlicht die Notwendigkeit der Einbettung einer Argumentation in einen Frame, der auch Nicht-Experten eine Interpretationsbasis bietet. Dabei ist bei der Gruppe der Euro-Befürworter immerhin der Versuch des Framing und der Gestaltung einer leicht nachvollziehbaren Argumentation im Rahmen der Aufführung der „10 Punkte" erkennbar.

2.3.6 Presse

Bei der Wahl der zu untersuchenden Zeitungen und Zeitschriften sind zwei Aspekte zu beachten. Erstens muss das zu untersuchende Medium über eine hohe Auflage verfügen, um entsprechend viele Leser anzusprechen und so als Norm-Entrepreneur tätig werden zu können. Zweitens müssen die untersuchten Medien Euro-Befürworter und Euro-Gegner umfassen um mögliche Versuche der Setzung einer Norm aus beiden Lagern analysieren zu können. Zudem darf nicht übersehen werden, dass Zeitungen nicht nur als eigenständiger Akteur tätig sind, sondern sie auch als Medium für andere Norm-Entrepreneure tätig werden. Dies

[82] Vgl.: „Euro kommt zu früh", Die Presse, 10. Februar, 1998.

kann in der Form von Interviews geschehen, die direkt die Position und Argumentation eines Norm-Entrepreneur wiedergeben. Im Fall der Berichterstattung über die Position und die Argumentation eines Norm-Entrepreneurs muss diese Berichterstattung durch die Medien nicht objektiv sein, sondern es ist auch das Einbringen einer eignen Position beziehungsweise eine positive oder kritische Kommentierung möglich.

Ausführlich untersucht wurden eine Wochenzeitschrift (Der Spiegel), eine überregionale Tageszeitung (Die Welt) und eine Boulevardzeitung (Bild-Zeitung). Diese Zeitungen decken nicht nur eine breite Leserschaft ab, sondern stellen auch das Qualitätsspektrum deutscher Zeitungen ab. Zudem flossen einzelne Artikel auflagenstarker Tageszeitungen in die Analyse ein.

Der Spiegel

Das wichtigste deutsche Wochenmagazin ist „Der Spiegel" mit einer Auflage von 1.100.000 Exemplaren. Neben der hohen Auflage ist dieses Wochenmagazin vor allem deshalb von großer Bedeutung, weil es von anderen in den Medien Tätigen gelesen und zitiert wird und ihm somit eine besondere Rolle als Multiplikator zukommt.

Insgesamt erschienen in den untersuchten Jahren 1997 bis 2000 128 Artikel zum Themenkomplex „Euro". Die Mehrzahl dieser Artikel (64,8%) ist gegenüber der Währungsunion als neutral zu beurteilen. Eine positive Einstellung gegenüber der Währungsunion drücken 24,2% der untersuchten Artikel aus, während die wenigsten (10,9%) der Artikel eine kritische Einstellung gegenüber dem Euro ausdrücken.

Abbildung 16 Beiträge in „Der Spiegel"

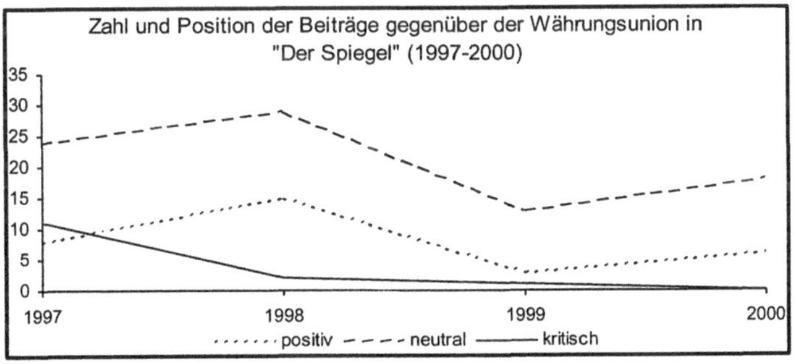

Die untersuchten Artikel bauen ihre Position auf verschiedene Frames auf, die als Argumentationsbasis dienen und so eine bestimmte Beurteilung nahe legen. Insgesamt lassen sich acht Frames identifizieren, denen die Artikel zugeordnet werden können. Den meisten Artikel (60,2%) sind keine Frames zuzuordnen, die als Interpretationsbasis dienen. Diese Artikel haben die Gemeinsamkeit, dass sie über einen Sachverhalt bezüglich der Währungsunion informieren, ohne dabei auf ein spezielles Interpretationsschema zurückzugreifen. Sie nehmen gegenüber der Währungsunion eine neutrale Position ein, sind in der Regel sehr kurz, gleichen einer Agenturmeldung und informieren nur knapp über einen Sachverhalt. Zur Schaffung einer Norm oder zur Erzielung von Lerneffekten sind diese Artikel nicht nur wegen des nichtvorhandenen Frame ungeeignet, sondern auch aufgrund ihrer Gestaltung. Die Überschriften dieser Artikel beziehen bereits keine Position zur Währungsunion, wenn diese Artikel mit Schaubildern oder Fotografien versehen sind, dann sind diese in ihrer Gestaltung unauffällig und in ihrer Größe an den knappen Artikel angepasst. Als statistische Größe wird hier der Info-Frame eingeführt, dem diese Artikel zugeordnet werden, wobei die Bezeichnung als Frame eigentlich unzutreffend ist, da der Info-Frame keinen Interpretationsrahmen bietet.

14,1% der untersuchten Artikel sind dem EU-Frame zuzuordnen. Dieser Frame basiert auf der stark ausgeprägten europäischen Identität der Deutschen. Artikel, die auf diesem Frame basieren, nutzen die positiven politischen und ökonomischen Erfahrungen, die die Deutschen mit der EU verbinden, als Interpretationsrahmen für die Einführung des Euro. Die meisten dieser Artikel (88,9%) sind gegenüber der Währungsunion positiv eingestellt, die anderen als neutral zu beurteilen.

Ein weiterer Frame, dem eine Vielzahl an Artikeln zugeordnet werden kann, ist der Logik-globaler-Märkte-Frame. Das hinter diesem Frame liegende Interpretationsschema schafft einen Bezug zwischen der Währungsunion und den ökonomischen Vorteilen der gemeinsamen Währung unter dem Einfluss globaler Märkte auf Nationalstaaten. Alle Artikel, die diesem Frame zugeordnet werden, sind entsprechend gegenüber der Währungsunion positiv eingestellt. Oft werden diese Artikel durch Schaubilder vervollständigt, die als Ergänzung zur Argumentation des Textes die positiven ökonomischen Effekte der gemeinsamen Währung deutlich machen.

Ein weiterer Frame wird als Euro=DM-Frame bezeichnet. Artikel, die auf diesem Frame basieren, bauen auf der Argumentation auf, dass der Euro ebenso stabil wird, wie die D-Mark. Als Beleg für diese Argumentation wird oft die europäische Zentralbank angeführt, die in Bezug auf ihre Unabhängigkeit die Bundesbank zum Vorbild hat. Auch die Erfüllung des Drei-Prozent-Kriteriums, also die Festlegung einer Obergrenze für die Staatverschuldung, die über die Teilnahme an der Währungsunion entscheidet, wird in diesem Zusammenhang als Beleg für die Stabilität der gemeinsamen Währung angeführt. 57,1% der Artikel, die dem Euro=DM-Frame zugeordnet werden können, sind gegenüber der Währungsunion positiv eingestellt, die anderen sind als neutral, allerdings mit leicht positiver Konnotation, einzustufen. Diese als „neutral" gewerteten Artikel mit positiver Konnotation verweisen auf die positiven Effekte einer gemeinsamen Währung, allerdings nicht ausdrücklich genug, um eine Einteilung in die Kategorie „positiv“ zuzulassen.

Abbildung 17 Framing in „Der Spiegel“

Auswertung der Positionen in Artikeln des „Der Spiegel“ zum Thema „Währungsunion“ in den Jahren 1997-2000. Die Positionen sind in die feststellbaren Frames untergliedert, die den Artikeln als Interpretationsbasis dienen.

	Info	EU	Euro=DM	3%	Logik glob. Märkte	Reformstau	EU-Bürokratie	unflexibel
1997								
positiv	-	7	1	-	-	-	-	-
neutral	17	2	3	1	-	1	-	-
kritisch	-	-	-	8	-	-	1	2
1998								
positiv	-	7	2	-	6	-	-	-
neutral	28	-	-	-	-	1	-	-
kritisch	-	-	-	2	-	-	-	-
1999								
positiv	-	1	1	-	1	-	-	-
neutral	13	-	-	-	-	-	-	-
kritisch	-	-	-	1	-	-	-	-
2000								
positiv	1	2	-	-	3	-	-	-
neutral	18	-	-	-	-	-	-	-
kritisch								
1997-2000								
positiv	1	17	4	-	10	-	-	-
neutral	76	2	3	1	-	2	-	-
kritisch	-	-	-	11	-	-	1	2

Ebenfalls auf die D-Mark als nationales Symbol gemeinsamer monetärer Erfahrungen bezieht sich der 3%-Frame. Allerdings schafft er im Gegensatz zum Euro=DM-Frame keinen positiven Bezug von D-Mark und Euro, sondern unterstellt, dass der Euro nicht so stabil wird wie die D-Mark. Artikel, die diesem Frame zuzuordnen sind, sind zu 91,7% kritisch gegenüber der Währungsunion eingestellt (die anderen sind als neutral zu beurteilen). Inhaltlich befassen sich die Artikel vorwiegend mit der Gefahr, dass die gemeinsame Währung die Stabilität der D-Mark nicht erreichen wird. Oft wird auch direkt Bezug auf das Drei-Prozent-Kriterium genommen, wobei dessen Einhaltung als unwahrscheinlich betrachtet wird.

Weitere Frames, denen Artikel zum Thema Währungsunion zugeordnet werden können sind der EU-Bürokratie-Frame, der unflexibel-Frame und der Reformstau-Frame. Der EU-Bürokratie-Frame basiert als Interpretationsschema nicht auf der positiven europäischen Identität, sondern auf der Sicht der EU als unkontrollierbare und uneffektive Behörde. Der unflexibel-Frame baut auf dem Verlust der Nationalstaaten auf, die Fiskalpolitik an nationale Gegebenheiten anpassen zu können. Der Reformstau-Frame baut auf einem Brückenschlag zwischen der empfundenen Reformunfähigkeit der Kohl-Regierung und der Erfüllung des Drei-Prozent-Kriteriums auf. So wird der empfundene Reformstau mit der Unerfüllbarkeit der Beitrittskriterien verknüpft. Diese drei Frames dienen als Interpretationsbasis für Artikel die als kritisch gegenüber der Währungsunion zu beurteilen sind. Allerdings dienen sie selten als Master-Frame, sondern werden oft mit anderen Frames verknüpft, was in der Regel eine Euro-kritische Position verstärkt.

Insgesamt sind bei der Berichterstattung im Spiegel eine Vielzahl an Frames zu beobachten. Dies ist darauf zurückzuführen, dass Artikel im Spiegel teilweise auf mehreren Seiten ausführlich ein Thema diskutieren. Gleichzeitig ist das Vorhandensein einer Vielzahl an Frames ein Zeichen dafür, dass eine neutrale, objektive Position eingenommen wird, die versucht, alle Aspekte der Euro-Einführung zu beleuchten.

Die Welt

Die Tageszeitung „Die Welt“ ist mit einer Auflage von 250.000 eine der zentralen überregionalen deutschen Zeitungen. Die Berichterstattung über die Währungsunion war in der Welt äußerst umfangreich und erfolgte in allen Rubriken der Zeitung. Insgesamt erschienen im untersuchten Zeitraum 313 Artikel, die sich direkt und ausführlich mit der Währungsunion befassen. Die Mehrzahl dieser Artikel (80,5%) ist gegenüber der Einführung des Euro als neutral zu beurteilen, wobei grundsätzlich bei diesen neutralen Artikel eine leichte Tendenz deutlich wird den Euro positiv zu beurteilen.

Keinem der als neutral beurteilten Artikel ist ein Frame zuzuordnen, der ihnen als Interpretationshintergrund dient. Vielmehr wird in diesen Berichten sachlich – und eben oft mit einer leicht positiver Konnotation – über den Euro berichtet. Diesen Artikeln ohne passenden Frame wurde in der Untersuchung der „Info-Frame“ zugeordnet, der keine Interpretationsbasis bietet. Die Zuordnung in diese Kategorie erfolgt aus statistischen Gründen, um eine Abgrenzung zu Artikeln zu schaffen, die auf einen Frame aufbauen.

Abbildung 18 Beiträge in „Die Welt"

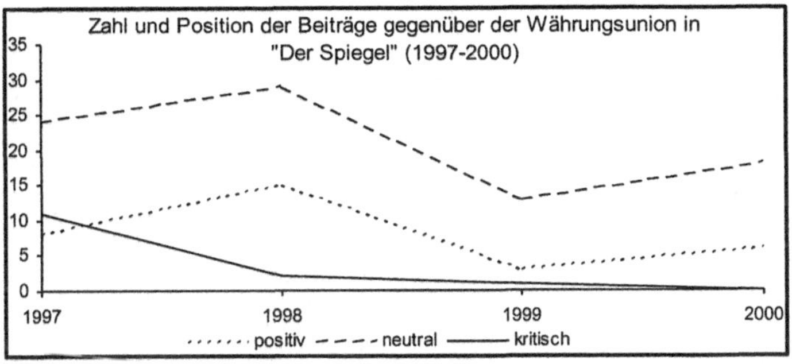

Abbildung 19 Framing in „Die Welt"

Auswertung der Positionen in Artikeln der „Die Welt" zum Thema „Währungsunion" in den Jahren 1997-2000. Die Positionen sind in die feststellbaren Frames untergliedert, die den Artikeln als Interpretationsbasis dienen.

	Info	Euro=DM	EU	Logik glob. Märkte	3%
1997					
positiv	-	4	4	6	-
neutral	66	-	-	-	-
kritisch	-	-	-	-	-
1998					
positiv	-	5	7	13	-
neutral	50	-	-	-	-
kritisch	-	-	-	-	1
1999					
positiv	-	3	2	5	-
neutral	52	-	-	-	-
kritisch	-	-	-	-	3
2000					
positiv	-	-	-	5	-
neutral	85	-	-	-	-
kritisch	-	-	-	-	3
1997-2000					
positiv	-	12	13	29	-
neutral	253	-	-	-	-
kritisch	-	-	-	-	7

Eindeutig eine positive Einstellung zur Währungsunion haben 17,3% der untersuchten Beiträge. Dabei ist der Mehrzahl (53,7%) dieser gegenüber der Währungsunion positiv eingestellten Artikel dem Logik-globaler-Märkte-Frame zuzuordnen. Diese Artikel stellen die positiven wirtschaftlichen Effekte einer gemeinsamen Währung für die Union und speziell für die Bundesrepublik dar. Dabei gilt ein besonderes Augenmerk der Währungsspekulation und den nachteiligen Wechselkursschwankungen, die eine starke gemeinsame Währung ausschließt. 22,2% der gegenüber der Währungsunion positiv eingestellten Artikel sind dem Euro=DM-Frame zuzuordnen. Diese Artikel stellen den Euro als eine stabile Währung dar, die die selben Eigenschaften wie die D-Mark haben wird. Besonders die Gestaltung der EZB und der Stabilitätspakt werden als Garant für eine stabile Währung hervorgehoben und gelobt.
Der dritte Frame, dem gegenüber dem Euro positiv eingestellte Artikel zugeordnet werden können (24,1%), ist der EU-Frame. Er basiert auf der stark ausgeprägten europäischen Identität. Diese Artikel verbinden die Währungsunion mit der von den Deutschen sehr positiv beurteilten europäischen Integration. Der EU-Frame wird oft auch mit anderen Frames verknüpft. In diesen Fällen nimmt der Logik-globaler-Märkte-Frame oder der Euro=DM-Frame die Funktion als zentrale Interpretationsbasis ein und der EU-Frame ergänzt als Verknüpfung mit diesen beiden Frames die Euro-positive Interpretationsbasis.
Die Euro-kritischen Artikel basieren alle auf dem 3%-Frame, wobei die Gesamtzahl dieser Artikel mit 2,2% verschwindend gering ist. Die Artikel, die sich auf den 3%-Frame beziehen befassen sich mit der Stabilität des Euro und der Haushaltsdisziplin der Euro-Staaten. In der Regel drücken diese Artikel eine Kritik an einer europäischen Regierung aus und untermauert die Diskussion um den Stabilitätspakt mit der deutschen Angst vor einer Währung, die die Stabilität der D-Mark nicht erreichen wird.
Insgesamt ist die Berichterstattung zum Thema „Währungsunion" in der Welt positiv. In der Argumentation wird selten nur ein Frame genutzt, sondern ein zentraler Frame durch andere ergänzt. Die gegenüber der gemeinsamen Währung positiv eingestellten Artikel überwiegen die kritischen bei Weitem und die Mehrzahl der neutralen Artikel befindet sich bei der Einteilung in die drei Kriterien zwischen neutral und positiv, wobei die sehr sachliche Berichterstattung im Zweifel die Einteilung als neutral bestimmte. Die Bemühung der Welt, sachlich über den Euro zu informieren und so durch Argumente von den Vorteilen der gemeinsamen Währung zu überzeugen, wird durch eine Vielzahl an Artikeln deutlich, die sich mit Wirtschaftsfragen befassen und die den Logik-globaler-Märkte-Frame als Basis oder zumindest als ergänzenden Frame für ihre Argumentation nutzen. Zudem startete die Welt mehrere Telefonaktionen, die den Lesern die Möglichkeit gaben, sich per Telefon durch Experten über die Euro-Einführung zu informieren.

Die Bild-Zeitung

Die „Bild-Zeitung" ist mit einer Auflage von 4,5 Millionen die größte Boulevardzeitung Deutschlands.[83] Die Berichterstattung in den Feldern Politik und Wirtschaft fällt in der Bild-Zeitung allerdings sehr knapp aus, da sie sich vorwiegend Boulevard-Themen widmet. So berichtet die Bild-Zeitung unter den untersuchten deutschen Tageszeitungen am wenigsten über die Einführung des Euro.[84] Dennoch ist ihre Rolle als Norm-Entrepreneur aufgrund ihrer hohen Auflage nicht unwichtig. Die Berichterstattung der Bild-Zeitung lässt sich in zwei Phasen einteilen. In der ersten Phase bis Mitte des Jahres 1998 berichtete die Bild-Zeitung sehr positiv, teilweise schon euphorisch über die geplante neue Währung:

> Euro – Die Wunderdroge. Wirkt gegen Inflation! Dank Euro sind die Preise so stabil wie seit 50 Jahren nicht mehr. Wirkt gegen Haushaltsdefizite! Dank Euro sparen heute selbst Italien, Portugal und Spanien pickelhart. [...] Aber die Arbeitslosigkeit? Auch dagegen beginnt der Euro zu helfen! Er schafft ein Geld und einen Wirtschaftsraum von Lappland bis hinunter zur Algarve. Dort überall zieht die Konjunktur endlich wieder an – und auch bei uns. Wunder-Euro, Euro-Wunder![85]

Zudem ließ die Bild-Zeitung prominente Politiker und Interessenvertreter des gesamten politischen Spektrums zu Wort kommen, die sich positiv über den Euro äußerten. Etwaige kritische Punkte der neuen Währung wurden als Fragen formuliert in Überschriften dargestellt und anschließend sehr Euro-positiv beantwortet.[86] In dieser Phase der Berichterstattung verwies die Bild-Zeitung nicht nur auf die Euro-positive Position verschiedener Persönlichkeiten, sondern übernahm auch deren Argumentation und die hinter dieser Argumentation stehenden Frames. Entsprechend sind in der Berichterstattung alle Frames zu finden, die als Argumentationshintergrund für eine positive Berichterstattung geeignet sind. Zu einem langsamen Wandel der sehr positiven Berichterstattung kam es Mitte 1998 im Rahmen der Berufung des ersten Präsidenten der EZB, die als unwürdiges Tauziehen dargestellt wurde. In der Folge kam es auch zu kritischen Berichten, die sich zwar nicht immer direkt auf den Euro bezogen, die aber den Euro mit zum Beispiel der hohen Arbeitslosigkeit verknüpften. Auch

---

83 Im Gegensatz zu den Qualitätszeitungen wird die Bild-Zeitung kaum archiviert. Da nicht alle Ausgaben der Bild-Zeitung im untersuchten Zeitraum analysiert werden konnten, muss hier auf eine vollständige Analyse aller Artikel zum Thema „Euro" verzichtet werden. Allerdings konnte auf eine ausreichend große Zahl an Ausgaben und entsprechende Sekundärliteratur zurückgegriffen werden, um ein tragfähiges Ergebnis zu erreichen.

84 Vgl.: Brettschneider, Frank / Maier, Michaela / Maier, Jürgen: From D-Mark to Euro: The Impact of Mass Media on Public Opinion in Germany, in: German Politics 12/2, 2003, S. 51.

85 Bild am 27. Februar 1998.

86 Vgl.: Ollmann, Helgo: Die „Bild"-Zeitung zur Einführung des Euros, Helgo Ollmanns Medienseite, http://home.wtal.de/ollmann/.

über den Wechselkurs des Euro gegenüber dem US-Dollar wurde kritisch berichtet.
Insgesamt spiegelt die Berichterstattung über die Währungsunion in der Bild-Zeitung die Argumentation und den positiven Tenor der Norm-Entrepreneure wider, die sich für den Euro einsetzten. Kritische Berichte in der Bild-Zeitung stehen oft in einem Zusammenhang mit der Bundestagswahl und der wirtschaftlichen Situation in Deutschland, wobei in diesen Fällen die Verschuldung der Bundesrepublik sowohl mit der Wirtschaftspolitik der Regierung Kohl als auch mit der Einführung des Euro verknüpft wird. So drücken diese Berichte mehr eine Kritik an der Politik Kohls aus, als eine Kritik an der Euro-Einführung.
Die Untersuchung der deutschen Presse zeigt auf, dass nur in sehr geringem Umfang kritisch über die Währungsunion berichtet wurde. So überwiegt die neutrale beziehungsweise die positive Berichterstattung über die gemeinsame Währung.

2.4 Zusammenfassung der Untersuchung der Bundesrepublik

Der Gipfel von Dublin im Dezember 1996, auf dem die Hauptbestandteile des Stabilitäts- und Wachstumspaktes beschlossen wurden, stellte den Startschuss für das Aktivwerden der Norm-Entrepreneure dar. Zwar wurde auch schon zuvor vereinzelt über die neue Währung diskutiert, aber eine große, in der Öffentlichkeit geführte Debatte, begann erst nach diesem Gipfel. Das Ergebnis dieses Gipfels lieferte weitere zentrale Argumente in der Diskussion um die neue Währung und stellte so für die Akteure ein *Window of Opportunity* dar. Dass sie ihre Positionen, Argumente und Argumentationstaktik bereits im Vorfeld festgelegt hatten, wird an der Tastsache deutlich, dass die Debatte um die neue Währung ab diesem Zeitpunkt sofort sehr komplex geführt wurde.
Der wichtigste Norm-Entrepreneur im Zuge der Währungsunion war eindeutig Bundeskanzler Helmut Kohl. Er setzte sich vehement für die Einführung des Euro ein. Und da er als erfahrener und erfolgreicher Europapolitiker wahrgenommen wurde, verfügte er in diesem Politikfeld über ein sehr hohes Prestige und erfüllte die Anforderungen an einen Norm-Entrepreneur perfekt. Da er die wichtige Bedeutung der D-Mark für die Deutschen kannte, baute er seine Argumentation auf ein sehr geschickt gewähltes Argumentationsgerüst. Im Zentrum seiner Argumentation stand die fast unerschütterliche europäische Identität der Deutschen. Eine feste Verknüpfung der Währungsunion mit den positiven Erfahrungen mit der EU machte eine Kritik an der Währungsunion praktisch unmöglich, wollte man nicht als Gegner der europäischen Integration gelten. Die Selbstverständlichkeit, die europäische Integration und die von Kohl mit ihr verknüpfte Währungsunion nicht in Frage zu stellen, wird vor allem dadurch deutlich, dass sich eine eindeutige Mehrheit der Deutschen gegen eine Nutzung

des Euro als Wahlkampfthema aussprach. Der Versuch Kohls mittels *Frame Amplification* und *Frame Bridging* die europäische Identität mit der Euro-Einführung zu verknüpfen kann als perfekt gelungen bezeichnet werden. Der Bundestagswahlkampf 1998 war entsprechend zentral vom Thema „Arbeitslosigkeit" bestimmt, während die Währungsunion eine nur untergeordnete Rolle spielte.[87] Neben der Nutzung der europäischen Identität als zentraler Frame nutzte die CDU auch den Euro=DM-Frame und den Logik-globaler-Märkte-Frame als Argumentationsbasis für ihr Eintreten für den Euro. Hier ist eine Aufteilung der prominenten Unionspolitiker zu beobachten, die sich jeweils auf einen anderen zentralen Frame bezogen und diesen mit den jeweils anderen verknüpften. Die Verknüpfung verschiedener Argumente, die jeweils in starke Frames eingebettet waren, bot den Euro-Gegnern praktisch keine Basis, auf die sie eine vergleichbar umfassende Argumentation hätten aufbauen können. Insgesamt konnte die Regierungskoalition in ihrer Europapolitik kaum überboten werden, ein Kurs gegen Europa kam aufgrund der sehr stark ausgeprägten europäischen Identität nicht in Frage. Folglich bot dieses Politikfeld keine Möglichkeit zur Profilierung.[88] Das erklärt die ebenfalls Euro-positive Position der Opposition. Sie übernahm die Argumente der Regierung, wobei ihr Einsatz für den Euro nicht die Intensität der Regierung erreichte. Die wichtige nennenswerte Ausnahme ist in der Person Gerhard Schröders festzumachen. Er stellte sich anfangs gegen die gemeinsame Währung. Aufgrund seiner Wahrnehmung als erfolgreicher Ministerpräsident und potentieller Kanzlerkandidat kam ihm eine große öffentliche Aufmerksamkeit zu. Da seine Euro-Skepsis mit einer Europa-Skepsis gleichgesetzt wurde, die sich auf eine Kanzlerkandidatur negativ hätte auswirken können, änderte er schrittweise seine Haltung. Die anfängliche skeptische Haltung haftete ihm allerdings auch noch im Wahlkampf negativ an und er stand im Gegensatz zu Kohl für einen schwachen Euro, zudem wurde ihm die Europa-politische Kompetenz abgesprochen.[89] Dies belegt die Gefahr, durch eine kritische Haltung gegenüber dem Euro auch als Europa-Skeptiker zu erscheinen und so mit der ausgeprägten europäischen Identität der Deutschen zu kollidieren.

Die grundsätzliche Einigkeit der Parteien wurde durch die Unterstützung der Währungsunion durch Arbeitgeber- und Arbeitnehmerverbände, die sich auf identische Argumente stützten, gefördert.

---

87 Vgl.: Umfragen in „Der Spiegel" Ausgaben 97/1, 97/3, 97/5, 97/9, 98/2, 98/9, 98/28.

88 Vgl.: Kohler-Koch, Beate: Bundeskanzler Kohl – Baumeister Europas. Randbemerkungen zu einem zentralen Thema, in: Wewer, Göttrik: Bilanz der Ära Kohl, Opladen: Leske + Budrich, 1998, S. 289.

89 Kepplinger, Hans Mathias: Der Einfluss des Fernsehens auf die Wahl, in: Oberreuter, Heinrich (Hrsg.): Umbruch '98: Wähler, Parteien, Kommunikation, München: Olzog, 2001, S. 174.

Insgesamt wurde die Euro-Einführung nur in sehr geringem Maße kontrovers diskutiert. Fast alle politischen Akteure und Gewerkschaften wie Arbeitgeberverbände unterstützten die Euro-Einführung nicht nur, sondern setzten sich auch als Norm-Entrepreneure für die Einführung ein. Diese Einigkeit und das geschlossene Eintreten dieser Akteure für den Euro war eine wichtige Voraussetzung, um die Bevölkerung für die Währungsunion zu gewinnen oder um zumindest eine offensive Ablehnung zu verhindern. Unterschiedliche Meinungen unter diesen Akteuren, die sich bei vielen anderen Themen gegenüberstanden, hätten die Bevölkerung in großem Maße für das Thema „Euro-Einführung" sensibilisiert. Wie wenig die Einführung des Euro unter den Eliten umstritten war, wurde speziell bei der Untersuchung der Diskurse deutlich, die im Bundestag stattfanden. Hier nutzten einige Abgeordnete ihre Redezeit zum Thema „Euro" um das Thema zu wechseln und über kontroversere Themen zu sprechen.
Die Expertengruppen, die sich gegen die Euro-Einführung aussprachen, fanden in den Medien ein großes Echo – wohl auch, weil sie zu den wenigen Akteuren gehörten, die sich gegen den Euro aussprachen und so einen für die Medien interessanten Sonderstatus einnahmen. Allerdings manifestierte sich ihre Euro-Gegnerschaft nicht in einem erfolgreichen Agieren als Norm-Entrepreneur. Sie verstanden es nicht, ihre Position und ihre Argumente in einen geeigneten Frame einzubetten. Dabei hätte sich für sie speziell der 3%-Frame angeboten. Eine Einbettung in diesen Frame und das damit verbundene Schüren der Angst vor einer unstabilen Währung war aber aufgrund der viel zu komplexen Argumentation der Euro-Gegner nicht möglich. Hier wäre eine Argumentation, die stärker auf Emotionen und die Verbundenheit mit der D-Mark baut, eventuell erfolgreicher gewesen als fundierte Fachargumente, die eigentlich leicht in ihrer Komplexität hätten reduziert werden können und die dann perfekt vor dem Hintergrund der 3%-Debatte hätten dargestellt werden können. Doch dem 3%-Frame stand der ebenfalls starke Euro=DM-Frame gegenüber, der vor allem von der Seite der CDU/CSU als Argumentationshintergrund genutzt wurde, die so erfolgreich versuchte, die Stärken und positiven Erfahrungen mit der D-Mark auf die neue Währung zu übertragen.

3 Policy-Making in Großbritannien

3.1 Nationale und europäische Identität

Die Bedeutung der nationalen Währung für die nationale Identität ist im Falle Großbritanniens zweifellos groß. Diese Bedeutung beruht vor allem auf der Geschichte der britischen Währung als weltweit führendes Zahlungsmittel. Helleiner führt hierzu aus, dass für die Britten die eigene Währung in erster Linie ein Medium der kollektiven Tradition sowie der Souveränität einer Weltmacht ist.[90] So verknüpft die britische Bevölkerung die eigene nationale Währung mit der britischen Geschichte als führende Weltmacht.[91] Entsprechend sind die Briten trotz starker Währungsturbulenzen in den letzten 50 Jahren mit 54% der Bevölkerung (EU-Schnitt: 45%) mehrheitlich stolz auf die eigene Währung.[92] Dabei basiert die Einstellung zur eigenen nationalen Währung auf einer nationalen Identität, die sich, vor allem verglichen mit der der Deutschen, über einen langen Zeitraum hinweg entwickelt hat. So kann Großbritannien auf eine lange Tradition als Weltmacht zurückblicken, die 1920 einen Höhepunkt erreichte und die vor allem durch die heute noch bestehenden engen Kontakte zu den Staaten des Commonwealth deutlich wird. In der Geschichte Europas nahmen die Briten stets eine Sonderrolle ein, die durch die spezielle Insellage geprägt wurde. Großbritannien betrachtete sich als Balancemacht zwischen den europäischen Staaten des Festlandes und vermied es, langfristig einen Verbündeten zu wählen und zu tief in die Politik des Festlandes involviert zu werden. Diese Politik des Gleichgewichtes auf dem Kontinent hatte das Ziel, potentielle Konkurrenten um die Weltmacht zu binden.[93]

Der Anspruch eine weltweit agierende Macht zu sein ist auch heute noch präsent. Dabei ist es heute tatsächlich treffender, Großbritannien als eine europäische Mittelmacht zu bezeichnen.[94] Denn nach dem Ende des Zweiten Weltkriegs kam es zu einer deutlichen Schwächung des britischen politischen Einflusses in der Welt. Ebenso wurde Großbritanniens Rolle im Welthandel deutlich geschwächt. Dennoch nimmt Großbritannien immer noch eine zentrale Rolle in der Weltpolitik ein. So hat Großbritannien einen ständigen Sitz im UN-Sicherheitsrat inne und gehört zu den Staaten, die über Nuklearwaffen verfügen. Das weltweite Engagement Großbritanniens ist zwar nicht mehr mit dem vergangener Jahrhunderte vergleichbar, der Anspruch eine Weltmacht zu sein wird allerdings immer noch an der militärischen Präsenz in verschiedenen Weltregio-

---

90 Vgl.: Helleiner (1998), S. 1431.

91 Vgl.: Verdun (1999), S. 208.

92 Vgl.: Müller-Peters (2001), S. 178.

93 Vgl.: Maurer, Michael: Geschichte Englands, Ditzingen: Reclam, 2000.

94 Vgl.: Sturm, Roland: Großbritannien. Wirtschaft – Gesellschaft – Politik, Opladen: Leske + Budrich, 1997², S. 355.

nen fassbar. Dabei ist die britische Politik durch eine enge Beziehung zu den USA, die auch als *special relationsship* bezeichnet wird, gekennzeichnet.[95] Dieses enge Verhältnis ist auf eine Vielzahl von Faktoren zurückzuführen. Neben der gemeinsamen Sprache, die den Zugang zur jeweils anderen Kultur ermöglicht, waren die beiden Staaten Alliierte in beiden Weltkriegen. Abgesehen von den engen Beziehungen haben die beiden Staaten auch das politische Selbstverständnis gemein. Sie sehen sich als globale Ordnungsmacht, die für Demokratie und Menschenrechte eintritt, was im Irak-Krieg erneut deutlich wurde. Die nationale Identität der Briten ist folglich gekennzeichnet durch den Anspruch eine global aktive Weltmacht zu sein und knüpft dabei in erster Linie an die Geschichte Großbritanniens als Weltmacht des 19. Jahrhunderts an. Zentrale Elemente dieser nationalen Identität sind der Stolz auf nationale Symbole und Eigenarten und die Betonung der nationalen Souveränität.
Die enge Anbindung an die USA und der historische Anspruch eine global agierende Macht zu sein, sowie die Betonung der nationalen Souveränität stehen einer Einbindung in die supranationalen Strukturen der EU oft entgegen und führen entsprechend zu einer kritischen Haltung gegenüber der europäischen Integration. Der späte Beitritt zur EG im Jahr 1973 wurde erst vollzogen, als das durch die Integration verursachte Wachstum abebbte und die europäischen Staaten unter der Einfluss der Ölkrise standen, so dass schnelle positive Effekte für Großbritannien ausblieben. Dieser Start als EG-Mitglied stärkte die Gegner der Integration in Großbritannien. Die große britische Skepsis gegenüber der europäischen Integration wird am besten durch Margret Thatcher symbolisiert, die direkt nach ihrem Amtsantritt 1979 in Dublin eine Verringerung der britischen Beitragszahlungen um eine Milliarde Pfund forderte. Dabei ist diese Skepsis nicht nur in der Conservative Party verankert, sondern auch in der Labour Party. Allerdings gab es trotz dieser Skepsis auch immer wieder Versuche einer Annäherung an die EU. Premier John Major versuchte während seiner ersten Amtszeit, Großbritannien „at the very heart" Europas zu verankern. Seine Bemühungen scheiterten allerdings an der Haltung seiner Partei und an der mangelnden Bereitschaft seines Kabinetts, ihm zu folgen.[96] Die europafreundliche Rhetorik Majors wurde von Tony Blair zumindest teilweise aufgegriffen und es kam unter Blair zu einer leichten Annäherung an die EU, wie die Zustimmung zum Vertrag von Amsterdam 1997 zeigt. Allerdings sind diesen Schritten aufgrund des in der britischen Gesellschaft verankerten Misstrauens gegenüber der EU enge Grenzen gesetzt und entsprechend vermied es Blair, im Wahlkampf proeuropäische Aussagen zu treffen. Denn 40% der britischen Bevölkerung betrachten die Mitgliedschaft in der EU als einen Fehler. Die Briten sprechen sich

---

95 Vgl.: Seib, Philip: Taken for Granted. The Future of US- British Relations, London: Praeger, 1998, S. 1.

96 Vgl.: Gowland, David / Turner, Arthur: Britain and European Integration 1945-1998, London: Routledge, 2000, S. 187.

folglich gegen eine supranationale EU aus.[97] Gleichzeitig betrachten 90% der britischen Bevölkerung die USA als guten Verbündeten – was von Seiten der USA gegenüber Großbritannien ebenso gesehen wird.[98] Die Wahlkampfaussage Blairs „British interests first, second and last!" verdeutlicht eindrucksvoll, dass eine zu starke Annäherung an die EU für jeden britischen Politiker eine Gefahr darstellt, die es zu vermeiden gilt. Entsprechend machte auch Blair deutlich, dass für ihn die wirtschaftlichen Aspekte wie freier Wettbewerb, Handel und freies Unternehmertum die Dimension ist, die für Großbritannien von vorrangigem Interesse ist. Eine supranationale EU, die den Einfluss der nationalen Regierungen einschränkt, gilt es zu vermeiden. Aufbauend auf dieser wirtschaftlichen Dimension ist die Blair-Regierung der Einführung einer gemeinsamen Währung gegenüber nicht grundsätzlich ablehnend eingestellt, wobei auch noch während des Wahlkampfes eine eindeutige Aussage aufgrund der ablehnenden Haltung der Bevölkerung vermieden wurde.[99] Erst nach der gewonnen Wahl bekannte sich Blair zum Euro und verknüpfte diesen mit den vielversprechenden wirtschaftlichen Vorteilen, die es, im Falle geeigneter Voraussetzungen zu nutzen gelte. So wurden als Voraussetzung für den Beitritt zur Währungsunion die von Schatzkanzler Gordon Brown aufgestellten Kriterien und ein erfolgreiches Referendum genannt (vgl. Kap. IV.1.1).
Unter Blair kam es direkt im ersten Regierungsjahr zu einem ersten wichtigen Schritt Richtung Einführung des Euro: Die alleinige Verantwortung für die Zinspolitik wurde der Bank of England übertragen, was eine der Voraussetzungen für die Teilnahme an der Währungsunion ist.
Bei einer Betrachtung der europäischen Identität der Briten fällt auf, dass diese im europäischen Vergleich kaum ausgeprägt ist. Dies liegt in erster Linie an der stark ausgeprägten nationalen Identität, die praktisch nicht mit einer europäischen Identität vereinbar ist. So steht die Besinnung auf die eigene Geschichte als Weltmacht, die unabhängig von den anderen Staaten Europas agiert, der Herausbildung einer europäischen Identität entgegen. Diese historische Distanz zum Festland Europas ist immer noch feststellbar und wird vor allem durch die engen Kontakte zu den USA deutlich, die denen zu den Staaten Europas vorgezogen werden. Eine europäische Identität kann sich in Großbritannien folglich nur entwickeln, wenn es zu einer Änderung oder Abschwächung der nationalen Identität kommt. Dies gilt sogar für jüngere Menschen, deren Sozialisation nicht durch den Zweiten Weltkrieg geprägt ist und die keine eigenen Erfahrungen mit der britischen Geschichte als Weltmacht gemacht haben. Nach einer Studie von Beck aus dem Jahr 2003 rangiert das Verbundenheitsgefühl mit Europa bei den

---

97 Vgl.: Sturm (1997), S. 364-369.

98 Vgl.: Seib (1998), S. 121.

99 Vgl.: Volle, Angelika: Der mühsame Weg Großbritanniens nach Europa, in: Kastendiek, Hans / Rohe, Karl / Volle, Angelika (Hrsg.): Länderbericht Großbritannien, Bonn: Bundeszentrale für politische Bildung, 1998, S. 459-475.

Briten bei 28,8% (in der Bundesrepublik 63,5%). Auch die Gegenüberstellung der nationalen mit der europäischen Identität offenbart deutliche Unterschiede zwischen Großbritannien und der Bundesrepublik. Während in der Bundesrepublik das nationale und das europäische Identitätsgefühl beinahe identisch sind (63,5% vs. 64,5%), ist in Großbritannien das nationale Identitätsgefühl weitaus stärker als das europäische Identitätsgefühl (75,0% vs. 28,8%).[100]
Die nur sehr schwache Ausprägung der europäischen Identität der Briten wird auch in einer Studie von Müller-Peters deutlich, die eine Korrelation zwischen Währungsstolz auf das britische Pfund und der Einstellung zum Euro von -.58 nachweist, was eine deutliche Abhängigkeit der beiden Variablen beweist.[101] Dieser Zusammenhang von Stolz auf die eigene nationale Währung mit der ablehnenden Haltung gegenüber dem Euro überrascht nicht. Der Stolz auf die eigene Währung ist mit der ausgeprägten nationalen Identität begründet, für die das Pfund ein zentrales Symbol ist. Eine Beurteilung des Euro erfolgt mangels einer ausgeprägten europäischen Identität, die eine positive Beurteilung vermuten lassen würde, auf der Basis der nationalen Identität. Diese lässt aufgrund der oben ausgeführten Ausrichtung eine positive Einstellung gegenüber einer gemeinsamen europäischen Währung nicht zu. Die ablehnende Haltung gegenüber der EU mit ihren gemeinsamen Institutionen, Politiken und der einheitlichen Währung ist unter anderem im britischen Stolz auf nationale Eigenarten begründet, der festes Zeichen der nationalen britischen Identität ist.[102] Dabei ist allerdings innerhalb der wirtschaftlichen und politischen Elite zum größten Teil das Bewusstsein verankert, dass „britisch sein und europäisch handeln keine Widersprüche sind".[103] Diese Einsicht ist auch darin begründet, dass einer aktiven Mitgliedschaft in der EU von großem Nutzen sein kann. Doch dieser Einsicht bei großen Teilen der Elite stehen die Überzeugungen der Bevölkerung und deren nationale Identität entgegen. Entsprechend beschreibt Volle die Aussichten einer britischen Politik pro europäische Integration und einen Beitritt zur Währungsunion:

> Das größte Problem für Premierminister Blair wartet allerdings zu Hause auf ihn: Er muss die britische öffentliche Meinung in Sachen Europa um 180 Grad »umkrempeln«, das heißt, einen proeuropäischen »swing« – auch unterstützt durch die Berichterstattung in den Medien – herbeiführen. [...] Wenn es Tony Blair gelingt, die britischen Wähler ebenso wie die britischen Medien davon zu überzeigen, dass eine britische Mitgliedschaft in der EWU von wirtschaftlichem Vorteil ist, steht ein positiver Ausgang des Referendums zu erwarten.[104]

---

[100] Vgl.: Beck (2003).
[101] Vgl.: Müller-Peters (2001), S. 178.
[102] Vgl.: Müller-Peters (2001), S. 191-194.
[103] Schwatz, Klaus-Dieter: Englands Probleme mit Europa. Ein Beitrag zur Maastricht-Debatte, Ebenhausen, SWP-S 410, S. 7, zit. nach: Volle (1998), S. 472.
[104] Volle (1998), S. 472.

3.2 Norm-Entrepreneure im Zusammenhang eines britischen Beitritts zur Währungsunion

3.2.1 Vermutungen über das Vorgehen der Norm-Entrepreneure

Ein Norm-Entrepreneur hat das Ziel, eine bestimmte Policy, deren Akzeptanz stark von Normen bestimmt ist, zu erhalten oder zu implementieren. Dabei führt er einen gezielten Diskurs um so mittels Framing, durch Überzeugungsarbeit und das Erzielen von Lerneffekten eine bestimmte Norm zu etablieren oder zu festigen. Wichtig ist dabei das vorhandene Normgefüge und die verschiedenen Identitäten, denn sie bilden den Rahmen für das Agieren des Norm-Entrepreneurs.

Ein Beitritt Großbritanniens zur Währungsunion berührt in erster Linie die nationale Identität der britischen Bevölkerung, da ein solcher Beitritt als Verlust nationaler Souveränität betrachtet werden kann und nationale Symbole wie die bestehenden Banknoten und Münzen bedroht. Deren symbolischer Gehalt als Medium der kollektiven Tradition sowie als das historische Zeichen der Souveränität einer Weltmacht ist fest mit der nationalen Identität verknüpft. Es ist davon auszugehen, dass ein Norm-Entrepreneur, der sich gegen einen Beitritt zur Währungsunion einsetzt, seine Argumentation genau auf der nationalen Identität aufbaut und so diese Identität als Masterframe für sein Wirken nutzt. Dieser Frame, der auf der nationalen britischen Identität aufbaut, wird hier als GB-Frame bezeichnet.

Die britische Bevölkerung ist zum einen aufgrund der nationalen Identität und zum anderen aufgrund ihrer Geschichte und prinzipiellen Skepsis gegenüber den Institutionen der EU in Bezug auf die politische Dimension der EU sehr kritisch eingestellt. Diese grundlegende Skepsis ist ebenfalls als Frame geeignet, um als eine Argumentationsbasis gegen einen Beitritt zur Währungsunion zu dienen. Dieser Frame wird hier als EU-Bürokratie-Frame bezeichnet. Für Norm-Entrepreneure, die einen Beitritt zur Währungsunion verhindern, also die bestehende Policy beibehalten wollen, schein das Verknüpfen dieser beiden Frames eine erfolgsversprechende Strategie zu sein. Sie können auf bestehende Normen und Identitäten aufbauen und verfügen so über ein starkes Fundament für ihre Argumentation.

Weitaus schwieriger ist das Wirken für einen Norm-Entrepreneur, der sich für eine Änderung einer Policy einsetzt. Dies gilt speziell im britischen Fall des Beitritts zur Währungsunion. Eine naheliegende Strategie ist es, die europäische Identität als Basis für eine Argumentation pro-Euro-Einführung zu nutzen. Da die europäische Identität bei den Briten allerdings kaum ausgeprägt ist, scheint es nur schwer möglich, die europäische Integration als einen EU-Frame zu benutzen, der eine positive Assoziation hervorruft. Speziell die britische Skepsis gegenüber der politischen Dimension der EU birgt die Gefahr, dass die positiven

wirtschaftlichen Effekte der europäischen Integration nicht einen positiven Rahmen für eine Argumentation pro Euro bieten, sondern eine Assoziation mit dem Europa-kritischen EU-Bürokratie-Frame hervorrufen.
Eine weitere Strategie für einen Norm-Entrepreneur, der sich für einen britischen Beitritt zur Währungsunion einsetzt, ist die Transformation des GB-Frames und des EU-Bürokratie-Frames, da diese beiden einem Beitritt entgegenstehen. Allerdings ist eine solche Transformation nur sehr schwer zu bewerkstelligen und scheint im Falle Großbritanniens und der Währungsunion unmöglich. Vielversprechender ist es deshalb, die ökonomische Dimension der Währungsunion zu betonen. Denn ein Fokus auf die wirtschaftlichen Vorteile, vor allem unter dem Einfluss globaler Märkte, verdeutlicht die ökonomischen Vorteile eines Beitritts zur Währungsunion. Dieser Frame umfasst auch die Geschichte Großbritanniens als globale, souveräne Handelsmacht, und beinhaltet so auch Aspekte der nationalen Identität. So scheint ein Logik-globaler-Märkte-Frame den geeigneten Argumentationshintergrund für einen Beitritt zur Währungsunion zu bieten. Dieser Frame kann die Basis für eine erfolgreiche Überzeugung der Bevölkerung von den Vorteilen des Beitritts sein. Zudem bietet eine feste Verknüpfung mit der wirtschaftlichen Dimension der EU und verhindert so eine Assoziation der Währungsunion mit der politischen Dimension der EU, die in den Augen der britischen Bevölkerung einem Beitritt zur Währungsunion entgegensteht.
Die nur sehr schwach ausgeprägte europäische Identität und die stark ausgeprägte nationale Identität, die praktisch nicht vereinbar mit einer hohen Akzeptanz der europäischen Integration sind, stellen eine kaum zu überwindende Hürde für die Norm-Entrepreneure dar, die sich für einen Beitritt zur Währungsunion einsetzen. Während sich Norm-Entrepreneure, die sich gegen einen Beitritt engagieren auf eine bestehende, sehr ausgeprägte nationale Identität stützen können, sind die Befürworter des Beitritts gezwungen einen neuen Frame zu schaffen oder bestehende zu transformieren. Dies scheint im Falle eines gleichzeitigen Engagements der Euro-Gegner aussichtslos.

3.3 Auswertung des Agierens der Norm-Entrepreneure

Die Untersuchung umfasst die Jahre 1997 bis einschließlich 2003. In Großbritannien begann wie in der Bundesrepublik eine umfassende Diskussion und Berichterstattung über die Währungsunion erst nach dem Gipfel des Europäische Rats im Dezember 1996 in Dublin, auf dem entscheidende Fortschritte bei der Vorbereitung der WWU erzielt wurden.
Die Auswahl der untersuchten Akteure folgte zum einen bedingt durch die Thematik: Ein möglicher Beitritt zur Währungsunion betrifft vor allem Wirtschaftsakteure wie die Gewerkschaften und die Arbeitgeber, die entsprechend

untersucht werden müssen. Zum anderen werden Akteure wie Parteien oder die Regierung untersucht, die sich institutionell mit der Währungsunion befassen. Zudem werden zentrale britische Medien untersucht. Diese Akteure erfüllen die Anforderungen an einen Norm-Entrepreneur: Man kann davon ausgehen, dass sie die Wirkung von Normen kennen. Sie können über einen ausreichend langen Zeitraum agieren und sie verfügen über die entsprechenden Mittel um als Norm-Entrepreneur tätig zu werden.
Im Folgenden werden das britische Parlament, die Conservative Party, die Labour Party, verschiedene Interessengruppen und die Presse mit Blick auf ihr Wirken als Norm-Entrepreneur ausführlich untersucht. Die Positionen der untersuchten Artikel und Statements werden in die drei Kategorien „positiv", „neutral" und „kritisch gegenüber der Währungsunion" eingeteilt und jeweils verschiedenen Frames zugeordnet, die ihnen als Interpretationsbasis zugrunde liegen. Diese Unterscheidung erfolgt unter der Berücksichtigung der gewählten Argumentation, der Verknüpfung mit anderen Themen und der verwendeten Schlagwörter (vgl. Kap. II.3). Positive Quellen und Diskurse betonen die Chancen einer gemeinsamen europäischen Währung. Sie verweisen auf die wohlfahrtsteigernden Effekte des Euro und der europäischen Integration. Dabei beziehen sie sowohl die bisherigen ökonomischen Vorteile der europäischen Integration für Großbritannien, als auch die erwarteten Vorteile, die mit einer gemeinsamen Währung verbunden sind, in ihre Argumentation ein. Zudem weisen sie oft auf ökonomische Nachteile hin, die Großbritannien im Falle eines Nicht-Beitritts erfährt.
Neutrale Quellen, die in erster Linie bei der Analyse der Presse und des britischen Parlaments zu finden sind, informieren nur sehr knapp und ohne zu werten über einen Sachverhalt oder sie klären ausgewogen über die Vor- und Nachteile beziehungsweise Chancen und Risiken auf, die mit der Einführung des Euro verbunden sind. Diese neutralen Quellen führen beim Empfänger zu keiner Verknüpfung des Themas „Euro-Einführung" mit einer bestehenden Norm beziehungsweise sie tragen zu keiner Implementierung einer neuen Norm bei.
Kritische Quellen und Diskurse betonen die Nachteile und Risiken einer gemeinsamen Währung. Beispielsweise verweisen sie auf die negativen Effekte des Verlustes der nationalen Souveränität bezüglich der Währung.
Diese Einteilung weist die Problematik auf, dass die untersuchten Artikel und Statements nicht zwangsläufig diesen drei Kategorien zugewiesen werden können. Speziell bei einer Zuordnung in die Kategorie „neutral" ist auch eine leichte Abweichung der Position in die Kategorie „positiv" oder „kritisch" möglich, die allerdings nicht eindeutig genug ist, um den entsprechenden Fall der entsprechenden Kategorie zuzuordnen. Wie in den vorhergegangenen Untersuchungen werden solche Fälle berücksichtigt, da ihr häufiges Auftreten mit einer wieder-

holten leicht positiven oder kritischen Konnotation durchaus einen Einfluss auf die Gestaltung einer Norm haben kann.

3.3.1 Das britische Parlament

Das britische Parlament mit seinen beiden Häusern ist bei einer Untersuchung über das Wirken eines Norm-Entrepreneurs von großer Bedeutung. Denn hier treffen die Regierungspartei und die Opposition mit ihren unterschiedlichen Einstellungen gegenüber der EU und der Währungsunion aufeinander. Das britische Parlament stellt als wichtige politische Institutionen somit ein Forum für Diskurse dar. Bei der Untersuchung des Wirkens des Parlaments als Norm-Entrepreneur werden die beiden Häuser als geschlossener Akteur betrachtet, die Ergebnisse werden als aggregierte Daten dargestellt, in denen die Positionen der Parteien und Politiker aufgehen.
Untersucht wurden Anfragen, Stellungnahmen und Reporte beider Häuser in den Jahren 1997-2003. Ausgewertet wurden insgesamt 185 Dokumente.

Abbildung 20 Beiträge im britischen Parlament

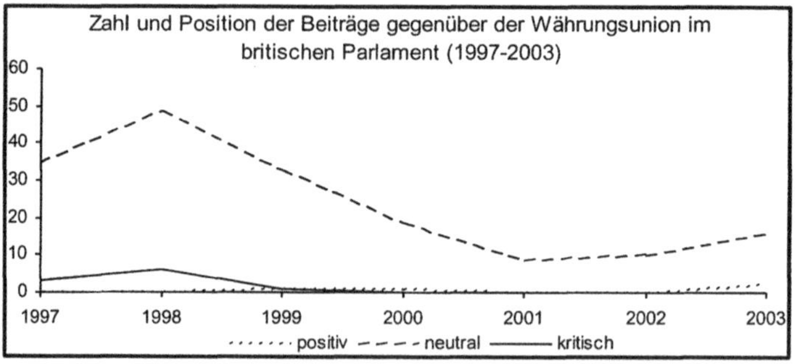

Die meisten der Anfragen beziehen sich auf rein sachliche Fragen zur Währungsunion, die in der Regel weder eine positive noch eine kritische Position zu einem Beitritt zur Währungsunion deutlich machen. Dennoch lassen sie die untersuchten Dokumente verschiedenen Frames zuordnen, auf denen die Stellungnahmen der Abgeordneten aufbauen. Insgesamt lassen sich die Stellungnahmen in fünf Frames einordnen.
Die meisten (88,6%) der untersuchten Dokumente lassen sich einem Frame zuordnen, der hier als Verwaltung-Frame bezeichnet wird. Sachverhalte, die diesem Frame zugeordnet werden, beziehen sich auf die administrative Ebene. Bei Anfragen, Stellungnahmen und Reporten, die dem Verwaltung-Frame zuzuordnen sind, geht es um Fachfragen zur WWU, die sich mit juristischen oder organisatorischen Problemen befassen, die weder inhaltlich noch bezüglich der Formulierung eine positive oder kritische Einstellung gegenüber der WWU deutlich

machen. So sind 98,8% der diesem Frame zuzuordnenden Fälle als neutral gegenüber der WWU einzustufen, wobei diese Beiträge in der Regel eine Euro-kritische Konnotation beinhalten. So machen Anfragen zum Beispiel nach den Kosten der Einführung oft eine kritische Haltung deutlich. Diese hohe Zahl an Anfragen, Stellungnahmen und Reporten, die dem Verwaltung-Frame zuzuordnen sind, macht deutlich, dass im britischen Parlament die Aspekte der WWU meist sachlich dargestellt und diskutiert wurden. Allerdings muss berücksichtigt werden, dass eine Entscheidung für einen Euro-Beitritt nie auf der Agenda stand und es entsprechend im Parlament auch keine direkte Voraussetzung gab, diesen zu diskutieren. Eine gezielte Verknüpfung mit einem speziellen Frame, der die Einstellung zur WWU beeinflusst, ist nicht feststellbar.

So setzten sich die Mitglieder des britischen Parlaments im Rahmen ihrer Parlamentsarbeit nicht als Norm-Entrepreneure für eine Änderung bezüglich der ablehnenden Haltung der Bevölkerung ein. Dies gilt sowohl für das House of Commons als auch für das House of Lords.

Ein zweiter festzustellender Frame basiert auf der nationalen britischen Identität. Anfragen, Stellungnahmen und Reporte, die diesem Frame, der hier GB-Frame genannt wird, zuzuordnen sind, müssen vor dem Hintergrund der nationalen britischen Identität interpretiert werden. Dieser Frame ist gekennzeichnet durch den Stolz auf britische Eigenarten und Symbole sowie durch ein Festhalten an der eigenen nationalen Souveränität. Damit steht dieser Frame einer EU-positiven Einstellung entgegen. Entsprechend ist eine Einbettung von Anfragen, Stellungnahmen und Reporten in den GB-Frame geeignet, um eine ablehnende Haltung zur Währungsunion zu untermauern. 40% der untersuchten Dokumente, die eine kritische Haltung gegenüber der Währungsunion aufzeigen, sind diesem Frame zuzuordnen.

Ein dritter Frame wird im Folgenden als EU-Bürokratie-Frame bezeichnet. Die Prozesse innerhalb der europäischen Institutionen werden von britischer Seite kritisch hinterfragt. So wird der EU vorgeworfen, sie produziere einen hohen Verwaltungsapparat, der nicht nur unflexibel sei, sondern auch die nationale Souveränität einschränke. Eine Einordnung in den EU-Bürokratie-Frame bedeutet folglich, dass das Thema in erster Linie aus der britischen Sicht bezüglich des Funktionierens der EU betrachtet wird. Entsprechend ist es nicht verwunderlich, dass das Einordnen der Währungsunion in den EU-Bürokratie-Frame mit den meisten (60%) kritischen Anfragen verbunden ist. Speziell die Angst vor einem Souveränitätsverlust an die als teuer und unkontrollierbar scheinende europäische Bürokratie steht hier im Hintergrund als Interpretationsschema für die Währungsunion.

Abbildung 21 Framing im britischen Parlament

Auswertung der Positionen in Anfragen, Stellungnahmen und Reporte des britischen Parlaments (House of Commons und House of Lords) zum Thema „Währungsunion“ in den Jahren 1997-2003. Die Positionen sind in die feststellbaren Frames untergliedert, die den Anfragen, Stellungnahmen und Reporten als Interpretationsbasis dienen.

	Verwaltung	EU-Bürokratie	GB	EU	Logik glob. Märkte
1997					
positiv	-	-	-	-	-
neutral	23	-	-	2	-
kritisch	-	2	1	-	-
1998					
positiv	-	-	-	-	-
neutral	46	-	-	3	-
kritisch	-	3	3	-	-
1999					
positiv	-	-	-	-	1
neutral	32	--	-	-	1
kritisch	-	1	-	-	-
2000					
positiv	-	-	-	-	1
neutral	16	-	2	-	1
kritisch	-	-	-	-	-
2001					
positiv	-	-	-	-	-
neutral	9	-	-	-	-
kritisch	-	-	-	-	-
2002					
positiv	-	-	-	-	-
neutral	10	-	-	-	-
kritisch	-	-	-	-	-
2003					
positiv	-	-	-	-	2
neutral	16	-	-	-	-
kritisch	-	-	-	-	-
1997-2003					
positiv	-	-	-	-	4
neutral	152	-	2	5	2
kritisch	-	6	4		-

Ein vierter Frame, der als Hintergrund für Anfragen, Stellungnahmen und Reporte dient, ist der EU-Frame. Er basiert auf der europäischen Identität der Briten und drückt eine positive Haltung gegenüber der europäischen Integration aus. Allerdings ist die europäische Identität in Großbritannien kaum ausgeprägt, was diesen Frame als nur bedingt geeignet erscheinen lässt, um durch ihn eine positive Beurteilung der Währungsunion zu erreichen. Dies wird auch an der Tatsache deutlich, dass sich insgesamt nur fünf Fälle diesem Frame zuordnen lassen.

Der fünfte Frame, auf den die Parlamentarier ihre Position zur Währungsunion aufbauen, wird als Logik-globaler-Märkte-Frame bezeichnet. Kennzeichen dieses Frames ist eine ökonomische Beurteilung des Freihandels und der Effekte einer gemeinsamen Währung. Eine Verwendung dieses Frames bedeutet, dass die Währungsunion unter rein wirtschaftlichen Aspekten betrachtet wird und die Vorteile unter der Berücksichtigung der Logik globaler Märkte beurteilt werden. Entsprechend sind alle der gegenüber der Währungsunion eindeutig positiv eingestellten Dokumente diesem Frame zuzuordnen. Speziell die der Währungsunion positiv gegenüberstehenden ausführlichen Reporte „Committee on EU" (42. Report 2003) und „European Union" (18. Report 2000) sind dem Logik-globaler-Märkte-Frame zuzuordnen.

Insgesamt wurde das Thema „Währungsunion" im britischen Parlament sehr sachlich diskutiert. Eine Erklärung hierfür könnte sein, dass ein Beitritt zur Währungsunion bisher nicht absehbar ist und bereits früh feststand, dass Großbritannien zum Start der Währungsunion keine Mitgliedschaft anstrebte und somit keine umfangreiche Debatte um einen Beitritt stattfindet. Dieser extrem sachliche Umgang wird speziell durch die Tatsache deutlich, dass fast alle untersuchten Dokumente einem Verwaltung-Frame zuzuordnen sind, der eine Bearbeitung des Themas auf der reinen Arbeitsebene deutlich macht. Die mangelnde kontroverse Diskussion zwischen Regierung und Parlament und der bürokratische Umgang mit dem eigentlich für Nationalstaaten sensiblen Thema der Währungsunion wird inzwischen auch vom Parlament selbst bemängelt:

> There has been growing discussion over the past two years of the costs to the UK were it to enter the single currency. This is a discussion in which the Government has been unwilling to join. The standard reply to Parliamentary Questions on estimates for costs to the public and private sectors has been: 'Should the UK decide to join the euro, the costs of a changeover would depend on the detailed approach taken by organisations to a changeover'.[105]

Das britische Parlament wirkt folglich praktisch nicht als Norm-Entrepreneur. Dies gilt sowohl für eine gezielte Normsetzung pro Euro, als auch für ein aktives Wirken um die bestehende ablehnende Haltung gegenüber dem Euro zu festi-

---

[105] House of Commons, Fourteenth Report, 2000: The Trade and Industry Committee: What Would The Euro Cost UK Business?.

gen. Entsprechend resultiert diese passive Rolle des Parlaments im Ergebnis, die EU-skeptischen und Euro-skeptischen Normen beizubehalten. Dieses passive Verhalten gilt allerdings nicht für die gesamte britische Politik. In Parlamentsreden der Parteiführer, die in diese Analyse nicht eingeflossen sind, beziehen vorwiegend prominente Politiker eine eindeutige Stellung zur Währungsunion und agieren dabei auch als Norm-Entrepreneur. Und speziell außerhalb des Parlaments engagieren sich einzelne prominente Politiker in Reden und Interviews als Norm-Entrepreneur. Die Reden der prominenten Politiker und das Engagement der beiden großen Parteien außerhalb des Parlaments findet in der Presse ein reges Echo und tragen so zur Setzung einer neuen beziehungsweise zur Festigung bestehender Normen bei. Da sich die Parlamentsreden der prominenten Politiker in der Regel mit ihrem Agieren außerhalb des Parlaments und auch der Position ihrer Partei decken, wird dieses Engagement im Folgenden im Rahmen der Darstellung der Conservative Party und der Labour Party ausführlich untersucht.

3.3.2 Die Conservative Party

Die Tories sind einer der zentralen Akteure im Prozess einer möglichen britischen Euro-Einführung. Als Oppositionspartei vertreten sie nicht nur ihre Wähler, sondern sind auch ein Meinungsmultiplikator, der in der öffentlichen Wahrnehmung eine wichtige Rolle spielt und der auch von der Presse als Akteur dargestellt und zitiert wird. Da die Conservative Party seit der verlorenen Wahl 1997 in Bezug auf einen Beitritt zur Währungsunion sehr geschlossen auftritt, kann sie als ein homogener Akteur betrachtet werden.
Die Conservative Party ist traditionell Europa-skeptisch eingestellt, was am deutlichsten durch die Rolle Margret Thatchers symbolisiert wird. Ihr Nachfolger John Major war zwar im Vergleich zu Thatcher offensichtlich offener gegenüber einer Europa-freundlichen Politik eingestellt, allerdings kam es auch unter seiner Regierung zu keiner deutlichen Annäherung an die EU. Im Zuge des Wahlkampfes 1997 war es das Ziel Majors, eine Entscheidung Großbritanniens bezüglich eines möglichen Euro-Beitritts offen zu lassen und so alle Politikoptionen zu behalten. Diese „wait and see“ Politik wurde allerdings von der mehrheitlich sehr Europa-skeptisch eingestellten Partei unterlaufen, was die wenigen Europa-freundlichen Politiker der Tories in ihrer Position schwächte. Die Ablehnung der im Vergleich zu Thatcher relativ Europa-freundlichen Politik Majors durch die eigenen Partei zeichnete sich schon länger ab, da sich die Conservative Party in den 90ern unter Major nach einer kurzen Phase der leichten Annäherung an einen Europa-freundlichen Kurs wieder deutlich zu einer sehr Europa-skeptischen Partei entwickelte.[106] Die Europa-skeptische Mehrheit griff

[106] Vgl.: Turner, John: The Tories and Europe, Manchester: Manchester University Press, 2000, S. 185.

im Wahlkampf auf eine populistische und nationalistische Rhetorik zurück und schuf durch Interviews, Wahlkampfposter und Reden, die schnell finanzielle Förderer fanden, einen Europa- und Euro-kritischen Frame. Das Thema „Europäische Union“ wurde so die Basis zur Schaffung eines neuen Tory-Nationalismus und Patriotismus. Europaskepsis wurde zum Ausdruck nationaler Empfindsamkeit und Kultur.[107] In der innerparteilichen Debatte um einen Beitritt zur Währungsunion rückte das Argument des Verlustes nationaler Souveränität und der Entscheidungsfreiheit in den Vordergrund, was eine Debatte um die wirtschaftlichen Vor- und Nachteile kaum möglich machte. Dieser Richtungsstreit zwischen der großen Gruppe der Europaskeptiker gegen die kleine Gruppe der Befürworter einer tieferen Integration Europas um den zögerlichen Premier Major führte letztendlich zu einer Spaltung der Partei und schwächte ihre Position im Wahlkampf deutlich. Nach der schweren Wahlniederlage der Tories, die mit 30,7% der Stimmen eines ihrer schwächsten Ergebnisse einfuhren, wurde die kleine Europa-freundliche Gruppe der Partei weiter geschwächt. Dies gilt vor allem für die im Parlament vertretenen Mitglieder, die an Einfluss verloren. So wurden neben einigen unentschiedenen Parlamentariern nur 38 als Europa-freundlich, aber 98 als Europa-skeptisch eingestuft.[108] Dieses Machtverhältnis erklärt auch den Ausgang der Wahl um den neuen Parteiführer, den letztendlich William Hague gegen den Europa-freundlichen Kenneth Clark gewann. Dabei wurde Hague unter anderem von Thatcher unterstützt, die argumentierte:

> [Hague] stands for things I belief in – above all he offers a clear vision of Britain as free, sovereign nation with control over its own affairs.[109]

Mit der Wahl Hagues war die Europaskepsis der Conservative Party wieder offizielle Politik und das Motto Majors gegenüber der Währungsunion „wait and see“ wurde durch die Politik des „not for the foreseeable future“ ersetzt. Die Erfahrungen aus den parteiinternen Auseinandersetzungen um das Verhalten gegenüber der europäischen Integration im Zuge des Wahlkampfes führten zu einer Konkretisierung dieser Politik durch Hague im Oktober 1997. Die Festlegung der Richtlinie „not for ten years“ bestimmt die Politik der Tories gegenüber der Währungsunion.[110] Diese Europa-skeptische Position stellte Hague in etlichen Reden dar:

> [I] would rule out joining a single currency for the foreseeable future, for the next ten to fifteen years.

---

107 Vgl.: Turner (2000), S. 186.
108 Vgl.: Turner (2000), S. 214.
109 Zit. nach: Turner (2000), S. 244.
110 Vgl. Turner (2000), S. 220-262.

und

> I have to tell you, there is a limit to European integration. And I must say, in my opinion, we are near that limit now.

und

> We say no to the abolishing the pound for the foreseeable future. [111]

Die Verknüpfung nationaler Werte mit einer Europa-skeptischen Einstellung wird speziell durch das letzte Zitat deutlich. So wird nicht von einer möglichen Einführung des Euro gesprochen, sondern von einer Abschaffung des britischen Pfunds, welches eine zentrale Rolle als nationales Symbol einnimmt (vgl. Kap. III.1.3).
Michael Howard, der im November 2003 Hague als Führer der Conservative Party ablöste, steht der Währungsunion ebenfalls ablehnend gegenüber. So befürchtet er durch die Einführung des Euro nicht nur den Verlust einer eigenständigen Währungspolitik, sondern auch ein Fortschreiten der Vertiefung der politischen Integration, was die Souveränität Großbritanniens weiter einschränke. Dadurch verknüpft die Conservative Party die Einführung des Euro mit einem Verlust nationaler Souveränität, der sich in der Folge des Beitritts zur Währungsunion weiter vergrößern würde. Etwaige wirtschaftliche Vorteile eines Beitritts könnten so die Nachteile bei Weitem nicht aufheben.[112] Ökonomische Gründe für ein Ablehnen der Währungsunion stehen entsprechend nicht im Zentrum. Mit dieser Argumentation sieht sich die Conservative Party als der legitime Fürsprecher der britischen Bevölkerung in Fragen der Politik gegenüber der Europäischen Union.[113] So ist die Position der Tories durch das in den Vordergrund Rücken der politischen Dimension der Währungsunion und durch das Argument des Verlustes der nationalen Souveränität gekennzeichnet. Diese Argumentation wird von der britischen Bevölkerung vor allem auf der Basis der nationalen britischen Identität wahrgenommen. Die nationale Identität dient dabei als Frame und ist somit der Interpretationsrahmen für eine eindeutige Einordnung der Argumente in einen pro-britisch und zugleich anti-europäischen Zusammenhang. Folglich wird die Position der Conservative Party nicht nur vor dem EU-kritischen EU-Bürokratie-Frame wahrgenommen, der genau die von der Conservative Party formulierten Ängste vor nationalem Souveränitätsverlust

---

[111] Zit. nach: Turner (2000), S. 244-249.

[112] Vgl.: Rede von Michael Howard in Madrid am 8. Juli 2002: „The European single currency is but a stepping-stone to a political union" (http://www.conservatives.com, zugegriffen am 13. 1. 2004).

[113] Vgl.: Rede des Vorsitzenden der Conservative Party im Europäischen Parlament, Jonathan Evans, anlässlich der Parteikonferenz in Blackpool am 8. Oktober 2003: „We Conservatives are proud to be Britain's voice in Europe" (http://www.conservatives.com, zugegriffen am 13. 1. 2004).

und einer bürokratischen EU ausdrückt, sondern auch der GB-Frame dient als Interpretationsbasis.
Die Argumentation der Blair-Regierung, die die Währungsunion als rein ökonomische Frage darstellt, ist der Argumentation der Tories genau gegengesetzt. Die Labour Party, die die Währungsunion abhängig vom Ergebnis der von Brown aufgestellten fünf ökonomischen Tests macht, wird entsprechend scharf kritisiert. Speziell die wirtschaftliche Aussagekraft der fünf Test und der veröffentlichen Ergebnisse werden in Frage gestellt.[114] Dadurch werden die politischen Aspekte in den Vordergrund gerückt.
Die Argumentation der Conservative Party ist durch das Ziel der *Frame Amplification* gekennzeichnet. So versucht die Conservative Party als Norm-Entrepreneur, aufbauend auf der nationalen britischen Identität, den EU-Bürokratie-Frame mit dem GB-Frame fest zu verknüpfen und so die Gefahr des Verlustes der Souveränität und der nationalen Eigenarten zu verdeutlichen. Zudem wird der Euro fest mit der politischen Dimension der EU verknüpft. Diese Verknüpfung wird nicht nur mit dem Verlust von Souveränität und der uneffektiven europäischen Bürokratie assoziiert, sondern soll gleichzeitig eine Verknüpfung der Währungsunion mit rein ökonomischen Aspekten verhindern. Dieses Agieren steht somit in Opposition zu dem der Eurobefürworter, die in ihrer Argumentation die ökonomische Dimension der Währungsunion betonen.

3.3.3 New Labour, Tony Blair und Her Majesty's Treasury

Die Regierung Blair tritt für einen Beitritt zur Währungsunion ein und muss die kritische britische Bevölkerung von den Vorteilen eines Beitritts überzeugen. Dabei sind die Regierungspartei und ihre Mitglieder der zentrale Akteur in der Schaffung eines normbasierten Handlungsrahmens. Denn nur sie sind auch in der Position, einen Beitritt zur Währungsunion letztendlich zu beschließen und die entsprechenden Gesetze zu verabschieden. Blair führt gemeinsam mit seinen Beratern die Partei und achtet darauf, dass möglichst keine von seiner Politik abweichenden Meinungen nach Außen dringen. Alle Statements, die von den Ministerien nach Außen gegeben werden, müssen zuerst dem Stab um Blair vorgelegt werden, weshalb Vertraute Blairs auch von einem „Napoleonic system of government“ sprechen.[115] Die vermeintlichen Meinungsunterschiede zwischen Blair und seinem Schatzkanzler Brown in Bezug auf die Euro-Einführung sind tatsächlich minimal und werden von Euro-Gegnern lanciert.[116] Allerdings gilt dieses geschlossene Auftreten nur für die Führungsebene der Partei. Vor al-

---

[114] Vgl.: Rede von Michael Howard im House of Commons am 9. Juni 2003: „Euro assessment is an exercise in deceit“.

[115] Vgl.: Sturm, Roland: New Labour – New Britain? Großbritannien nach dem Wahlsieg Tony Blairs, in: Kastendiek / Rohe / Volle (1998), S. 276.

[116] Vgl.: The Economist: „The ties that do bind“, am 22. Mai 2003.

lem an der Parteibasis gibt es auch Europa-skeptische Mitglieder. Aber als Norm-Entrepreneur können vor allem die Eliten einer Partei tätig werden, da sie über ein ausreichendes Prestige und Präsenz in den Medien verfügen. Da die Führungsebene der Labour Party in Bezug auf den Euro relativ geschlossen auftritt, kann bei der Betrachtung der Labour Party als Norm-Entrepreneur von einem geschlossenen Akteur ausgegangen werden.
Der Regierungswechsel im Frühjahr 1997 mit dem überwältigenden Wahlsieg von Tony Blair bedeutete eine neue Ausrichtung der britischen Politik gegenüber der EU. Bereits vor der Wahl wurde deutlich, dass die Labour Party der EU offener gegenübersteht als die Conservative Party. Allerdings vermied es Blair, den Themenkomplex EU offensiv als Wahlkampfthema einzusetzen und nahm so auf die größtenteils kritische Haltung der britischen Bevölkerung gegenüber der EU Rücksicht. Ein erstes pro-europäisches Signal setzte Blair dann allerdings direkt nach der gewonnenen Wahl, indem er dem Protokoll über die Sozialpolitik beitrat, das Teil des Maastrichter Vertrages ist und die europäische Sozialcharta erweitert. Dieser Schritt wurde von der Major-Regierung abgelehnt. Doch trotz der, vor allem im Vergleich zur Conservative Party, prinzipiell EU-freundlichen Position gibt es auch in der Labour Party Befürchtungen eines Souveränitätsverlustes im Falle zu weitreichender Integration.[117]
Um die ablehnende Haltung der britischen Bevölkerung und auch von einzelnen Mitgliedern der Basis der eigenen Partei gegenüber der EU und der Einführung des Euro zu überwinden, verweisen führende Politiker der Labour Party auf die Errungenschaften der EU und die Vorteile, die sich durch die EU für Großbritannien ergeben. Bei dieser Argumentation stehen vor allem die wirtschaftlichen Vorteile im Vordergrund. Die arbeitsplatzschaffenden Effekte des Binnenmarktes und die mit dem Binnenmarkt verbundene Liberalisierung des Handels werden von der Labour Party besonders hervor gehoben. Aber auch politische Regelungen wie ein einheitliches, europäisches Asylverfahren werden erwähnt. Speziell mit Blick auf die wirtschaftlichen Vorteile wird auch die Position der Conservative Party kritisiert, die mit ihrer Europa-kritischen Haltung als wirtschaftsfeindlich und den Interessen Großbritanniens schadende Partei dargestellt wird.[118] Diese Argumentation wird in erster Linie von Premier Tony Blair vertreten, der sich offensiv für ein neues britisches Bild Europas einsetzt und sich für einen Beitritt zur Währungsunion ausspricht. Daher grenzt Blair seine Euro-

---

[117] Vgl.: Fielding, Steven: The Labour Party. Continuity and change in the making of 'New' Labour, New York: Palgrave MacMillian, 2003, S. 155-156.

[118] Vgl.: Rede des Sekretärs für Außenpolitik, Jack Straw, anlässlich eines Treffens des AGM of Labour Movement for Europe am 9. Dezember 2003: „Britain stronger, more prosperous, more secure in Europe", und Rede des Vorsitzenden der Labour Party im Europäischen Parlament, Gary Titley, anlässlich der Parteikonferenz in Bournemouth am 30. September 2003: „Our vision of a progressive Europe" (http://www.labour.org.uk, zugegriffen am 14. 1. 2004).

papolitik deutlich von der der Conservative Party ab und spricht von einer neuen, konstruktiven Rolle, die Großbritannien in der EU einnehme.

> We opted out of the European Coal and Steel Community. We opted out of the European Economic Community. We opted out of the Social Chapter. And we played little part in the debate over the single currency. When we finally decided to join many of these institutions, we found unsurprisingly that they did not reflect British interests or British experience as much as we would have wished.[119]

Im Laufe der im Jahre 2004 siebenjährigen Amtszeit Blairs wiederholt sich in seinen Äußerungen zur EU stets die Argumentation, dass eine aktive britische Rolle in der EU für Großbritannien keinen Verlust von Souveränität darstellte, sondern den Einfluss auf die Politik der EU stärke und so im nationalen Interesse Großbritanniens sei. Entsprechend argumentiert Blair gegen die Befürchtungen eines Souveränitätsverlustes, der für viele Briten einen zentralen Punkt in ihrer ablehnenden Haltung gegenüber der EU darstellt:

> We should have more self-confidence because we are a leading European power, always have been and always will be.[120]

Dabei stellt Blair die wirtschaftlichen Vorteile der EU in den Vordergrund und geht praktisch nicht auf die politische Dimension der EU ein, die von der britischen Bevölkerung mehrheitlich kritisch betrachtet wird. Eine Europa-ablehnende Politik wird von Blair konsequent als negativ für die britische Wirtschaft dargestellt:

> British business has always given strong support to our membership of the EU and for good reason. You understand that being in the EU brings us massive benefits in trade, jobs and prosperity. You know that the EU is the most effective way that Britain can make its voice heard on global issues alongside the US and the growing Asian economies. You know that to be anti-Europe is to be anti-business.[121]

In diese Argumentation reiht sich auch Blairs Eintreten für den Euro ein. Er betont, dass es sich bei dem Entschluss über den Beitritt um eine souveräne Entscheidung handelt, die nach rein wirtschaftlichen Aspekten getroffen wird. Als Sicherheitsgarantie dienen die von Schatzkanzler Brown aufgestellten fünf Tests, die gewährleisten sollen, dass Großbritannien von einem Beitritt profitiert. Auch das vor der Einführung stattfindende Referendum wird von Blair regelmäßig betont. In diesem Zusammenhang stellt er klar, dass ein möglicher

[119] Rede von Premierminister Tony Blair in der Ghent City Hall in Belgien am 23. Februar 2003: „Committed to Europe, Reforming Europe" (http://www.number-10.gov.uk, zugegriffen am 14. 1. 2004).

[120] Rede von Premierminister Tony Blair am 28. November 2002: „A clear course for Europe" (http://www.number-10.gov.uk, zugegriffen am 14. 1. 2004).

[121] Rede von Premierminister Tony Blair am 17. November 2003 auf der CBI Konferenz (http://www.number-10.gov.uk, zugegriffen am 14. 1. 2004).

Beitritt zur Währungsunion eine eigenständige britische Entscheidung sei, die nicht gegen den Willen der Bevölkerung vollzogen würde. So schränke eine aktive Europapolitik die britische Souveränität nicht ein, sondern stärke den britischen Einfluss und die britische Wirtschaft. Die notwendige Politik beschreibt er entsprechend:

> It is [...] to make the argument for Britain in Europe, to take on those who believe if we are pro-British we must be anti-European, to defeat the false case that if Britain is a full-hearted member of the European Union we lose our identity as a nation, and to show in a world that is moving closer together and being transformed by globalisation, it would be a cruel denial of our own proper self-interest to cut ourselves adrift from the major strategic, economic and political alliance right on our doorstep. This is not a debate that will be won in a day or in a month, but it is a debate about our future and it requires careful and considered discussion. That is our collective purpose on this issue as a government, from now on to build a strong, pro-European consensus again in Britain and to do so, not as a rejection of Britain in favour of Europe, but on the contrary as the proper and modern expression of the true British national interest.[122]

Analog zu Blair argumentiert auch das HM Treasury unter Schatzkanzler Brown, indem dieses sich in seinen Statements zur Währungsunion ausschließlich auf die wirtschaftlichen Aspekte der Wahrungsunion bezieht. Und auch das Treasury betont wie der Premierminister, dass die Entscheidung über einen Beitritt von Großbritannien souverän gefällt wird und die EU die Politik Großbritanniens nicht einschränkt. Im Zentrum aller Statements des Treasury stehen die fünf ökonomischen Tests, für deren Evaluierung das Treasury zuständig ist und die die Voraussetzung für den Beschluss des Kabinetts zur Durchführung des Referendums sind:

> The five tests are our stability guarantee: to meet them would ensure that we will not put at risk our economy or our public services. With the tests met, Britain in the euro can enjoy the benefits I have outlined – greater trade, investment and employment.[123]

Und Ed Balls, der Berater des Treasury, betont:

> In principle in favour; in practice the economic tests must be met. We cannot and will not take risks with Britain's economic strength. The principle is real, the tests are real.[124]

---

[122] Pressekonferenz von Premier Tony Blair und Schatzkanzler Gordon Brown über die Währungsunion am 9. Juni 2003.

[123] Stellungnahme des Schatzkanzlers Gordon Brown am 9. Juni 2003 vor dem britischen Parlament: „On UK Membership of the Single Currency“.

[124] Rede des Chief Economic Adviser to the Treasury, Ed Balls, anlässlich der Cairncross Lecture am 4. Dezember 2002: „Why The Five Economic Tests?“ (http://www.hm-treasury.gov.uk, zugegriffen am 24. 6. 2004).

Ein Vergleich des Evaluationsergebnisses aus dem Jahr 1997 mit dem Ergebnis des Jahres 2003 macht die Fortschritte der Beitrittsbemühungen der britischen Regierung deutlich. Dabei bestehen die Evaluierungen in erster Linie aus wirtschaftswissenschaftlichen Untersuchungen.

Abbildung 22 Evaluierungen der fünf Tests durch das HM Treasury

	Evaluierung der fünf Tests 1997 (Oktober)[125]	Evaluierung der fünf Tests 2003 (Juni)[126]
Konvergenz	trifft nicht zu	inzwischen signifikante Fortschritte, trifft noch nicht voll zu
Flexibilität	trifft nicht zu	trifft nicht zu
Investment	trifft zu	trifft zu
Finanzdienstleistungen	trifft teilweise zu	trifft zu
Wachstum, Stabilität und Beschäftigung	trifft zu	trifft zu

Diese lassen allerdings auch einen gewissen Interpretationsrahmen zu, so dass letztendlich auch politische Faktoren über das Ergebnis der fünf Tests und somit über den Zeitpunkt des Referendums entscheiden. Dass die Treasury das Bestehen der fünf Tests noch nicht bejaht, aber inzwischen deutliche Fortschritte feststellt, verdeutlicht ein Vergleich der Tests aus den Jahren 1997 und 2003.

Die pro-europäische Argumentation der Labour Regierung kann nur bedingt auf eine vorhandene Identität aufbauen, da die europäische Identität in Großbritannien kaum ausgeprägt ist. Und die nationale britische Identität und der auf ihr basierende Frame mit anti-europäischem Bias ist eine große Hürde für einen Beitritt zur Währungsunion. Doch genau gegen dieses Interpretationsschema argumentiert die Labour Regierung. Zentrale Punkte der Argumentation sind, dass ein Engagement Englands in der EU eben keinen Souveränitätsverlust bedeutet und dass die Werte und Erfahrungen Englands durch konstruktive Mitarbeit in den Institutionen der EU in diese eingebracht werden. Statt des Verlustes an Souveränität wird so der britische Einfluss erweitert. Das Wirken der britischen Regierung als Norm-Entrepreneur lässt sich zum einen als ein Stärken der bisher schwachen europäischen Identität der Briten beschreiben. Zum anderen versucht die britische Regierung den auf die nationale Identität aufbauenden Frame, der die Basis für die ablehnende Beurteilung der EU ist, neu zu definieren. Dieser Prozess der *Frame transformation* ist gekennzeichnet durch eine Argumentation, die der bisherigen Verknüpfung genau entgegensteht: Engagement in der EU bedeutet keine Abgabe von Souveränität, sondern den Gewinn an Ein-

125 Vgl.: HM Treasury: UK Membership Of The Single Currency. An Assessment Of The Five Economic Tests, October 1997.

126 Vgl.: HM Treasury: UK Membership Of The Single Currency. An Assessment Of The Five Economic Tests, June 2003.

fluss und Gestaltungsmöglichkeit. Drittens versucht die Labour Regierung durch *Frame Amplification* und *Frame Bringing* die Themen Wirtschaftswachstum und Währungsunion fest mit dem neu zu gestaltendem pro-europäischen Frame zu verknüpfen. Von besonderer Relevanz wird so der Logik-globaler-Märkte-Frame, der eine starke Argumentationsbasis für einen Beitritt zu Währungsunion bietet. Diese Verknüpfung schwächt die EU-Gegner, die ihre Argumentation auf der politischen Dimension der EU aufbauen, da hier ein neuer Frame entsteht, der ihre Position als schädlich für die britische Wirtschaft erscheinen lässt.

3.3.4 Interessengruppen

In Großbritannien engagieren sich im Zusammenhang mit der Währungsunion eine Vielzahl von Interessengruppen. Neben den Arbeitgeber- und Arbeitnehmerverbänden, die sich grundsätzlich mit allen ökonomischen Fragen befassen, haben sich in Großbritannien auch Interessengruppen formiert, die sich ausschließlich mit der Debatte um die Währungsunion befassen.

Die Gewerkschaften

Der Trade Union Congress, der etwa 75% der britischen Gewerkschaftsmitglieder vertritt, ist gegenüber der Währungsunion sehr positiv eingestellt. Er engagiert sich aktiv als Norm-Entrepreneur und versucht so, die britische Bevölkerung von den Vorteilen der Währungsunion zu überzeugen. Dabei ist den Gewerkschaften bewusst, dass sie eine große Überzeugungsarbeit zu leisten haben. In Anbetracht der Aktivitäten der Euro-Gegner gilt dies umso mehr:

> Two speeches are not enough. It needs to be a day in day out campaign. The euro-sceptics never sleep. Nor must we.[127]

Die Argumentation der Gewerkschaften baut dabei in erster Linie auf dem Prinzip der Logik globaler Märkte auf. Sie verweisen auf die wirtschaftlichen Nachteile und speziell auf die bedrohten Arbeitsplätze, die ein Nicht-Beitritt langfristig mit sich brächte. Diese Argumentation wird vor allem vom Generalsekretär des Trade Union Congress, John Monks, vertreten:

> I say to them [the Euro-sceptics] that every day that passes that we stay out, our position is weakened in the European Union. If you don't take part in one of the central elements in the European project, our influence on the other element diminishes. And while we keep putting off the decision, inward investors don't put off theirs. At the moment, France is attracting more inward investment into manufacturing than

[127] Rede von John Monks, dem Generalssekretär des Trade Union Congress, am 14. November 2003 anlässlich der European League for Economic Co-operation's lecture (http://www.tuc.org.uk, zugegriffen am 22. 1. 2004).

> we are. And, again, if you trade with a currency that is overvalued against those in your major market, your tourism, your farming will all take big hits.[128]

Der Einsatz für die Einführung des Euro durch die britischen Gewerkschaften hat auch nach dem Wechsel des Euro-Befürworters Monks zur European Trade Union Confederation im Mai 2003 nicht nachgelassen.
Die positiven Effekte für den Arbeitsmarkt durch einen Beitritt zur Währungsunion werden in der Argumentation mit den bisherigen Errungenschaften der Europäischen Union verknüpft:

> You can't pick and choose from the European agenda. Open markets, a single currency and social protection are all part and parcel of the European project.[129]

So zielt die Argumentation der Gewerkschaften auf den Verweis der Vorteile, die die EU bisher für den britischen Arbeitsmarkt gebracht hat. Dabei versuchen sie durch eine Argumentation, die auf dem Logik-globaler-Märkte-Frame aufbaut, die britische Bevölkerung durch das Erzielen von Lerneffekten von den Vorteilen des Euro zu überzeugen. Dieser Einsatz der Gewerkschaften kann als *Frame Amplification* bezeichnet werden, da die feste Verknüpfung des Themas Euro-Einführung mit dem gestärkten Logik-Globaler-Märkte-Frame die Argumentation der Gewerkschaften festigt und eine andere Argumentation durch einen konkurrierenden Norm-Entrepreneur erschwert. Die Gewerkschaften vermeiden eine Verknüpfung ihrer Argumentation mit der nationalen Identität und klammern auch die politische Dimension der EU in ihrem Einsatz für die Euro-Einführung aus.

Confederation of British Industry

Die CBI, der Dachverband der britischen Industrie, ist aufgrund ihrer wirtschaftlichen Interessen ebenfalls ein potentieller Norm-Entrepreneur, der sich für den Beitritt zur Währungsunion ausspricht und muss entsprechend analysiert werden.
Bereits 1997 sprach sich der EU-freundliche CBI Präsident Adair Turner deutlich für einen schnellen Beitritt zur Währungsunion aus. Neben den zu erwartenden positiven Effekten für die britische Wirtschaft, die für einen Beitritt sprechen, spricht die Angst vor einer britischen Isolation innerhalb der EU im Falle des Nicht-Beitritts für eine schnelle Einführung des Euro. In öffentlichen Statements unterstrich Turner die wirtschaftlichen Chancen, die ein Beitritt verspreche. Unter Digby Jones, der Ende 1999 Nachfolger von Turner wurde, begann

---

[128] Rede von John Monks, dem Generalssekretär des Trade Union Congress, am 6. Dezember 2001 anlässlich der jährlichen Konferenz der AEEU in Blackpool, „Euro campaign cannot be put off“
(http://www.tuc.org.uk, zugegriffen am 22. 1. 2004).

[129] Statement von Brendan Barber, dem Generalssekretär des Trade Union Congress, am 9. Juni 2003 (http://www.tuc.org.uk, zugegriffen am 22. 1. 2004).

sich innerhalb der CBI ein langsamer Wandel in Bezug auf die Förderung eines schnellen Beitritts zur Währungsunion zu vollziehen. Zwar sprach sich die CBI unter Jones immer noch für die Einführung des Euro aus, aber die offensiven Kampagnen werden eingeschränkt.[130] Sir John Egan, der der CBI seit Mai 2002 vorsteht, gilt als sehr Euro-kritisch. Unter seiner Führung spricht sich die CBI kritisch gegenüber dem Euro aus und Egan selbst betont in Interviews seine kritische Haltung:

> Are we all going to into this blindfold with paper bags over our heads or are we actually going to know something about how predictable the results are going to be?[131]

So lässt sich das Wirken der CBI in drei Phasen einteilen, die stark von der amtierenden Führung bestimmt sind. In der Phase von 1997 bis 1999 tritt die CBI als engagierter Norm-Entrepreneur auf, der sich für die Einführung des Euro einsetzt und auf die wirtschaftlichen Vorteile hinweist. In einer zweiten Phase von Ende 1999 bis Anfang 2002 betont die CBI zwar hinter einem britischen Beitritt zur Währungsunion zu stehen. Allerdings wird sie mangels öffentlichen Engagement nicht mehr als Norm-Entrepreneur aktiv. In der dritten Phase, die im Mai 2002 begann, spricht sich die CBI kritisch gegenüber dem Euro aus. Eine zentrale Rolle nimmt ihr Vorsitzender Egan ein, der aufgrund seiner Persönlichkeit und Medienpräsenz die Funktion des Norm-Entrepreneurs der CBI wahrnehmen kann. Er wird als Norm-Entrepreneur tätig und agiert gezielt gegen die Befürworter eines Beitritts zur Währungsunion. Dabei stärkt er pro-britische Normen und verweist auf die politische Dimension des Euro. Besonders beachtlich ist, dass er als Arbeitgeber-Vertreter seine Argumente vorwiegend auf politische Aspekte aufbaut und sich kaum auf ökonomische Aspekte bezieht.

Die no-campaign

Die no-campaign ist eine Gruppe von Euro-Gegnern, die sich gegen einen britischen Beitritt zur Währungsunion ausspricht. Sie rekrutiert ihre Mitglieder aus allen Bereichen der Gesellschaft – auch aus den im Parlament vertretenen Parteien. Ihr Wirken als Norm-Entrepreneur baut auf verschiedensten Aktivitäten auf. Neben der Bereitstellung von Informationen in Broschüren und auf einer Homepage, ist die no-campaign auch Organisator unterschiedlichster Veranstaltungen. Allerdings unterscheidet sich die no-campaign in ihrer Argumentation von anderen Euro-Gegnern. So liegt ihrer Argumentation weder der GB-Frame noch der EU-Bürokratie-Frame zugrunde. Vielmehr bezeichnen sich ihre Mitglieder als überzeugte Internationalisten, die keine Abschottung Großbritanniens von Europa anstreben. Ihre Euro-Skepsis beruht auf der Erwartung wirtschaftlicher Nachteile, die laut no-campaign im Falle eines Beitritts zur Währungsunion

---

[130] Vgl. z.B.: The Guardian am 1. Februar 2000, „CBI goes into euro retreat".

[131] Zit. nach: BBC News, 20. Mai 2002, „New CBI head says no to euro" (http://news.bbc.co.uk/).

eintreten. Damit stellt diese Gruppe einen Gegenpol zu den Euro-Befürwortern dar, die ihre Argumentation pro Euro auf den Logik-globaler-Märkte-Frame aufbauen. Denn die no-campaign stellt diese Logik in Frage und tritt so mit den Befürwortern in Konkurrenz, die ihre Argumente ebenfalls auf die ökonomische Dimension der Währungsunion stützen, allerdings dabei zu einen entgegengesetzten Ergebnis kommen. Dabei versucht die no-campaign durch einen Prozess der *Frame Amplification*, also der festen Verknüpfung des Themas „Euro-Einführung“ mit einem Wirtschafts-Frame, die Währungsunion mit einer wirtschaftswissenschaftlichen Argumentationsbasis zu verknüpfen, die mit dem Logik-globaler-Märkte-Frame konkurriert. Dieser Strategie kommt der Einstellungswandel der CBI gegenüber der Währungsunion entgegen. Zwar baut die CBI ihre Argumente auf politische Aspekte auf, sie steht aber für ökonomischen Sachverstand. So kann die no-campaign ihre ökonomischen Argumente mit der aktuellen Position der CBI zur Währungsunion unterstreichen und so an Glaubwürdigkeit gewinnen.[132]

Die yes-campaign

Die vom Vorsitzenden von British Airways, Lord Marshall of Knightsbridge, geführte yes-campaign ist eine Gruppe von Euro-Befürwortern, die sich für einen britischen Beitritt zur Währungsunion aussprechen. In der yes-campaign sind zum einen Mitglieder der britischen Parteien vertreten, zum anderen auch Vertreter der Arbeitgeber und der Gewerkschaften. Die Argumentation der yes-campaign ist deckungsgleich mit der der Blair-Regierung. Zentraler Frame der Argumentation ist der Logik-globaler-Märkte-Frame. Vor dem Hintergrund dieses Interpretationsschemas werden die Vorteile einer gemeinsamen europäischen Währung dargestellt und die Nachteile für einen Nicht-Beitritt Großbritanniens erläutert. Speziell die Gefahr des Verlustes von Arbeitsplätzen im Falle des Nicht-Beitritts wird unterstrichen. Zudem verweist die yes-campaign darauf, dass ein britisches Engagement in der Europäischen Union keinesfalls mit dem Verlust von Souveränität gleichzusetzen sei. Vielmehr bedeute ein verstärktes britisches Engagement in der EU eine Vergrößerung des britischen Einflusses auf die europäischen Entscheidungen. So beantwortet die yes-campaign die Frage „Is the case for joining the euro economic or political?” mit der Antwort: “It is both.” Diese Argumentation wird auch durch plakative Verknüpfungen betont, die die Position der yes-campaign in der Öffentlichkeit repräsentieren: „Yes to Europe, Yes to Jobs“ und „Yes to Europe, Yes to Sovereignty“.[133] Die yes-campaign vermeidet also eine Verknüpfung des Themas Euro mit der nationalen britischen Identität. Vielmehr wird die Einführung des Euro fest mit dem

[132] Vgl.: Homepage der no-campaign: http://www.no-euro.com, zugegriffen am 12. 2. 2004.
[133] Vgl.: Homepage der yes-campaign: http://www.yes-campaign.com, zugegriffen am 14. 4. 2004.

Thema „Wirtschaft“ verbunden und gleichzeitig gegen die britische Angst vor dem Verlust von Souveränität argumentiert.
Die yes-campaign ist weniger aktiv als die no-campaign. Auch die Berichterstattung über die yes-campaign fällt weniger umfangreich aus als die über die no-campaign. Dies liegt sicher nicht nur an der geringeren Aktivität, sondern auch an der vorwiegend Euro-kritischen Einstellung der britischen Presse. Dass die yes-campaign kaum als überzeugender Norm-Entrepreneur auftritt, ist auch auf ihren Vorsitzenden zurückzuführen, der nicht über ausreichendes Prestige verfügt, um erfolgreich als Norm-Entrepreneur aktiv werden können. Umfragen belegen, dass der Chef der Virgin-Gruppe Sir Richard Branson, der sich für die Einführung des Euro in Großbritannien einsetzt, ein geeigneter Führer der yes-campaign wäre.[134] Branson ist in Großbritannien sehr populär und er verfügt über alle notwendigen Eigenschaften eines Norm-Entrepreneurs. Einem Engagement Bransons im Rahmen der yes-campaign steht allerdings sein persönliches Verhältnis zum Geschäftskonkurrenten Lord Marshall of Knightsbridge entgegen. So tritt Branson zwar als Norm-Entrepreneur auf, der vor allem die wirtschaftlichen Vorteile eines britischen Beitritts zur Währungsunion unterstreicht. Aber ohne eine geeignete Organisation, die sein Eintreten verstärkt, kann er nicht ausreichend als erfolgreicher Norm-Entrepreneur tätig werden.

3.3.5 Presse

Bei der Wahl der zu untersuchenden Zeitungen und Zeitschriften sind zwei Aspekte zu beachten. Erstens muss das zu untersuchende Medium über eine hohe Auflage verfügen, um entsprechend viele Leser anzusprechen und so als Norm-Entrepreneur tätig werden zu können. Zweitens müssen die untersuchten Medien Euro-Befürworter und Euro-Gegner umfassen um mögliche Versuche der Setzung einer Norm aus beiden Lagern analysieren zu können.
In Großbritannien überwiegen die Euro-kritischen Zeitungen die Euro-positiven bei Weitem. So können auf der Seite der Euro-positiv eingestellten Zeitungen nur die „Financial Times, „The Guardian“, der „Mirror“ und „The Independent“ genannt werden. Alle anderen Zeitungen sind gegenüber der Währungsunion sehr kritisch eingestellt.[135] Dies gilt vor allem für die einflussreichen Zeitungen des Medienmoguls Rupert Murdoch, der seine Stellung als Herausgeber nutzt, um als Norm-Entrepreneur gegen die Einführung des Euro tätig zu werden.[136] Ausführlich analysiert wurden neben der Wochenzeitung „The Economist“ das Massenblatt „The Sun“ und einzelne Artikel der sogenannten „Quality Press“.

---

[134] Vgl.: Peter Kellner: Why Blair cannot overrule Brown on the euro, 19. Mai 2003 (http://www.yougov.com, zugegriffen am 17. 3. 2004).
[135] Vgl.: The Economist am 1. Mai 2003: „Who’s where on the euro“.
[136] Vgl.: Der Spiegel 21/2000, Blair in der Klemme, S. 217.

The Economist
Eine wichtige britische Wochenzeitschrift ist „The Economist". Er verfügt nicht nur über einen hohe Auflage von 655.000, sondern ist auch die Zeitschrift, die von anderen in den Medien Tätigen gelesen wird und damit eine besondere Rolle als Multiplikator inne hat. Der Economist bezeichnet sich selbst als wirtschaftlich liberale und Freihandel begrüßende Zeitschrift und könnte aufgrund dieser Ausrichtung und der ihm zugesprochenen Fachkompetenz ein potentieller Norm-Entrepreneur sein, der für einen britischen Beitritt zur Währungsunion eintritt.
In den Jahren 1997-2003 erschienen im Economist 229 Artikel zum Themenkomplex „Währungsunion". Dabei ist die Mehrzahl der Artikel (71%) gegenüber der Währungsunion als neutral einzustufen. Kritisch gegenüber der Währungsunion sind 28% der untersuchten Artikel. Positiv gegenüber der Währungsunion sind nur 1% der im Economist veröffentlichen Artikel. Die untersuchten Artikel basieren in ihrer Position auf vier verschiednen Frames, vor deren Interpretationshintergrund sie zu verstehen sind.

Abbildung 23 Beiträge in „The Economist"

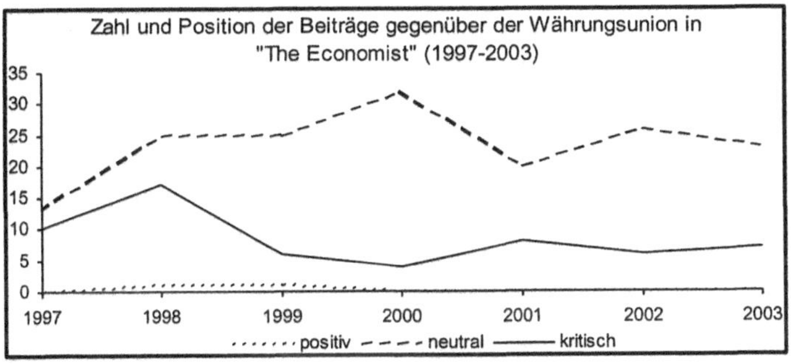

Der Frame, auf dem die meisten (69%) Artikel aufbauen, wird hier als Ökonomie-Frame bezeichnet. Artikel, denen der Ökonomie-Frame als Interpretationshintergrund dient, befassen sich mit der Währungsunion auf rein ökonomischer Ebene. Dieser Frame ist die Basis einer Vielzahl der Artikel, da der Economist als Magazin mit ökonomischem Schwerpunkt um eine wirtschaftlich neutrale Position bemüht ist. Dieser Frame als Interpretationshintergrund setzt allerdings beim Adressaten einen gewissen Bildungshintergrund voraus, wobei davon ausgegangen werden kann, dass die Leser des Economist über diesen verfügen. Im Gegensatz zum Logik-globaler-Märkte-Frame fokussiert der Ökonomie-Frame nicht nur auf die Effekte globaler Märkte im Zusammenhang mit einer Währungsunion, sondern betrachtet auch die Vorteile einer einzelstaatlichen Währung mit der Möglichkeit, diese selbst zu kontrollieren und auf regionale beziehungsweise nationale Gegebenheiten eigenständig reagieren zu können und bezieht so die britische Tradition als souveräne Wirtschaftsmacht mit ein. Dabei stellt die sachliche beziehungsweise wirtschaftswissenschaftliche Betrachtung der Währungsunion einen Interpretationshintergrund dar, der in erster Line eine neutrale Basis zur Beurteilung der Währungsunion bietet und kaum geeignet ist, einen Euro-positiven oder einen Euro-kritischen Kontext zu schaffen. Entsprechend sind 71% der als gegenüber der Währungsunion neutral zu beurteilenden Artikel dem Ökonomie-Frame zuzuordnen. Aber auch als gegenüber der Währungsunion kritisch einzustufende Artikel beziehen sich auf diesen Frame (52% der als Euro-kritisch eingestuften). In diesen Fällen werden allerdings meist zwei Frames miteinander verknüpft: Mit dem objektiven wirtschaftswissenschaftlichen Interpretationsschema wird dann ein zweiter Frame – der EU-Bürokratie-Frame oder der GB-Frame – als Interpretationsschema verknüpft.

Der EU-Bürokratie-Frame basiert auf der sehr skeptischen britischen Sicht der europäischen Institutionen und der Verwaltung der EU. Im Zentrum dieser kritischen Sicht steht der unüberschaubare Verwaltungsapparat, der nicht nur unflexibel sei, sondern auch die nationale Souveränität einschränke. Diese skeptische britische Sicht wird dadurch verstärkt, dass der Economist sich selbst als Zeitschrift beschreibt, die sich für eine möglichst geringe staatliche Einmischung in die Wirtschaft ausspricht. Eine Einordnung in den EU-Bürokratie-Frame bedeutet folglich, dass das Thema in erster Linie aus der kritischen britischen Sicht über das Funktionieren der EU betrachtet wird. Ein Drittel der gegenüber der Währungsunion kritisch eingestellten Artikel diskutiert die Währungsunion vor diesem Interpretationsschema.

Der GB-Frame basiert auf der nationalen britischen Identität. Artikel, die diesem Frame zuzuordnen sind, werden vor dem Hintergrund der nationalen britischen Identität interpretiert. Dieser Frame ist durch den Stolz auf britische Eigenarten und Symbole sowie durch ein Festhalten an der eigenen nationalen Souveränität gekennzeichnet. Somit steht dieser Frame einer EU-positiven Einstellung entgegen. Nur wenige Artikel beziehen sich auf diesen extrem emotional aufgeladenen und nur wenig rational begründbaren Frame, der nur schwer als Interpretationsbasis in einer um Objektivität bemühten Zeitschrift wie dem Economist zu vermitteln ist.

Abbildung 24 Framing in „The Economist"

Auswertung der Positionen in „The Economist" zum Thema „Währungsunion" in den Jahren 1997-2003. Die Positionen sind in die feststellbaren Frames untergliedert, die den Artikeln als Interpretationsbasis dienen.

	Ökonomie	GB	EU	EU-Bürokratie
1997				
positiv	-	-	-	-
neutral	13	-	-	-
kritisch	5	-	-	5
1998				
positiv	1	-	-	-
neutral	18	2	5	-
kritisch	13	-	-	4
1999				
positiv	1	-	-	-
neutral	22	3	-	-
kritisch	5	-	-	1
2000				
positiv	-	-	-	-
neutral	22	3	7	-
kritisch	1	-	-	3
2001				
positiv	-	-	-	-
neutral	15	3	2	-
kritisch	5	-	-	3
2002				
positiv	-	-	-	-
neutral	8	8	10	-
kritisch	1	-	-	5
2003				
positiv	-	-	-	-
neutral	19	4	-	-
kritisch	4	2	-	1
1997-2003				
positiv	2	-	-	-
neutral	95	23	24	-
kritisch	34	2	-	22

Bei der Verknüpfung des EU-Bürokratie-Frame und des GB-Frame mit dem Ökonomie-Frame bietet der Ökonomie-Frame den zentralen Interpretationsrahmen und der zweite Frame stellt dem Leser eine spezielle Perspektive zur Verfügung, die ebenfalls als Interpretationsrahmen dient und die ökonomische Thematik in einen besonderen Kontext stellt. Diese Methoden des *Frame Bridging* und des Zuordnen eines speziellen Frames zu einem Master-Frame findet sich relativ häufig. Speziell bei ausführlichen Artikeln, die einen ausreichenden Umfang für eine komplexe Argumentation bieten, ist diese Methode die Regel. Dabei muss dies nicht mit einer Euro-kritischen Haltung einhergehen. Oft wird beispielsweise die kritische Sicht der europäischen Verwaltung mit einer ökonomischen Untersuchung der Währungsunion verbunden, ohne dabei auch eine wertende Haltung gegenüber der Währungsunion einzunehmen. Gleichzeitig sind allerdings die als Euro-kritisch beurteilten Artikel, die dem Ökonomie-Frame zugeordnet werden, in der Regel mit dem EU-Bürokratie-Frame oder dem GB-Frame verbunden.

Ein vierter, wie der GB-Frame nur selten verwendeter Frame, ist der EU-Frame. Er basiert auf der kaum ausgeprägten europäischen Identität der Briten und drückt eine positive Haltung gegenüber der europäischen Integration aus. 10,9% der untersuchten Artikel basieren auf diesem Frame, wobei die meisten dieser Artikel neben dem EU-Frame als zentrales Interpretationsschema auf dem Ökonomie-Frame aufbauen. Diese Artikel sind nicht als Euro-positiv zu bewerten, sondern als Euro-neutral.

Die verwendeten Vokabeln in den untersuchten Artikeln sind in der Regel neutral und entstammen oft der ökonomischen Fachsprache, was bei der thematischen Ausrichtung des Economist nicht überrascht. Dies ist unabhängig von der Einstellung gegenüber der Währungsunion und dem zugrundeliegenden Frame. Allerdings zeichnen sich die meisten Euro-kritischen Artikel durch eine kritische Überschrift aus, die die Haltung des folgenden Artikels bereits deutlich macht (z.B. Euro-fudge). Diese Artikel sind oft auch mit einer Euro-kritischen Karikatur versehen.

The Sun

„The Sun“ ist mit 3,8 Millionen die auflagenstärkste Tageszeitung Großbritanniens. Entsprechend groß ist ihr Einfluss als Norm-Entrepreneur. Als ausgesprochener Euro-Gegner nutzt die Sun gezielt ihre Möglichkeiten als Norm-Entrepreneur.

Im untersuchten Zeitraum in den Jahren von 1997-2003 erschienen in der Sun unzählige Artikel, die sich mit der Währungsunion allgemein oder einem möglichen britischen Beitritt im Speziellen befassen.

Aufgrund der extrem großen Zahl dieser Artikel flossen in die Untersuchung nur die Artikel ein, die aufgrund ihrer Position (Seite 1 oder erste Seite der verschiedenen Rubriken) oder aufgrund ihrer Gestaltung (Überschrift, Bilder, Umfang,

Stellung auf der Seite) sehr gut geeignet sind, eine neue Norm zu etablieren beziehungsweise eine bestehende Norm zu festigen. Diesen Artikeln kann man am ehesten das Ziel des gezielten Schaffens beziehungsweise der Festigung einer Norm zusprechen.

Abbildung 25 Beiträge in „The Sun“

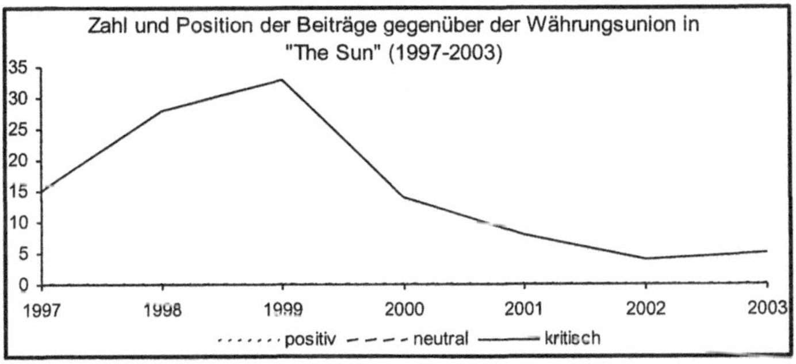

Alle untersuchten Artikel der Sun sind Euro-kritisch. Sie lassen sich zwei unterschiedlichen Frames zuordnen, die ihnen als Interpretationshintergrund dienen. Die Mehrzahl der Artikel ist dem GB-Frame zuzuordnen. Der GB-Frame basiert auf der nationalen britishen Identität, die durch den Stolz auf britische Eigenarten und Symbole sowie durch ein Festhalten an der eigenen nationalen Souveränität gekennzeichnet ist. Diese Identität ist mit einem vereinten Europa nicht im Einklang, entsprechend steht dieser Frame einer EU-positiven Einstellung entgegen. Dabei greifen die Artikel in ihrer Formulierung in der Regel auf dramatische Metaphern zurück und unterstreichen, wie eine gemeinsame Währung britische Werte und nationale Symbole und somit die britische Identität angreifen:

> The EU's top banker will axe the Queen's head from banknotes if Britain joins the single currency.[137]

Der zweite Frame, der den Artikeln der Sun als Interpretationsschema dient, ist der EU-Bürokratie-Frame. Im Zentrum dieser sehr kritischen Sicht steht der unüberschaubare Verwaltungsapparat, der nicht nur unflexibel sei, sondern auch die nationale Souveränität einschränke und somit eine Bedrohung für die nationale Identität darstelle. Artikel, die diesem Frame zuzuordnen sind, stellen die EU und die Währungsunion als auf direktem Wege Einfluss auf die britische Politik und Souveränität nehmend dar.[138] Das Fazit aus dieser Bedrohung ist für die Sun ein britischer Rückzug aus der EU und eine Ablehnung der Währungsunion. Dabei wird auch das *special relationship* zu den USA betont, das wichti-

---

[137] The Sun am 23. September 1998: „EU must obey me“.

[138] Vgl. z.B.: The Sun am 24. November 2001: „EU will take over our tax“.

ger als die europäische Integration gilt und das für die Sun nicht vereinbar mit der europäischen Integration ist.[139] Die Sun greift die Befürworter der Währungsunion und ihre Argumente an und sucht somit eine direkte Konfrontation mit den Befürwortern der Währungsunion:

> We warn Mr Blair would try to use his charm and historic popularity to lead Britain into a United States of Europe without voters waking up to the dangers.[140]

Entsprechend ist auch die Wortwahl in den Artikeln. So wird der Euro als „toilet currency“ bezeichnet und die Diskussion um Vor- und Nachteile einer gemeinsamen Währung als „battle“, die um die Zukunft Großbritanniens geführt wird. Die Darstellung der „europäischen Gefahr“ wird speziell durch die Wahl drastischer Überschriften wie zum Beispiel „Ein volk, ein reich, ein euro!“ unterstrichen.

Das zentrale Element des Wirkens der Sun als Norm-Entrepreneur ist die Kampagne „Save the pound“, die im Juni 1998 ins Leben gerufen wurde. Im Rahmen dieser Kampagne verstärkte die Sun ihren Einsatz gegen einen Beitritt zur Währungsunion und gegen die Labour-Regierung.

Neben einer Vielzahl an Artikeln, die im Zuge der Kampagne veröffentlicht wurden, bot die Sun den Euro-Gegnern ein Forum und veröffentlichte unzählige Leserbriefe von Euro-Gegnern. Größter Erfolg dieser Kampagne ist die Durchführung einer Telefonaktion, an der sich eine erstaunlich große Zahl an Briten beteiligten und so in einem „Konkurrenz-Referendum“ zum geplanten Referendum der Regierung eine eindeutige Mehrheit gegen einen Beitritt zur Währungsunion feststellten.

Als Norm-Entrepreneur zielt das Agieren der Sun vor allem auf die Festigung der bestehenden Normen und Identitäten. Dieser Prozess der *Frame Amplification* dient einer festen Verknüpfung der Währungsunion mit der als negativ beurteilten politischen Dimension der EU. Zudem wird durch das ständige Verweisen auf einen möglichen Souveränitätsverlust eine feste Verknüpfung der Beurteilung der Währungsunion mit der Euro-kritischen nationalen britischen Identität geschaffen. Die wirtschaftliche Dimension der Währungsunion wird entsprechend kaum dargestellt. Durch dieses Verbinden der befürchteten politischen Implikationen der Währungsunion wird für einen konkurrierenden Norm-Entrepreneur, der sich für die Einführung des Euro ausspricht, die Argumentation sehr schwer.

---

[139] Vgl. z.B.: The Sun am 19. Oktober 1998: „Let’s quit EU and link up with America“.

[140] Vgl.: The Sun am 22. Juni 1999: „How the most dangerous man in Britain came to carry out the most sensible retreat in euro“.

Abbildung 26 Framing in „The Sun"

Auswertung der Positionen in Artikeln der „The Sun" zum Thema „Währungsunion" in den Jahren 1997-2003. Die Positionen sind in die feststellbaren Frames untergliedert, die den Artikeln als Interpretationsbasis dienen.

	GB	EU-Bürokratie
1997		
positiv	-	-
neutral	-	-
kritisch	8	7
1998		
positiv	-	-
neutral	-	-
kritisch	16	12
1999		
positiv	-	-
neutral	-	-
kritisch	27	6
2000		
positiv	-	-
neutral	-	-
kritisch	10	4
2001		
positiv	-	-
neutral	-	-
kritisch	3	5
2002		
positiv	-	-
neutral	-	-
kritisch	4	-
2003		
positiv	-	-
neutral	-	-
kritisch	5	-
1997-2003		
positiv	-	-
neutral	-	-
kritisch	73	34

Euro-freundliche Presse

Nur wenige britische Zeitungen sind gegenüber der Währungsunion positiv eingestellt. Zu nennen sind „The Guardian" (Auflage 408.000), „The Independent" (Auflage 260.000) und die „Financial Times" (Auflage: 320.000). Diese Zeitungen, die der sogenannten „Quality Press" zuzurechnen sind, nehmen in einer Vielzahl ihrer Artikel eine positive Position gegenüber einem britischen Beitritt zur Währungsunion ein. Ihre Argumentation findet dabei in der Regel vor zwei unterschiedlichen Frames statt. Der EU-Frame basiert auf der europäischen Identität der Briten, die allerdings kaum ausgeprägt ist. Artikel, die diesem Frame zuzuordnen sind, betonen die politische Dimension der EU. Allerdings wird in der Regel eine Verknüpfung zwischen politischer und wirtschaftlicher Dimension geschaffen:

> Now is the right time to make the case for Britain in Europe. In the Seventies when Britain joined the common market, the British people considered the alternatives and chose peace and prosperity in Europe. But now, in the Nineties, the case for Britain in Europe has to be remade.[141]

Diese Verknüpfung erscheint sinnvoll, da die europäische Identität der Briten kaum ausgeprägt ist, und so ein auf ihr basierender EU-Frame nur bedingt geeignet ist, einen Interpretationsrahmen zu bieten, der die Währungsunion mit positiven Aspekten verknüpft.

Weit öfter beziehen sich die Euro-positiven Artikel auf den Logik-globaler-Märkte-Frame. Dieser Frame ist durch seine wissenschaftliche Beurteilung des Freihandels und der Effekte einer gemeinsamen Währung gekennzeichnet. Eine Einbettung in diesen Frame bedeutet, dass die Währungsunion unter rein wirtschaftlichen Aspekten betrachtet wird und die Vor- und Nachteile unter der Berücksichtigung der Logik globaler Märkte beurteilt werden. Typische Artikel, denen der Globale-Märkte-Frame als Interpretationshintergrund zu Grunde liegt, befassen sich mit den ökonomischen Auswirkungen des britischen Nicht-Beitritts zur Währungsunion. Dabei betonen sie die wirtschaftlichen Nachteile, die Großbritannien durch den Nicht-Beitritt zur Währungsunion erfährt. Speziell der Standortnachteil in Bezug auf die Attraktivität für die Investitionen transnationaler Unternehmen wird in den Euro-positiven Artikeln betont.[142]

Die Euro-positiv eingestellten Zeitungen befinden sich in Großbritannien eindeutig in der Minderheit. Zwar agieren sie als Norm-Entrepreneur, betten ihre Euro-positiven Artikel in geeignete Frames ein und wirken so normschaffend. Auch kam es zu Aufsehen erweckenden Aktionen wie dem Statement der Fi-

---

[141] The Independent am 14. Oktober 1999: „The conservative enemy has to be defeated: Britain's future is in Europe".

[142] Vgl. z.B.: The Independent am 22. November 2000: „Honda would not build car plant in UK today"; The Independent am 27. Dezember 2001: „Britain is losing jobs by staying out of eurozone"; The Guardian am 7. Januar 2004: „Nissan may quit UK over euro".

nancial Times, die Tories anders als in den vergangenen Jahren aufgrund ihrer Europapolitik und ihrer abwartenden Haltung gegenüber der Währungsunion nicht mehr zu unterstützen. Die Position des Konservativen, so die Financial Times, sei nicht mehr mit Freihandel und Markwirtschaft vereinbar.[143] Allerdings stehen sie einer Übermacht an Euro-kritischen Zeitungen gegenüber. Zudem sind die Euro-positiven Zeitungen als Norm-Entrepreneure weitaus nicht so engagiert wie die Euro-kritische Presse.

3.4 Zusammenfassung der Untersuchung Großbritanniens

Wie im Falle der Bundesrepublik begann eine nennenswerte Debatte um die Einführung des Euro mit dem Gipfel von Dublin im Dezember 1996. Auch in Großbritannien diente dieser Gipfel den Akteuren als *Window of Opportunity* um dann bereits zu Beginn des Jahres 1997 ihre Argumente öffentlich darzustellen.

Die britische Bevölkerung steht der Einführung des Euro mehrheitlich kritisch gegenüber. Nur 30% würden im Falle eines Referendums für den Beitritt Großbritanniens zur Währungsunion stimmen. Blair, der vor allem zu Beginn seiner Amtszeit vehement für einen Beitritt eintrat, steht vor fast unüberwindbaren Hindernissen. Die nationale britische Identität steht einem Beitritt entgegen, eine europäische Identität, auf der eine Argumentation pro-Euro aufbauen könnte, ist kaum ausgeprägt. So bleiben den Entrepreneuren, die sich für den Euro einsetzen, nur wenige Optionen. Erstens können sie ihre Argumentation auf dem naheliegenden Logik-globaler-Märkte-Frame aufbauen. Zweitens können sie versuchen, eine neue Norm zu etablieren, die einen Beitritt zur Währungsunion ermöglicht. So versuchte Blair speziell zu Beginn seiner Amtszeit und im Rahmen der britischen Ratspräsidentschaft zu einer Stärkung der europäischen Identität beizutragen, indem er argumentierte, dass ein starkes Engagement in Europa den Einfluss Großbritanniens stärke. Allerdings waren diese Versuche aufgrund des Wirkens der Euro-Gegner, die ihre Argumentation auf der nationalen Identität aufbauten, erfolglos. Dass die Arbeitgeberverbände aufgrund personeller Änderungen ihre Position gegenüber der Währungsunion änderten, stärkte die Position der Euro-Gegner, da die Arbeitgeber nun den Logik-globaler-Märkte-Frame schwächen.

Insgesamt können die Befürworter des Euro auf nur wenige, schwache Frames zurückgreifen, die nur eine kleine Basis zum Erzielen von Lerneffekte und dem Überzeugen der Vorteile einer gemeinsamen Währung bieten. Die Verknüpfung des Themas „Euro-Einführung“ mit rein ökonomischen Aspekten erscheint aufgrund der britischen Skepsis gegenüber der politischen Dimension der EU als

---

[143] Vgl: Financial Times am 29. April 1997.

sinnvoll. Dem gegenüber steht eine nationale Identität, die beinahe zu einer Ablehnung von allen europäischen Initiativen führt und die Etablierung einer europäischen Identität praktisch unmöglich macht. Zudem bietet die nationale Identität eine Argumentationsbasis für die Euro-Gegner, die perfekt geeignet ist das Thema „Euro-Einführung" fest mit der sehr kritisch betrachteten politischen Dimension der EU zu verknüpfen. Insgesamt gelang es den Akteuren, die sich für die Einführung des Euro aussprechen, nicht, eine Verknüpfung des Themas mit der politischen Dimension der EU zu verhindern. Dabei wäre unter den gegebenen Voraussetzungen ein Eintreten für den Euro auch dann fast aussichtslos, wenn es keine Akteure gäbe, die sich engagiert gegen eine Einführung einsetzen.
Wie tief verwurzelt die britische Ablehnung gegenüber der europäischen Integration und das Misstrauen gegenüber den europäischen Institutionen ist, wurde erneut im Rahmen der Verhandlungen über die europäische Verfassung deutlich. So kommentiert der Daily Express das Ergebnis des Konvents mit der Feststellung:

> Europe has become a monster swallowing up sovereign nations under the tyranny of a vast and heartless bureaucracy, in a way that Hitler could only dream of.[144]

4 Ergebnis der Untersuchung des Verhaltens der Bundesrepublik und Großbritanniens im Rahmen der Währungsunion

4.1 Die Rahmenbedingungen

Warum die Bundesrepublik der Währungsunion beigetreten ist und Großbritannien diesen Schritt noch nicht vollzogen hat, ist offensichtlich. Bestehende Normen und speziell die wichtige Funktion der nationalen Währung standen in beiden untersuchten Fällen der Einführung des Euro entgegen, wobei in der Bundesrepublik dieser Widerstand überwunden werden konnte. Die Untersuchung der Hypothese, dass ein Norm-Entrepreneur einen handlungsleitenden Rahmen schaffen kann, der die Basis für den Beitritt zur Währungsunion ist, macht Unterschiede im Agieren der Norm-Entrepreneure in den beiden Staaten deutlich.
Dass Norm-Entrepreneure einen großen Einfluss auf die Implementation einer neuen Policy haben steht außer Frage. Welche Faktoren den Erfolg des Norm-Entrepreneurs ausmachen, wird durch einen Vergleich der beiden untersuchten Fälle deutlich. Die ökonomischen Ausgangsbedingungen sind in beiden Staaten

[144] Daily Express am 22. April 2004.

vergleichbar (Kap. IV.1.2.3). Auch der Stolz auf die eigene Währung und deren Rolle als nationales Symbol nehmen – vor allem im europäischen Vergleich – in beiden Staaten eine wichtige Position ein. So sind die relevanten Unterschiede zum einen im taktischen Vorgehen der Norm-Entrepreneure und deren unterschiedlichem Einfluss auszumachen. Zum anderen sind das Normgefüge und die vorhandenen Identitäten, die die Basis für das Wirken der Norm-Entrepreneure bieten, entscheidend für das Agieren der Norm-Entrepreneure.

In beiden untersuchten Fällen war es das Ziel der Norm-Entrepreneure, eine populäre Währung durch eine neue abzulösen. Dabei agierten die Norm-Entrepreneure in einem komplexen Geflecht von verschiedenen Normen und Identitäten. Ohne Zweifel bot sich den deutschen Norm-Entrepreneuren eine sehr günstige Ausgangsbasis, die ihnen ihr Eintreten für die gemeinsame Währung erleichterte. Speziell die sehr stark ausgeprägte europäische Identität konnte als Argumentationsbasis genutzt werden. Eine solche Basis bietet sich den britischen Norm-Entrepreneuren nicht. Zudem sind sie mit einer nationalen Identität konfrontiert, die der europäischen Integration und einer gemeinsamen Währung entgegensteht. Wie im Fall der Bundesrepublik die europäische Identität, steht in Großbritannien die nationale Identität im Zentrum des Agierens der Norm-Entrepreneure, wobei in Großbritannien die nationale Identität der europäischen entgegensteht. Jedes Argument und jeder Diskurs wurde mit diesen Identitäten in Zusammenhang gebracht, was verdeutlicht, dass die Norm-Entrepreneure, die sich für die neue Währung einsetzen, in der Bundesrepublik auf weit aus bessere Ausgangsbedingen stießen.

4.2 Bewertung der Taktik

Die dargestellten Rahmenbedingen bieten die Basis für das Vorgehen der Norm-Entrepreneure und entsprechend unterscheidet sich das Agieren der Norm-Entrepreneure in diesen beiden Staaten. In beiden Staaten stellte das Treffen des Europäischen Rats im Dezember 1996 den Startschuss für das Aktivwerden der Norm-Entrepreneure dar. Der Grund für das Eintreten der untersuchten Akteure als Norm-Entrepreneure ist verschieden motiviert. Zum einen haben die Akteure ein Interesse an der Nutzung der positiven Effekte der Logik globaler Märkte. Dies gilt speziell für die Arbeitgeber- und Arbeitnehmervertreter und auch für die Politiker, die ein Interesse an einer geeigneten Ausrichtung der Wirtschaft ihres Landes haben, um adäquat für die Anforderungen der Globalisierung gewappnet zu sein. Zum anderen sind einige der Akteure aber auch von persönlichen Überzeugungen geleitet, die nicht unbedingt auf der Einsicht um die Logik globaler Märkte beruhen muss. So kann vermutet werden, dass Helmut Kohl tatsächlich auch aus friedensstiftenden Motiven für den Euro eintrat. Und der britische CBI-Vorsitzende John Egan lehnt einen Beitritt aufgrund seiner persönlichen Skepsis gegenüber der EU ab und missachtet dabei seine Verantwor-

tung für die britische Wirtschaft in der EU. Neben diesen Akteuren sind auch noch die Medien und eingeschränkt die Parlamente zu nennen, die ebenfalls als Norm-Entrepreneur tätig werden. Dabei muss beachtet werden, dass sie auch dann eine Rolle als Norm-Entrepreneur einnehmen, wenn sie eine solche Funktion nicht anstreben. Denn alleine das Prestige eines Parlaments und die Aufmerksamkeit, die den in diesem Forum stattfindenden Debatten zukommt, kann gewisse Argumentationsmuster wiederspiegeln. Und auch eine sachliche und objektive Berichterstattung der Medien macht diese zu Norm-Entrepreneuren, da sie über andere Akteure berichten.
In der Bundesrepublik war Bundeskanzler Helmut Kohl, der die Anforderungen an einen Norm-Entrepreneur vor allem im Bereich der Europa-Politik perfekt erfüllte, der zentrale Akteur. Diese Rolle kann Premier Tony Blair nur bedingt übernehmen. Zwar verkörperte er zu Beginn seiner Regierungszeit einen vertrauenswürdigen Politiker, der für den Aufbruch in eine neue Politik stand. Allerdings gelang es ihm nicht, diese Aufbruchsstimmung auf das Politikfeld „Europäische Union" zu übertragen. Durch die Festlegung auf ein Referendum über die Zustimmung zum Euro ist er zudem davon abhängig, eine eindeutige Zustimmung zur gemeinsamen Währung zum Zeitpunkt des Referendums zu bekommen. Im Gegensatz hierzu genügte es in der BRD die Ablehnung gegen die neue Währung langfristig zu reduzieren. Insgesamt stand in der Bundesrepublik etwa die Hälfte der Bürger hinter der neuen Währung, wobei sich die Mehrzahl der Kritiker nicht gegen den Euro aussprach, sondern für eine Verschiebung der Einführung der neuen Währung. Die Abhängigkeit von einem Referendum liefert Blair den Einstellungsschwankungen der Briten gegenüber dem Euro aus. Hier verpasste er zwei geeignete Zeitpunkte für das Abhalten eines solchen Referendums. Zum einen bot die britische Ratspräsidentschaft eine geeignete Gelegenheit, um zu verdeutlichen, dass Großbritannien die Politik der EU mitbestimmt und ihr nicht ausgeliefert ist. Dieser Moment wurde von Blair allerdings nicht konsequent genutzt. Ein zweiter geeigneter Zeitpunkt war die Ausgabe der Euro-Scheine und Münzen auf dem Kontinent. Die Befürchtungen von Chaos und Währungsturbulenzen, wie sie die britischen Gegner der gemeinsamen Währung äußerten, traten nicht ein. Vielmehr führte in dieser Phase die positive Berichterstattung in den britischen Medien zu einer kurzfristigen deutlichen Zustimmung der Briten zur europäischen Integration und zu einer gemeinsamen Währung. Doch diesen geeigneten Moment, um ökonomische Aspekte mit der kurzfristig als positiv empfunden europäischen Integration zu verknüpfen, ließ Blair ungenutzt verstreichen. Und nicht nur Ereignisse, die die europäische Integration in einen positiven Blickwinkel stellten, wurden nicht genutzt. Der Verkauf Rovers durch BMW hätte nicht nur für die Regierung Blair, sondern auch für die Gewerkschaften und für die Arbeitgeberverbände die Gelegenheit gegeben, den Euro fest mit dem Logik-globaler-Märkte-Frame zu verknüpfen. Doch eine solche Initiative erfolgte nicht und in der Presse wurden weniger die Grün-

de für den Verkauf diskutiert, als die Tatsache, dass eine deutsche Firma für den Niedergang einer einst britischen Marke verantwortlich ist. Mit Blick auf einen geeigneten Zeitpunkt um beispielsweise einen Diskurs zu initiieren, muss folglich festgestellt werden, dass im Falle Großbritanniens einige geeignete *Windows* nicht genutzt wurden. Hinzu kommt, dass Tony Blairs Ansehen und Glaubwürdigkeit speziell durch den von ihm befürworteten Irakkrieg stark gelitten haben. Dieser Mangel an Prestige nimmt ihm eine wichtige Eigenschaft, um als erfolgreicher Norm-Entrepreneur tätig werden zu können. Mit Blick auf diese Tatsache und die immer noch sehr stark ausgeprägte nationale Identität der Briten scheint ein Beitritt zum Euro, unabhängig von den negativen ökonomischen Konsequenzen, in den nächsten Jahren nicht möglich.

Doch trotz der verpassten Möglichkeiten durch die britischen Norm-Entrepreneure, die sich für den Euro einsetzen, baut ihre Argumentation auf den geeigneten Frames auf, um langfristig eine neue Policy zu implementieren. Speziell der Fokus auf den Logik-globaler-Märkte-Frame ist mangels einer ausgeprägten europäischen Identität sicherlich der richtige Weg, um mittels des Erzielens von Lerneffekten die Briten von den Vorteilen der gemeinsamen Währung zu überzeugen. Allerdings können die britischen Norm-Entrepreneure, die sich gegen den Euro aussprechen, dem Logik-globaler-Märkte-Frame den unflexible-Währung-Frame entgegensetzen. Da die britische Wirtschaft im Vergleich zu der des Festlandes positive Daten aufweist, können sie diese Entwicklung mit den Vorteilen des unabhängigen britischen Pfund verknüpfen. Dass diese Argumentation falsch ist und die positive wirtschaftliche Entwicklung viel mehr mit der liberalen britischen Wirtschaftsordnung verknüpft ist, schadet dieser Argumentation bisher nicht. Zudem stellen die Norm-Entrepreneure, die sich gegen den Euro aussprechen, die nationale Identität in das Zentrum ihrer Argumentation. Die Verknüpfung des Euro mit dem Verlust der nationalen Identität stellt das größte Hindernis der Einführung des Euro dar.

In der Bundesrepublik hat sich die stark ausgeprägte europäische Identität zu dem zentralen Argumentationshintergrund entwickelt. Für Norm-Entrepreneure, die sich gegen den Euro aussprachen, war es unmöglich, dieser Verknüpfung des Euro mit der politischen Integration eine starke Argumentation entgegenzustellen. Dies verdeutlicht einen zentralen Unterschied für die Taktik der Norm-Entrepreneure in der Bundesrepublik und in Großbritannien, die sich für den Euro einsetzen. Während in der Bundesrepublik eine Verknüpfung des Euro mit der politischen Dimension der EU das entscheidende Zustimmungskriterium war, gilt es in Großbritannien, den Euro mit der ökonomischen Dimension der EU zu verknüpfen und jeden Verdacht der politischen Einflussnahme der EU auf Großbritannien zu vermeiden. Eine Verknüpfung verschiedener Argumente mit der europäischen Identität der Deutschen und der nationalen Identität der Briten bietet den entscheidenden Glaubwürdigkeitsvorsprung. Entsprechend wird diese Verknüpfung auch genutzt.

Abbildung 27 Framing Bundesrepublik versus Großbritannien

	Argumentationsbasis für Euro	**Argumentationsbasis gegen Euro**
BRD	Europäische Identität +++	
	Nationale Identität +	
	Logik globaler Märkte ++	
	Euro=DM ++	D-Mark / 3% +++
GB	Europäische Identität +	Nationale Identität /£ +++
	Logik globaler Märkte ++	Unflexible Währung ++
		Europäische Bürokratie +++

Entgegengesetzte Frames stehen sich gegenüber. Die Gewichtung der Frames wird durch + ausgedrückt.

Eine Darstellung aller in beiden Ländern als Argumentationsbasis genutzten Frames verdeutlicht, dass die deutschen Norm-Entrepreneure auf mehr Frames setzen konnten, die für eine Argumentation pro Euro geeignet sind, als das in Großbritannien der Fall ist. Zudem stehen den Frames, die für eine Argumentation pro Euro geeignet sind, in Großbritannien immer auch ein anderer Frame entgegen.

Die Taktik der *Frame Amplification* ist die von den Norm-Entrepreneuren meist genutzte. Im Falle der Bundesrepublik war diese Taktik sehr erfolgreich. Der EU-Frame ist als elaborierter Frame für neue Ideen offen und konnte perfekt mit den Aspekten der Währungsunion verknüpft werden. Die Einordnung der Währungsunion in einen anderen Frame wurde so extrem erschwert.

Auch im Falle Großbritanniens nimmt die *Frame Amplification* die zentrale Rolle in der Taktik der Norm-Entrepreneure ein. Die feste Verknüpfung der Währungsunion mit dem GB-Frame durch die Euro-Gegner macht eine Verbindung der Währungsunion mit ökonomischen Aspekten beinahe unmöglich. Ein Wandel dieses restringierten Frames, der keine neuen Ideen zulässt, ist praktisch unmöglich und für die Befürworter des Euro bietet sich kein vergleichbarer Frame an, der eine ähnlich starke Argumentationsbasis bieten würde.

Zusammenfassend kann festgestellt werden, dass die jeweiligen Norm-Entrepreneure, die sich in den untersuchten Staaten für beziehungsweise gegen die Einführung des Euro aussprechen, in ihrer Argumentation auf die für sie am besten geeigneten Frames stützen. Dabei kann das erfolgreiche Agieren der deutschen Norm-Entrepreneure nicht auf Großbritannien übertragen werden, da deutlich wurde, dass die Rahmenbedingungen einen Einfluss auf die Optionen der Norm-Entrepreneure haben und die Möglichkeiten des Framing und des Führens von Diskursen stark beeinflussen.

V Theoretische Schlussfolgerungen

Dieses abschließende Kapitel ordnet den akteurszentrierten Konstruktivismus mit einem Fokus auf das Wirken von Norm-Entrepreneuren in die dritte Debatte der *Internationalen Beziehungen* ein. Der Erklärungsgehalt dieses Ansatzes für *Policy-Outcome* und die Aspekte seiner Operationalisierung werden aufbauend auf den Erfahrungen der empirischen Untersuchungen in Kapitel III und IV erläutert. Anschließend folgt eine Darstellung der allgemein wichtigen Funktion von Norm-Entrepreneuren für die Implementation einer neuen Policy.

1 Anforderungen an eine „gute" Theorie

Reflexive Ansätze entwickelten sich nicht in einem leeren Raum, sondern als Gegenpol zu den rationalen Ansätzen. Deren Erklärungsdefizite und die Einsicht, dass sich Interessen in einem endogenen Prozess formieren, war letztendlich der Auslöser für die dritte große Debatte in den *Internationalen Beziehungen*. Dass die reflexiven Ansätze nach den Kriterien der rationalen Ansätze beurteilt werden, wird auf Robert Keohanes Aufsatz *International Institutions: Two Approaches*[1] zurückgeführt. Er geht selbstverständlich von einer epistemologischen und methodischen Basis aus, die die Post-Positivisten eigentlich problematisieren.[2] Eine Brücke zwischen rationalistischen und reflexiven Ansätzen schlägt der Konstruktivismus, wobei konstruktivistische Ansätze, die sich an ein empirisches Phänomen wenden, in der Regel dem rationalistischen Camp näher stehen. Dies hat zwei Gründe. Erstens kann dem Anspruch der reflexiven Ansätze, die Welt in ihrer vollen Komplexität zu erfassen, nicht entsprochen werden. Es ist das Kennzeichen jeder Theorie und jedes Modells, dass Zusammenhänge vereinfacht werden und so ein verständlicher und vor allem ein operationalisierbarer Zugriff geboten wird. Zweitens bieten die Methoden der rationalen Ansätze ein großes Spektrum an bewährten Methoden für die Untersuchung eines empirischen Phänomens.
Insofern resultiert die dritte Debatte weder in der Entwicklung post-positivistischer Ansätze, die breiten Einzug in empirische Untersuchungen halten, noch in der Entwicklung eines konstruktivistischen Ansatzes, der genau in der Mitte der beiden Camps anzusiedeln ist. Vielmehr resultiert diese Debatte in einer

1 Keohane, Robert O.: International Institutions: Two Approaches, in: International Studies Quarterly, 32/4, 1988, S. 379-396.

2 Vgl.: Smith, Steve: Positivism and beyond, in: Smith, Steve / Booth, Ken / Zalewski, Marysia (Hrsg.): International theory: positivism and beyond, Cambridge: Cambridge University Press, 1996, S. 34.

wichtigen Anreicherung der rationalistischen Ansätze um reflexive Komponenten. Diese Entwicklung orientiert sich an den Anforderungen, an denen sich jeder wissenschaftliche Ansatz messen lassen muss. Eine „gute" Theorie muss präzise und logisch sowie falsifizierbar sein, über einen hohen Erklärungsgehalt und ein fortschrittliches Research-Design verfügen, übereinstimmend mit dem Wissen anderer Disziplinen und angemessen reduzierend sein.[3]

Diese Anforderungen werden im Zuge der dritten Debatte vor allem mit Blick auf die Frage erörtert, ob die reflexiven Ansätze diesen Ansprüchen genügen. Über die Gewichtung dieser Kriterien kann sicherlich diskutiert werden, unstrittig ist aber, dass sie ein anzustrebendes Ziel darstellen. So kann man ausgehend von diesen Kriterien beispielsweise reflexive Ansätze für ihre Komplexität kritisieren, während zum Beispiel der Realismus für seine einschränkenden Axiome kritisiert werden kann. Den konstruktivistischen Ansätzen kommt aufgrund ihrer Positionierung zwischen reflexiven und rationalen Ansätzen eine besondere Rolle zu, die die schnelle Etablierung dieser Ansätze in den *Internationalen Beziehungen* erklärt. Der in dieser Arbeit Verwendung findende akteurszentrierte Konstruktivismus steht dem rationalen Camp weit näher als dem reflexiven. Entsprechend positiv fällt eine Beurteilung des Ansatzes nach den Anforderungen der rationalistischen Ansätze aus.

Theorien und Erklärungsansätze sind oft weniger an der Analyse von Fakten interessiert, als an den Zusammenhängen von Variablen. So steht oft die Methode im Vordergrund und die Beantwortung einer empirischen Fragestellung gerät in den Hintergrund. Dabei sollte eine „gute" Theorie nicht nur den Kriterien der Präzision, der Falsifizierbarkeit und der Intersubjektivität genügen. Ebenso wichtig ist die Operationalisierung sowie ein hoher Erklärungsgehalt für empirische Phänomene. Im Zuge der dritten Debatte der *Internationalen Beziehungen* standen nicht nur wissenschaftstheoretische Fragen auf der Agenda, sondern auch die Anforderung, empirische Phänomene adäquat zu beantworten. Die Frage, ob sich die Politikwissenschaft vorwiegend mit Methoden oder mit empirischen Phänomenen befassen solle, ist nicht neu.[4] Die *Internationalen Beziehungen* sind dabei eine Disziplin, bei der die Entwicklung neuer theoretischer Ansätze und Methoden fest mit der Suche nach der Erklärung empirischer Phäno-

---

3 Vgl.: Radnitzky, Gerard: Wissenschaftstheorie, Methodologie, in: Seiffert, Helmut / Radnitzky, Gerard (Hg.): Handlexikon zur Wissenschaftstheorie, München: Ehrenwirth Verlag, 1989, S. 463-472 und Vaquez, John A.: The Post-Positivist Debate: Reconstructing Scientific Enquiry and International Relations Theory After Enlightenments Fall, in: Booth, Ken / Smith, Steve (Hrsg.): International Relations Theory Today, Cambridge: Polity Press, 1995, S. 230.

4 Vgl. z.B.: Shapiro, Ian: Problems, Methods, and Theories in the Study of Politics, or what's wrong with Political Science and what to do about it, in: Political Theory, 30/4, 2002, S. 588-611.

mene verknüpft ist.[5] Der Fokus des Konstruktivismus auf Normen und dem Ursprung von Interessen ist entsprechend nicht nur auf theoretische Überlegungen zurückzuführen, sondern auch auf empirische Phänomene, deren Untersuchung die Einbeziehung von Normen und Institutionen als unabhängige Variablen aufdrängt. So ist nicht verwunderlich, dass die dritte Debatte zeitlich mit dem Ende des Kalten Kriegs und dem Aufkommen neuer globaler ökonomischer Phänomene verknüpft ist.

Auch in dieser Arbeit stehen nicht nur die konstruktivistischen Ansätze und ihre Methoden im Zentrum des Interesses. Vielmehr wird neben den Fragen nach der Funktion von Normen und den Problemen der Operationalisierung des Konstruktivismus auch einem empirischen Phänomenen nachgegangen. Die in Kapitel III und IV vorgestellten empirischen Untersuchungen, die auf den in Kapitel II aufgestellten allgemeinen Vermutungen über das Agieren eines Norm-Entrepreneur aufbauen, stellen den hohen Erklärungsgehalt des Ansatzes unter Beweis. Dabei hat der Ansatz aber nicht den Anspruch, jeden Fall von *Policy-Outcome* zu erklären. Vielmehr stellt er eine sinnvolle Ergänzung der in Kapitel I.3.1 vorgestellten konkurrierenden Ansätzen für die Erklärung von *Policy-Outcome* dar. Diese Ergänzung betrifft vor allem Fälle von Policy Divergenz, die die konkurrierenden Ansätze aufgrund oft vergleichbarer Ausgangsbedingungen und somit gleicher oder konstanter unabhängiger Variablen nicht ausreichend erklären können. In diesen Fällen stellen Normen eine unabhängige Variable dar, die aufgrund ihrer Variabilität einen besonderen Erklärungsgehalt hat.

Dass nicht nur die internationale Ebene mit ihrem Einfluss der globalen Märkte die Policy eines Staates bestimmt, sondern vielmehr die nationale Ebene die Antwortstrategien der Staaten auf die neuen internationalen Anforderungen mitbestimmt, wurde in dieser Arbeit zweifellos deutlich. Einzelne Akteure beziehungsweise Gruppen haben einen relevanten Einfluss auf das Verhalten eines Staates. Der akteurszentrierte Konstruktivismus bietet eine Basis, um nicht nur die internationale sowie die nationale Ebene, sondern auch das Wirken einzelner Akteure in eine Untersuchung einzubeziehen. Entsprechend drängt sich die Frage auf, welche der in Kapitel I.3.1 skizzierten Ansätze einen zum akteurszentrierten Konstruktivismus konkurrierenden Ansatz bietet, der das Verhalten von Staaten auf der internationalen Ebene durch Akteure auf nationaler Ebene erklärt und zugleich die nötige Variabilität bietet, um Divergenz unter ähnlichen Ausgangsbedingungen zu erklären. Diese Frage gewinnt vor allem deshalb an Relevanz, da der akteurszentrierte Konstruktivismus als junger und komplexer An-

---

5 Zu nennen sind z.B. die Arbeiten von Allison und George, die den Anstoß für eine Vielzahl theoretischer als auch empirischer Arbeiten gaben. (Allison, Graham T.: Conceptual Models and The Cuban Missile Crisis, in: American Political Science Review, 63/3, 1969, S. 689-718. George, Alexander: The Operational Code: A Neglected Approach to the Study of Political Leaders and Decision-Making, in: International Studies Quarterly, 13/2, 1969, S. 190-222.)

satz noch über kein umfangreiches Repertoire an getestetem Vorgehen zur Operationalisierung verfügt. Das in dieser Arbeit untersuchte Verhalten eines Norm-Entrepreneur als zentraler Akteur auf nationaler Ebene stellt einen Beitrag zur Schaffung eines solchen Repertoires dar. Die Feststellung, dass Norm-Entrepreneure vor allem in der Form von Interessengruppen tätig werden, weist auf die liberalen Ansätze der *Internationalen Beziehungen* als mögliche alternative Ansätze für die in dieser Arbeit untersuchte Frage *Warum führen Staaten mit ähnlichen Ausgangsbedingungen auf nationaler Ebene und unter ähnlichen äußeren Einflüssen eine unterschiedliche Politik durch?* hin. Liberale Ansätze in den *Internationalen Beziehungen* bauen auf den zentralen Aussagen von Locke, Smith und Kant auf (vgl. Kap. II.1.1) auf. Ihr Fokus ist weiter gefasst als der des Realismus, wobei die klassischen liberalen Ansätze zwar den Einfluss der nationalen Ebene wahrnehmen, sie aber gleichzeitig keine dezidierte Anleitung für die Untersuchung der nationalen Ebene und das Agieren einzelner Akteure bieten.[6] Allerdings kommt es seit den 80ern zu einer verstärkten Ausrichtung der liberalen Ansätze hin zur nationalen Ebene. Im Zentrum dieses neuen Fokus steht der Einfluss der nationalen Ebene auf das Verhalten eines Staates auf internationaler Ebene. Moravcsik unterscheidet hier zwischen dem „ideational liberalism“, dem „commercial liberalism“ und dem „republican liberalism“ als Hauptvarianten der liberalen Ansätze, die die Präferenzen eines Staates und sein Agieren auf internationaler Ebene mit kausalen Mechanismen auf nationaler Ebne zu erklären versuchen.[7] Zur Untersuchung der Forschungsfrage können vor allem der „ideational liberalism“ und der „commercial liberalism“ herangezogen werden. Der „ideational liberalism“ erklärt die Präferenzen von Staaten als Ergebnis von Auseinandersetzungen nationaler Gruppen mit verschiedenen Identitäten und Werten um die Gestaltung öffentlicher Güter. Der „commercial liberalism“ erklärt die Präferenzen von Staaten durch die nationale Verteilung von Gewinnen und Verlusten des grenzüberschreitenden ökonomischen Austauschs zwischen verschiedenen Gruppen. Diese liberalen Varianten gehen von der Prämisse des rational handelnden Akteurs aus, der im Rahmen seiner Ressourcen und Werte versucht, seine Ziele zu erreichen. Staaten werden nicht als Akteur, sondern als Repräsentant der nationalen Gruppen betrachtet, deren Zusammensetzung das Verhalten von Staaten bestimmt. Fälle, in denen ein Staat für eine Position eintritt, die nicht der Nutzenmaximierung der Mehrheit der Bevölkerung entspricht, werden mit dem starken Einfluss einer Gruppe auf die Politik der Regierung, die nur einen kleinen Teil der Bevölkerung vertritt, erklärt. Zudem kann ein Eintreten für Ziele, die nicht der Nutzenmaximierung entsprechen durch ein Informationsdefizit, institutionelle Bedingungen oder der Wahr-

---

6 Vgl.: Richardson, James L.: Contending Liberalism: Past and Present, in: European Journal of International Relations, 3/1, 1997, S. 5-33.

7 Vgl.: Moravcsik, Andrew: Taking Preferences Seriously: A Liberal Theory of International Politics, in: International Organization, 51/4, 1997, S. 513-553.

nehmung eines Sachverhalts und somit durch eingeschränkte Rationalität[8] der Akteure erklärt werden. Diesen liberalen Ansätzen muss für die Untersuchung der Forschungsfrage dieser Arbeit ein nicht geringer Erklärungsgehalt zugesprochen werden. Allerdings bedeutet die Prämisse, dass ein Akteur vorwiegend ökonomisch rational handelt auch eine beträchtliche Einschränkung für die Untersuchung der für diese Arbeit gewählten Fälle. Beispielsweise kann der große finanzielle Einsatz der US-Industrie im Vorfeld der WTO-Konferenz in Seattle erklärt werden. Warum dieser Einsatz nicht erfolgreich war ist allerdings nicht ersichtlich, da die US-Wirtschaft über vermeintlich bessere Ressourcen verfügte als die Public Interest Groups. Zwar kann die Aufnahme der Themen dieser Gruppen auf die WTO-Agenda durch die US-Regierung mit dem Ziel des Machterhalts der Regierung erklärt werden. Aber die altruistischen Ziele der Public Interest Groups, die sich für globale Ziele und den Schutz armer Länder einsetzten, sind ausgehend von der Prämisse des (ökonomisch) rational handelnden Akteurs kaum zu fassen. Und auch ihre auf Normen aufbauende Argumentation als wichtige Ressource in ihrem Einsatz kann kaum gefasst werden. Denn die Rolle von Normen und Identitäten ist in den Ansätzen der *Internationalen Beziehungen*, die von der traditionellen Prämisse des rational handelnden Akteur ausgehen, noch nicht ausreichend untersucht.[9] Die liberalen Varianten ziehen zwar ansatzweise Identitäten und Werte von Akteuren in ihre Analyse der Motivation von Akteuren ein und sind so prinzipiell in der Lage, auch Faktoren, die nicht auf einer ökonomischen Rationalität beruhen, zu fassen. Allerdings interessieren sich die liberalen Varianten nicht für den Ursprung und die Wirkung dieser Identitäten und Werte.[10] Entsprechend bieten sie auch keine Thesen über die gezielte Nutzung von Normen durch nationale Akteure für die Beeinflussung der Regierung und somit das Verhalten eines Staates an. Dennoch können diese liberalen Varianten zu einer Bereicherung des akteurszentrierten Konstruktivismus beitragen, da sie einen Fundus verschiedener Operationalisierungsmöglichkeiten und ein Hypothesengerüst für das Verhalten von Akteuren bieten, die für den Ansatz des akteurszentrierten Konstruktivismus erst noch entwickelt werden müssen.

Mit Blick auf die Feststellung dieser Arbeit, dass Norm-Entrepreneure auf nationaler Ebene einen wichtigen Einfluss haben und das Wirken dieser Norm-Entrepreneure zumindest in Teilen vergleichbar mit dem der Akteure, wie sie die liberalen Varianten konstruieren ist, können diese liberalen Ansätze eine wichtige Ergänzung des akteurszentrierten Konstruktivismus bieten. Natürlich

[8] Vgl: Simon, Herbert A.: Bounded Rationality, in: Eatwell, John / Milgate, Murray / Newman, Peter (Hrsg.): The New Palgrave. A Dictionary of Economics, Volume 1, 1987, S. 266-268.

[9] Vgl.: Kahler, Miles: Rationality in International Relations, in: International Organization, 52/4, 1998, S. 919-941.

[10] Vgl.: Moravcsik (1997), S. 525.

ist es auch denkbar, im Rahmen der liberalen Varianten Identitäten und Werte stärker zu berücksichtigen. Aber da der Konstruktivismus als Ansatz der *Internationalen Beziehungen* eine Zwischenposition zwischen den rationalistischen und den reflexiven Ansätzen einnimmt und er offen für den Input beider Camps ist, scheint es naheliegend, die konstruktivistischen Ansätze mit den Hypothesen der liberalen Ansätze bezüglich des Verhaltens von Akteuren auf nationaler Ebene zu erweitern.[11] Hier kann der Konstruktivismus – und vor allem der akteurszentrierte Konstruktivismus – noch durch den Input der liberalen Varianten bereichert werden. Diese Bereicherung betrifft vor allem die Präzision, die Falsifizierbarkeit und Operationalisierung des akteurzentrierten Konstruktivismus.

2 Erklärungsgehalt des Ansatzes „Norm-Entrepreneur" und Aspekte der Operationalisierung

Der Erklärungsgehalt der unabhängigen Variable „Wirken eines Norm-Entrepreneurs" wurde durch die Untersuchungen des Verhaltens der Bundesrepublik und Großbritanniens im Rahmen der Euro-Einführung und des Verhaltens der USA im Rahmen des WTO-Gipfels in Seattle getestet. Bei diesen Untersuchungen stand die Frage *Warum führen Staaten mit ähnlichen Ausgangsbedingungen auf nationaler Ebene und unter ähnlichen äußeren Einflüssen eine unterschiedliche Politik durch?* im Zentrum des Interesses. Die Verwendung der unabhängigen Variable „Wirken eines Norm-Entrepreneurs" resultierte in der Hypothese, dass *wenn eine durchzuführende Policy nicht im Einklang mit bestehenden Normen ist, ein Akteur als Norm-Entrepreneur tätig werden kann, um so einen handlungsleitenden Rahmen zu schaffen, der die Basis für eine neue Policy ist.*

Die empirischen Untersuchungen bestätigten die Hypothese. Das Wirken eines Norm-Entrepreneurs ist für die Durchführung einer Policy, die nicht im Einklang mit bestehenden Normen ist, von zentraler Bedeutung. Selbstverständlich bestimmen neben Normen auch andere Faktoren den *Policy-Making-Prozess*.

Normen und das Wirken eines Norm-Entrepreneurs stellen eine sehr komplexe Variable dar. Da sich Normen nicht in einem Vakuum entwickeln, impliziert der Ansatz auch die Geschichte, die Institutionen und die Strukturen eines politischen Systems und einer Gesellschaft, in denen sich ein Norm-Entrepreneur be-

[11] Da sich der Konstruktivismus vor allem als Gegenpol zum Realismus entwickelte, kam es zu einer Aufnahme eines Teils der Prämissen des Realismus in den Konstruktivismus, die speziell bei Alexander Wendts strukturellem Konstruktivismus zu beobachten ist. Und vor allem durch die Arbeiten von Keohane und Goldstein kam es auch zu einer Aufnahme der Prämissen und Thesen des Institutionalismus in konstruktivistische Ansätze (vgl. Kap. II).

wegt. Sie geben ihm sowohl einen Handlungsrahmen als auch eine Argumentationsbasis vor.

Doch der hohe Erklärungsgehalt von Normen als unabhängige Variable ist nicht nur auf die Komplexität zurückzuführen, die den Normentstehungsprozess beeinflusst. Sondern ebenso bedeutend ist, wie schon oben erwähnt, der Erklärungsgehalt eines normbasierten Ansatzes als wichtige Ergänzung der in Kapitel I.3.1 skizzierten Ansätze für die Erklärung von *Policy-Outcome*. So bietet die Untersuchung des Wirkens eines Norm-Entrepreneurs vor allem dann einen hohen Erklärungsgehalt, wenn andere mögliche unabhängige Variablen keinen ausreichenden Beitrag zur Erklärung von *Policy-Outcome* leisten können. Oft agieren Staaten, die unter dem selben Einfluss globaler Märkte stehen, äußerst unterschiedlich. Und diese Staaten haben häufig nicht nur den selben Einfluss der internationalen Ebene gemein, sondern weisen auch auf nationaler Ebene vergleichbare Bedingungen auf. Dies trifft vor allem bei Untersuchungen von Fällen der Policy-Divergenz bei ähnlichen nationalen und internationalen Voraussetzungen zu, wie sie bei westlichen Industriestaaten, die unter dem Einfluss von Globalisierung stehen, häufig auszumachen ist. Entsprechend muss bei solchen „most similar system designs" eine erklärende Variable herangezogen werden, die die nötige Variabilität aufweist, um *Policy-Outcome* zu erklären.[12] Gerade hier kann der akteurszentrierte Konstruktivismus mit einem Fokus auf das Agieren von Norm-Entrepreneuren *Policy-Outcome* erklären. Die Einbeziehung des Norm-Entrepreneurs in eine Untersuchung stellt somit einen ergänzenden Ansatz dar, der Normen als Basis jeden menschlichen Handelns berücksichtigt.

Für die Untersuchung von Policy-Divergenz ist die Operationalisierung des akteurszentrierten Konstruktivismus mit einem Fokus auf das Wirken eines Norm-Entrepreneur verglichen mit alternativen Ansätzen wie der Parteienherrschaftstheorie, organisierten Interessen, Institutionen, der Variable „Größe eines Staates", den klassische Ansätze der Disziplin *Internationale Beziehungen* oder der Wirkung globaler Märkte relativ komplex (vgl. Kap. I.3.1). Da sich Normen nur langsam wandeln, und die Etablierung einer neuen Norm nur über einen längeren Zeitraum erfolgt, muss auch ein entsprechend langer Zeitraum analysiert werden. Hinzu kommt nicht nur, dass das Umfeld in jedem untersuchten Staat für einen Norm-Entrepreneur unterschiedlich ist, sondern dass es sich auch mit der Zeit verändern kann. Entsprechend müssen die Rahmenbedingungen, in denen ein Norm-Entrepreneur agiert, analysiert werden. Diese Rahmenbedingungen sind vor allem durch die Identitäten der Bevölkerung bestimmt. Dieser Umstand resultiert in einer umfangreichen Untersuchung, die nicht nur den Zeitraum des Wirkens des Norm-Entrepreneurs umfasst, die im Zentrum der Unter-

---

12 Vgl.: Przeworski, Adam / Teune, Henry: The Logic of Comparative Social Inquiry, New York: Wiley-Interscience, 1970.

suchung steht. Vielmehr müssen auch die Faktoren untersucht werden, mit denen Normen und Identitäten, die das untersuchte Politikfeld betreffen, verknüpft sind. Diese haben sich in der Regel über einen langen Zeitrum entwickelt und sind mit der Geschichte eines Landes verknüpft.
Die im Vergleich zu anderen Ansätzen komplexe Operationalisierung bezieht sich nicht nur auf die Identifikation und Analyse der relevanten Normen und Identitäten. Denn zu Beginn jeder Untersuchung müssen die für das Politikfeld relevanten Akteure identifiziert werden, die als Norm-Entrepreneur tätig werden. Dies kann zu Beginn der Untersuchung abhängig von den institutionellen Strukturen des untersuchten Politikfelds erfolgen. Durch ein Fortschreiten der Untersuchung können dann durch die Analyse der bereits identifizierten Norm-Entrepreneure und der Rahmenbedingungen in denen sie agieren eventuell weitere Norm-Entrepreneure identifiziert werden, die sich ebenfalls im untersuchten Politikfeld engagieren.
Die dargestellte Komplexität der Operationalisierung bedeutet aber nicht, dass der akteurszentrierte Konstruktivismus mit einem Fokus auf Norm-Entrepreneure einen Grad an Komplexität erreicht, der im Rahmen einer sozialwissenschaftlichen Untersuchung nicht zu bewältigen wäre. Vielmehr stellt der akteurszentrierte Konstruktivismus beispielhaft einen Mittelweg zwischen rationalistischen und reflexiven Ansätzen dar. So profitiert er einerseits von der Einbeziehung von Normen und der Einsicht, dass die Art der Wahrnehmung und die Interpretation einer Policy für Akteure von zentraler Bedeutung ist. Neben dieser reflexiven Komponente greift er andererseits auf die Methoden der rationalistischen Ansätze zurück, deren Einbeziehung vor allem die Hypothesenbildung und die Operationalisierung positiv beeinflusst. Die Verwendung behavioristischer Methoden bietet auch eine hilfreiche Anleitung, um die Begrifflichkeiten des Konstruktivismus zu messen. Denn eine Bewertung der für die Untersuchung wichtigen Normen und Identitäten nur nach Aspekten der Plausibilität ist nicht in jedem Fall ausreichend. Hier bietet die Umfrageforschung nützliche Anleihen. Speziell Umfrageergebnisse zur Einstellung gegenüber Themen und Personen können erste Vermutungen über zentrale Akteure und relevante Normen und Identitäten untermauern. Da sich der akteurszentrierte Konstruktivismus mit einem Fokus auf das Wirken von Norm-Entrepreneuren vorwiegend mit Identitäten und Normen befasst, die die gesamte Bevölkerung oder zumindest ein großer Teil inne hat, ist es bei einer Untersuchung, die sich auf diesen Ansatz stützt, in der Regel nicht nötig eigene Erhebungen durchzuführen. Denn zu diesen allgemeinen Einstellungen werden in westlichen Staaten regelmäßig Daten erhoben. Entsprechend bietet die Umfrageforschung eine Datenbasis, die eine schnelle Überprüfung der relevanten Normen und Identitäten ermöglicht und zu deren Gewichtung beiträgt.
Die Feststellung relevanter Akteure, Normen und Institutionen im untersuchten Politikfeld bildet den Ausgangspunkt einer empirischen Untersuchung, die sich

auf den akteurszentrierten Konstruktivismus bezieht. Die hierauf aufbauende Untersuchung nutzt in erster Linie die Methode der Inhaltsanalyse. Mittels einer qualitativen als auch einer quantitativen Inhaltsanalyse von Materialien der Akteure, die als Norm-Entrepreneur tätig werden, lässt sich deren Agieren bewerten. Die quantitative Untersuchung beantwortet die Frage nach dem Umfang der Aktivität eines Norm-Entrepreneurs. Einen größeren Stellenwert als die quantitative Analyse für die Untersuchung von Normwandel und der Etablierung neuer Normen ist die qualitative Analyse der Materialien der Norm-Entrepreneure. Denn die qualitative Analyse gibt Auskunft über die Argumentation und die entsprechende Nutzung von Frames durch einen Norm-Entrepreneur. Die qualitative Analyse ist entsprechend geeignet, latente Inhalte und Verknüpfungen von Themen, die ein Norm-Entrepreneur durch seine Argumentation zu vermitteln versucht, zu analysieren und zu bewerten und schließlich bestehenden Identitäten und Normen zuzuordnen. Die Identifikation und Sammlung der relevanten Quellen gestaltet sich relativ einfach. Denn da Norm-Entrepreneure darum bemüht sind eine möglichst breite Öffentlichkeit zu erreichen, sind die Quellen, die das Wirken eines erfolgreichen Norm-Entrepreneurs darstellen, leicht zu recherchieren. Schwieriger ist die Untersuchung von Akteuren, die erfolglos versuchten, als Norm-Entrepreneur tätig zu werden. Ihr Wirken ist kaum dokumentiert, zudem besteht die Gefahr, dass sie aufgrund der Tatsache, dass sie nicht erfolgreich tätig waren, gar nicht als potentielle Norm-Entrepreneure identifiziert werden.

Die Identifikation der Akteure, die als Norm-Entrepreneur tätig werden, erfolgt zu Beginn der empirischen Untersuchung aufbauend auf den institutionellen Strukturen des untersuchten Politikfelds. Im Rahmen der fortschreitenden Untersuchung können dann weitere Norm-Entrepreneure identifiziert werden. So kann ein opponierender Norm-Entrepreneur eventuell erst im Rahmen der Untersuchung der zu Beginn der empirischen Untersuchung identifizierten Norm-Entrepreneure festgestellt werden. Problematischer als die Identifikation der Norm-Entrepreneure ist die Abgrenzung der Akteure. In dieser Arbeit wurden beispielsweise Parteien beziehungsweise prominente Politiker getrennt von den Parlamenten untersucht. Hier könnte man auch von der Prämisse ausgehen, dass das nationale Parlament den Politikern, die als Norm-Entrepreneur tätig werden, nur als Forum dient. Im Falle der USA scheint die getrennte Untersuchung aufgrund der sich oft gegenüberstehenden Positionen von Regierung und Kongress überzeugend. Aber bei der Untersuchung des Verhaltens der Bundesrepublik und Großbritanniens im Rahmen der Euro-Einführung erscheint eine einzelne Untersuchung von Parteien beziehungsweise Politikern und Parlament nicht zwingend geboten. So ist auch eine ausschließliche Untersuchung der prominenten Politiker plausibel. Für eine getrennte Untersuchung spricht allerdings, dass den nationalen Parlamenten in den westlichen Staaten in der Regel ein hohes Vertrauen entgegen kommt und sie die Anforderungen an einen Norm-Entre-

preneur erfüllen. Zudem muss eine Übereinstimmung des Wirkens von Politikern und den Parlamenten als Norm-Entrepreneur nicht zwangsläufig identisch sein.
Auch die Untersuchung der Medien, die aufgrund ihrer Verfügbarkeit und Archivierung eine hilfreiche Quelle sind, birgt gewisse Unklarheiten. In einer modernen, funktional differenzierten Gesellschaft stellen Medien ein zentrales Kommunikationsmittel zwischen den Bürgern und Parteien, Politikern und Organisationen dar. Medien dienen also als wichtige Informationsquelle, die durch eine „Initialzündung" Interesse an einem Thema wecken kann. Dabei nehmen die Medien als potentieller Norm-Entrepreneur eine Doppelfunktion ein. Medien stellen komplexe Themen durch Framingprozesse vereinfacht dar und können so als Norm-Entrepreneur tätig werden.[13] Ihre eigenständige Tätigkeit als Norm-Entrepreneur wird vor allem bei der Gestaltung von Leitartikeln, Kommentaren oder auch Karikaturen deutlich. Gleichzeitig sind Medien aber auch ein Forum für andere Norm-Entrepreneure, deren Diskurse und Framing-Bemühungen mittels der Medien und speziell der Presse transportiert werden. So werden die Medien durch ihre Berichterstattung automatisch als Norm-Entrepreneur aktiv, indem sie die Positionen anderer Norm-Entrepreneure wiedergeben. In diesem Fall werden sie auch als Filter tätig, der durch eine gezielte Berichterstattung verschiedene Norm-Entrepreneure fördern kann.
Die Tatsache, dass Medien eine äußerst wichtige Informationsquelle sind und ihnen als eigenständiger Norm-Entrepreneur und als Medium für andere Norm-Entrepreneure eine Doppelfunktion zukommt, macht deutlich, dass sie einen besonderen Akteur darstellen, dem besondere Aufmerksamkeit gewidmet werden muss.
Allerdings darf sich eine konstruktivistische Untersuchung mit einem Fokus auf das Wirken von Norm-Entrepreneuren nicht auf die unbestritten äußerst relevanten Medien beschränken. So zeigen Studien, dass Medien einen wichtigen Beitrag zur Themensetzung leisten, sie aber keinen alleinigen Einfluss auf die Ausprägung der Einstellungen gegenüber diesen Themen haben. Medien werden vielmehr selektiv wahrgenommen und interpretiert, wobei die Interpretation vor einem sozialen Hintergrund und unter Hinzuziehung anderer Informationen erfolgt.[14] Zu einer zu den Medien alternativen Realitätserschließung kommt es vor allem dann, „wenn besonders gut informierte und kompetente Personen [...], ei-

---

[13] Vgl.: Wilke, Jürgen: Politikvermittlung durch Printmedien, in: Sarcinelli, Ulrich (Hrsg.): Politikvermittlung und Demokratie in der Mediengesellschaft. Beiträge zur politischen Kommunikationskultur, Bonn: Bundeszentrale für politische Bildung, 1998, S. 151.

[14] Vgl.: Schenk Michael: Mediennutzung und Medienwirkung als sozialer Prozess, in: Sarcinelli, Ulrich (Hrsg.): Politikvermittlung und Demokratie in der Mediengesellschaft. Beiträge zur politischen Kommunikationskultur, Bonn: Bundeszentrale für politische Bildung, 1998, S. 387.

ne neue Sichtweise eröffnen".[15] Zudem ist es möglich, dass ein Norm-Entrepreneur keine Medienresonanz erfährt. Dies wird am Beispiel der britischen Euro-Befürworter deutlich. Die Aktivitäten der yes-campaign finden in der Presse nur ein geringes Echo. Dennoch wird sie im Rahmen von Veranstaltungen und durch die Produktion von Informationsmaterialien als Norm-Entrepreneur tätig. Neben dem Wirken anderer Norm-Entrepreneure wirken individuelle Prädispositionen als Filter für die Aufnahme und Interpretation der Botschaften der Medien.[16]

Eine Beschränkung der Untersuchung auf die Medien resultiert also in der Gefahr, relevante Norm-Entrepreneure und soziale Prozesse, die zur Interpretation der Medien beitragen, zu übersehen Außerdem resultiert eine Beschränkung auch in einem reduzierten Erkenntnisgewinn bezüglich der Argumentation der Norm-Entrepreneure und ihres Erfolgs. So können die in Kapitel II.2 aufgestellten Annahmen über das Agieren eines Norm-Entrepreneurs nur überprüft und präzisiert werden, indem jeder Akteur untersucht wird, der als Norm-Entrepreneur tätig wird. Eine umfassende Untersuchung gibt folglich auch darüber Aufschluss, welche Strategien eines Norm-Entrepreneurs geeignet sind, erfolgreich tätig zu werden – und natürlich auch darüber, welche Akteure mit welcher Argumentation ein umfangreiches oder auch ein geringes Medienecho erfahren.

3 Schlussfolgerungen über das Wirken eines Norm-Entrepreneur

Die Beschleunigung des Globalisierungsprozesses in den letzten Dekaden verstärkt den Druck auf nationale Regierungen, ihre Politik an die Logik globaler Märkte anzupassen. Denn die Staaten stehen in globaler Konkurrenz um Investitionen. Eine Politik, die der Logik globaler Märkte entgegensteht, resultiert in einem Verlust von Investitionen und dem Ausbleiben der positiven Wachstumseffekte der Globalisierung. Die Globalisierung stellt so einen Einfluss der internationalen Ebene auf Nationalstaaten dar, den diese nicht ignorieren können. Dabei werden die Nationalstaaten nicht in ihrer Handlungsmacht beschränkt, aber sie sind gezwungen ihre Politik an die sich ändernden Gegebenheiten anzupassen um jeweils optimale Bedingungen zu schaffen, die die ökonomischen und sozialen Verhältnisse in einem Staat und eben auch die Einflüsse der Globa-

[15] Schenk (1998), S. 389

[16] Kaase, Max: Demokratisches System und die Mediatisierung von Politik, in: Sarcinelli, Ulrich (Hrsg.): Politikvermittlung und Demokratie in der Mediengesellschaft. Beiträge zur politischen Kommunikationskultur, Bonn: Bundeszentrale für politische Bildung, 1998, S. 50.

lisierung berücksichtigen.[17] Diese Anpassung der Politik an die sich ändernden Einflüsse globaler Märkte stellt eine Sicherung des Allgemeinwohls im Sinn eines Kaldor-Optimums dar.[18]
So führt Globalisierung dazu, dass Staaten zentrale politische Ziele und die Mittel zu deren Erreichung neu definieren müssen. Diese neuen Anforderungen an die Staaten, die in der Logik globaler Märkte ihren Ursprung haben, resultieren in der Regel in vergleichbaren Antwortstrategien der Staaten, was den Trend zur Policy-Konvergenz erklärt. Dabei ist Policy-Konvergenz keine zwangsläufige Konsequenz der fortschreitenden Globalisierung. Die neben der Konvergenz zu beobachtenden Fälle von Policy-Divergenz sind auf unterschiedliche Faktoren zurückzuführen. Einen zentralen Faktor für die Erklärung der Divergenz stellen Normen dar. Eine Policy, die nicht im Einklang mit bestehenden Normen ist, ist praktisch nicht implementierbar. Aufgrund des unterschiedlichen Normgefüges in den verschiedenen Staaten wird entsprechend unterschiedliche Policy von der Bevölkerung als wünschenswert bewertet. Das Ergebnis einer Politik, die von Normen und Traditionen in einem Land abhängig ist, kann auch eine Policy sein, die eine adäquate Antwort auf die Anforderungen der Logik globaler Märkte ist, die aber nicht unbedingt auf andere Staaten übertragbar ist. Dies wird am Beispiel Dänemarks deutlich. Dänemark als typischer Vertreter des „skandinavischen Modells" des Wohlfahrtsstaates zeichnet sich durch einen starken Wohlfahrtsstaat aus, der sich erfolgreich an die Anforderungen der globalen Märkte anpasst. So vereinigt Dänemark einen erfolgreichen Außenhandel mit hohen Staatsausgaben. Allerdings wurden diese Ausgaben im Rahmen notwendiger Reformen neu verteilt und ihre Finanzierung erfolgt vorwiegend über nicht-mobiles Kapital, was die globale Wettbewerbsfähigkeit um Investitionen garantiert. Das korporatistische System, in dem der Staat als Bindeglied zwischen Gesellschaft und Wirtschaft wirkt, war von zentraler Bedeutung. So waren diese Reformen möglich, da die Tradition des dänischen Wohlfahrtsstaates und des Interessenausgleiches in den staatlichen Institutionen verankert ist. Die verantwortlichen Politiker stützen zudem ihre Argumentation für die Reformen auf Schlagworte wie „Wohlfahrtsgesellschaft" (statt „Wohlfahrtsstaat"), um zu ver-

---

17 Vgl.: Weiss, Linda: The myth of the powerless state. Governing the economy in a global era, Cambridge: Polity Press, 1998.

18 Das Klador-Optimum bezeichnet den aggregierten Nettonutzen. In diesem Fall überwiegt der positive Nutzen eines Teils der Gesellschaft die negativen Kosten des anderen Teils der Gesellschaft. (Vgl.: Kaldor, Nicholas: Welfare Propositions of Economics and Inter-Personal Comparisons of Utility, in: The Economic Journal, 49, 1939, S. 549-552.)

deutlichen, das die Reformen an die Ursprünge des dänischen Wohlfahrtssystems anknüpfen.[19]
Eine Übertragung der erfolgreichen Reformen Dänemarks auf andere Staaten ist kaum möglich, da diese eine andere historische Entwicklung des Wohlfahrtssystems aufzeigen, die entsprechend durch Normen und Institutionen untermauert ist. So können die Anforderungen der Logik globaler Märkte an Staaten auf unterschiedliche Arten beantwortet werden und oft sind nationale Eigenarten eine hilfreiche Basis, auf der ein adäquater Weg für einen Staat gefunden werden kann. Entsprechend werden Staaten durch Globalisierung nicht in ihrer Handlungs- und Steuerungsfähigkeit per se geschwächt.[20] Vielmehr entsteht eine Notwendigkeit für nationale Regierungen, Reformen durchzuführen, die die Basis für eine Nutzung der positiven Effekte der Globalisierung sind und die negative Effekte vermeiden. Zudem können Regierungen auch die von negativen Effekten oder von Anpassungskosten Betroffenen unterstützen. Diese Unterstützung Betroffener ist oft eine wichtige Voraussetzung, um eine möglichst hohe Akzeptanz für eine marktliberale Politik zu erlangen.[21]
Die verschiedenen Optionen, die ein Staat im Rahmen der Anpassung seiner Politik an die Logik globaler Märkte zur Wahl hat, sind vor allem durch Eigenarten jedes Staates begründet, die sich in Normen und Institutionen manifestieren. Entsprechend erklärt sich auch die Policy-Divergenz, die trotz des Anpassungsdrucks zu beobachten ist.
Gleichzeitig gibt es aber auch einen Druck Reformen durchzuführen, die nicht mit bestehenden Normen im Einklang stehen. In solchen Fällen kann Policy-Divergenz eine Abweichung von der wohlfahrtsteigernden Politik bedeuten, die der Logik globaler Märkte entspricht. Wenn Normen und Institutionen eine bestimmte Policy verhindern und andere, alternative Policies der Logik globaler Märkte völlig entgegenstehen, ist eine Regierung gezwungen, eine adäquate Policy auch gegen Widerstände durchzusetzen, um die negativen, wohlfahrtsmindernden Folgen zu verhindern. Gerade solche Reformen stellen Regierungen vor eine große Herausforderung. Denn in einer Phase, in der die Gestaltung der nationalen Politik in großem Maß von der Logik globaler Märkte abhängig ist, ist die Implementierung einer Politik, die eben dieser Logik entspricht, oft in Wiederspruch mit den Wünschen und Forderungen der Mehrheit der Bevölkerung.

---

19 Vgl.: Cox, Robert H.: The Social Construction of an Imperative: Why Welfare Reform Happened in Denmark and the Netherlands but not in Germany, in: World Politics 53/3, 2001, S. 463-498 und Esping-Andersen, Gøsta: The Three Worlds of Welfare Capitalism, Princeton: Princeton University Press, 1990.

20 Vgl:. Schirm, Stefan A.: Wie Globalisierung nationale Regierungen stärkt. Zur politischen Ökonomie staatlicher Antworten auf Globalisierung, in: Landfried, Christiane (Hrsg.): Politik in einer entgrenzten Welt, Köln: Verlag Wissenschaft und Politik, 2001, S. 133-150.

21 Vgl.: Rieger, Elmar / Leibfried, Stephan: Die sozialpolitischen Grenzen der Globalisierung, in: Politische Vierteljahresschrift 38/4, 1997, S. 771-796.

Denn die Schaffung attraktiver Bedingungen für transnationale Unternehmen, die sich dort niederlassen, wo sie auf die für sie günstigsten Bedingungen treffen und die gleichzeitige Reduzierung von Privilegien für Branchen, die von Handelshemmnissen und Subventionen profitieren, weckt bei vielen Bürgern Ängste. Diese Ablehnung einer Politik, die der Logik globaler Märkte entspricht, ist in erster Linie auf ein Informationsdefizit bezüglich der Wirkung globaler Märkte zurückzuführen. Da sich aber die von den Handelshemmnissen profitierenden Partikularinteressen lautstark artikulieren, können sie für ihre Interessen werben und sich mit ihren Forderungen oft durchsetzen. Zudem werden die Nachteile einer Politik, die diesen Partikularinteressen entspricht und die die Mehrheit der Bevölkerung betreffen, von dieser oft übersehen. Als Beispiel seinen hier die derzeitigen Schutzzöllen der USA für die Stahlindustrie und die Schutzzölle der EU für Agrargüter genannt, von denen zwar die betreffenden Branchen profitieren. Allerdings wird gleichzeitig die Bevölkerung daran gehindert, von den ohne Handelsbeschränkungen billigeren importierten Waren zu profitieren. In der Konsequenz schadet dies gleich doppelt: Zum einen werden die Produkte der geschützten Branchen teurer, zum anderen kann das Geld, das für die teuren, geschützten Produkte ausgegeben werden muss, nicht in wettbewerbsfähige Branchen investiert werden. So verhindert die Ablehnung jeder Art von liberaler Wirtschaftspolitik eine Effizienzsteigerung und Spezialisierung der Wirtschaft, die die Basis für globale Wettbewerbsfähigkeit ist.

Die Beantwortung der leitenden Forschungsfrage *Warum führen Staaten mit ähnlichen Ausgangsbedingungen auf nationaler Ebene und unter ähnlichen äußeren Einflüssen eine unterschiedliche Politik durch?* verdeutlicht die wichtige Funktion der Norm-Entrepreneure in den untersuchten Fällen. Dabei wurde die Hypothese, dass *wenn eine durchzuführende Policy nicht im Einklang mit bestehenden Normen ist, ein Akteur als Norm-Entrepreneur tätig werden kann, um so einen handlungsleitenden Rahmen zu schaffen, der die Basis für eine neue Policy ist*, eindeutig bestätigt. Der *Policy-Making-Prozess* ist entsprechend durch das Wirken der Norm-Entrepreneure mitbestimmt. Und auch wenn eine zu implementierende Policy im Einklang mit bestehenden Normen ist, ist es für einen *Policy-Maker* empfehlenswert, diese Policy mit bestehenden Normen fest zu verknüpfen und somit auch als Norm-Entrepreneur tätig zu werden. Denn wenn ein solches Agieren ausbleibt, besteht die Gefahr, dass andere, opponierende Akteure als Norm-Entrepreneur tätig werden und Normen etablieren oder mit der Policy verknüpfen, die eben dieser Policy entgegenstehen. So kann eine Policy, deren Implementierung ursprünglich problemlos erschien, auf ungeahnte Widerstände stoßen, die letztendlich zu deren Scheitern führen können.
Die Partikularinteressen, die sich gegen eine liberale Außenhandelspolitik aussprechen, stützen ihre Position auf leicht nachvollziehbare Argumente wie die Gefahr des Verlustes von Arbeitsplätzen in ihren Branchen und verknüpfen ihre

Position oft auch mit Aspekten der nationalen Identität. In diesem Fall wird Globalisierung als Bedrohung der nationalen Identität oder wichtiger nationaler Symbole und Traditionen dargestellt. Im Gegenzug können sich die Befürworter einer liberalen Außenhandelspolitik auf die wohlfahrtschaffenden Effekte des Freihandels beziehen. Allerdings sind diese in der Regel aufgrund ihrer Komplexität nur schwer zu vermitteln und die meisten wohlfahrtsteigernden Effekte treten erst zeitlich verzögert ein, was eine Vermittlung der Vorteile ungemein erschwert. Lediglich die Tatsache, dass sich durch den Wegfall von Handelshemmnissen das Warenangebot vergrößert und die Preise sinken, ist relativ leicht zu vermitteln.

Zu der Tatsache, dass die Gegner einer liberalen Außenhandelspolitik ihre Position mit populären, leicht nachvollziehbaren und hohe Akzeptanz findenden Argumenten und oft auch erfolgreich mit Aspekten der nationalen Identität untermauern, kommt hinzu, dass in den letzten Jahren vermehrt eine grundsätzliche Ablehnung liberaler Politik durch die Bevölkerung zu beobachten ist. Die Zunahme der Gegner liberaler Politik wird beispielsweise in der wachsenden Zahl der NGOs deutlich, die sich gegen liberale Politik und oft speziell gegen eine Anpassung der Politik an die Anforderungen globaler Märkte wenden. In ihrer Argumentation nimmt das Schlagwort „Globalisierung“ eine zentrale Rolle ein. Dabei wird „Globalisierung“ als ein Prozess dargestellt, der von multinationalen Konzernen gesteuert wird. Menschen und nationale Regierungen sind demnach diesem Prozess ausgeliefert, er führt zur Ausbeutung von Arbeitern und zu einer Senkung aller Standards. Dieser Sicht schließen sich nicht nur viele Bürger, sondern teilweise auch Journalisten an. So können die Akteure, die sich gegen eine liberale Politik einsetzen, auf einen vorherrschenden Zeitgeist bauen, der „Globalisierung“ als Bedrohung betrachtet, die es zu stoppen gilt. Diese Ablehnung einer Politik, die der Logik globaler Märkte entspricht, ist in der Regel nicht objektiv begründet.[22]

Speziell die Regierung als *Policy-Maker* befinden sich somit in einem Dilemma: Eine Politik, die der Logik globaler Märkte entspricht, resultiert in einem Wohlfahrtsgewinn und dem Erhalt beziehungsweise der Steigerung der Wettbewerbsfähigkeit um internationale Investitionen. Gleichzeitig ist diese Politik nur gegen die Überzeugung der Bevölkerung durchzuführen und kann somit wahlentscheidend sein. Dies gilt um so mehr, da die wohlfahrtsteigernden Effekte erst mittel- und langfristig eintreten, die Folgen der Abschaffung von Subventionen und protektionistischen Maßnahmen in den betroffenen Branchen aber unmittelbar deutlich werden. Im entgegengesetzten Fall der Durchführung einer Politik, die der Logik globaler Märkte wiederspricht, ist zwar nicht mit Widerständen von der Seite der Mehrheit der Bevölkerung zu rechnen. Aber lang- und mittelfristig

[22] Vgl.: Henderson, David: Anti-Liberalism 2000. The Rise of New Millennium Collectivism, London: The Institute of Economic Affairs – Thirteen Wincott Lecture, 2001.

ist mit einem deutlichen Wohlfahrtsverlust zu rechnen, der ebenfalls wahlentscheidend sein kann. Dieses Dilemma macht die Notwendigkeit für *Policy-Maker* deutlich, als Norm-Entrepreneur tätig zu werden, wobei neben den *Policy-Makern* auch andere Akteure als Norm-Entrepreneur tätig werden können, die ebenfalls ein Interesse an einer Politik haben, die der Logik globaler Märkte entspricht.

Mit Blick auf die Widerstände, mit denen diese Politik konfrontiert wird, ist die Schaffung eines normbasierten handlungsleitenden Rahmens eine geeignete Möglichkeit, um eine möglichst hohe Akzeptanz für eine Politik zu gewinnen, die der Logik globaler Märkte entspricht.

Ein Norm-Entrepreneur, der eine Akzeptanz für eine Politik schaffen möchte, die der Logik globaler Märkte entspricht, muss seine Argumente und Frames, die diesen Argumenten als Interpretationsbasis dienen, sorgsam auswählen. Natürlich ist die jeweilige Wahl der Argumente und der Frames abhängig vom speziellen Thema. Dies wurde vor allem beim Verhalten der Norm-Entrepreneure im Rahmen der Euro-Einführung deutlich. Die Norm-Entrepreneure der Bundesrepublik konnten zum Beispiel den Euro mit der politischen Dimension der EU verknüpfen und die Währungsunion in den direkten Zusammenhang mit der europäischen Integration stellen. Diese Verknüpfung war aufgrund der ausgeprägten europäischen Identität der Deutschen erfolgreich, lässt sich aber nicht auf andere Staaten übertragen, deren Bevölkerung keine ausgeprägte europäische Identität hat, was am Beispiel Großbritanniens deutlich wurde.

Die Nutzung eines geeigneten Frames durch die Norm-Entrepreneure, die sich für eine Politik einsetzen, die der Logik globaler Märkte entspricht, ist vor allem mit Blick auf die derzeitig vorherrschende Ablehnung einer solchen Politik durch die Bevölkerung der Staaten von größter Wichtigkeit, die unter dem Anpassungsdruck an die neuen Anforderungen stehen. Unabhängig vom speziellen Thema, das die Wahl geeigneter Frames bestimmt, bietet sich der Logik-globaler-Märkte-Frame als Basis für die Argumentation eines Norm-Entrepreneurs an, der sich für eine Policy einsetzt, die mit der Logik globaler Märkte verknüpft ist. Der Versuch eines solchen Framings durch einen Norm-Entrepreneur hat das Ziel, auf die Auswirkungen globaler Märkte auf Nationalstaaten hinzuweisen und die ökonomischen Vorteile einer den neuen Anforderungen entsprechenden Politik zu belegen. Dabei werden keine komplexen wirtschaftswissenschaftlichen Zusammenhänge bemüht, sondern es wird auf einfache ökonomische Vorteile für die nationale Wohlfahrt verwiesen. Die in dieser Arbeit untersuchten Fälle zeigen, dass dieser für das Agieren eines Norm-Entrepreneur naheliegende Frame nur in geringem Maß genutzt wird. Der Grund hierfür ist offensichtlich. Die Vorteile von Freihandel und liberaler Wirtschaftspolitik sind bei der Bevölkerung nur in geringem Umfang bekannt und somit kann dieser Frame nur bedingt als Interpretationsschema dienen. Zudem sind die komplexen Zusammenhänge der Logik globaler Märkte nur schwer in einem

vereinfachenden Frame zu verankern, der dann als Interpretationsbasis für komplexe Zusammenhänge dient.
Dabei bietet die Möglichkeit, die Argumentation auf einen Logik-globaler-Märkte-Frame aufbauen zu können, entscheidende Vorteile. Zum einen verringert die mögliche Verwendung dieses Frames die Abhängigkeit vom Vorhandensein beziehungsweise vom Nicht-Vorhandensein eines geeigneten anderen Frames. Zum anderen bietet ein grundsätzliches Verständnis für die Logik globaler Märkte die Basis, jedes Thema, das mit dieser Logik verknüpft ist, aufbauend auf diesem Frame darzustellen, der als Interpretationsbasis die grundsätzlich positiven Effekte der ökonomischen Globalisierung erklärt.
Da ein solcher Frame aufgrund des Informationsdefizits über die Logik globaler Märkte nur bedingt genutzt werden kann, ist es dringend nötig, dass sich Akteure, die ein Interesse an einer Politik haben, die dieser Logik entspricht, für eine Verringerung dieses Informationsdefizits einsetzen. Ihr Ziel muss es sein, die *causal beliefs*, also die Annahmen über kausale Effekte der ökonomischen Globalisierung neu zu prägen. Ein größeres Wissen über die grundsätzlichen ökonomischen Vorteile globaler Märkte kann erfolgreich zur Bildung eines elaborierten Logik-globaler-Märkte-Frames beitragen. Ein solcher, für eine Vielzahl von Ideen und Themen offener Frame, der auf einfachen Zusammenhängen der Wirkung globaler Märkte aufbaut, kann dann eine geeignete Basis für die Interpretation neuer, komplexer Policies darstellen. Zudem bietet er eine Basis für die Erzielung von Lerneffekten, die sich sowohl auf die Art der Zielerreichung als auch auf die Definition der politischen Ziele unter dem Einfluss globaler Märkte beziehen.

VI Literaturverzeichnis

1 Primärquellen

Abbott, Kenneth W. / Snidal, Duncan: Values and Interests; International Legalization in the Fight against Corruption, in: Journal of Legal Studies, 31/1, 2002, S. 141-178.

Adler, Emanuel: Seizing the Middle Ground: Constructivism in World Politics, in: European Journal for International Relations, 3/3, 1997, S. 291-318.

Allison, Graham T.: Conceptual Models and The Cuban Missile Crisis, in: American Political Science Review, 63/3, 1969, S. 689-718.

Almond, Gabriel A. / Verba, Sidney: The civic culture. Political attitudes and democracy in five nations, Boston: Little, Brown, 1965.

Bandelow, Nils C.: Policy Lernen und politische Veränderungen, in: Schubert, Klaus / Bandelow, Nils, C. (Hrsg.): Lehrbuch der Politikfeldanalyse, München: Oldenbourg, 2003, S. 289-321.

Barnett, Michael N.: Identity and Alliances in the Middle East, in: Katzenstein, Peter J. (Hrsg.): The Culture of National Security. Norms and Identity in World Politics, New York: Columbia University Press, 1996, S. 400-447.

Beck, Kristin: Junge Deutsche zwischen nationaler und europäischer Identität, Informationsdienst Wissenschaft, 11. August 2003.

Bernstein, Basil: Elaborierter und restringierter Kode: Eine Skizze, in: Klein, Wolfgang / Wunderlich, Dieter (Hrsg.): Aspekte der Soziolinguistik, Frankfurt a.M.: Athenäum, 1971, S. 15-23.

Beyme, Klaus von: Interessengruppen in der Demokratie, München: Piper, 1980[5].

Bhagwati, Jagdish: Free Trade Today, Princeton: Princeton University Press, 2002.

Björkdahl, Annika: From Idea to Norm. Promoting Conflict Prevention, Department of Political Science, Lund University, Sweden, 2002.

Boekl, Henning / Rittberger, Volker / Wagner, Wolfgang: Norms and Foreign Policy: Constructivist Foreign Policy Theory, Working paper no. 34a, Center for International Relations / Peace and Conflict Studies (University of Tübingen, 1999).

Boekle, Henning / Nadoll, Jörg / Stahl, Bernhard: Nationale Identität, Diskursanalyse und Außenpolitikforschung: Herausforderungen und Hypothesen, Zusammenfassung der Ergebnisse des „Projekts über vergleichende Außenpolitikforschung in Europa", Trier, 2001.

Brabrook, Alec: Protests and Pressures: The Public Interest and Pressure Groups in the USA, Hull Papers in Politics, 1980.

Brettschneider, Frank / Maier, Michaela / Maier, Jürgen: From D-Mark to Euro: The Impact of Mass Media on Public Opinion in Germany, in: German Politics 12/2, 2003, S. 45-64.

Brewer, Garry D. / deLeon, Peter: The Foundations of Policy Analysis, Homewood: Dorsey Press, 1983.

Carr, Edward H.: The Twenty Years' Crisis 1919-1939. An Introduction to the Study of International Relations, reprint of 2nd edition, New York: Harper & Row, 1964.
Cerny, Philip G.: Globalization and Other Stories. The Search for a New Paradigm for International Relations, in: International Journal 51/4, 1996, S. 617-637.
Collier, David / Messick, Richard E.: Prerequisites Versus Diffusion: Testing Alternative Explanations of Social Security Adoption, in: American Political Science Review, 69, 1975, S. 1299-1315.
Cox, Robert H.: The Social Construction of an Imperative: Why Welfare Reform Happened in Denmark and the Netherlands but not in Germany, in: World Politics 53/3, 2001, S. 463-498.
Cox, Robert W.: Gramsci, Hegemony and International Relations: An Essay in Method, in: Gill, Stephen (Hrsg.); Gramsci, Historical Materialism and International Relations, Cambridge: Cambridge University Press, 1993, S. 49-66.
Dickheuer, Gustav: Internationale Wirtschaftsbeziehungen, München: R. Oldenbourg Verlag, 1991².
Döhrn, Roland / Herwegh, Elisabeth: Die Außenwirtschaft, in: Adams, Willi Paul / Lösche, Peter (Hrsg.): Länderbericht USA, Bonn: Bundeszentrale für politische Bildung, 1998, S. 591-612.
Donati, Paolo R.: Die Rahmenanalyse politischer Diskurse, in: Keller, Reiner / Hirseland, Andreas / Schneider, Werner / Viehöver, Willy (Hrsg.): Handbuch Sozialwissenschaftliche Diskursanalyse. Band 1: Theorien und Methoden, Opladen: Leske + Budrich, 2001, S. 145-175.
Doyle, Michael W.: Ways Of War And Peace, New York: W.W. Norton & Company, 1997.
Drake, William J. / Nicolïdis, Kalypso: Ideas, interests, and institutionalization: "trade in services" and the Uruguay Round, in: International Organization, 46/1, 1992, S. 37-100.
Dreher, Klaus: Helmut Kohl. Leben mit Macht, Stuttgart: Deutsche Verlags-Anstalt, 1998.
Drezner, Daniel W.: Globalization and Policy Convergence, in: International Studies Review, 3/1, 2001, S. 53-78.
Dye, Thomas R.: Policy Analysis. What Governments do, why they do it, and what difference it makes, Alabama: University of Alabama Press, 1976.
Economic Report of the President, Washington D.C., Februar 1997.
Eichengreen, Barry: Vom Goldstandard zum Euro. Die Geschichte des internationalen Währungssystems, Berlin: Verlag Klaus Wagenbach, 2000.
Eichner, Klaus: Die Entstehung sozialer Normen, Opladen: Westdeutscher Verlag, 1981.
Ellickson, Robert C.: The Evolution of Social Norms: A Perspective from the Legal Academy, in: Hechter, Michael / Opp, Karl-Dieter (Hrsg.): Social Norms, New York: Russell Sage Foundation, 2001, S. 35-75.
Elshtain, Jean: Feminist Inquiry and International Relations, in: Doyle, Michael W. / Ikenberry, G. John (Hrsg.): New Thinking in International Relations Theory, Boulder: Westview Press, 1997, S. 77-90.
Encyclopedia Britannica 2001.

Esping-Andersen, Gøsta: The Three Worlds of Welfare Capitalism, Princeton: Princeton University Press, 1990.

Europäische Kommission: Green Paper. On the practical arrangements for the introduction of the single currency, May 1995.

Evangelista, Matthew: Domestic Structure and International Change, in: Doyle, Michael W. / Ikenberry, G. John (Hrsg.): New Thinking in International Relations Theory, Boulder: Westview Press, 1997, S. 202-228.

Eyestone, Robert: Confusion, Diffusion, and Innovation, in: American Political Science Review, 71, 1977, S. 441-447.

Falke, Andreas: Einstellung und Strategie der USA in der Uruguay-Runde, in: Engels, Benno (Hrsg.): Weiterentwicklung des GATT durch die Uruguay-Runde?, Hamburg: Deutsches Übersee-Institut, 1992, S. 63-78.

Fehrle, Fabian: Every Thing Matters? The Problem of Complexity in Constructivism, Arbeitspapiere zur Internationalen Politik und Ökonomie, No. 2, 2001, Hrsg.: Stefan A. Schirm, Universität Stuttgart, S. 1-22.

Felke, Reinhard: Die neue WTO-Runde: Meilenstein auf dem Weg zu einer globalen Wirtschaftsordnung für das 21. Jahrhundert, in: Aus Politik und Zeitgeschichte, B46-47, 1999, S. 3-12.

Ferrera, Maurizio: The Four 'Social Europes': Between Universalism and Selectivity, in: Mény, Yves / Rhodes, Martin (Hrgs.): The Future of Welfare in Europe: A New Social Contract?, Houndmills: Palgrave, 1997, S. 81-96.

Fielding, Steven: The Labour Party. Continuity and change in the making of 'New' Labour, New York: Palgrave MacMillian, 2003.

Filzmaier, Peter / Plasser, Fritz: Wahlkampf um das Weiße Haus. Presidential Elections in den USA, Opladen: Leske + Busrich, 2001.

Finnemore, Martha / Sikkink, Kathryn: International Norm Dynamics and Political Change, in: International Organization, 52/4, 1998, S. 887-918.

Frankel, Jeffrey A. / Romer, David: Does Trade Cause Growth?, in: The American Economic Review, 89/3, 1999, S. 379-399.

Frieden, Jeffery A. / Rogowski, Ronald: The Impact of the International Economy on National Policies: An Analytical Overview, in: Keohane, Robert O. / Milner, Helen V. (Hrsg.): Internationalization and Domestic Politics, Cambridge: Cambridge University Press, 1996, S. 25-47.

Fujii, Lee Ann: The diffusion of a genocidal norm in Rwanda, Paper prepared for the Annual Convention of the International Studies Association, New Orleans, 24-27 March 2002, S. 1-16.

Garrett, Geoffrey: Global Markets and National Politics: Collision Course or Virtuous Circle?, in: International Organization 52/4, 1998, S. 787-824.

Geigant: Friedrich: Die Euro-Flagge über der Festung Europa. Deutschlands Weg zur einheitlichen Währung im gemeinsamen Markt, Berlin: Duncker & Humbolt, 2002.

George, Alexander L.: Case Studies and Theory Development: The Method of Structured, Focused Comparison, in: Lauren, Paul Gordon (Hrsg.): Diplomacy. New Approaches in History, Theory, and Policy, New York: The Free Press, 1979, S. 43-68.

George, Alexander: The Operational Code: A Neglected Approach to the Study of Political Leaders and Decision-Making, in: International Studies Quarterly, 13/2, 1969, S. 190-222.
Gerke, Kinka: Vom GATT zur Welthandelsorganisation, HSFK-Report 5/1994.
Giesen, Bernhard: Europäische Identität und transnationale Öffentlichkeit. Eine historische Perspektive, in: Kaelble, Hartmut / Kirsch, Martin / Schmidt-Gernig, Alexander (Hrsg.): Transnationale Öffentlichkeiten und Identität im 20. Jahrhundert, Frankfurt: Campus, 2002, S. 67-84.
Gilbert, Emily / Helleiner, Eric: Introduction – nation-states and money: historical contexts, interdisciplinary perspectives, in: Gilbert, Emily / Helleiner, Eric (Hrsg.): Nation-States and Money. The past, present and future of national currencies, London: Routledge, 1999, S. 1-21.
Gill, Stephen: Gramsci and Global Politics: Towards a Post-Hegemonic Research Agenda, in: Gill, Stephen (Hrsg.): Gramsci, Historical Materialism and International Relations, Cambridge University Press, 1993, S. 1-18.
Goffman, Erving: Frame Analysis, An Essay on the Organization of Experiences, New York: Harper & Row, 1974.
Goldstein, Judith / Keohane, Robert (Hrsg.): Ideas & Foreign Policy. Beliefs, Institutions, and Political Change, Ithaca & London: Cornell University Press, 1993.
Goldstein, Judith: Ideas, institutions, and American trade policy, in: International Organization, 42/1, 1988, S. 197-217.
Gourevitch, Peter: The Second Image Reversed: The International Sources of Domestic Politics, in: International Organization, 32/4, 1978, S. 881-923.
Gowland, David / Turner, Arthur: Britain and European Integration 1945-1998, London: Routledge, 2000.
Haas, Peter M.: Introduction: epistemic communities and international policy coordination, in: International Organization, 46/1, 1992, S. 1-35.
Hacke, Christian: Die Bedeutung des nationalen Interesses für die Außenpolitik der Bundesrepublik Deutschland, in: Aus Politik und Zeitgeschichte, B1-2, 1997, S. 2-11.
Hajer, Maarten: Discourse analysis and the study of policy making, in: European Political Science, autumn 2002, S. 61-65.
Hall, Peter A. / Soskice, David (Hrsg.): Varieties of Capitalism. The Institutional Foundations of Comparative Advantage, Oxford: Oxford University Press, 2001.
Hänggi, Heiner: Sozialer Konstruktivismus als goldene Brücke? Zur jüngsten Theoriedebatte in der Disziplin der Internationalen Beziehungen, Bulletin der Schweizerischen Akademie der Geistes- und Sozialwissenschaften, 1/1999, S. 32-41.
Hankel, Wilhelm / Nölling, Wilhelm / Schachtschneider, Karl A. / Starbatty, Joachim: Die Euro-Illusion, Berlin: Rowohlt, 2001.
Hausner, Heinz / Schanz, Kai-Uwe: Das neue GATT. Die Welthandelsordnung nach Abschluss der Uruguay-Runde, München: R. Oldenbourg Verlag, 1995.
Helleiner, Eric: National Currencies and National Identities, in: American Behavioral Scientist, 41/10, 1998, S. 1409-1436.

Henderson, David: Anti-Liberalism 2000. The Rise of New Millennium Collectivism, London: The Institute of Economic Affairs – Thirteen Wincott Lecture, 2001.

Héritier, Adrienne (Hrsg.): Policy-Analyse. Kritik und Neuorientierung, Opladen: Westdeutscher Verlag, 1993.

Hibbs, Douglas A.: Political Parties and Macroeconomic Policy, in: American Political Science Review, 71, 1977, S. 1467-1487.

Hillmann, Karl-Heinz: Wörterbuch der Soziologie, Stuttgart: Körner, 1994[4].

Hilmer, Richard: Ein Ruck ging durchs Land – Analyse der Wahl, in: Oberreuter, Heinrich (Hrsg.): Umbruch '98: Wähler, Parteien, Kommunikation, München: Olzog, 2001, S. 59-80.

Hirst, Paul / Thompson, Graham: Globalization in Question, Cambridge: Polity Press, 1999[2].

Hirst, Paul: Can the European Welfare State Survive Globalization? Sweden, Denmark, and the Netherlands in Comparative Perspective, UW-Madison European Studies Working Paper, Volume 2, 1998, S. 1-32.

HM Treasury: UK Membership Of The Single Currency. An Assessment Of The Five Economic Tests, June 2003.

HM Treasury: UK Membership Of The Single Currency. An Assessment Of The Five Economic Tests, October 1997.

Hollis, Martin / Smith, Steve: Explaining and Understanding International Relations, Oxford: Clarendon Press, 1990.

Hopf, Ted: The Promise of Constructivism in International Relations Theory, in: International Security, 23/1, 1998, S. 171-200.

Horne, Christine: Sociological Perspectives on the Emergence of Norms, in: Hechter, Michael / Opp, Karl-Dieter (Hrsg.): Social Norms, New York: Russell Sage Foundation, 2001, S. 3-34.

Huber, Evelyne / Ragin, Charles / Stephens, John D.: Social Democracy, Christian Democracy, Constitutional Structure, and the Welfare State, in: American Journal of Sociology, 99, 1995, S. 73-111.

Ikenberry, G. John / Doyle, Michael W.: Continuity and Innovation in International Relations Theory, in: Doyle, Michael W. / Ikenberry, G. John (Hrsg.): New Thinking in International Relations Theory, Boulder: Westview Press, 1997, S. 266-280.

International Monetary Fund: World Economic Outlook, May 1997, Globalization – Opportunities and Challenges, Washington D.C., 1997.

International Monetary Fund: World Economic Outlook, Washington D.C., Oktober, 1997.

Irwin, Douglas A.: Free Trade Under Fire, Princeton: Princeton University Press, 2002.

Jaeger, Hans-Martin: Konstruktionsfehler des Konstruktivismus in den Internationalen Beziehungen, Zeitschrift für Internationale Beziehungen, 3/2, 1996, S. 313-340.

Jäger, Siegfried: Diskurs und Wissen. Theoretische und methodische Aspekte einer Kritischen Diskurs- und Dispositivanalyse, in: Keller, Reiner / Hirseland, Andreas / Schneider, Werner / Viehöver, Willy (Hrsg.): Handbuch Sozialwissenschaftliche Diskursanalyse. Band 1: Theorien und Methoden, Opladen: Leske + Budrich, 2001, S. 81-112.

Jepperson, Ronald / Wendt, Alexander / Katzenstein, Peter J.: Norms, Identity, and Culture in National Security, in: Katzenstein, Peter J. (Hrsg.): The Culture of National Security. Norms and Identity in World Politics, New York: Columbia University Press, 1996, S. 33-75.

Juncker, Jean-Claude: Ein großes Stück Europa. Eine Währung als Friedensmittel, PM 387, Februar 2002, Konrad-Adenauer-Stiftung.

Kaase, Max: Demokratisches System und die Mediatisierung von Politik, in: Sarcinelli, Ulrich (Hrsg.): Politikvermittlung und Demokratie in der Mediengesellschaft. Beiträge zur politischen Kommunikationskultur, Bonn: Bundeszentrale für politische Bildung, 1998, S. 24-51.

Kahler, Miles: Rationality in International Relations, in: International Organization, 52/4, 1998, S. 919-941.

Kaldor, Nicholas: Welfare Propositions of Economics and Inter-Personal Comparisons of Utility, in: The Economic Journal, 49, 1939, S. 549-552.

Katzenstein, Peter J.: Small States in World Markets, Cornell University Press, Ithaca, 1985.

Keller, Reiner / Hirseland, Andreas / Schneider, Werner / Viehöver, Willy: Zur Aktualität sozialwissenschaftlicher Diskursanalyse – Eine Einführung, in: Keller, Reiner / Hirseland, Andreas / Schneider, Werner / Viehöver, Willy (Hrsg.): Handbuch Sozialwissenschaftliche Diskursanalyse. Band 1: Theorien und Methoden, Opladen: Leske + Budrich, 2001, S. 113-143.

Keohane, Robert O.: International Institutions: Two Approaches, in: International Studies Quarterly, 32/4, 1988, S. 379-396.

Kepplinger, Hans Mathias: Der Einfluss des Fernsehens auf die Wahl, in: Oberreuter, Heinrich (Hrsg.): Umbruch ’98: Wähler, Parteien, Kommunikation, München: Olzog, 2001, S. 161-178.

Kingdon, John W.: Agendas, Alternatives, and Public Policies, Boston: HarperCollinsPublishers, 1984.

Kleinsteuer, Hans J.: Medien und öffentliche Meinung, in: Adams, Willi Paul / Lösche, Peter (Hrsg.): Länderbericht USA, Bonn: Bundeszentrale für politische Bildung, 1998, S. 375-392.

Klingemann, Hans-Dieter / Fuchs, Dieter (Hrsg.): Beliefs in Government I. Citizen and the State, Oxford: Oxford University Press, 1995.

Koerfer, Daniel: Kampf ums Kanzleramt. Erhard und Adenauer, Stuttgart: Deutsche Verlags-Anstalt, 1987

Kohl, Helmut: Der Euro und die Zukunft Europas, in: ZEI Discussion Paper C103, 2002 S. 1-24.

Kohler-Koch, Beate: Bundeskanzler Kohl – Baumeister Europas. Randbemerkungen zu einem zentralen Thema, in: Wewer, Göttrik: Bilanz der Ära Kohl, Opladen: Leske + Budrich, 1998, S. 283-311.

Kohli, Martin: Die Entstehung einer europäischen Identität: Konflikte und Potentiale, in: Kaelble, Hartmut / Kirsch, Martin / Schmidt-Gernig, Alexander (Hrsg.): Transnationale Öffentlichkeiten und Identität im 20. Jahrhundert, Frankfurt: Campus, 2002, S. 111-134.

Kromrey, Helmut: Empirische Sozialforschung. Modelle und Methoden der Datenerhebung und Datenauswertung, Opladen: Leske + Budrich, 1995[7].

Krugman, Paul R.: Is Bilateralism Bad?, in: Helpman, Elhanan / Razin, Assaf (Hrsg.): International Trade and Trade Policy, Cambridge: MIT Press, 1991, S. 9-23.

Krugman, Paul R.: Regionalism versus multilateralism: analytic notes, in: De Meolo, Jaime / Panagariya, Arvind (Hrsg.): New dimensions in regional integration, Cambridge: Cambridge University Press, 1993, S. 58-79.

Lafontaine, Oskar: Eine historische Chance für Europa, in: Jörges, Hans-Ulrich (Hrsg.): Der Kampf um den Euro. Wie riskant ist die Währungsunion?, Hamburg: Campe, 1998, S. 220-227.

Lapid, Yosef: Sculpting the Academic Identity. Disciplinary Reflections at the Sawn of a New Millenium, in: Puchala, Donald J. (Hrsg.): Visions of International Relations, Columbia, S.C.: University of South Carolina Press, 2002, S. 1-15.

Lapid, Yosef: The Third Debate: On the Prospects of International Theory in a Post-Positivist Era, in: International Studies Quarterly, 33/22, 1989, S. 235-251.

Legro, Jeffrey W. / Moravcsik, Andrew: Is Anybody Still a Realist?, in: International Security, 24/2, 1999, S. 5-55.

Leipold, Helmut: Wirtschafts- und Gesellschaftssysteme im Vergleich. Grundzüge einer Theorie der Wirtschaftssysteme, Stuttgart: Gustav Fischer Verlag, 1988[5].

Lipset, Seymour Martin: American exceptionalism: a double-edged sword, New York: Norton, 1997.

Lösche, Peter: Verbände, Gewerkschaften und das System der Arbeitsbeziehungen, in: Adams, Willi Paul / Lösche, Peter (Hrsg.): Länderbericht USA, Bonn: Bundeszentrale für politische Bildung, 1998, S. 340-374.

Marschner, Andreas: The New Lobbying: Interest Groups, Governments, and the WTO in Seattle, in: Sais Review, 21/1, 2001, S. 159-177.

Maurer, Michael: Geschichte Englands, Ditzingen: Reclam, 2000.

Medick-Krakau, Monika: Amerikanische Außenhandelspolitik im Wandel. Handelsgesetzgebung und GATT-Politik 1945-1988, Berlin: Akademie Verlag, 1995.

Meyer, Thomas: Die Identität Europas. Der EU eine Seele?, Franfurt a.M.: Suhrkamp, 2004.

Microsoft Enzyklopädie Encarta 2001.

Moravcsik, Andrew: Taking Preferences Seriously: A Liberal Theory of International Politics, in: International Organization, 51/4, 1997, S. 513-553.

Moses, Jonathan: Abdication from National Policy Autonomy: What's Left to Leave? in: Politics and Society, 22/2, 1994, S. 125–148.

Mosley, Layna: Room to Move: International Financial Markets and National Welfare States, in: International Organization, 54/4, 2000, S. 737-773.

Müller, Horst: Deutsches Geld 1948-2001, Rehlingen-Siersburg: Design-Linie, 2002.
Müller-Peters, Anke: Psychologie des Euro. Die Währung zwischen nationaler Identität und europäischer Integration, Lengerich: Pabst Science Publisher, 2001.
Mundell, Arthur: A Theory of optimal currency areas, in: The American Economic Review, Vol. 51, 1961, S. 657-665.
Neilson, June: Equal Opportunities for Women in the European Union: Success or Failure?, in: Journal of European Social Policy, 8/1, 1998, S. 64-79.
Neue Dynamik für die WTO, Bundesverband der Deutschen Industrie, Berlin, Januar 2001.
Niedhart, Gottfried: Deutsche Außenpolitik: Vom Teilstaat mit begrenzter Souveränität zum postmodernen Nationalstaat, in: Aus Politik und Zeitgeschichte, B1-2, 1997, S. 15-23.
Nordhaus, William: The Political Business Cycle, in: Review of Economic Studies, 42/2, 1975, S. 169-190.
Nullmeier, Frank: Politikwissenschaft auf dem Weg zur Diskursanalyse?, in: Keller, Reiner / Hirseland, Andreas / Schneider, Werner / Viehöver, Willy (Hrsg.): Handbuch Sozialwissenschaftliche Diskursanalyse. Band 1: Theorien und Methoden, Opladen: Leske + Budrich, 2001, S. 285-311.
Onuf, Nicholas: World of Our Making: Rules and Rule in Social Theory and International Relations, Columbia, S.C.: University of South Carolina Press, 1989.
Opp, Karl-Dieter: Die Entstehung sozialer Normen als geplanter und spontaner Prozess, in: Metze, Regina / Mühler, Kurt / Opp, Karl-Dieter (Hrsg.): Normen und Institutionen: Entstehung und Wirkung. Theoretische Analysen und empirische Befunde, Leipzig: Leipziger Universitätsverlag, 2000, S. 394-415.
Payne, Rodger A.: Persuasion, Frames and Norm Construction, in: European Journal of International Relations, 7/1, 2001, S. 37-61.
Peter Kellner: Why Blair cannot overrule Brown on the euro, 19. Mai, 2003, http://www.yougov.com.
Pfeil, Andreas: Die USA vor der Millennium-Runde der WTO, in: Aus Politik und Zeitgeschichte, B46-47, 1999, S. 22-26.
Popitz, Heinrich: Die normative Konstruktion von Gesellschaft, Tübingen: J.C.B. Mohr, 1980.
Przeworski, Adam / Teune, Henry: The Logic of Comparative Social Inquiry, New York: Wiley-Interscience, 1970.
Putnam, Robert D.: Diplomacy and Domestic Politics: The Logic of Two-Level Games, in: Evans, Peter B. / Jacobson, Harold K. / Putnam Robert D. (Hrsg.): Double-Edged Diplomacy: International Bargaining and Domestic Politics, Berkeley: University of California Press, 1993, S. 431-430.
Radnitzky, Gerard: Wissenschaftstheorie, Methodologie, in: Seiffert, Helmut / Radnitzky, Gerard (Hg.): Handlexikon zur Wissenschaftstheorie, München: Ehrenwirth Verlag, 1989, S. 463-472.
Richardson, James L.: Contending Liberalism: Past and Present, in: European Journal of International Relations, 3/1, 1997, S. 5-33.

Rieger, Elmar / Leibfried, Stephan: Die sozialpolitischen Grenzen der Globalisierung, in: Politische Vierteljahresschrift 38/4, 1997, S. 771-796.
Riester, Walter: Arbeit schaffen – aber wo? Beschleunigt der Euro den Export von Arbeitsplätzen?, in: Jörges, Hans-Ulrich: Der Kampf um den Euro. Wie riskant ist die Währungsunion?, Hamburg: Hoffmann und Campe, 1998, S. 305-311.
Risse, Thomas / Engelmann-Martin, Daniela / Knopf, Hans-Joachim / Roscher, Klaus: To Euro or Not to Euro? The EMU and Identity Politics in the European Union, in: European Journal of International Relations, 5/2, 1999, S. 147-187.
Risse, Thomas: Identitäten und Kommunikationsprozesse in der internationalen Politik – Sozialkonstruktivistische Perspektiven zum Wandel in der Außenpolitik, in: Medick-Krakau, Monika (Hrsg.): Außenpolitischer Wandel in theoretischer und vergleichender Perspektive: Die USA und die Bundesrepublik Deutschland, Baden-Baden: Nomos, 1999, S. 33-57.
Rogowsky, Robert A. / Linkins, Linda A. / Tsuji, Karl S.: Trade Liberalization. Fears and Facts, Westport: Praeger, 2001.
Rosenau, James N. / Durfee, Mary.: Thinking Theory Thoroughly. Coherent Approaches to an Incoherent World, Boulder: Westview Press, 1995.
Sabatier, Paul A.: Advocacy-Koalitionen, Policy-Wandel und Policy-Lernen: Eine Alternative zur Phasenheuristik, in: Héritier, Adrienne (Hrsg.): Policy-Analyse, Opladen: Westdeutscher Verlag, 1993, S. 116-148.
Sarrazin, Thilo: Der Euro, Chance oder Abenteuer?, Bonn: Bundeszentrale für politische Bildung, 1998.
Schaber, Thomas / Ulbert, Cornelia: Reflexivität in den Internationalen Beziehungen, in: Zeitschrift für Internationale Beziehungen, 1/1, 1994, S. 139-169.
Schäfers, Bernhard: Soziales Handeln und seine Grundlagen. Normen, Werte, Sinn, in: Korte, Hermann / Schäfers, Bernhard (Hrsg.): Einführung in die Hauptbegriffe der Soziologie, Opladen: Leske + Budrich, 2000[5], S. 25-43.
Scharpf, Fritz W.: Koordination durch Verhandlungssysteme: Analytische Konzepte und institutionelle Lösungen, in: Benz, Arthur. / Scharpf, Fritz W. / Zintl, Reinhard.: Horizontale Politikverflechtung. Zur Theorie von Verhandlungssystemen, Frankfurt a.M.: Campus Verlag, 1992, S. 51-96.
Schenk Michael: Mediennutzung und Medienwirkung als sozialer Prozess, in: Sarcinelli, Ulrich (Hrsg.): Politikvermittlung und Demokratie in der Mediengesellschaft. Beiträge zur politischen Kommunikationskultur, Bonn: Bundeszentrale für politische Bildung, 1998, S. 387-407.
Schirm, Stefan A.: Global Economic Governance? Globalisierung, Staat und die Prävention weltwirtschaftlicher Krisen, in: Scherpenberg, Jens van / Schmidt, Peter (Hrsg.), Stabilität und Kooperation: Aufgaben internationaler Ordnungspolitik, Baden-Baden: Nomos, 2000, S. 377-392.
Schirm, Stefan A.: Globale Märkte, nationale Politik und regionale Kooperation – in Europa und den Amerikas, Baden-Baden: Nomos, 1999.
Schirm, Stefan A.: Krisen, Interessen und Instrumente. Zur Konzeption der Wirkungen globaler Märkte auf Staaten, in: Zeitschrift für Politikwissenschaft, 9/2, 1999, S. 479-498.

Schirm, Stefan A.: Politische Optionen für die Nutzung von Globalisierung, in: Aus Politik und Zeitgeschichte, B5, 2003, S. 7-19.

Schirm, Stefan A.: Wie Globalisierung nationale Regierungen stärkt. Zur politischen Ökonomie staatlicher Antworten auf Globalisierung, in: Landfried, Christiane (Hrsg.): Politik in einer entgrenzten Welt, Köln: Verlag Wissenschaft und Politik, 2001, S. 133-150.

Schlussbericht der Enquete-Kommission des Deutschen Bundestags: Globalisierung der Wirtschaft, Opladen: Leske + Budrich, 2002.

Schmidt, Brian C.: On the History and Historiography of International Relations, in: Carlsnaes, Walter / Risse, Thomas / Simmons, Beth A. (Hrsg.): Handbook of International Relations, London: Sage, 2002, S. 3-22.

Schmidt, Manfred G.: Theorien in der international vergleichenden Staatstätigkeitsforschung, in: Héritier, Adrienne (Hrsg.): Policy-Analsyse. Kritik und Neuorientierung, Opladen: Westdeutscher Verlag, 1993, S. 371-393.

Schmidt, Manfred G.: Vergleichende Policy-Forschung, in: Berg-Schlosser, Dirk / Müller-Rommel, Ferdinand (Hrsg.): Vergleichende Politikwissenschaft. Ein einführendes Studienbuch, Opladen: Leske + Budrich, 1991, S. 197-212.

Schmidt, Manfred G.: Wörterbuch zur Politik, Stuttgart: Kröner, 1994.

Schwab-Trapp, Michael: Diskurs als soziologisches Konzept. Bausteine für eine soziologisch orientierte Diskursanalyse, in: Keller, Reiner / Hirseland, Andreas / Schneider, Werner / Viehöver, Willy (Hrsg.): Handbuch Sozialwissenschaftliche Diskursanalyse. Band 1: Theorien und Methoden, Opladen: Leske + Budrich, 2001, S. 271-272.

Schwartz, Herman: Small States in Big Trouble. State Reorganization in Australia, Denmark, New Zealand and Sweden in the 1980's, in: World Politics, October/46, 1994, S. 527-555.

Seib, Philip: Taken for Granted. The Future of US- British Relations, London: Praeger, 1998.

Shade, William G. / Campbell, Ballard C. (Hrsg.): American Presidential Campaigns and Elections, Volume Three, Armonk: M.E. Sharp. Inc., 2003.

Simon, Herbert A.: Bounded Rationality, in: Eatwell, John / Milgate, Murray / Newman, Peter (Hrsg.): The New Palgrave. A Dictionary of Economics, Volume 1, 1987, S. 266-268.

Smith, Steve: New Approaches to International Theory, in: Baylis, John / Smith, Steve (Hrsg.): The Globalization of World Politics. An Introduction to International Relations, Oxford: Oxford University Press, 1997, S. 165-190.

Smith, Steve: Positivism and beyond, in: Smith, Steve / Booth, Ken / Zalewski, Marysia (Hrsg.): International theory: positivism and beyond, Cambridge: Cambridge University Press, 1996, S. 11-44.

Snow, David A. / Benford, Robert D.: Master Frames and Cycles of Protest, in: Morris, Aldon D. / McClurg Mueller, Carol (Hrsg.): Frontiers in Social Movement Theory, New Haven & London: Yale University Press, 1992, S. 133-155.

Stearns, Jill: Gender and International Relations, New Brunswick: Rutgers University Press, 1998.

Story, Jonathan: The Emerging World Financial Order and Different Forms of Capitalism, in: Stubbs, Richard / Underhill, Geoffrey R. D. (Hrsg.): Political Economy and the Changing Global Order, Oxford: Oxford University Press, 2000[2], S. 129-140.

Streeck, Wolfgang: From Market Making to State Building? Reflections on the Political Economy of European Social Policy, in: Leibfried, Stephan / Pierson, Paul (Hrsg.): European Social Policy: Between Fragmentation and Integration, Washington D.C.: Brookings Institution, 1995, S. 389-431.

Sturm, Michael: Währungsunion und politische Union – notwendige Ergänzung, zwangläufige Folge oder fehlende Interdependenz? in: integration, 4, 1999, S. 263-273.

Sturm, Roland: Großbritannien. Wirtschaft – Gesellschaft – Politik, Opladen: Leske + Budrich, 1997[2].

Sturm, Roland: New Labour – New Britain? Großbritannien nach dem Wahlsieg Tony Blairs, in: Kastendiek, Hans / Rohe, Karl / Volle, Angelika (Hrsg.): Länderbericht Großbritannien, Bonn: Bundeszentrale für politische Bildung, 1998, S. 275-292.

Tarrow, Sidney: Mentalities, Political Cultures, and Collective Action Frames: Constructing Meanings through Action, in: Morris, Aldon D. / McClurg Mueller, Carol (Hrsg.): Frontiers in Social Movement Theory, New Haven & London: Yale University Press, 1992, S. 174-202.

Thunert, Martin: Wirtschaftsentwicklung und Wirtschaftspolitik in den USA unter der Clinton-Administration, in: Aus Politik und Zeitgeschichte, B 44/2000, S. 23-30.

Tickner, J. Ann:. You Just Don't Understand: Troubled Engagements Between Feminists and IR Theorists, in: International Studies Quarterly, 41/4, S. 611-632.

Torfing, Jacob: Discourse analysis and the post-structuralism of Laclau and Mouffe, in: European Political Science, autumn 2002, S. 54-57.

Turner, John: The Tories and Europe, Manchester: Manchester University Press, 2000.

Vaquez, John A.: The Post-Positivist Debate: Reconstructing Scientific Enquiry and International Relations Theory After Enlightenments Fall, in: Booth, Ken / Smith, Steve (Hrsg.): International Relations Theory Today, Cambridge: Polity Press, 1995, S. 217-240.

Verdun, Amy: The logic of giving up national currencies: lessons from Europe's monetary union, in: Gilbert, Emily / Helleiner, Eric: Nation-States and Money. The past, present and future of national currencies, London: Routledge, 1999.

Viner, Jacob: The Customs Union Issue, New York: Carnegie Endowment for International Peace, 1950.

Viotti, Paul R. / Kauppi, Mark V.: International Relations Theory. Realism, Pluralism, Globalism, Boston: Allyn and Bacon, 1993.

Visser, Jelle: Traditions and Transitions in Industrial Relations: A European View, in: Ruyssenveldt, Joris van / Visser, Jelle (Hrgs.): Industrial Relations in Europe: Traditions and Transitions, London: Sage, 1996, S. 1-44.

Vogel, David: Trading Up. Consumer and Environmental Regulation in a Global Economy, Cambridge: Harvard University Press, 1995.
Volle, Angelika: Der mühsame Weg Großbritanniens nach Europa, in: Kastendiek, Hans / Rohe, Karl / Volle, Angelika (Hrsg.): Länderbericht Großbritannien, Bonn: Bundeszentrale für politische Bildung, 1998, S. 459-475.
Vorländer, Hans: Politische Kultur, in: Adams, Willi Paul / Lösche, Peter (Hrsg.): Länderbericht USA, Bonn: Bundeszentrale für politische Bildung, 1998, S. 280-304.
Wallerstein, Immanuel: The inter-state structure of the modern world-system, in: Smith, Steve / Booth, Ken / Zalewski, Marysia (Hrsg.): International Theory: Positivism and Beyond, Cambridge: Cambridge University Press, 1993, S. 87- 107.
Wasser, Hartmut: Politische Parteien in Amerika. Ihr Stellenwert und Erscheinungsbild in der Präsidialdemokratie, in: Wasser, Hartmut (Hrsg.): USA. Grundwissen – Länderkunde – Gesellschaft - Politik, Opladen: Leske + Budrich, 2000[4], S. 137-165.
Weiss, Linda: The myth of the powerless state. Governing the economy in a global era, Cambridge: Polity Press, 1998.
Weißbuch 1994. Weißbuch zur Sicherheit der Bundesrepublik Deutschland und zur Lage und Zukunft der Bundeswehr, Hrsg.: Bundesministerium der Verteidigung, 1994, Bonn.
Weller, Christoph: Kollektive Identität in der internationalen Politik. Anmerkungen zur Konzeptualisierung eines modischen Begriffs, in: Reese-Schäfer, Walter (Hrsg.): Identität und Interesse. Der Diskurs der Identitätsforschung, Opladen: Leske + Budrich, 1999, S. 249-277.
Wendt, Alexander: A Social Theory of International Politics, Cambridge: Cambridge University Press, 1999.
Wendt, Alexander: Anarchy is what the states make of it: the social construction of power politics, International Organization, 46/2, 1992, S. 391-425.
Wendt, Alexander: Collective Identity Formation and the International State, in: American Political Science Review, 88/2, 1994, S. 384-496.
Wendt, Alexander: The agent-structure problem in international relation theory, in: International Organization, 41/3, 1987, S. 335-370.
Wight, Colin: Philosophy of Social Science and International Relations, S. 24, in: Carlsnaes, Walter / Risse, Thomas / Simmons, Beth A. (Hrsg.): Handbook of International Relations, London: Sage, 2002, S. 23-51.
Wilensky, Harold L.: The Welfare State and Equality. Structural and Ideological Roots of Public Expenditures, Berkley: University of California Press, 1975.
Wilke, Jürgen: Politikvermittlung durch Printmedien, in: Sarcinelli, Ulrich (Hrsg.): Politikvermittlung und Demokratie in der Mediengesellschaft. Beiträge zur politischen Kommunikationskultur, Bonn: Bundeszentrale für politische Bildung, 1998, S. 146-164.
Winkler, Heinrich August: Der lange Weg nach Westen. Zweiter Band. Deutsche Geschichte vom «Dritten Reich» bis zur Wiedervereinigung, München: Verlag C.H. Beck, 2002[4].
Wochenberichte der Deutschen Bundesbank.

Zehfuß, Maja: Sprachlosigkeit schränkt ein. Zur Bedeutung von Sprache in konstruktivistischen Theorien, in: Zeitschrift für Internationale Beziehungen, 5/1, 1998, S. 109-137.

Zelikow, Philip: Foreign Policy Engineering: From Theory to Practice and Back Again, in: International Security, 18/4 1994 S. 143-171.

Ziltener, Patrick: Hat der EU-Binnenmarkt Wachstum und Beschäftigung gebracht?, in: WSI-Mitteilungen 4, 2003, S. 221-227.

2 Sekundärliteratur

Altvater, Elmar / Mahnkopf, Birgit: Grenzen der Globalisierung: Ökonomie, Ökologie und Politik in der Weltgesellschaft, Münster: Westfälisches Dampfboot, 1997[2].

Appel, Hilary: The Ideological Determinations of Liberal Economic Reform. The Case of Privatization, in: World Politics, 52/4, 2000, S. 520-549.

Art, Robert J. / Jervis, Robert (Hrsg.): International Politics. Enduring Concepts and Contemporary Issues, New York: Longman, 2000[5].

Axelrod, Robert (Hrsg.): Structure of Decision. The Cognitive Maps of Political Elites, Princeton: Princeton University Press, 1976.

Bailey, Michael A. / Goldstein, Judith / Weingast, Barry R.: The Institutional Roots of American Trade Policy. Politics., Coalitions, and International Trade, in: World Politics, 49/April 1997, S. 309-338.

Beck, Ulrich: Was ist Globalisierung? Irrtümer des Globalismus – Antworten auf Globalisierung, Frankfurt a.M.: Suhrkamp, 1997,

Beisheim, Marianne / Walter, Georg: „Globalisierung" – Kinderkrankheiten eines Konzepts, in: Zeitschrift für Internationale Beziehungen, 4/1, 1997, S. 153-180.

Berger, Suzanne / Dore, Ronald (Hrsg.): National Diversity and Global Capitalism, Ithaca: Cornell University Press, 1996.

Bergmann, Jan M.: European Clash of Civilizations? - Europäische Wertegemeinschaft und EU-Osterweiterung, in: ZFSH / SGB - Sozialrecht in Deutschland und Europa, 1, 2003, S. 9-15

Bergmann, Jan M.: Recht und Politik der Europäischen Union. Der Integrationsverbund vor der Osterweiterung, Grevenbroich: Omnia, 2001.

Bergmann, Jan M.: Von der Europäischen Währungs- zur Sozialunion?, in: ZFSH / SGB - Sozialrecht in Deutschland und Europa, 10, 1999, S. 586-589.

Beyme, Klaus von: Policy Analysis und traditionelle Politikwissenschaft, in: Hartwich, Hans-Hermann (Hrsg.): Policy-Forschung in der Bundesrepublik Deutschland. Ihr Selbstverständnis und ihr Verhältnis zu den Grundfragen der Politikwissenschaft, Opladen: Westdeutscher Verlag, 1985, S. 7-29.

Borchert, Manfred: Außenwirtschaftslehre. Theorie und Politik, Wiesbaden: Gabler, 1992[4].

Braybrook, David / Charles Lindblom: A Strategy of Decision. Policy Evaluation as a Social Process, New York: Free Press, 1963

Brewer, Garry D. / deLeon, Peter: The Foundations of Policy Analysis, Homewood: Dorsey Press, 1983.

Brock, Ditmar: Wirtschaft und Staat im Zeitalter der Globalisierung, in: Aus Politik und Zeitgeschichte, B33-34, 1997, S. 12-19.

Brock, Lothar / Albert, Matthias: Entgrenzung der Staatenwelt. Zur Analyse weltwirtschaftlicher Entwicklungstendenzen, in: Zeitschrift für Internationale Beziehungen, 2, 1995, S. 259-285.

Caporaso, James: Regional Integration Theory: Understanding Our Past and Anticipating Our Future, in: Journal of European Public Policy, 5/1, 1998, S. 1-16.

Cobb, Roger / Ross, Jennie-Keith / Ross, Marc Howard: Agenda Building as a Comparative Political Process, in: American Political Science Review, 70/1, 1976, S. 126-138.

Cohen, Michael D. / March, James G. / Olsen, Johan P.: A Garbage Can Model of Organizational Choice, in Administrative Science Quarterly 17/1, 1972, S. 1-25.

Collignon, Stefan / Mundschenk, Susanne: Die internationale Bedeutung der Währungsunion, in: integration 2, 1998, S. 77-85.

Conert, Hansgeorg: Vom Handelskapital zur Globalisierung: Entwicklung und Kritik der kapitalistischen Ökonomie, Münster: Westfälisches Dampfboot, 1998.

Cruz, Consuelo: Identity and Persuasion: How Nations Remember Their Pasts and Make Their Futures, in: World Politics, 52/April, 2000, S. 275-312.

Deutsche Bundesbank: Die Europäische Wirtschafts- und Währungsunion, Februar 2004.

Deutsche Bundesbank: Informationsbrief zur Europäischen Wirtschafts- und Währungsunion, Nr. 1-17.

Diani, Mario: Linking Mobilization Frames and Political Opportunities: Insights from Regional Populism in Italy, in: American Sociological Review, 61/6, 1996, S. 1053-1069.

Dierkes, Meinolf / Marz, Lutz: Leitbilder der Technik – ihre Bedeutungen, Funktionen und Potentiale für den KI-Diskurs, Paper FS II 92-107 des WZB, 1992.

Dieter, Heribert: Strukturen und Trends der Weltwirtschaft, in: Hauchler, Dirk / Messner, Dirk / Nuschler, Franz (Hrsg.): Globale Trends, Frankfurt a.M.: Fischer Taschenbuch verlag, 1999, S. 169-193.

Dittmar, Norbert: Grundlagen der Soziolinguistik, Tübingen: Niemayer, 1997.

Downs, Anthony: Up and down with ecology – the "issue attention cycle", in: The Public Interest, 28, 1972, S. 38-51.

Economic Perspectives. An Electronic Journal of the U.S. Information Agency: Crafting a Global Trade Strategy: The U.S. and the WTO, 5/1, 2000.

Economic Perspectives. An Electronic Journal of the U.S. Information Agency: Foreign Policy-Related U.S. Trade Law, 2/4, 1997.

Ellingson, Stephen: Understanding the Dialectic of Discourse and Collective Action: Public Debate and Rioting in Antebellum Cincinnati, in: American Journal of Sociology, 1001/1, 1995, S. 100-144.

Esser, Hartmut: Soziologie. Allgemeine Grundlagen, Frankfurt a.M.: Campus Verlag, 1999[3].

Finnemore, Martha: National Interest in International Society, Ithaca: Cornell University Press, 1996.

Flassbeck, Heiner: Deutschland – kein Standort für Direktinvestitionen? Zum Zusammenhang von Lohnhöhe und Direktinvestitionen, in: WSI Mitteilungen 11, 1995, Düsseldorf, S. 699-704.

Foucault, Michael: Archäologie des Wissens, Frankfurt a.M.: Suhrkamp, 1990[4].

Foucault, Michael: Die Ordnung des Diskurses, Frankfurt a.M.: Fischer, 1972.

Franke, Siegfried, F.: Wählerwille und Wirtschaftsreform, in: Aus Politik und Zeitgeschichte, B18-19, 2003, S. 24-31.

Frieden, Jeffery: The Euro: Who Wins? Who Loses?, in: Foreign Policy, 4, 1989, S. 25-40.

Gabel, Matthew / Hix, Simon: How to win a Euro referendum: understanding mass support for British membership of the single currency, Manuskript, 2002, London (http://personal.lse.ac.uk/hix/WorkingPapers.htm).

Gamson, William A. / Meyer, David S.: Framing political opportunity, in: McAdam, Doug / McCarthy, John D. / Zald, Mayer N. (Hrsg.): Comparative perspectives on social movements. Political opportunities, mobilizing structures, and cultural framings, Cambridge: Cambridge University Press, 1996, S. 275-290.

Gamson, William A. / Modigliani, Andre: Media Discourse and Public Opinion on Nuclear Power: A Constructivist Approach, in: American Journal of Sociology, 95/1, 1989, S. 1-37.

Gamson, William A.: Talking Politics, Cambridge: Cambridge University Press, 1992.

Gamson, William A.: The Social Psychology of Collective Action, in: Morris, Aldon D. / McClurg Mueller, Carol (Hrsg.): Frontiers in Social Movement Theory, New Haven, London: Yale University Press, 1992, S. 53-76.

Gawande, Kishore / Hansen, Wendy L.: Retaliation, Bargaining, and the Pursuit of „Free and Fair" Trade, in: International Organization, 53/1, 1999, S. 117-159.

Görlitz, Axel / Burth, Hans-Peter: Politische Steuerung, Opladen: Leske + Budrich, 1998[2].

Grewendorf, Günther / Hamm, Fritz / Sternfeld, Wolfgang: Sprachliches Wissen. Eine Einführung in moderne Theorien der grammatischen Beschreibung, Frankfurt a.M.: Suhrkamp, 1994.

Große Hüttmann, Martin / Roth, Christian: Europapolitische Leitbilder der SPD – sozialer Rechtsstaat und Politikmanagement als neue Vision?, in: Prospekte. Zeitschrift für politische Ideen, Positionen, Konzepte. Nr. 3, Tübingen/Bremen, 1998.

Hagen, Jürgen von: Von der Deutschen Mark zum Euro, in: Aus Politik und Zeitgeschichte, B 24/98, S. 35-46.

Hajer, Maaeten: Discourse analysis and the study of policy making, in: European Political Science, autumn 2002, S. 61-65.

Hall, Peter / Franzese, Robert J.: Mixed Signals: Central Bank Independence, Coordinated Wage Bargaining, and European Monetary Union, in: International Organization, 52/3, 1998, S. 505-535.

Holsti, Kal. J.: Mirror, Mirror on the Wall, Which Are the Fairest Theories of All?, in: International Studies Quarterly, 33/3, 1989, S. 235-254.

Holtfrerich, Carl-Ludwig / James, Harold / Pohl, Manfred: Requiem auf eine Währung. Die Mark 1879-2001, Stuttgart, München: Deutsche Verlagsanstalt, 2001.

Jacobsen, John Kurt: Much About Ideas. The Cognitive Factor in Economic Policy, in: World Politics, 47/1, 1995, S. 283-310.

Jann, Werner: Kategorien der Policy-Forschung, Speyerer Arbeitshefte 39, 1981, S. 14-39.

Jervis, Robert: Complexity and the Analysis of Political and Social Life, in: Political Science Quarterly, 112/4, 1997-98, S. 569-593.

Kaiser, Karl: Globalisierung als Problem der Demokratie, in: Internationale Politik 4/53, 1998, S. 3-11.

Keohane, Robert O. (Hrsg.): Neorealism and its Critics, New York: Columbia University Press, 1986.

Kirchgässner, Gebhard: Homo oeconomicus. Das ökonomische Modell individuellen Verhaltens und seine Anwendung in den Wirtschafts- und Sozialwissenschaften, Tübingen: Mohr, 2000.

Klandermans, Bert / Goslinga, Sjoerd: Media discourse, movement publicity, and the generation of collective action frames: Theoretical and empirical exercises in meaning construction, in: in: McAdam, Doug / McCarthy, John D. / Zald, Mayer N. (Hrsg.): Comparative perspectives on social movements. Political opportunities, mobilizing structures, and cultural framings, Cambridge: Cambridge University Press, 1996, S. 312-337.

Klandermans, Bert: The Social Construction of Protest and Multiorganizational Fields, in: Morris, Aldon D. / McClurg Mueller, Carol (Hrsg.): Frontiers in Social Movement Theory, New Haven, London: Yale University Press, 1992, S. 77-103.

Kohler-Koch: Framing: the bottleneck of constructing legitimate institutions, in: Journal of European Public Policy, 7/4, 2000, S. 513-531.

Kohli, Atul / Evans, Peter / Katzenstein, Peter J. / Przeworski, Adam / Hoeber Rudolph, Susanne / Scott, James C. / Skocpol, Theda: The Role of Theory in Comparative Politics. A Symposium, in: World Politics, 48/October, 1995.

Landwehr, Achim: Geschichte des Sagbaren. Einführung in die Historische Diskursanalyse, Tübingen: edition diskord, 2001.

Lapid, Yosef / Kratochwil (Hrsg.): The Return of Culture and Identity in IR Theory, Boulder: Lynne Rienner Publishers, 1997.

Lepgold, Joseph: Is Anyone Listening? International Relations Theory and the Problem of Policy Relevance, in: Political Science Quarterly, 113/1, 1998, S. 43-62.

Lijphart, Arend: The Comparable-Cases Strategy In Comparative Research, in: Comparative Political Studies, 8/2, 1975, S. 158-177.

Lindblom, Charles E.: The Policy-Making Process, New Jersey: Prentice-Hall, Inc. Englewood Cliffs, Foundations Of Modern Political Science Series, 1968.

Link, Werner: Die Neuordnung der Weltpolitik. Grundprobleme globaler Politik an der Schwelle zum 21. Jahrhundert, München: Beck, 1998.
Lowi, Theodore J.: Four Systems of Policy, Politics, and Choice, in: Public Administration Review 32/4, 1972, S. 298-310.
Lyons, John: Linguistic semantics: an introduction, Cambridge: Cambridge University Press, 1996.
Maak, Thomas: Globalisierung und die Suche nach den Grundlagen einer lebensdienlichen Weltökonomie, in: Maak, Thomas & York, Lunau (Hrsg.): Weltwirtschaftsethik. Globalisierung auf dem Prüfstand der Lebensdienlichkeit, Bern: Haupt, 1998.
Macharzina, Klaus: Globalisierung als Unternehmensaufgabe: Strategien und Organisation, Kriterien für Standortentscheidung, in: Steger, Ulrich (Hrsg.): Globalisierung der Wirtschaft. Konsequenzen für Arbeit, Technik und Umwelt, Berlin: Springer, 1996, S. 199-215.
March, James G.: Bounded rationality, ambiguity, and the engineering of choice, in: The Bell Journal Of Economics, 9/2, 1978, S. 587-608.
Marz, Lutz / Dierkes, Meinolf: Leitbildprägung und Leitbildgestaltung. Zum Beitrag der Technikgenese-forschung für eine prospektive Technikfolgen-Regulierung, Paper FS II 92-105 des WZB, 1992.
Mayntz, Renate: Policy-Netzwerke und die Logik von Verhandlungssystemen, in: Héritier, Adrienne (Hrsg.): Policy-Analyse, Opladen: Westdeutscher Verlag, S. 39-56.
Mayring, Philipp: Qualitative Inhaltsanalyse. Grundlagen und Techniken, Weinheim: Deutscher Studien Verlag, 1990².
McClurg Mueller, Carol: Building Social Movement Theory, in: Morris, Aldon D. / McClurg Mueller, Carol (Hrsg.): Frontiers in Social Movement Theory, New Haven, London: Yale University Press, 1992, S. 3-25.
Meckstroth, Theodore W.: "Most Different Systems" And "Most Similar Systems". A Study in the Logic of Comparative Inquiry, in: Comparative Political Studies, 8/2, 1975, S. 132-157.
Medrano, Juan Díez: Framing Europe. Attitudes to European Integration in Germany, Spain, and the United Kingdom, Princeton: Princeton University Press, 2003.
Menzel, Ulrich: Globalisierung versus Fragmentierung, Frankfurt a.M.: Suhrkamp, 1998.
Meyer, Werner: Mythos Deutsche Mark. Zur Geschichte einer abgeschafften Währung, Berlin: Aufbau Taschenbuch Verlag GmbH, 2001.
Mickel, Wolfgang (Hrsg.): Handlexikon der Europäischen Union, Köln: Omnia, 1998².
Milliken, Jennifer: The Study of Discourse in International Relations: A Critique of Research and Methods, in: European Journal of International Relations, 5/2, S. 225-254.
Milner, Helen V. / Judkins, Benjamin: Partisanship, Trade Policy, and Globalization: Is There a Left-Right Divide on Trade Policy?, in: International Studies Quarterly, 48, 2004, S. 95-119.

Milner, Helen V. / Yoffie, David B.: Between free trade and protectionism: strategic trade policy and a theory of corporate trade demands, in: International Organization 43/2, 1989, S. 239-272.
Milner, Helen, V.: Rationalizing Politics: The Emerging Synthesis of International, American, and Comparative Politics, in: International Organization, 52/4, 1998, S. 759-786.
Mottier, Véronique: Discourse analysis and the politics of identity / difference, in: European Political Science, autumn 2002, S. 57-60.
Nelson, Thomas E. / Oxley, Zoe M.: Issue Framing Effects on Belief Importance and Opinion, in: Journal of Politics, 61/4, 1999, S. 1040-1067.
Nickell, Stephen: Unemployment and Labor Market Rigidities: Europe versus North America, in: Journal of Economic Perspectives, 11/3, 1997, S. 55-74.
Ohr, Renate / Theurl, Theresa: (Hrsg.): Kompendium Europäische Wirtschaftspolitik, München: Vahlen, 2001.
Oliver, Pamela E. / Johnston, Hank: What a Good Idea: Frames and Ideology in Social Movement Research, in: Mobilization, 5, April, 2000, S. 37-54.
Opp, Karl-Dieter: Die Entstehung sozialer Normen. Ein Integrationsversuch soziologischer, sozialpsychologischer und ökonomischer Erklärungen, Tübingen: J.C.B. Mohr, 1983.
Panagariya, Arvind / Bhagwati, Jagdish: Preferential Trading Areas and Multilateralism: Strangers, Friends or Foes?, in: Panagariya, Arvind: Regionalism in Trade Policy. Essays on Preferential Trading, Singapore: World Scientific, 1999, S. 47-111.
Pauly, Louis W. / Reich, Simon: National structures and multinational corporate behavior: enduring differences in the age of globalization, in: International Organization, 51/1, 1997, S. 1-30.
Pomper, Gerald M. et al.: The Election of 2000, New York: Seven Bridges Press, 2001.
Porter, Michael E.: Nationale Wettbewerbsvorteile. Erfolgreich konkurrieren auf dem Weltmarkt, Wien: Wirtschaftsverlag Ueberreuter, 1999.
Regini, Marino: Between De-regulation and Social Pacts: The Responses of European Economies to Globalization, in: Politics and Society, 1/28, 2000, S. 5-33.
Reinicke, Wolfgang H.: Global Public Policy, in: Foreign Affairs 76/6, 1997, S. 127-138.
Rieger, Elmar / Leibfried, Stephan: Grundlagen der Globalisierung. Perspektiven des Wohlfahrtsstaats, Frankfurt a.M.: Suhrkamp, 2001.
Risse, Thomas: Deutsche Identität und Außenpolitik, Freie Universität Berlin, 2003, (http://www.fu-berlin.de/atasp/).
Risse, Thomas: The Euro between national and European identity, in: Journal of European Public Policy, 10/4, 2003, S. 487-505.
Risse-Kappen, Thomas: Public Opinion, Domestic Structure, And Foreign Policy in Liberal Democracies, in: World Politics, 43/July, 1991, S. 480-512.
Rogowski, Ronald: Political Cleavages and Changing Exposure to Trade, in: American Political Science Review, 81/4, 1987, S. 1121-1137.

Römmele, Andrea: Direkte Kommunikation zwischen Parteien und Wählern. Professionalisierte Wahlkampftechnologien in den USA und in der BRD, Wiesbaden: Westdeutscher Verlag, 2002.
Routh, David A. / Burgoyne, Carole B.: Being in two minds about a single currency: A UK perspective on the euro, in: Journal of Economic Psychology, 19, 1998, S. 741-754.
Ruggie, John G.: Constructing the World Polity. Essays on international institutionalization, London: Routledge, 1998.
Ruggie, John Gerard: International regimes, transactions, and change: embedded liberalism in the postwar economic order, in: International Organization, 36/2, 1982, S. 379-415
Rustemeyer, Ruth: Praktisch-methodische Schritte der Inhaltsanalyse. Eine Einführung am Beispiel der Analyse von Interviewtexten, Münster: Aschendorffsche Verlagsbuchhandlung, 1992.
Schaper, Klaus: Makroökonomie. Ein Lehrbuch für Sozialwissenschaftler, Frankfurt: Campus, 2001.
Scharpf, Fritz W.: Globalisierung als Beschränkung der Handlungsmöglichkeiten nationalstaatlicher Politik, MPIfG Discussion Paper 97/1, S. 1-32.
Scheve, Kenneth F. / Slaughter, Matthew J.: What determines trade-policy preferences?, in: Journal of International Economics, 54, 2001, S. 267-292.
Schirm, Stefan A.: Handel und Politik, in: Internationale Politik, 57/6, 2002, S. 1-10.
Schirm, Stefan A.: The Power of Institutions and Norms in Shaping National Answers to Globalization: German Economic Policy After Unification, Arbeitspapiere zur Internationalen Politik und Ökonomie, No. 2, 2001, Hrsg.: Stefan A. Schirm, Universität Stuttgart, S. 1-31.
Schmidt, Vivien A.: Policy, Discourse, and Institutional Reform: The Impact of Europeanization on National Governance Practices, Ideas, and Discourse, Paper prepared for presentation for ECPR workshop: Policy Discourse, and Institutional Reform, Grenoble, April 6-11, 2001.
Schnell, Rainer / Hill, Paul B. / Esser, Elke: Methoden der empirischen Sozialforschung, München: R. Oldenbourg Verlag, 1993[4].
Scholte, Jan Aart: The Globalization of World Politics, in: Baylis, John / Smith, Steve (Hrsg.): The Globalization of World Politics. An Introduction to International Relations, Oxford: Oxford University Press, 1997, S. 13-30.
Schrempp, Jürgen E.: Globalisierung als Chance. Zukunftsentwürfe aus der Sicht der Wirtschaft, in: Internationale Politik 12/54, 1999, S. 10-18.
Schwarz, Monika / Chur, Jeannette: Semantik: ein Arbeitsbuch, Tübingen: Narr, 2001[3].
Searle, John R.: Sprechakte. Ein sprachphilosophischer Essay, Frankfurt a.M.: Suhrkamp, 1994[6].
Shapiro, Ian: Problems, Methods, and Theories in the Study of Politics, or what's wrong with Political Science and what to do about it, in: Political Theory, 30/4, 2002, S. 588-611.
Siebert, Horst: Weltwirtschaft. Stuttgart: Lucius und Lucius, 1997.

Simmons, Beth A. / Elkins, Zachary: The Globalization of Liberalization: Policy Diffusion in the International Political Economy, in: American Political Science Review, 98/1, 2004, S. 174-189.
Snyder, Richard C./ Bruck H.W. / Sapin, Burton: Foreign Policy Decision-Making. An Approach to the Study of International Politics, New York: The Free Press Of Glencoe, 1963.
Soskice, David / Iversen, Torben: Multiple Wage-Bargaining Systems in the Single European Currency Area, in: Oxford Review of Economic Policy 14/3, 1998, S. 1-15.
Soskice, David: The Political Economy of EMU. Rethinking the Effects of Monetary Integration on Europe, Discussion Paper FS I 99-302, Wissenschaftszentrum Berlin, 1999.
Surel, Yves: The role of cognitive and normative frames in policy-making, in: Journal of European Public Policy, 7/4, 2000, S. 495-512.
Tarrow, Sidney: Power in Movement. Social Movements, Collective Action and Politics, Cambridge: Cambridge University Press, 1994.
Tomlinson, John: Globalization and Culture, Cambridge: Polity Press, 1999.
Torfing, Jacob: Towards a Schumpeterian Workfare Postnational Regime: Path-Shaping and Path-Dependency in Danish Welfare State Reform, in: Economy and Society, 28/3, 1999, S. 369-402.
Vecchi De, Nicolò: Entrepreneurs, Institutions and Economic Change. The economic thought of J.A. Schumpeter (1905-1925), Aldershot: Edward Elgar Publishing Limited, 1995.
Vertrag von Nizza, Hrsg.: Bundeszentrale für politische Bildung, Bonn, 2002.
Walker, Stephen G. (Hrsg.): Role Theory and Foreign Policy Analysis, Durham: Duke University Press, 1987.
Waltz, Kenneth: Man, the State, and War, New York: Columbia University Press, 1995.
Wenig, Alois (Hrsg.): Globalisierung und die Zukunft der sozialen Marktwirtschaft, Berlin: Duncker & Humbolt, 2000.
Wolfgang Benedek (Hrsg.): Die Welthandelsorganisation (WTO); alle Texte einschließlich GATT (1994), GATS und TRIPS; Textausgabe, München: Beck, 1998.

3 Zeitungen, Zeitschriften und Medien

Bild-Zeitung
Business Week
Business Wire
Chicago Tribune
Daily Express
Daily Mirror
Daily Telegraph
Das Parlament

Der Spiegel
Die Presse
Die Welt
Die Zeit
Einblick, DGB
Financial Times
Frankfurter Allgemeine Zeitung
Guardian
Handelsblatt
Interview mit Wolfgang Schäuble im Portrait „Helmut Kohl – ein deutscher Kanzler“, ausgestrahlt im Südwest Fernsehen am 11. April 2004.
Los Angeles Times
New York Times
Seattle Post Intelligencer
Seattle Times
Stuttgarter Zeitung
The Economist
The Independent
The London Times
The National Journal
The Sun
The Washington Post
USA Today
Wall Street Journal

4 Internet

Homepage „10 Downing Street“, http://www.number-10.gov.uk
Homepage „American Federation of Labor Congress – Congress of Industrial Organizations“, http://www.aflcio.org/
Homepage „Americans & the World“, http://www.americans-world.org/
Homepage „Auto News“, http://www.auto-news.de
Homepage „Bank of England“, http://www.bankofengland.co.uk
Homepage „BBS News“, http://news.bbc.co.uk/
Homepage „CDU“, http://www.cdu.de
Homepage „Confederation of British Industry“, http://www.cbi.org.uk
Homepage „Deutsche Bundesbank”, www.bundesbank.de
Homepage „Deutscher Bundestag“, http://www.bundestag.de/
Homepage „EuroNet“, http://www.waehrungsunion.de
Homepage „Helgo Ollmanns Medienseite“, http://home.wtal.de/ollmann/
Homepage „Her Majesty Treasury“, http://www.hm-treasury.gov.uk

Homepage „Houston Principles of the Alliance for Sustainable Jobs and the Environment“, http://www.asje.org/gt.html
Homepage „Informationsdienst Wissenschaft“, http://www.idw-online.de/
Homepage „Labour Party“, http://www.labour.org.uk
Homepage „National Association of Manufactures“, http://www.nam.org/
Homepage „no-campaign“, http://www.no-euro.com
Homepage „Office of the United States Trade Representative“, http://www.ustr.gov/
Homepage „OnTheIssues“, http://www.ontheissues.org
Homepage „Program on International Policy Attitudes“, http://www.pipa.org/
Homepage „The Association of Women in International Trade“, http://www.wiit.org
Homepage „The Conservative Party“, http://www.conservatives.com
Homepage „The United Kingdom Parliament“, http://www.parliament.uk
Homepage „The United States Mission to the European Union, The WTO Seattle Round“, http://www.useu.be/ISSUES/WTOseattledossier.htm
Homepage „The Unites States Chamber of Commerce“, http://www.uschamber.com/
Homepage „The Washington Post“, http://www.washingtonpost.com
Homepage „Trades Union Congress“, http://www.tuc.org.uk
Homepage „U.S. Consulate General, Hong Kong and Macau“, http://www.usconsulate.org.hk
Homepage „U.S. Government Printing Office“, http://www.gpoaccess.gov/
Homepage „United States Embassy in Mexico“, http://www.usembassy-mexico.gov
Homepage „US Census Bureau“, http://www.census.gov/
Homepage „US Department of Commerce“, http://www.commerce.gov/
Homepage „US Department of State“, http://www.state.gov/
Homepage „weltpolitiknet“, http://weltpolitik.net/sachgebiete/wirtschaft
Homepage „Wissenschaftszentrum Berlin“, http://www.wz-berlin.de
Homepage „yes-campaign“, http://www.yes-campaign.com.
Homepage „You Gov – Understanding People“, http://www.yougov.com

Kolibri 360 GmbH
Ferdinand-Jühlke-Straße 7
99095 Erfurt, Deutschland
produktsicherheit@kolibri360.de

Druck:
CPI Druckdienstleistungen GmbH
im Auftrag der
Kolibri 360 GmbH
Ferdinand-Jühlke-Str. 7
99095 Erfurt